全国高等院校物流专业精品规划系列教材

物流学基础

杨蓉　燕珍　主　编

沈凯　彭磊　副主编

清华大学出版社
北京

内 容 简 介

本书在吸收和借鉴国内外物流学理论和最新研究成果的基础上,根据我国物流行业对物流人才在专业知识、能力素质等方面的现实需求,密切结合我国物流行业的发展趋势,较为系统全面地介绍了现代物流学科的基本理论和方法,力求做到理论性和实践性相融,基础性和前沿性并重。本书分为12章,主要包括物流总论、物流系统分析、物流功能要素、企业物流、物流企业、专业物流、链式物流及其新视角、"互联网+"下的物流新模式、区域物流、我国物流发展现状与展望、国家战略下我国国际物流发展等内容。

本书不仅可作为普通高等院校物流管理、物流工程、工商管理、电子商务等专业的本科教材,也可作为物流从业人员的参考用书。

本书封面贴有清华大学出版社防伪标签,无标签者不得销售。
版权所有,侵权必究。 举报: 010-62782989 , beiqinquan@tup.tsinghua.edu.cn。

图书在版编目(CIP)数据

物流学基础/杨蓉,燕珍主编.---北京:清华大学出版社,2017(2025.1重印)
(全国高等院校物流专业精品规划系列教材)
ISBN 978-7-302-46306-1

Ⅰ.①物… Ⅱ.①杨… ②燕… Ⅲ.①物流-高等学校-教材 Ⅳ.①F252

中国版本图书馆 CIP 数据核字(2017)第 021374 号

责任编辑:王宏琴
封面设计:常雪影
责任校对:李 梅
责任印制:沈 露

出版发行:清华大学出版社
      网 址:https://www.tup.com.cn,https://www.wqxuetang.com
      地 址:北京清华大学学研大厦 A 座   邮 编:100084
      社 总 机:010-83470000   邮 购:010-62786544
      投稿与读者服务:010-62776969,c-service@tup.tsinghua.edu.cn
      质量反馈:010-62772015,zhiliang@tup.tsinghua.edu.cn
      课件下载:https://www.tup.com.cn,010-83470410
印 装 者:涿州市般润文化传播有限公司
经 销:全国新华书店
开 本:185mm×260mm   印 张:17.5   字 数:399千字
版 次:2017年3月第1版   印 次:2025年1月第6次印刷
定 价:59.00元

产品编号:067850-03

前　言

作为 21 世纪的朝阳产业，物流业是融合运输、仓储、货代、信息等产业的复合型服务业，是支撑国民经济发展的基础性、战略性产业。在国家推行"一带一路"战略的大背景下，我国急需培养符合这一战略需要的复合型物流人才。本书正是顺应这一要求，在内容方面突出了以下特点。

（1）总结了经济全球化和经济知识化时代对物流活动规模增长和物流活动模式升级的影响，梳理了从材料管理到供应链管理的脉络，这正是物流管理发展的痕迹。

（2）在供应链管理的模式下，提出了"链式物流"的概念，揭示了物流沿着"点—线—链"的发展轨迹。

（3）由区域物流展开，结合国家"一带一路"战略，提出了我国国际物流发展的新动向和新格局。

（4）紧扣时代脉搏，探讨"互联网＋"下的物流新模式。

（5）关注专业物流的发展，突出介绍了冷链物流管理、危险品物流管理和应急物流管理。

本书由北京师范大学珠海分校杨蓉教授、燕珍副教授主编。

全书共 12 章，参与撰写的人员分工如下：国务院特殊津贴专家吕昌教授编写了第一章；罗凌妍副教授编写了第二章；燕珍副教授编写了第三章；彭磊硕士编写了第四章和第八章；沈凯博士编写了第五章和第六章；林纯博士编写了第七章；朱江副教授编写了第九章；杨蓉教授编写了第十章；林永祥博士（中国台湾）编写了第十一章；童年成教授编写了第十二章。杨蓉教授、燕珍副教授负责修改定稿。

本书可作为各高等院校、高职院校物流管理专业大学生的学习参考书，也可作为各企业和社会团体中从事物流管理工作的人员的专业参考书籍，还可用做培训各种物流管理人才的教材。

在本书编写过程中，参考了大量的文献，在此谨向有关作者表示衷心的感谢！

由于编者水平有限，书中难免存在错误，敬请广大读者批评指正。

编　者

2016 年 12 月于珠海

目　录

第一章

物 流 总 论

21世纪世界经济呈现两个显著特点：一个是经济全球化的浪潮奔腾向前；另一个是科技革命和创新已成为推动经济发展的主要力量。

经济全球化和经济知识化深刻影响人类一项重要和普遍的社会经济活动——物流的发展态势，使其规模的绝对数量越来越庞大，运动模式由点式全面转向线式，并快步奔向链式。

第一节　经济全球化和经济知识化时代的物流

一、经济全球化与物流活动规模增长

经济全球化的实质是全球经济市场化，生产要素日益自由地在世界范围转移，并由市场机制实现优化配置。经过20世纪百年的艰苦探索，当今世界绝大多数国家陆续转向市场经济体制，我们不得不由衷地赞叹古典经济学奠基人亚当·斯密思想的深邃。他在1776年发表的《国民财富的性质和原因的研究》中阐述了"看不见的手"的原理，每个人都力图利用好他的资本，使其产出实现最大的价值。一般来说，他并不企图增进公共福利，也不知道实际上所增进的公共福利是多少。他所追求的仅仅是个人的利益和所得。但在他这样做的时候，有一只看不见的手在引导他去帮助实现另一种目标，这种目标并非是他本意所要追求的东西。通过追逐个人利益，他经常增进社会利益，其效果比他真的想促进社会利益时所能够得到的那一种要更好。通俗地说，追求自身利益的个人，有一只看不见的手（市场机制）引导，从事有利于他人和整个社会的事情。亚当·斯密这段经典的话，还可以用他的另一段话表达：我们的晚餐并非来自屠宰商、酿酒师和面包师的恩惠，而是来自他们对自身利益的关切。

市场经济是一部复杂而精良的机器。它通过价格和市场体系对个人和企业的各种经济活动进行协调。它也是一部传递信息的机器，能将成千上万各不相同的个人的想法和活动汇集在一起。在没有统一计算的情况下，它解决了连当今最快的超级计算机也无能为力的涉及亿万个未知变量或相互关系的生产和分配等问题。

亚当·斯密洞见了自利的动机如何以一种奇迹般的方式润滑了社会的经济机器，从而形成了自我调整的自然秩序。麻省理工学院教授、1970年诺贝尔经济学奖获得者

保罗·萨缪尔森称赞道,正如艾萨克·牛顿对宇宙的物质世界有所洞察一样,苏格兰人亚当·斯密窥见了经济学人文世界的真谛。

由于通信和运输技术的进步,市场范围在空间上不断延伸,在时间上更加紧密,原来分割的国家或区域市场正在逐渐变成统一的全球市场。国际商品贸易是经济全球化的先导。英国《金融时报》2014年4月10日登载的一条消息指出:"自20世纪80年代以来,贸易的平均增速一直是全球经济增速的2倍……渣打银行的经济学家们指出,如果追溯到20世纪60年代,贸易的平均增速更接近于经济增速的1.4倍。他们认为今后几年世界贸易与经济增速将回到这样一个倍数关系。当然,这一切取决于中国。"由于"贸易能使每个人现状更好"和"市场通常是组织经济活动的好方法"两大经济学原理所揭示的机制,经济全球化的趋势已不可阻挡。物流既是贸易的内容又是贸易的载体,由此我们可以体察到近40多年来物流升温的真正原因。从我国的实际情况来看,2000年我国货物贸易进出口总额为0.47万亿美元,到2014年跃增为4.3万亿美元,已两年蝉联世界第一货物贸易大国桂冠。与此相应,我国社会物流总额从2000年的17万亿元,发展到2014年的213万亿元,年均增长近20%;社会物流总费用从2000年的1.9万亿元,扩大到2014年的10.6万亿元,年均增长12.9%。物流业增加值从2000年的0.68万亿元,增长到2014年的3.5万亿元,已占GDP的5.6%,占第三产业的11.6%。从事物流业务的企业法人单位数,从2004年的6.2万家增加到2013年的22.8万家,年均增长15.6%;物流企业从业人员从2004年的412万人增加到2013年的884万人,如今物流领域吸纳的从业人员总数已经超过3 000万人。物流业以其惊人的发展速度被誉为21世纪的朝阳产业。

二、经济知识化与物流活动模式升级

劳动生产率既是推动社会进步的基本因素也是社会发展的重要标志。效率要求实行劳动分工和专业化生产,这恰恰也是市场经济发展的前提。亚当·斯密在一个著名例子中对大头针工厂的生产进行了描述:一个人抽出金属丝,另一个人把它拉直,第三个人再把它切断,依此类推,这种方法使得10个人一天之内可以制造48 000枚大头针,而如果所有人都单独工作,每个人一天都无法生产20枚,甚至可能连1枚大头针也生产不出来。劳动分工、专业化生产和市场机制促进了知识创新及其在生产中的应用,对此,马克思指出:"生产力的这种发展,归根到底总是来源于发挥着作用的劳动的社会性质,来源于社会内部的分工,来源于智力劳动特别是自然科学的发展。"

随着历史车轮的推进,智力劳动及其成果对人类社会经济发展的影响越来越大。首先,知识创新呈爆炸式发展。据国外有关机构统计,20世纪中叶,人类知识总量每10年增加1倍,目前每3~5年就要增加1倍;人类现在所掌握的全部知识将只相当于50年后全部知识的1%。其次,经济发展越来越不依赖自然资源而依重知识。据估计,农业经济对自然资源和能源的依赖程度约为90%多,工业经济约为60%多,而知识经济可将这种依赖程度降低到不足20%。20世纪初,发达国家经济增长仅5%源于科技进步,而70年代以后,发达国家经济增长中科技进步的贡献率已高达60%~80%。再以生产研究周期即一项新技术创造出现到它被实际投入应用的时间为例,蒸汽机用了80年,飞机用了20年,晶体管只用了2~3年,而激光仅用了1年。科学技术对人类生活和生产活动的影响达到了空前的广度和深度,知识已成为社会经济发展最重要的生产要素。相对于农业经济和工业经济,人类社会开始进入建立在知识和信息的生产、分配与使用之上的经济——知识经济。表1-1简要地说明了这三种经济形态的特征。

表1-1　经济形态主要特征

经济形态	主要生产要素	主要生产设施	主要基础设施	主要物流方式
农业经济	土地、劳动	田地	水利	点式
工业经济	土地、劳动、资本	工厂	交通	线式
知识经济	土地、劳动、资本、知识	学习型组织	通信网络	链式

在20世纪,多年来主导社会的农业部门的地位迅速下降。就数量来说,现在的农业产值至少是1913年以前的4～5倍,但1913年农产品占世界贸易额的70%,而现在只占10%多一些。20世纪初,在发达国家里,农业是国内生产总值的主要来源,而现在其农业产值所占的比例已下降到较低水平。

工业也经历了同样的历史。第二次世界大战后发达国家的制造业产值从数量上讲约增加了2倍,但剔除通货膨胀因素后的产品价格逐步下滑,而同时剔除通货膨胀因素后的主要知识产品(医疗服务和教育)的价格却上涨了2倍。如今制造业产品相对于主要知识产品(医疗服务和教育)的购买力,只有50年前的1/5或1/6。美国20世纪50年代制造业就业人数占劳动力的35%,现在还不到那时的一半。今天,发达国家制造业的比例已经下降到25%甚至更低,服务业已经增长到65%,甚至更高。

20世纪以前,科学技术在经济发展中处于从属地位,基本的模式是生产的实际需要刺激技术的发展,并进一步为科学理论的形成奠定基础。例如,在生产力发展的驱动下,人们在1782年制造出往复式蒸汽机,1825年建成了利用蒸汽机为动力的第一条铁路,但作为蒸汽机理论依据的热力学原理,直到19世纪中叶才建立起来,最早阐述热力学第一定律的论文发表于1842年。时至今日,生产、技术和科学的相互作用机制出现了逆转。科学理论不仅走在技术和生产的前面,而且为技术、生产的发展开辟了各种可能的途径。例如,先有了量子理论,而后促进了集成电路和电子计算机的发展;又如,运用相对论和原子核裂变原理形成并发展了核技术;运用电磁场和超导理论,建设了磁悬浮铁路。所以,当代重大技术、工艺或工程往往是理论超前性的,也是知识密集型的。现代科学技术的这种特点,决定了知识在经济发展中成为主导力量。经济知识化是21世纪初人类社会经济发展的又一个显著特点。

美国著名的管理学家彼得·德鲁克在20世纪90年代曾经提出,21世纪的企业是学习型组织。当时,人们对此还不甚理解。20多年过去了,现在,学习型干部、学习型家庭、学习型社会的口号和终身学习的实践已蔚为壮观。

19世纪,企业主要依靠资本的积累进行竞争;到了20世纪,人才成为竞争的重点;21世纪,学习将成为企业竞争的决定力量。每一个不想被淘汰的企业必须解决的问题是构建学习型组织,充分开发员工的潜能,加大研发投入,建造一个勇于创新、持续发展的团队。

对于即将到来的新时代,我们可以作一下概略的分析。

1. 产品或服务中知识要素比例不断增加

随着知识经济的来临,产品或服务中所包含的物质要素越来越少,所包含的知识要素越来越多。手机越做越小、电视机越做越薄就是鲜明的例子。正如英国《金融时报》2006年5月18日的文章中指出的那样:"今天的经济增长可能越来越没有重量。20世纪美国经济增长到其早先规模的20倍,但产出的重量大体保持不变。"

2. 知识作为再生资源供多人重复使用

物质资源在使用中日渐消耗,许多资源甚至不可再生,但知识可重复使用,往往在使用中还将增加新的知识;物资资源一般只能供有限的人享用,知识一旦被人所掌握,被公开,即不可能再为个人所垄断,任何知识均可同时供许多人享用。

3. 链式物流模式与"互联网＋"相得益彰

在社会生产过程中,生产要素需要流动,如物流、人员流、资金流等,以形成优化的组合和配置。知识要素可借助于互联网快捷、广泛、廉价地传播和复制;传播越广泛,使用成本越低廉。在知识经济时代,人们对物质资源的节约和生态环境的保护空前重视,对社会可持续发展的认识更加深化,因此在物流活动中更加注重创新、共享、绿色、节能、循环、逆向等理念;并借助于由互联网、现代运输装备、射频识别技术、大数据和云计算等而发展的供应链管理,我们把知识经济时代的物流模式形象地称为链式。

4. 物流模式点—线—链的发展

随着经济的不断发展,物流模式经历了由"点"到"线"到"链"的发展过程。

农业经济时代,在自然村落自给自足的生产和生活方式中,由于生产力低下,没有多少剩余产品可以进行交换和贸易,我们把那个时代的物流活动形象地称为点式。随着工业革命推进而形成的标准化、流水线的生产方式,生产力有了极大的提高,原料和产品的贸易随着经济全球化源源不断地向世界各地发散,可以形象地称之为线式。在知识经济时代,管理的模式由金字塔型向扁平型转化,企业竞争力也由纵向一体转化为横向连锁;满足大量的、个性化的、多变的需求,由生产供应链上的许多企业共同完成;知识、装备、物流活动在链上综合地发挥作用,促使供应侧能力不断提高,这也是我们把知识经济时代物流活动的模式称为链式的另一个原因。

第二节 物流含义分析

一、物流活动的普遍性、重要性及其含义

物流是一个内涵十分丰富、宽泛和使用得非常普遍的概念。按照国家质量监督检验检疫总局颁布的中华人民共和国国家标准《物流术语》(GB/T 18354—2006)(以下简称"《物流术语》")对物流的定义为:"物品从供应地向接收地的实体流动过程。根据实际需要,将运输、储存、装卸、搬运、包装、流通加工、配送、信息处理等基本功能实施有机结合。"近年来,在物流业界很有影响力的一段话是"物流业是融合运输业、仓储业、货代业和信息

业等的复合型服务产业,是国民经济的重要组成部分,涉及领域广,吸纳就业人数多,促进生产、拉动消费作用大,在促进产业结构调整、转变经济发展方式和增加国民经济竞争力等方面发挥着重要作用"。

以上引述对于物流业界无疑是令人鼓舞和十分利好的消息,传达了以下几点明确的信息。

（1）物流业对于服务和支撑其他产业的发展、增强国民经济竞争力起着重要作用。

（2）物流业是一个复合型产业,它融合了运输业、仓储业、货代业和信息业等产业,而在各自的产业中,又包含了许多生产类型、生产方式和技术设备设施。仅以运输业为例,包含航空、公路、水路、铁路和管道输送等运输方式,在每种具体的运输方式中,又都包括设备、设施、技术、管理等诸多因素。因此,物流业是复合型产业。

（3）物流业是重要的服务产业,属于第三产业的范畴。

同样,这些信息也给人们带来困惑:物流业似乎无所不包。

（1）全社会用于生产和生活消费的物资的运动,不论是天空飞的,路面跑的,水上驶的,地下流的,几乎都在物流的研究范围之内。

（2）即使物资暂时不动,处于静止状态,无论仓储、包装、冷冻,还是切割、配套、检验（或被统称为流通加工）及其涉及的机械、工艺、设计、有关信息的处理也都属于物流的研究领域。

（3）物流业务中的采购、销售、融资、保险、贸易,也都是服务业的主要内容。

由此看来,物流业是融合了众多产业的复合型产业。那么,探索其他产业融合于物流业的机理就显得尤为重要。

产业是一个常用的概念,也是一个模糊的概念,除特指工业以外,还可以泛指国民经济的各行各业,大至门类、部门,小至行业、实业;从生产到流通,以至文化、艺术、科技、教育等无所不包。一言以蔽之,产业是指具有某类共同特性的企业集合。

我们先从产业开始分析。

（一）从产业的角度审视

目前常用的产业分类方法有以下几种。

1. 三次产业分类法

该方法由新西兰经济学家费希尔于1935年在《安全与进步的冲突》一书中首先提出。英国经济学家和统计学家克拉克在继承费希尔研究成果的基础上,于1940年在《经济进步的条件》一书中,按经济活动的客观顺序和内在联系,运用三次产业分类法研究了经济发展同产业结构变化之间的规律,从而开拓了产业结构研究这一应用型经济理论的新领域,并使三次产业分类法得到了广泛的普及,欧美日发达国家普遍采用。我国1985年首次对第三产业进行统计,具体标准和范围为:第一产业是指农业（包括林业、牧业、渔业等）;第二产业是指工业（包括采掘业、制造业、煤电水业）和建筑业;第三产业分两大部门（流通部门和服务部门）四个层次（第一层次是流通部门,包括交通运输业、邮电通信业、商业饮食业、物资供销和仓储业;第二层次是为生产和生活服务的部门,包括金融业、保险业、地质普查业、房地产业、公用事业、居民服务业、旅游业、咨询信息服务业和各类技术服务业等;第三层次是为提高科学文化水平和居民素质服务的部门,包括教育、文化、广播电视事业、科学研究事业、卫生、体育和社会福利事业等;第四层次是为社会公共需要服务的部门,包括国家机关、党政机关、社会团体、军队警察等)。

2. 联合国标准分类法

联合国于1971年颁布《所有经济活动的国际标准产业分类》,将全部经济活动分为大、中、小、细四项,每项都有统计编码。10个大项是:农业、狩猎业、林业和渔业;矿业和采石业;制造业;建筑业;批发和零售业;餐馆和旅馆业;运输业、仓储业和邮电业;金融业、不动产业、保险业及商业性服务业;社会团体、社会及个人的服务;以及不能分类的其他活动等。每个大项可分若干中项,每个中项可分为若干小项,每个小项又可分为若干细项。

3. 生产要素分类法

即按照劳动、资本、知识等生产要素的比重或者对各生产要素的依赖程度对产业进行分类的方法。以此为标准,全部生产部门划分为劳动密集型产业、资本密集型产业、知识密集型产业。该方法能比较客观地反映一国的经济发展水平。一般来说,知识密集型产业的比重越大,说明发展水平越高;劳动密集型产业的比重越大,说明发展水平越低。该分类法可以反映产业结构的高度化趋势,即劳动密集型产业占主导地位的产业结构向资本密集型产业占主导地位的产业结构过渡,资本密集型产业占主导地位的产业结构向知识密集型产业占主导地位的产业结构过渡,这有利于一国根据产业结构的高度化趋势制定相应的产业发展政策。

4. 两大部类分类法

产业按产品的基本经济用途分为生产资料生产和消费资料生产两大类。在马克思主义再生产理论中,利用这种分类法深入地研究了怎样使社会总产品既实现价值补偿又实现实物补偿问题,分析了社会资本简单再生产和扩大再生产的实现条件,深刻揭示了资本主义生产的本质和剩余价值产生的秘密。但这种分类方法不能涵盖非物质生产部门,许多商品难以归类,在产业经济研究中较少运用。

以上无论哪一种产业分类方法,都没有出现单列的物流业。

(二)从行业的角度审视

我国国家标准《国民经济行业分类》(GB/T 4754—2011)分为20个门类,依次是:

(1)农业、林业、牧业、渔业(包括5个大类);

(2)采矿业(包括7个大类);

(3)制造业(包括31个大类);

(4)电力、热力、燃气及水生产和供应业(包括3个大类);

(5)建筑业(包括4个大类);

(6)批发和零售业(包括2个大类);

(7)交通运输、仓储及邮电业(包括8个大类);

(8)住宿和餐饮业(包括2个大类);

(9)信息传输、软件和信息技术服务业(包括3个大类);

（10）金融业（包括 4 大类）；

（11）房地产业（包括 1 个大类）；

（12）租赁和商务服务业（包括 2 个大类）；

（13）科学研究和技术服务业（包括 3 个大类）；

（14）水利、环境和公共设施管理业（包括 3 个大类）；

（15）居民服务、修理和其他服务业（包括 3 个大类）；

（16）教育（包括 1 个大类）；

（17）卫生和社会工作（包括 2 个大类）；

（18）文化、体育和娱乐业（包括 5 个大类）；

（19）公共管理、社会保障和社会组织（包括 6 个大类）；

（20）国际组织（包括 1 个大类）。

在行业分类的国家标准里，也没有出现单列的物流业。

既然产业是指具有某类共同特性的企业集合，下面我们分析企业。

二、从材料管理到供应链管理

先从企业的经营管理和资金流说起。为了讲清楚企业经营管理与资金流的关系，先从制造企业入手，用图 1-1 表示制造企业的资金流循环。

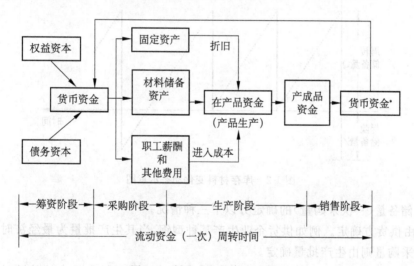

图 1-1　制造企业的资金流循环

在筹资阶段，通过权益资本和债务资本的形式，筹集到足够的货币资金。资金流顺序通过采购阶段—生产阶段—销售阶段，又回复为货币资金。这时的货币资金在数量上增加了新创造的价值，用"＊"号表示；增加的新价值包含了税、法定盈余公积、任意盈余公积和未分配利润等。

在图 1-1 中，除了固定资产以折旧的形式参与资金循环外，还有货币资金—材料储备资金—在产品资金—产成品资金，又回复为货币资金所耗用的时间称为流动资金（一次）周转时间（以下简称"资金周转时间"）。计划期（360 天）除以资金周转时间称为周转次数,表示在 1 年内资金流的循环次数。显然,在盈利的情况下,资金周转时间越短,则周转次数越多,资金流速高、通畅,则企业经营效益越好。

那么,怎样加速企业资金流的循环呢？企业资金周转时间等于采购时间、生产时间和销售时间之和。显然,加速企业资金流的循环必须压缩上述三个阶段的时间。

(一)压缩采购时间

在压缩采购时间时,需考虑供货企业的距离和供货企业的质量保证体系、运输条件、运输方式、运输批量;本企业运输、装卸、验收设备以及作业组织管理水平;结算方式等。

(二)压缩生产时间

生产时间包括三部分:材料在库时间、劳动加工时间、劳动中断时间。

1. 压缩材料在库时间

压缩材料在库时间的关键是确定合理的周转储备量(一次采购批量)。图 1-2 表示材料在库的动态变化情况。

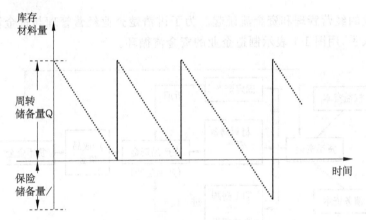

图 1-2　库存材料变化动态示意图

周转储备量(一次采购量)的确定分以下三种情况。

(1)由供货方确定。例如供货企业生产某种型钢,当其生产批量为最经济时,需方企业的一次采购量则由生产批量确定。

(2)由运输企业确定。当运输方式和运输批量成为材料供应成本的关键时,需方企业的一次采购量则由运输批量确定。

(3)不存在(1)和(2)约束条件的情况下,由需方自主确定。在需方自主确定一次采购量时,EOQ 模型能够提供正确的参考思路。

EOQ 模型(Economical Order Quantity)也称最佳订货批量公式,源于 1915 年美国经济学家哈里斯为研究库存问题而建立的一个简单模型,并求得最优解。1918 年威尔逊在建立确定性库存模型时重新得出了哈里斯的最优解过程,也被称为威尔逊公式。

2. 压缩劳动加工时间

建立自动生产线加快生产节奏,机器人自动焊接、数控机床、群钻、激光打孔、精密铸造、3D打印、计算机辅助设计等,这些科技创新的应用,确是属于企业生产技术部门的职能,但是从资金运用管理的角度来看,都是为了加速企业资金流的周转。

3. 压缩劳动中断时间

在早期的管理科学形成和奠基的时代,就有合理压缩劳动中断时间的内容,如泰勒关于制定正确的工艺规程和操作方法,基尔布雷斯夫妇在建筑行业分析砌砖的动作研究等。

应该注意到,有些劳动中断时间的压缩必须十分谨慎,如酒的窖藏、木材干燥、水泥养护、金属热处理等。它们与产品的质量密切相关,甚至是生产工艺的组成部分。

(三)压缩销售时间

原则上讲,产品生产出来后就应该立即销售出去,以销定产收回货币资金,达到成品零库存的理想状态。但一般说来,为配套、包装、发运以及等待财务结算和应对市场突发情况等,企业还要有成品库。发达国家企业是哑铃式架构,开发设计和营销是重头戏,生产制造是哑铃中间的把柄。在生产经营价值链中,开发设计和营销是附加值最高的环节,是"微笑曲线"的两边,而制造加工是利润率最低的部分。因此,企业十分重视营销组织工作。进入21世纪以来,我国企业已加强对产品价值链两端的投入和重视。据联合国教科文组织2015年11月发布的报告显示,中国研发支出已占全球研发支出总额的20%,超过欧盟和日本,仅次于美国的28%,为全球第二。改革开放以来,我国广告经营额年均递增30%左右,已成为发展最快的行业之一。2004年,我国广告市场尚位居世界第五位,到2014年已先后超过德、日、英等国,成为仅次于美国的第二大广告市场。现在我国广告经营额已突破5 000亿元,从业人员超过200万人。

应该注意到,在工业化和市场化的初期,企业技术装备水平比较低,劳动力的工资水平也不高,材料成本一般要占产品总成本的60%左右。企业管理的重点聚焦在既要确保生产有节奏进行的材料需求,又要使材料的供应费用最为节约。因此,在保证材料质量的前提下,压缩采购时间和减少材料在库时间成为当时企业管理的重心,材料采购、材料库存是企业管理者最为关心的事务。那时这些工作被称为材料供应管理,也是现代物流管理的起源。物流管理知识是随着社会经济的工业化和市场化进程而不断丰富、发展的。在工业化初期,管理的重点是企业内部的成本支出,这个时期企业内部的材料流程管理称为材料或物资管理(Materials Management)。历史上,计划经济体制的国家多采用这个名词,如20世纪五六十年代的我国和苏联。

随着工业制造水平和效率的提高以及市场化的进展,各种商品大批量地生产出来,随之产品营销工作变得日益突出,相应地要求把产成品快捷、准确、安全地送到客户手中,人们对材料流程管理的视角也逐渐扩展到销售领域。从企业经营管理实践出发,由掌握材料采购运输工具和仓库设备的供应部门兼管产成品的保管、运送,使其业务功能扩展并有效延伸,就显得必要和顺理成章。

企业材料流程管理的内涵开始丰富和扩展了。1915年阿奇·萧在《市场分销中的若干问题》一书中首次提出了"Physical Distribution"的概念,可以译为配送和分销管理。1935年,美国销售协会进一步将"Physical Distribution"的含义阐述为"物质资料和服务在从生产场所到消费场所的流动过程中所伴随的种种经济活动。"

买方企业的材料采购供应过程,也可以看作卖方企业的产品销售运送过程。有关的运输装卸作业具体由谁来完成,则通过两个企业经营交易中的商务谈判确定,归根结底取决于效率和成本。这也是所谓第一方物流(供方企业承担)或第二方物流(需方企业承担)向第三方物流(委托专业企业承担)发展的起点。这里,我们看到了物流融合机制的起因——两个企业之间关于材料(或产成品)的采购和销售业务关系。

第二次世界大战期间,美军及其盟军需要在横跨欧洲、美洲、亚洲、大西洋、太平洋等广阔空间范围内进行军需物品的补充和调运。在人员调动、物资运输、躲避阻击、搜索敌情和组织转运等工作过程中,运用并逐渐发展了一套如对策论、规划论、排队论、库存论等应用数学方法。正如美国数学学会会长彼得·拉克斯所说:"第二次世界大战是那么多美国研究机构的一个分水岭,也是美国发展应用数学的分水岭。在战前,大多数的数学家把应用数学视为第二流的脑力劳动,把应用数学家视为二等公民。"战后,这些成功的方法逐步移植到管理科学中来,被称为运筹学和系统工程。伴随工业化和现代市场体系的完善以及企业管理水平的提高,在美国,人们最先把融合了运筹学和系统工程的军事后勤方法体系移植到企业材料供应和产品分销领域,直接将其称为"Logistics"(英语原意为军事后勤);可以说,企业物资流程管理的内涵从方法论层面又有了新的扩充。1963年,Logistics的概念引入日本,翻译为"物流"。1979年,"物流"概念由日本传入我国,相对于当时国内普遍使用的"物资管理"——在计划经济体制下政府实行资源配置的重要工具——更符合市场化改革的需要,迅速得到理论界、产业界和行政部门的响应和重视,在我国很快被广泛使用。随着我国经济体制改革的逐步深入和社会经济的持续发展,物流这个名词逐渐替代了物资管理,其含义也更加充实。按照《物流术语》的定义,物流是"物品从供应地向接收地的实体流动过程。根据实际需要,将运输、储存、搬运、包装、流通加工、配送、信息处理等基本功能实施有机结合"。

20世纪80年代,随着"冷战"的结束,世界经济开始了新一轮的全球化高潮。经济全球化催生了现代物流业,现代物流业的发展又为经济全球化推波助澜。进入21世纪,传统的贸易方式逐渐受到网络贸易和电子商务的挑战。以金融为龙头、物流为中枢,逐渐盘活国际贸易,使得世界贸易的方方面面发生巨大的变化。

随着经济全球化的进展,世界产业像传接力棒一样,在不同国家和地区之间进行转移,产品最先在发达国家创造出来。随着生产工艺的成熟和标准化,生产所需要的比较优势发生了变化,从高科技创新能力和巨额资金转化为大规模和低成本,由此,相对落后的国家便具备了生产这种产品的优势,于是该产品就在发展中国家大量生产。这是一种动态的优势转移。

据世界银行发布的资料显示,20世纪50~80年代,国际产业转移主要以初级产品加工和原材料为主,并且是由发达国家向发展中国家单向转移。20世纪90年代以后,国际产业转移重心开始由原材料工业向加工工业、由初级工业向高附加值工业、由传统工业向新兴工业、由制造业向服务业转移。

跨国公司是经济全球化的重要载体之一,在经济全球化进程中发挥举足轻重的作用。目前,全球跨国公司约有 7 万多家,跨国公司的海外雇员数达到近 1 亿人。跨国公司占据了世界生产的 1/3、国际贸易的 2/3、国际投资的 2/3 和 70% 的技术转让。跨国公司一方面是社会生产力发展,特别是世界科学技术进步的产物;另一方面也是各国为获取超额利润,发展本国经济,提高国际地位而进行的制度安排。早在 1997 年,联合国就在其发表的一篇报告中指出:如果把跨国公司也当作一个经济体,那么全世界 100 个最大的经济体中,51 个是跨国公司,49 个是国家。

世界市场中不断上升的竞争压力迫使企业开辟效益增长的新来源,在这样的背景下,新的国际生产体系逐步形成。

国际生产体系是指几个国家参与一个特定产品不同生产阶段的制造过程,从而以跨国公司为中心形成国际化生产网络。在这个过程中,跨国公司将产品不同的生产阶段分布在最有效率和成本最低的区位,利用不同区位上成本、资源和市场的差别获取利润。

最近 10 年中,世界经济形势已发生很大的变化,推动了国际生产体系的发展。首先,电子、信息等新兴产业发展迅速。这些产业本身的特征,如芯片、集成电路、设备单元和组装生产等,使得产品价值链可以被分成更小的部分,以便分包给独立的供应商进行专业化生产。其次,发展中国家普遍采取出口导向型的发展战略,鼓励跨国公司的劳动密集型、面向出口的生产,并给予出口退税等优惠政策。同时,以世界贸易组织(WTO)为代表的多边贸易体制和其他的区域及双边贸易安排都大力地推进贸易投资自由化,贸易投资的制度性壁垒迅速下降。特别是通信技术的进步使跨国公司的内外部协调更加便利,不仅降低了信息交换的成本,也使得客户管理更加标准化,所有这些都极大地便利了国际生产体系的发展。而在区域和一国范围内,产品价值链的细化安排(纵向、横向或网络)同样依照成本低、专业化、利润高的原则迅速推进,新的链式生产体系催生了供应链管理。物流由两个企业之间关于材料(或产成品)的供应和销售关系,扩展到数十个企业之间的材料(或产成品)的经销管理。同时,互联网、RFID、现代运输装备、物联网、大数据和云计算等又为链式的供应销售管理提供了强有力的科学技术支撑,使企业的物资流程管理跃上了一个新的平台——供应链管理。

现在,我们再来想象一下全球经济的动态画面:天上飞的,路面跑的,水上驶的,地下流的,一拨又一拨的材料(或产成品)处在运输过程中;规模浩大,有条不紊,川流不息。实际上,它们都是企业间在正常经营过程中供销交易安排的结果。企业间经营过程中的供销交易在市场体系中是物流业务的核心融合机制,掌握了企业经营的学问,材料(或产成品)的存储和运输配送,就能够在成本低、效率高、时间准的条件下,使企业有节奏不间断的生产业务有了充分的物资保证。说到底物流是企业有关原材料、半成品和产成品的商务经营活动机制。

第三节 物流学的研究方法

一、系统工程与物流学的对接

现代物流被企业界比喻为"第三利润的源泉""尚未开发的新大陆"和"促进经济增长的加速器"。随着经济全球化和知识化的迅猛发展，企业原材料供应来源与产品营销去向日趋扩大，"物流热"在世界范围内持续升温。

系统工程是先进和有效的科学管理技术，物流实践也迫切需要运用系统工程的理论和方法。所以，系统工程的核心内容、系统工程与物流理论和实践对接、物流系统工程包含的主要内容等问题都需要深入探讨。

（一）系统工程的核心内容

系统工程的萌芽起源于 20 世纪 40 年代的美国。最早使用"系统工程"（Systems Engineering）这个名词的是美国朗讯科技公司属下的贝尔研究所。20 世纪 40 年代末，贝尔研究所的管理人员认识到，如果仅有一流的科学家，而且只是孤立地抓新设备、新技术，研制新项目，效果并不一定好，必须把资源、需求、经济、技术、社会等因素结合在一起通盘考虑，模拟出多种可行的解决办法，做出正确的规划决策，才能达到好的效果。当时，贝尔研究所把这样一套科研管理的方法称为系统工程。

在第二次世界大战中，应用数学特别是运筹学（Operation Research）获得了迅速的发展，并显示巨大的威力。"二战"后，美国一些大企业把贝尔研究所初步创导的系统工程方法结合运筹学应用在经营管理工作中，得到了极大的成功。系统工程的研究和实践迅速发展起来，经过 20 多年的发展，终于在 20 世纪六七十年代执行阿波罗登月计划的成功实践中初步确立了自己的体系。

1978 年 9 月，我国著名科学家钱学森等在《文汇报》上发表了题为《组织管理的技术——系统工程》的文章，正式在我国倡导这门新兴的管理科学。社会主义现代化建设需要管理科学；由于系统工程体现了时代的需要和经济发展的需要，它在我国得到迅速推广。现在我们经常可以看到和听到诸如"城市交通建设是一项系统工程""要用系统工程的方法解决菜篮子问题""载人航天飞行成功是系统工程的胜利""国企改革是系统工程"等说法，表明系统工程这门管理科学在我国得到了普及和广泛应用。那么，系统工程与其他管理科学相比，究竟有哪些特点呢？

系统工程作为现代化的管理科学，它所涉及的对象和内涵与管理的对象和内涵在本质上是相同的。管理是社会生产发展的产物，是在一定的社会经济条件下，人们依照某些原则、程序和方法对管理对象的诸要素（人、物、资金、信息、空间、时间）及其运动过程加以计划、组织、实施和控制等，以达到预期的目的。在这种有意识、有目的的各项管理活动中，当所遵循的那些原则、程序和方法具有了普遍意义，因而能够反映管理事物的客观规律性时，这些原则、程序和方法的总和就形成了管理科学。系统工程作为一门新兴的管理科学，它有以下三个特点。

1. 系统工程是系统管理理论

辩证法是人类认识世界和改造世界的有力武器。随着社会经济的发展和管理工作的复杂化,迫使人们逐渐认识到,像从全局着眼、统筹安排、抓主要矛盾、要有动态观点等许多辩证思维的思想方法确实能帮助管理人员获得成功。西方管理人员在实践中自觉或不自觉地运用这些原则,并有所发展。辩证法在管理领域里树立了自己的"权威"。人们把这些行之有效的管理方法论原则总结出来,称为系统管理理论,这是系统工程的第一个核心内容。西方管理学界风靡一时的系统化理论也就是因此而来的。可能也正因为这个原因,H.西蒙在他的代表作《管理决策新科学》(1977年)一书中认为,"系统方法是一套态度和思想体制"。

2. 系统工程是运筹学管理数学模型

有很多学者把数量化看作系统工程的特点,即运用数学模型加强管理的定量分析,其实这种说法只抓住了问题的一个方面。因为,在管理科学中运用数学方法是由来已久的,泰勒制就有制定工时定额的定量分析内容,著名的订货批量模型(EOQ公式)早在1915年就产生了。所以,问题不仅在于用不用数学方法,还在于用什么样的数学方法。系统工程中运用的数学方法比以前的管理数学方法更加深化,它运用了20世纪40年代后发展起来的运筹学作为主要的定量分析手段。这是它的第二个核心内容。

3. 管理对象复杂,管理方法也应该多种多样

管理科学打破门户之见,广泛吸纳社会学、心理学、计算机科学、法学、经济学、控制论、信息论等各门学科的成就,使管理取得更好的效果,这是系统工程的又一个特点。这个特点是与当代科学在高度分化的基础上又高度综合、互相渗透的趋势相适应的。

综上所述,随着科技、经济和社会的发展,管理实践和管理理论也在不断发展。从"泰勒制"出现以来的近100年里,管理科学的进展主要表现在三个方面:①辩证思维在管理科学中越来越普遍地得到反映;②数学方法的运用在管理科学中进一步深化;③与各学科间彼此横向跨越、相互渗透的趋势相适应,管理科学综合运用其他学科的成果越来越广泛(见图1-3)。到20世纪中叶,这三个方面的进展具体体现在管理思想方法中系统管理理论的形成、定量化技术中的构造运筹学管理数学模型以及管理综合优化方法的确立。这些就构成了系统工程的核心内容。

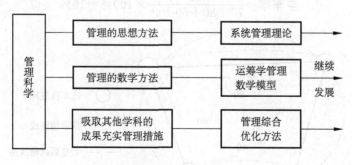

图1-3 管理科学的发展与系统工程示意

（二）系统工程与物流学的对接思路

20 世纪 40 年代兴起的系统工程和运筹学开创了管理科学发展的新阶段。系统工程和运筹学在企业管理领域里与传统的物资流程管理、配送和分销管理相互渗透和对接，是物流在企业管理领域崛起的重要原因之一。系统工程和物流科学在起步阶段就有着紧密的历史渊源。

在对系统工程核心内容及其三个特点分析的基础上，现代物流与系统管理理论、运筹学模型和管理综合优化方法进一步融合，构成了物流系统工程学的理论框架。

物流系统管理理论体现了辩证思维在物流管理中的指导作用；运筹学模型为物流的定量分析提供了有力的工具；综合优化方法为提升物流管理水平和效益，为物流系统工程学广泛吸纳自然科学和社会科学的各种新成果，开启了通畅的门户。

二、物流系统原理与综合优化

（一）物流系统管理理论原则

1. 整体性原则

整体性原则是物流系统管理理论的精髓。整体性原则认为，作为一个系统，首先必须明确作为一个整体所体现的功能，也就是系统的目的性；而系统中各个子系统的功能和它们之间的相互联系都要从系统整体的角度加以协调和控制。例如，某省物流运输企业在物资调运中曾发生如下情况：有甲、乙、丙、丁四县，相距分别为 70 千米、80 千米、60 千米和 40 千米；从甲县供应 A 物资给乙县，从乙县供应 B 物资给丙县，从丙县供应 C 物资给丁县。三个运输队分别驻在甲、丙、丁三县，它们的运输路线如图 1-4 的虚线表示，则三个车队的空车率均为 50%。后来，用整体性原理重新进行规划，把四个县的物资运输看作一个整体，使三个车队依次按照甲→乙→丙→丁转圈进行运输，比如车队在甲县装上 A 物资，运至乙县，卸下并装上 B 物资，再运到丙县，卸下后又装上 C 物资驶向丁县，再从丁县空车驶往甲县，依次顺序作业，将四个县、三个车队的物资调运进行整体安排，运输效率大大提高。

其空车率：

$$空车率＝\frac{40}{70＋80＋60＋40}×100\%＝16\%$$

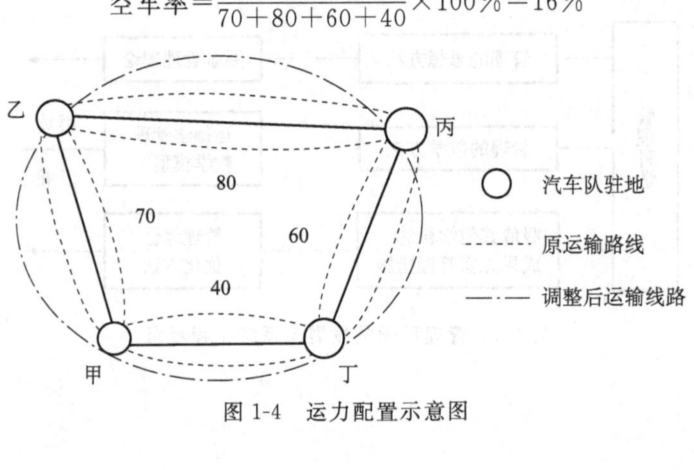

图 1-4　运力配置示意图

整体性原则还要求在评价各子系统功能时,必须以整体目的性为准则。子系统效能很好,但不利于整体目的,虽好而不足取;相反,子系统效能虽低,若有利于整体目的,则可酌情选取。在第二次世界大战中,美国为了对付德国飞机的轰击,在一部分商船上安装了高射炮,但经统计,这些高射炮击落敌机的概率只有4%。当时有人提出装这些高射炮效率很低,应该拆除。但用整体性原则进行分析,商船上装置高射炮这一系统的整体功能是为了保证商船安全运输,击落敌机只是其中高射炮子系统的一个功能。换一个角度进行统计,装置高射炮的商船被敌机击沉率从原来不装时的25%下降到10%,说明高射炮子系统有力地提高了整体功能,是可取的。

据说法国著名雕塑家罗丹,花了整整7年时间终于完成了巴尔扎克雕像,他十分得意。但当他的一个学生说"我从来也没有见过这么奇妙而完美的手"时,罗丹却猛然操起身边的一柄斧子,砍去了那双"完美的手"。他解释说:"这双手太突出了!它们已有了自己的生命,不属于这个雕像的整体了。记住,一件真正完美的艺术品,没有任何一部分是比整体更重要的。"

罗丹的这件残缺的雕像,当时曾遭到官学派的挞伐和抨击,但终于为举世所公认,成为以"神似"而驰名天下的艺术珍品。罗丹砍去雕像那双令人叫绝的"完美的手",对于雕像的局部(手)自然是个不小的损失,但却换来了整座雕像浑然一体的和谐美,从而增强了雕像的整体艺术魅力。罗丹"砍手"这一果断行为以及他所阐明的艺术作品处理局部与整体关系的原则,同样也适用于"管理艺术"。

2. 定量分析原则

物流管理是一项复杂的工作,没有对量的精确了解和研究分析,没有科学的数量依据,就不能掌握基本情况,不能发现矛盾,不能比较优劣、权衡利弊,只能是"以疑决疑,决必不当"。量的分析,离不开数。

在物流管理实践中,有些事物的"质"的量表现较为直接,因而容易把握;有的则表现较为间接,要从错综复杂的量的关系中加以把握。为此,要在联系中、动态中研究量与量的关系。

物流管理随着其发展的深入而越来越多地运用数学是一种必然趋势。这种趋势表现为:①在物流管理中成功地引进了不少数学的概念、范畴,如极值、函数、可行解、集合等;②以数学为基础,发展了许多物流系统分析方法的分支,如功能评价、市场预测、盈亏分析等;③有些新的物流管理方法本身也就是数学方法,如线性规划、库存论等。

3. 反馈控制原则

信息是物流系统的基本组成要素。信息的形式包括数据、报表、文件、图纸和指令等。系统在运转中形成物流,但伴随人流、资金流和信息流。为了达到物流系统设定的目的,首先要使信息的收集及时、可靠、准确,信息畅通。

应用反馈方法进行控制时,一般产生两种不同的效果。如果反馈使系统的输入对输出的影响增大,导致系统的运动加剧发散,这种反馈叫正反馈;如果反馈使系统的输入对输出的影响减小,使系统偏离目标的运动收敛,趋向于稳定状态,就叫作负反馈。控制是管理的一项职能,物流管理是一项非常复杂的活动,因此,反馈的意义更突出。在物流管理过程中,反馈的主要作用就是对执行前一个决策引起的客观变化及时做出应有的反映。

4. 创新原则

一谈起管理,人们往往把它与"守成""循规蹈矩"连在一起。殊不知创新恰恰是现代管理的基本原则之一。在经济全球化和知识经济化浪潮汹涌澎湃的当今,科学技术日新月异,产品生产周期短,更新换代快,市场变化迅速,企业竞争激烈。一个好的物流管理系统只有不断创新,与时俱进,才能不断适应变化的环境,达到预定的目标。

管理学权威彼得·德鲁克说:"管理不是一种官僚的、行政的工作……它必须是一种创造性的而不是适应性的工作。"换句话说,真正的管理人员永远是一个创新者。

5. 管理动力原则

管理必须有强大的推动力,才能使系统的运转持续而有效地进行下去。系统的推动力有物质动力和精神动力两类,正确运用这两类推动力就是管理动力原则。

(二)物流系统综合优化方法

首先,物流系统综合优化方法是观察、分析、解决问题的思维模式。

我们知道,19世纪是科学专业化的时代。当时人们像钻井似地搞研究,各门学科都有许多重大的突破。然而学科越分越细,人们越来越失去了对全局的了解。各学科从不同的领域分别地、割裂地进行探索,不能达到整体地、全面地、综合地认识世界的目的。自然和社会本来是一个整体,知识也应该是一个整体。著名的德国物理学家普朗克说:"科学是内在的整体。它被分解为单独的部门不是取决于事物的本质,而是取决于人类认识能力的局限性。实际上存在着由物理到化学,通过生物学和人类学到社会科学的连续链条。"正如人们的思维在分析之后一定需要综合那样,科学也从分化走向综合。

与当代科学综合化发展的趋势相适应,物流科学也必须进行跨学科的综合研究。一般来说,跨学科综合研究的着眼点在"面"和"整体"上,人们把这种思想方法称为"平面思考"。这种思想方法同专科研究把注意力集中在点上的"垂直思考"有所不同。跨学科的综合研究可以防止科学站在科学本位主义的立场上看待研究对象,犯"瞎子摸象"的错误。同时,通过跨学科的综合研究还有利于发展新的学科。

物流系统工程提倡跨学科的综合研究,也要求专科研究和综合研究、"垂直思考"和"平面思考"相结合。

其次,物流系统综合优化方法也是处理事务的原则和程序,要求在进行物流系统分析时,广泛采用经济学、心理学、社会学、法学、生理学和信息科学等其他学科的方法充实管理措施,达到系统优化的效果。

复习思考题

1. 谈一谈你所认知的物流。

2. 简述物流的重要性。

3. 物流属于第几产业?为什么?

延伸阅读

我国物流管理体制的沿革

随着社会经济发展和时代的变迁,我国物流管理体制经历了一个曲折发展的过程。从 1956 年设立物资供应总局到 2000 年撤销国家国内贸易局,历经 50 年沧桑。

一、1956—1975 年

新中国成立后,百废待兴。除了苏联对我国提供外援外,主要靠我们自力更生建设新中国。生产资料是重要的建设物资,所以,国家采取了计划分配的生产、供给方式。

1956 年 5 月,中共中央、国务院决定成立国家经济委员会,简称"国家经委"。原隶属于国家计划委员会(简称"国家计委")的物资分配综合局、机电产品分配局、重工产品分配局、燃料电力分配局转到国家经委。

1956 年 6 月,为了加强物资管理工作,国务院决定成立物资供应总局,为国务院直属机构,委托国家经委管理,并由国家经委副主任兼任物资供应总局局长。总局下设办公室、物资分配综合局、机电产品分配局、冶金产品分配局、燃料分配局、电力分配局、建材产品分配局和军用物资分配局。

物资供应总局的任务是:

(1) 制定统配物资的分配方针和方法;

(2) 负责编制 342 种统配物资平衡计划和分配计划;

(3) 监督统配物资分配调拨计划的执行。

物资供应总局的名义,对外没有使用,国务院颁发的印章一直封存。

刘少奇在当年召开的党的八届二中全会上指出:"生产资料不是商品,这个观点恐怕还值得研究。"

1958 年 6 月 6 日,国务院进行机构调整,取消"物资供应总局"的名义,保留物资分配综合局、机电产品分配局、冶金产品分配局和燃料分配局,由国家经委领导。

1960 年 5 月 18 日,中共中央批转国家经委党组报送的《关于加强物资管理工作和建立物资管理机构的请示报告》,批准成立国家经委物资管理总局。该总局设金属材料局,管理金属材料的销售工作;设建材局,负责平板玻璃、高级无碱玻璃纤维制品、卫生陶瓷、云母、石膏、石墨、石棉、压电石英、熔炼石英和金刚石 10 种建材的分配。

1963 年 5 月,国务院批准以国家经委物资管理总局为基础,成立国家物资管理总局。国家物资管理总局的主要职责是:全面组织生产资料的经营管理工作;参与编制分配计划。国家物资储备局同年划归国家物资管理总局领导。

1964 年 9 月,中共中央、国务院决定将国家物资管理总局改为中华人民共和国物资管理部,袁宝华为部长。

1970 年 6 月,中共中央批示,撤销物资管理部,并入国家计委物资局。

1975 年 11 月,国务院决定在国家计委物资局基础上成立国家物资总局,为国务院直属局。

二、1976—2000 年

1976 年,我国结束了 10 年"文革"。1978 年改革开放,计划经济体制逐步转向市场经济体制,物资管理体制(物流管理体制)发生了巨大的变化。

1977 年 11 月 10 日,时任国务院副总理的邓小平指出:"物资管理是一个大学问,要懂技术,要有专家。"

1976 年和 1978 年,在国家物资总局的领导下,全国范围内分别开展了"清仓查库"工作和"库存机电产品报废处理"工作。

1982 年 5 月 1 日,国务院决定将原国家物资总局更名为国家物资局,仍为国务院直属局,由国家计委代管改为国家经委代管。

国家物资局的主要职能是:按照国家计委的要求,编制物资平衡分配计划,对国家计委负责;物资的供应调度对国家经委负责;订货会议由国家物资局组织,国家经委、计委参加。

1988 年 4 月 10 日,第七届全国人大一次会议原则批准《国务院机构改革方案》,决定撤销国家物资局,组建国家物资部。

国家物资部是国务院统筹规划和管理全国生产资料流通的职能部门,主要任务是对关系国计民生的重要物资进行综合管理,发展生产资料市场,搞活流通。

1993 年 3 月,第八届全国人大一次会议决定撤销国家物资部和国家商业部,成立国内贸易部,并于当年 7 月 28 日召开了成立大会。

国内贸易部是国务院主管全国商品流通的职能部门,主要任务是:

(1) 深化流通体制改革,培育建设具有中国特色社会主义市场经济体制下的商品流通体系;

(2) 加强宏观调控,推动商品流通社会化、现代化;

(3) 充分发挥国有流通企业和供销合作总社的主渠道作用,更好地为经济建设和人民生活服务。

国内贸易部的主要职能有 13 条,归纳为"规划,管理,协调,监督,服务"10 个字。

1998 年 3 月 5 日,第九届全国人大一次会议审议批准《国务院机构改革方案》,国务院原有的 40 个部门减少为 29 个,其中,国内贸易部改为国内贸易局,由国家经贸委管理。

三、2001 年以后

2001 年 2 月,按照国务院批准的《国家经贸委管理的国家局机构改革和国家经贸委内设机构调整方案》的要求,正式撤销国内贸易局。

经国务院批准,中国物流与采购联合会成立,是国务院政府机构改革过程中设立的中国唯一一家物流与采购行业综合性社团组织。

中国物流与采购联合会的主要任务是:推动中国物流业的发展,推动政府与企业采购事业的发展,推动生产资料流通领域的改革与发展,完成政府委托交办事项。政府授予联合会外事、科技、行业统计和标准制修订等项职能。

(资料来源:中国物流与采购联合会.原物资部(总局、局)大事记[M].北京:中国物资出版社,2009.)

第二章

物流系统分析

第一节　系统和物流系统

一、系统论的基本原理和方法

（一）系统的概念

自然界和人类社会中的事物都以系统的形式存在。我们可以把每个要研究的问题或对象看成是一个系统，人们在认识客观事物或改造客观事物的过程中，用综合分析的思维方式看待事物，根据事物内在的、本质的、必然的联系，从整体的角度进行分析和研究。

1. 系统的来源及定义

"系统"这个词来源于古希腊，有"共同"和"给予位置"的含义。但将系统作为一个重要的科学概念予以研究，则是由奥地利生物理论学家冯·贝塔朗菲提出来的，他认为系统是"相互作用的诸多要素的综合体"。我国著名科学家钱学森认为："系统是由相互作用和相互依赖的若干组成部分结合而成的。换句话说，系统是同类或相同事物按一定的内在联系组成的整体。相对于环境而言，系统具有一定目的和一定的功能性，并相对独立。"

在现实中，很多事物都可以看作系统，如动物的消化系统和神经系统，道路运输的铁路系统和公路系统等；一个工厂可以看作由各个车间、科室、后勤等构成的系统；一部交响乐作品也可以看作由多个乐章构成的系统。虽然人们对系统的定义不尽相同，但系统的本质是一样的。简单地说，系统是由两个及以上相互区别或相互作用的单元有机地结合起来，完成某一功能的综合体。每一单元可以称为一个子系统。系统与系统的关系是相对的，一个系统可以是另一个更大系统的组成部分，而一个子系统也可以继续分成更小的系统。

综上所述，系统的概念包括以下三方面。

1）系统由若干要素组成

组成系统的要素可能是一些个体、元件、零件，也可能其本身就是一个系统（或称之为子系统）。如运算器、控制器、存储器、输入/输出设备组成了计算机的硬件系统，而硬件系统又是计算机系统的一个子系统，它和软件系统等其他子系统共同构成计算机系统。

2）系统有一定的结构

系统的结构是系统内部各组成要素之间的相互依存、相互作用、相互补充和相互制约的方式或秩序，即各要素在时间或空间上排列和组合的具体形式。例如，钟表是由齿轮、发条、指针等零部件按一定的方式装配而成的，但一堆齿轮、发条、指针随意放在一起却不能构成钟表；人体由各个器官组成，各个器官简单拼凑在一起不能成为一个有行为能力的人。

3）系统具有一定的功能

系统的功能是指系统与外部环境相互联系和相互作用中表现的性质和能力。例如，信息系统的功能是进行信息的收集、传递、储存、加工、维护和使用，辅助决策者进行决策，帮助其实现目标。系统的功能与系统的目的性紧密相连，目的性决定系统的功能。

2. 系统的特征

1）整体性

系统的整体性主要表现为系统的整体功能。系统的整体功能不是各组成要素功能的简单叠加，而是呈现各组成要素所没有的新功能，即"整体大于部分之和"。

2）有序性

各要素组成了系统，是因为它们之间存在相互联系、相互作用、相互影响的关系。这个关系也不是简单地相加，而是有可能相互增强，也有可能相互减弱。有效的系统，各要素之间相互补充增强，使系统保持稳定，具有更强大的生命力。而要做到这一点，系统必须是一个有序的结构。

3）目的性

系统具有能使各个要素集合在一起的共同目的，而且人造系统通常具有多重目的。例如，企业的经营管理系统，在限定资源和现有职能机构的配合下，它的目的就是为了完成或超额完成生产经营计划，实现规定的数量、质量、品种、成本、利润等指标。

4）动态性

物质和运动是密不可分的，各种物质的特征、形态、结构、功能及其规律性，都是通过运动表现出来的，要认识物质首先要研究物质的运动，系统的动态性使其具有生命周期。开放系统与外界环境有物质、能量和信息方面的交换，系统内部结构也可以随时间而发生变化。一般来说，系统的发展是一个有方向的动态过程。

5）环境适应性

环境适应性是指系统适应外界环境变化的能力。所谓环境是指系统的外部条件，也就是系统外部对系统有影响、有作用的诸因素的集合。系统和环境之间是密切联系的，系统必然要与外部环境进行物质、能量和信息交换，外界环境的变化必然会引起系统内部要素的变化，系统必须适应环境的变化。

6）边界性

系统和要素都有明确的边界，能够进行区分。由于要素包含于系统之中，所以要素的边界小于系统的边界。同时，系统内不同的要素可能会产生边界交叉，但是不能完全重合，都有各自的不同边界。

（二）系统论的基本原理

在系统论的发展中,贝塔朗菲提出了一般系统论;中国著名科学家钱学森在 1982 年提出了"三论归一"的观点,即信息论、控制论和系统论的共同理论基础是系统论;清华大学教授魏宏森等归纳提出了系统论的八个原理,分别是整体性、层次性、开放性、目的性、突变性、稳定性、自组织性和相似性。

1. 整体性原理

亚里士多德的哲学命题"整体大于它的各个部分的总和"是对系统整体性原理最简洁的阐述。该原理主要包括以下几点内容。

1) 整体由部分组成

整体是由各个部分组成的,各个部分通过集成和一体化过程可以形成一个整体。部分在整体中有两种存在方式:第一种是在整体中保持相对独立性,但与其他部分相互结合;第二种是改变原有形态以后与其他部分相互结合,失去独立性。

2) 整体是各部分的有机构成

一个整体,如果将其分成各个不同的部分,整体就消失了。因此,整体是由部分有机构成的,部分之间存在相互协调、相互关联、密不可分的有机关系。

3) 独立存在的部分可以通过一体化过程形成整体

独立存在的部分形成整体的一体化过程,实质上就是按照整体的要求,实现规定部分的功能,实现部分的时空排列,在规定的时空范围内发挥部分的功能,构造部分之间的相互关系等。

4) 整体与部分之间存在复杂关系

整体与部分之间至少存在整体大于部分之和、整体等于部分之和以及整体小于部分之和的三种典型关系。

物流系统是一个整体。利用系统的整体性原理可以帮助我们深入研究物流系统的特征,并为物流系统的设计提供理论依据。由于部分相互作用的方向不同,部分相加后出现的结果也不一样,在物流系统的构成中,应尽量消除部分之间的相互制约和反向影响,使部分形成相互协调的整体,这样形成的物流系统的功能一定大于各部分的功能。

2. 层次性原理

由于系统的组成要素在数量和质量以及结合方式等方面存在差异,使得系统中的要素在地位与作用、结构与功能上表现出等级秩序,形成具有质的差异的系统等级,系统的这种层次性是系统的一种基本特征。

1) 层次具有无限性

系统是由不同层次的要素组成的,按照唯物论的观点,系统的层次是无限可分的。

2) 层次具有相对性

系统相对于它所包含的要素而成为系统,对于比它更高层次的系统来讲,系统又是要素,所以系统和要素是相对的。

3）层次具有多样性

系统可以按照不同的属性、特征或者目的划分层次。同样，为了达到一定的目的，可以按照一定属性、特征等对系统的层次进行重新划分。虽然这种划分不能改变系统要素本身的客观存在，却能使我们对系统有更全面的认识。

3. 开放性原理

系统具有不断与外界环境交换物质、能量、信息的性质和功能，系统与环境的这种交换关系就是系统开放性的表现。

由于系统具有层次性，系统是对于系统内的要素而言的，一个系统的外部环境是另一个高一级系统的内部环境。说系统要开放，从更高层次上讲，就是系统内部要素要产生联系。如果一个部分与系统的其他部分没有联系，说明它不是系统的一个部分，它就没有功能，因为功能就是对环境的影响，这样的系统实际上是无法存在的。

保持系统开放的关键是要设计好系统与环境的接口。这个接口应该既能保持系统与环境的动态交换，同时又能保持系统本身的整体性；既能够有利于系统从环境吸取必要的物质、能量和信息，同时又能保证系统本身的有用物质、能量和信息得到控制和保护。

4. 目的性原理

系统在与环境的相互作用中，在一定范围内其发展变化不受或少受条件变化的影响，坚持表现某种趋向预先确定的状态的特征，这就是系统的目的性。

系统的目的是通过系统对环境产生的功能而实现的。任何系统都必须通过功能来达到目的，因此设计一个系统时，应该事先确定系统的目的，然后根据这些目的设计系统应该具有的功能，再根据要实现的功能来确定系统的结构。系统功能的设计要受系统目的的制约，系统功能必须满足目的要求。

系统目的性原理的关键是要合理确定系统的目的。一个系统有多个目的，这些目的本身需要协调和优化，因为系统的目的最初可能是自相矛盾的，但最后必须归为统一，让系统的目标一致起来；同时，还要对系统所包含的要素的目的进行优化。

除了以上四个原理外，系统论还提出了突变性原理、稳定性原理、组织性原理、相似性原理。这些原理与系统论的五个规律共同构成系统论的核心内容。

5. 突变性原理

系统失稳而发生状态变化是一个突变过程，是系统质变的一种基本形式；系统发展过程中存在分叉而且突变方式很多，使系统质变和发展也存在多样性，这就是系统的突变性原理。

6. 稳定性原理

系统的稳定性原理是指在外力作用下，开放系统具有一定的自我稳定能力，能够在一定范围内进行自我调节，从而保持和恢复原来的有序状态及原有的结构和功能。

系统的稳定性是相对的，不是绝对的。系统的稳定性表现在两个方面：①系统整体和系统局部存在稳定的矛盾性，或是系统整体稳定，但局部不稳定；抑或是系统整体不稳定，但局部稳定；②系统的稳定性是不断发展中的稳定性，由于某些因素发生变化会打破原来系统的稳定状态，但经过系统的自我调节，最终使系统进入新的稳定状态。

7. 自组织性原理

系统的自组织性原理是指一个系统在内在机制的驱动下,自行从简单向复杂、从粗糙向细致方向发展,不断地提高自身的复杂度和精细度的过程,即系统从无序向有序、从低级有序向高级有序发展的过程。

8. 相似性原理

系统的相似性原理是指系统具有同构和同态,即系统的结构功能、存在方式和演化过程具有共同性,这是一种有差异的共性。

（三）系统科学的一般性研究方法

运筹学集中体现了系统科学的方法。系统科学继承了从古希腊以来人类科学研究积累的许多方法,但令人惊异的是,系统科学的科学家发明了线性不等式这个独特的工具,通过联立的线性不等式表达系统要素之间的相互关系,通过对一个可以变化的目标函数就极大值或者极小值,寻求系统要素之间在量上的最优配合。科学家们还创造了其他一些理论,比如图论、网络理论、博弈论等解决涉及复杂的系统要素关系的最优化问题。系统科学采用的一般研究方法可以归纳为表 2-1。

表 2-1 系统科学的一般性研究方法

研 究 方 法		特 征
分析与综合	分析	从一般到特殊,从抽象到具体,由表及里
	综合	从特殊到一般,从具体到抽象,由里及表
归纳与演绎	归纳	从现象到本质,从内容到形式
	演绎	从本质到现象,从形式到内容
实证与规范	实证	解决"是什么"的问题,判断式
	规范	解决"应该是什么"的问题,命令式
模拟与仿真	模拟	通过概念、实物及模型等方式还原对象
	仿真	将实物、模型等方式用计算机或其他手段还原对象

二、物流系统

随着经济的不断发展,物流系统经历了手工物流系统、机械化物流系统、自动化物流系统,并正向集成化物流系统、智能化物流系统逐步发展。物流是将正确的物品,在正确的时间以正确的顺序送到正确的地点,所以物流系统是指在一定的时间和空间里,由所需位移的物资、包装设备、装卸搬运机械、运输工具、仓储设施、人员和通信联系等若干相互制约的要素所构成的具有特定功能的有机整体。物流系统的目的是实现物资的空间效益和时间效益,在保证社会再生产进行的前提条件下,实现各种物流环节的合理衔接,并取得最佳的经济效益。

（一）物流系统的特点

1. 物流系统是一个"人机"系统

物流系统是由人和形成劳动手段的设备、工具所组成的。它表现为物流劳动者运用运输设备、装卸搬运机械、仓库、港口、车站等设施，作用于物资的一系列生产活动。在这一系列的物流活动中，人是系统的主体。因此，在研究物流系统的各个方面问题时，要把人和物有机地结合起来加以考察和分析。

2. 物流系统是一个大跨度系统

在现代经济社会中，企业间的物流经常会跨越不同的地域，国际物流的地域跨度更大。物流系统通常采用存储的方式解决产需之间的时间矛盾，其时间跨度往往也很大。物流系统的大跨度使其管理方面存在很大难度，也加大了对信息的依赖程度。

3. 物流系统是一个可分系统

无论规模多大的物流系统，都可以分解成若干个相互联系的子系统。这些子系统的多少和层次的阶数会随着人们对物流系统的认识和研究的深入不断深入、不断扩充。系统与子系统之间，子系统与子系统之间，存在着时间和空间上及资源利用方面的联系，也存在总目标、总费用及总运行结果等方面的相互联系。

4. 物流系统是一个动态系统

物流系统一般联系多个生产企业和用户，随着需求、供应、渠道、价格的变化，系统内部的要素及系统的运行也经常发生变化。物流系统因受到社会生产和社会需求的广泛制约，必须是具有适应环境能力的动态系统。为适应经常变化的社会环境，物流系统必须是灵活、可变的。当社会环境发生较大变化时，物流系统甚至需要进行重新设计。

5. 物流系统是一个复杂系统

物流系统运行的对象是多样化的社会物资资源，其多样化带来了物流系统的复杂化。同时，在物流活动过程中伴随着大量的物流信息，物流系统需要通过这些信息把各个子系统有机地联系起来。收集和处理这些物流信息，使之正确地指导物流活动，是一项复杂的工作。

6. 物流系统是一个多目标系统

物流系统的总目标是实现经济效益，但其系统内部要素间存在"二律背反"现象，要同时实现物流时间最短、服务质量最佳、物流成本最低这几个目标几乎是不可能的。在物流系统中广泛存在相互矛盾的要素，要系统顺畅运行的同时满足客户的需求，就要建立多目标函数，使系统在多目标运行中达到物流效果最佳。

（二）物流系统的目标

物流系统的目标是获得宏观和微观经济效益。物流系统的宏观经济效益是指物流系统作为一个子系统，对整个社会流通及国民经济效益的影响。一个物流系统的建立，不能破坏母系统的功能及效益，同时要考虑对社会其他方面发生的影响。物流系统的微观经济效益是指该系统本身在运行活动中所获得的企业效益,其直接表现形式是这一物流系统通过组织"物"的流动,实现本身所消耗与所获得的合理比例。系统运行稳定后,主要表现为企业通过物流活动所获得的利润,或物流系统为其他系统所提供的服务。

建立和运行物流系统时,要以宏观和微观两个经济效益为目的。具体来讲,物流系统要实现以下目标。

1. 服务

物流系统的本质是要以客户为中心,提供优质的服务,包括对客户需求的及时、快速响应。物流系统不断地优化改进,其最终目的就是提高服务的水平和质量。

2. 低成本

在物流领域中除流通时间的节约外,由于流通过程消耗大但又基本上不增加或不提高商品的使用价值,所以依靠节约降低投入是提高相对产出的重要手段。在物流领域里推行集约化经营方式,提高物流作业的能力;采取各种节约、省力、降耗措施,实现物流成本的降低。

3. 规模优化

由于物流系统比生产系统的稳定性差,因而难以形成标准的规模化模式,获得规模效益较困难。在物流领域以分散或集中的方式建立物流系统,研究物流集约化的程度,就体现了规模优化这一目标。

4. 库存控制

库存控制既是及时性的延伸,也是降低物流成本的要求,关系物流系统经济效益的实现。物流系统通过库存保证对需求的满足,从而创造一个良好的社会外部环境。同时,物流系统又是国家进行资源配置的一环,系统的建立必须考虑国家资源配置、宏观调控的需要。在物流领域中正确确定库存方式、库存数量、库存结构、库存分布就是这一目标的体现。

要提高物流系统化的效果,就要把从生产到消费过程的货物量作为一贯流动的物流量看待,依靠缩短物流路线、物流时间,使物流作业合理化、现代化,从而实现物流系统的目标。

(三)物流系统的构成

物流系统是由人、财、物、设备、信息和任务目标等要素组成的有机整体,其要素如下。

1. 功能要素

物流系统功能要素指物流系统所具有的基本能力,这些基本能力有效地组合、联结在一起,以完成物流系统的目标。物流系统的功能要素主要包括:运输、储存保管、包装、装卸搬运、流通加工、配送、物流信息。

2. 支撑要素

物流系统处于复杂的社会经济系统中,物流系统的建立需要有许多支撑手段,要确定物流系统地位,以及要协调与其他系统的关系,这些要素必不可少。物流系统的支撑要素主要包括体制、制度,法律、规章,行政命令和标准化系统等。

3. 物质基础要素

物流系统的建立和运行,需要有大量技术装备手段,这些手段的有机联系对物流系统的运行有决定意义,这些要素对实现物流系统运行有决定意义。

这些物质基础要素包括以下几种。

物流设施包括物流站、货场、物流中心、仓库、公路、铁路、港口等。

物流装备包括仓库货架、流通加工设备、运输设备、装卸搬运机械、分拣设备等。

物流工具包括包装工具、维护保养工具、办公设备等。

信息技术及网络,根据所需信息水平的不同,包括通信设备及线路、传真设备、计算机及网络设备等。

组织及管理是物流网络的“软件”,起连接调运、协调、指挥物流系统各要素的作用,以保障物流系统目的的实现。

4. 流动要素

物流系统从“流”的角度分析,每个物流业务都可以分解为 5 个要素的结合,即流体、载体、流量、流向和流程。如果抽象掉物流对象的具体特征,则主要有:是何流体、由何为载体、由何机构组织这一物流活动,只研究优化这种“一般物流”的方法和技术。

5. 网络要素

本质上讲,任何物流系统都是一个开放的网络,而网络要素是由结点和结点间的连线组成的。物流网络中的结点是指物流过程中供流动的商品储存、停留以便进行相关后续作业的场所,如工厂、商店、仓库、配送中心、车站、码头等。这些结点有的功能较单一,其物流业务也比较单一,比较适合进行专业化经营;有的结点具有两种以上的物流功能,是复合功能的结点,如周转型仓库、港口、车站、集装箱堆场等,具备配套的基础设施,一般处于物流过程的中间;而有的物流结点物流功能齐全,具备庞大、配套的基础设施及附属设施,具有庞大的吞吐能力,对整个物流网络起着决定性和战略性的控制作用,成为枢纽结点。枢纽结点一般处于物流过程的中间。从系统的角度说,同样的结点和连线,因其连接方式不同,物流系统的功能将有很大的差异。系统的方法将结点、连线有机结合起来,形成的物流网络是联系的、动态的。结点和连线之间的联系也是物流网络的要素之一。

第二节 物流系统分析的概念和原则

一、物流系统分析的基本概念

物流系统分析是指从物流系统的整体利益出发,根据系统的目标要求运用科学的分析工具和计算方法,对系统目标、功能、环境、费用和效益进行充分的调研、收集、比较分析和数据梳理,并建立若干备选方案和必要的模型,进行系统仿真实验,比较分析和评价实验结果等,将取得的综合资料提供给决策者使用。

系统分析方法要求把复杂、多层次、运动着的事物的若干构成因素看成一个整体,把它的各个组成部分有机地联系起来进行分析,不仅是定性地而且主要是定量地确定它们之间的相互关系,从而明确目标,选择最优的对策。

系统分析的目的是为了设计最合理、最优化的系统。通过系统分析拟订方案的费用、效益、功能和可靠性等各项技术经济指标,为决策者提供依据。在系统分析的基础上,对各种因素进行优化,逐级协调各组成部分之间的关系,并有机地综合起来形成一个各部分能巧妙结合、协调一致的最优系统。

二、物流系统分析的实质

物流系统分析作为一种决策的工具,其主要目的在于通过分析,比较各种替代方案的功能、费用、效益和可靠性等各项技术、经济指标,为决策者提供直接判断和决定最优方案的信息和资料。

物流系统分析把任何研究对象均视为系统,以系统的整体最优化为工作目标,并力求建立数量化的目标函数。

物流系统分析强调科学的推理步骤,使所研究物流系统中各种问题的分析均能符合逻辑的原则和事物的发展规律,而不是凭主观臆断和单纯经验。

应用数学的基本知识和优化理论,从而使各种替代方案的比较不仅有定性的描述,而且基本上都能以数字显示其差异。至于非计量的有关因素,则运用直觉、判断及经验加以考虑和衡量。

通过物流系统分析,使得待开发物流系统在一定的条件下充分挖掘潜力,做到人尽其才,物尽其用。

三、物流系统分析的原则

(一)整体性原则

系统分析的一个基本思想就是要把所研究的对象看作一个有机整体,以整体效益为目标。工业发达国家都在探索实现物流一体化、发挥物流综合功能的途径,这就需要依照整体性原则进行系统分析,才能发挥物流综合功能,实现物流活动整体优化。

(二)层次性原则

任何一个系统都是由一定要素组成的整体,一方面,这些要素是由其下一层要素组成的子系统;另一方面,该系统又是更大系统的构成要素。如此相互包含的关系就构成了系统的层次性。运用系统分析方法研究物流问题,要注意整体与层次、层次与层次间的相互制约关系。

(三)结构性原则

组成系统的要素间都有一种相互结合的存在方式,这种要素间的相互结合的状态,构成了系统赖以存在和运行的结构系统。探讨物流系统目标最优化时,必须注意组成物流系统的各要素之间的结构方式及这种结构方式对物流系统整体的作用和影响,并根据物流系统的整体功能要求进行物流活动诸要素的结构设计，以便有效地满足物流系统的整体要求。

（四）相关性原则

系统和系统之间、系统各要素之间、系统和要素之间是相互联系、相互作用的，具有相关性特点。在运用系统分析方法研究物流系统时，一定要注意这种相关性。例如，整个国民经济和物流系统的相互联系和相互作用，不仅是研究物流系统时首先遇到的问题，而且也是物流系统发展的真正原因。

（五）目的性原则

人们建立系统总是处于某种需要，是为了达到预期的目的。因此在进行系统分析时，应把物流系统看作具有一定发展规律和趋势的系统，并在尊重客观规律的前提下确定物流系统应达到的目标。

第三节　物流系统分析的要点和步骤

一、物流系统分析的要点

（一）物流系统分析的常见问题

1. 物流系统"5W1H"分析

物流系统分析应注意运用逻辑思维推理的方法，在分析时往往要通过追问一系列的"为什么"而使问题得到圆满的解答。在整个系统分析过程中应回答"干什么（What）""为什么干（Why）""何时干（When）""何处干（Who）""谁来干（Where）""如何干（How）"等问题，称为"5W1H"分析。

假设需要开发某个物流系统项目，首先要设定问题，采用自问自答的方式，才容易抓住问题的要点，见表 2-2。

表 2-2　系统分析要点一览表

项　　目	为什么	应该如何	对　　策
目的对象	为什么提出这个问题？ 为什么从此人手？	应提什么？ 应找哪个？	删除工作中不必要部分
地点时间人	为什么在这里做？ 为什么在这时做？ 为什么由此人做？	该在何处做？ 应何时做？ 应由谁做？	合并重复的工作内容，要考虑到重复组合
方　　法	为什么这样做？	如何去做？	使工作简化

"5W1H"分析法可以应用在物流系统开发的各个阶段，需要解决的问题应从宏观角

度逐渐转移到微观角度,由浅入深,由大变小,有粗变细。

2. "5W1H"分析法的应用

沿海某省拟建设核电厂,用"5W1H"分析法分析如下。

(1)建什么? 在初期研究建设项目时,面对几个(2个以上)项目,要做出选择,就是所谓的"干什么",即建设核电厂的可行性研究分析。

(2)为什么建? 即建设核电厂的理由。自产能源少,主要依靠进口油和煤发电;能源价格受国际经济和政治环境影响大;获得廉价的电力;减少环境污染。

(3)何时建? 电力工业为先行官,省内经济要发展,建设核电厂刻不容缓。

(4)何处建? 要考虑避开地震区、断裂带和流沙区,有足够冷却水,远离人口稠密的中心地区,尽量接近用电地区等因素,以省内北部沿海为宜。

(5)承建单位? 由沿海某省电力公司负责,并请工程顾问公司提供各种技术方案的咨询服务工作。

(6)如何建? 工程进度应服从十年发电规划,具体技术细节须由工程顾问公司作进一步研究后再提出。

(二)物流系统分析的适用范围

物流系统分析的适用范围很广,它主要研究如何使物流系统的整体效益达到最优化。一般来说,越是重大而复杂的问题,越需要进行物流系统分析。在经济管理中,主要有以下几方面的应用。

1. 制定经济发展规划、计划

对于各种资源文件、统计资料、生产经营目标等,首先运用规划论的分析方法寻求优化方案,然后综合其他相关因素,在保证物流系统协调一致的前提下,对物流系统输入和输出进行权衡,从这些优化方案中选择一个比较满意的规划和设计方案。

2. 重大物流工程项目的组织管理

对于工程项目的各个部分,运用网络分析的方法进行全面的计划协调和安排,以保证工程项目的各个环节密切配合,保质保量地如期完成。

3. 厂址选择和建厂规划

新建一个工厂应对各种原材料的来源、技术条件、交通运输、市场状况、能源供应、生活设施等客观条件与环境因素,运用物流系统分析的方法论证技术上的先进性、经济上的合理性、建设上的可行性,以选择最佳的建设方案。

4. 组织企业的生产布局和生产线

在生产组织方面为满足人员、物资、设备等各种生产设施所需要的空间,进行最佳的分配和安排,并使相互间能有效地组合和安全地运行,从而使工厂获得较高的生产效率和经济效益。

5. 编制生产作业计划

可以运用投入产出分析法,搞好各种零部件的投入产出平衡与生产能力平衡,确定最合理的生产周期、批量标准和在制品的储备周期,并运用调度管理安排好加工顺序和装配线平衡,实现准时生产和均衡生产。

6. 新产品开发

设计新产品时,应对新产品的使用目的、技术结构、用料、价格等因素进行价值分析,以确定该产品最适宜的设计性能、技术结构、用料选择和市场接受的价格水平。

二、物流系统分析的步骤

(一)物流系统现状分析

在现实物流系统分析中,只有对物流系统的现状进行详细分析才能反映系统存在的问题,才能找到解决问题的具体方案。在刚开始进行物流系统分析时,可能会觉得十分复杂,但是无论多复杂的物流系统都可以从三个方面进行分析:①物品实体的实际流动;②支撑物品实体移动的信息流和信息系统;③控制整个物流系统的组织和管理结构。

在物流系统现状分析过程中,同等重要的就是要确定决策者对整个物流系统的态度。各种研究结果显示,决策者对改善物流系统的理解和支持是成功的必要因素。在知晓内部因素和外部因素相结合的原则之后,不仅要对物流系统内部现状进行分析,对物流系统有相互作用和相互影响的外部环境的现状也要进行分析。

(二)明确问题,划定问题的范围

知道存在什么问题往往比能解决已知的问题更困难。对于物流系统分析而言,找出问题是一切分析活动的起点。首先要明确需要解决的问题、问题的性质、重点和关键所在,在此基础上恰当地划定问题的范围和边界,有助于了解问题的历史、现状和发展趋势,对物流系统的认识和理解更加深入,从而使后续工作获得可靠的起点和实际意义。本阶段的任务是阐明问题、划分系统和环境、提出问题的边界和约束条件。

(三)确定目标

必须有明确的目标,物流系统分析才会随之有正确的方向。对于任何一个系统,目标必须尽量符合实际,避免过高或过低。明确可行的目标比含糊夸大的目标更容易实现,行为主体也更有动力实现目标。目标有数量和质量的要求,因为它常作为衡量标准。目标通过一些指标表达,而指标则是衡量目标达成的尺度。由于系统功能具有多样性,必然存在多个目标。

(四)收集资料,确定可行方案

在确定目标之后,就要对问题进行全面、系统的研究。而资料收集是物流系统分析的重要一步,分析的正确性离不开数据的精确性。因此,要广泛全面地收集历史的、现在的相关数据和信息,尤其是系统各要素相互联系、相互作用、相互依赖的资料;着重弄清在物流系统中占重要地位的内部和外部因素的特点、规律和联系。在分析整理资料的基础上,利用各种方法和技术开发研究提出可行方案。备选方案的好坏在一定程度上决定了最终方案的优劣,关系整个系统分析工作的质量。

(五)建立模型

通过寻找能够说明系统功能的主要因素及其相互关系,可以建立模型;应用模型可以对不同方案进行定量分析和模拟,为选择最优方案提供依据。实际上,物流系统分析的每一个阶段都要建立模型,而针对不同的目的和要求,应建立不同的模型。因此,模型一般应满足以下几项要求:

(1) 能明确地反映事实和状况;

(2) 即使主要的参量发生变化,所分析的结果仍然具有说服力;

(3) 能探究已知结果的原因;

(4) 能够分析不确定性带来的影响;

(5) 能够进行多方面、全方位的预测。

(六)评价备选方案

评价备选方案就是根据模型和其他资料所获得的结果,运用已确定好的评价准则,对各个可行方案进行定性和定量的综合分析,显示每一个方案的利弊得失和效益成本,从而获得各方案的综合评价结论。在备选方案评价过程中,一个重要的方面是实施方案的可行程度和有关单位接收该方案的可能性。

值得注意的是,物流系统分析是一个在信息反馈的基础上不断反复、不断调整的过程,即使问题分析完成之后,也需要对解决问题的全过程进行综合分析,为解决新的问题提供可借鉴的经验。

物流系统分析作为一种决策工具,是物流系统建模、优化、仿真、控制的前提和基础,其主要目的在于为决策者提供有效的信息与资料,便于他们做出正确的决策。通过物流系统分析,可以在一定条件下充分发掘物流系统的潜力,实现人尽其才、物尽其用的系统优化目标。

第四节　物流系统分析方法

人们认识事物的主要任务是了解事物的内部组成要素、组成形式即结构、要素内部关系以及事物之间的关系。因此,了解事物就要从整体性出发,再深入这个整体了解整体中的内部奥秘。可以看出,人们试图将一个整体拆分开来看个究竟,这就是分析。由于分析方法已得到广泛应用,所以它已经成为科学方法的代名词。实际上,科学研究的方法绝对不能只是分析,只不过很多人在讲分析时,实际上采用的方法可能是综合、归纳、推理等,他们用分析指代了其他各种研究方法。当进行系统研究时,使用的方法除了分析和综合外,还包括归纳、演绎和推理等。科学的物流系统研究方法对正确进行物流系统设计和规划具有重要意义。

所有分析方法均可归为三个类别:调查类、假设类、实验类。

一、调查类分析方法

调查是分析过程的开始,采用调查、统计的方法获得物流系统部分样本的状况,再利用分析、综合、推理等方法推断出物流系统总体,以获得对物流系统的深入认识。调查为分析提供原始数据和第一手资料,调查是在现场实地进行的,是在进行具象和枚举。例如,在制定城市交通发展规划时,一般要进行交通路线起始点交通流量调查,此调查必须在运输路线上进行实地和现场计数,并且往往要在多条路线上进行这样的工作。调查的对象很具体,调查的内容和要求也都具体化。分析则是在进行抽象和归纳。例如,分析人员主要通过交通流量调查掌握的信息和自身对分析的问题的理解,找出城市交通的一些规律,如找到交通流量在时间上的分布规律,或者找到流向上的分布规律,再通过脑力劳动得出一些对城市交通调整和交通规划有很具体的指导作用的结论。这些结论的获得必须靠抽象和归纳,这项工作需要一人或多人合作完成。

通过分析,可以从调查数据和事实中发现物流系统的内在结构和关系的本质。但如果不经过调查,就凭空进行分析、综合、演绎和推理,得出的结论如不回到实践中经过检验,就不可置信。

调查类分析方法很多,按照调查分析的组织方式,可以分为统计报表调查分析、普查分析、抽样调查分析、重点调查分析、典型调查分析;按照所取得的用于调查分析的数据的类型,可以分为定量调查分析和定性调查分析。以下将调查分析分为问卷调查分析类、现场调查分析类、访谈调查分析类和文献调查分析类。

(一)问卷调查分析

此类方法以问卷为基础,将所要收集的信息和数据以问卷和表格的形式发放给被调查者,按照统一的方式进行回收。问卷设计是物流系统问卷调查的第一步,通过问卷调查可以得到第一手资料。好的物流系统分析人员应该能够设计出好的物流系统调查问卷。

1. 问卷提问的类型

问卷中的提问一般有两种类型:开放式提问、封闭式提问。开放式提问的答案没有任何限制,需要答卷者给出一个实际发生的数值;封闭式提问将所有可能回答的问题分成几个等级,由答卷者从中选择一个等级。

2. 问卷设计时要注意的问题

(1)明确调查目的。即要明确所需要收集的数据和从何时收集、到何地收集等。

(2)确定需要收集的信息。有经验的问卷设计师一般都首先确定最终物流系统分析报告的提纲,然后根据这些提纲确定需要通过问卷收集的数据,据此设计要问的问题以及答卷者回答问题的方式。

(3)明确调查对象。物流系统的可调查对象非常广泛,不同调查对象的文化水平、年龄层次、工作性质及对问卷调查的配合程度不同,因此需要采用不同的抽样方式确定样本、问卷发放及回收方式,需要采用不同的措辞和提问方式,需要不同结构的问卷,需要不同长短的问卷等。但是,好的问卷应该使所有人都明白要问的问题和要收集的数据到底是什么。

(4)明确问卷发放和回收形式。问卷一般可以通过邮寄、电子邮件、传真、电话或人工的方式发送和回收,问卷的长度、问题的难度、问题的敏感程度等对问卷的发放和回收有影响,同时预算不同,也可以决定不同的问卷形式。

(5)恰当的措辞。一方面要针对调查对象确定用语和措施的风格;另一方面应尽量使用明了、简单的短句,问题不要含有感情色彩或文学色彩,少用形容词。

(6)有答卷者受益宣示。除了在问卷扉页注明调查名称、调查目的、调查方法、调查单位、联系人、联系方式等外,还应就答卷者受益情况、调查资料使用途径、答卷者个人及问题隐私保护政策等进行说明。

(7)易于统计分析。问卷的设计是否科学还看是否能够在问卷回收后得出一些定量的结论,因此,好的问卷应该有办法对各类答卷人员的回答进行统计分析。为了更加准确地推断总体,应尽可能增加样本数量,但是这受到调查预算的制约。

(二)现场调查分析

现场调查分析是由调查人员深入到现场实地调查取样、采集数据,并对数据进行分析的方法。调查人员到现场进行调查是获得对物流系统直观认识最直接的手段。

现场调查类分析方法主要包括强制性检查、街头拦截式调查、入户调查、跟踪式调查、现场定点计量、盘点、考察、观测、观察等。

在以下情况中可以采用这种调查分析方法。

(1)当实地调查分析这一环节包括在持续进行的物流系统运作过程中时。例如,海关必须对通关的商品在指定的地点进行实地抽样开箱检查,入库商品必须在现场进行抽样调查,这时调查本身已经成为物流系统运作过程的一部分作业内容,调查工作必须在现场进行,不能采取问卷的方式。

(2)当数据来源于现场流动的流体和载体时。如要进行物流系统的流量调查,如果这些流动的信息不能自动地生成,必须利用专用的工具来人工或自动收集流体和载体的信息。有些调查可以通过人工进行,如在高速公路收费站入口处对通过车辆进行计数,对车辆及货物信息进行采集等,这些调查可以通过人工完成。有些现场调查工作是自动完成的,比如 GPS 卫星定位系统自动对载体或流体进行跟踪调查。无论调查、取证、数据采集是通过人工完成还是自动完成的,对调查数据的分析、根据分析结果提出对策、根据对策采取行动都必须通过人工来完成。

(3)当需要时点数据时。如果需要对持续不断流动的流体和载体进行调查,以了解总体情况时,必须设法"断流",以取得时点数据,比如停业盘点就是这样。

(4)当需要个别情况时。例如,为了对供应链物流系统中的制造环节的物流进行重点调查时,必须深入制造现场采集物流数据。

(5)当需要进行比较分析时。与标杆进行比较是20世纪80年代以来在欧美等发达国家非常流行的一种管理方式。为了利用这种方式进行管理,增强自身竞争能力,就必须知道标杆的情况。因此,我国物流界在国内外的考察活动就蓬勃兴起。20世纪90年代开始,中国各省市每年都派出很多代表团到发达国家考察物流,这也是一种调查方式。通过出国考察,可以更直观地了解国外物流系统的现状,然后与自身情况进行比较,找出差距,明确努力方向。

(三)访谈调查分析

访谈调查分析是指通过与被访问对象面对面进行深度问答的方式进行调查,并根据访谈结果对所调查的问题进行分析的方法。

访谈类调查分析方法很多,如专家意见法、头脑风暴法等。

在以下几种情况中可以采用访谈调查类方法:当原创性数据或观点来源于一个特定的专家时;当需要向专家求证或者请专家评点时;当需要比较不同意见或观点时;当需要通过启发得到新观点时。

(四)文献调查分析

文献调研作为一种调查分析方法在经典的学术研究中占有重要地位。文献是前人研究成果的总结,通过研究文献,可以确知在本领域人类已经明确和不明确的认知范围,可以继续前人的研究,提高研究效率,减少重复研究。

可以采取的文献研究类方法包括经典著作研究、学术流派研究、专题文献比较研究、专题文献综述研究等。

二、假设类分析方法

假设类分析方法是基于假设对事物进行分析的方法。在物流系统分析中,经常使用假设类分析方法。比如,目前比较流行的观点认为,中国物流成本占 GDP 的比重为 20%左右。这个 20%是根据一些专家或一些组织的观点得出的,至今仍然无法得到这20%的计算方法。由于中国物流成本的统计信息是不可得到的,因此,只能根据部分来推断总体,而根据推断的数据计算的这个比例自然就带有强烈的假设性质。据此,可以认为这个 20%是一个需要进一步观测、研究的经验数据。不过,即使这只是个经验数据,因为它最初出自世界银行的研究报告,也就带有一定的权威性,它是具有一定权威性的假设。

(一)假设的意义

科学发明和科学创造从构造假设开始。人类从蛮荒时代走到今天,一直在假设中度过,总有人提出假设,而假设也在不断地被证实或证伪。人类在这种不断延续的过程中磨炼了意志,增加了智慧。实际上,假设尤其是科学合理的假设具有重大的科学意义。正是因为有了假设,人们才知道地球不是像亚里士多德假设的那样是宇宙的中心,而是太阳;哥白尼假设的太阳是宇宙的中心已被天文观测所证实。科学家应该提出假设,政府官员也可以提出假设,企业管理者应该提出假设,教育工作者也要提出假设,因为人们要面对很多还不认识的,或者认识还不清楚的事物作决策,不可能等到所有问题全部认识清楚再作决策,所以,实际上每个人都需要作假设。不同的是,科学家的假设对推动科学的发展更有意义,而管理者的假设对经济社会的日常组织、运行和管理更有意义。

在物流发展初期,大胆进行科学假设非常必要。而根据科学规律、科学假设、科学理论之间的关系可以看出,科学假设提出的前提是对物流系统进行一定的观测、实验,在此基础上进行脑力劳动,比如分析、归纳、综合、推理、类比等,创造性地提出假设,然后再通过观测、实验对假设进行证实或证伪,经过大量科学观测、实验证实的假设就可上升为理论。

调查类分析方法为假设类方法的应用提供了支持。假设类分析方法的应用是以观测为基础的,而观测是调查类分析方法中的重要方法,所以,调查类分析方法是假设类分析方法的应用基础。

(二)假设的种类

假设以判断的方式表现出来。根据目的、形式、内容等的不同可将假设分为不同种类。

1. 按假设的表达方式分

按表达方式,假设可分为暗示假设、明示假设。

1）暗示假设

暗示假设指没有明确表达,但是已经作为常识,且被广泛认同的假设。人类的智能绝大部分都是天生的,智慧则是利用智能在长期的实践中学习和积累得来的经验、教训、知识、常识等。在这里,很多通过感悟而得到的智慧都没有明确地表达出来。感悟本身就是一种假设。感悟的结果形成了判断,判断可能又会形成新的假设。这些假设就是暗示假设。

暗示假设举例:如果货物要走空运,就要把货物先运到飞机场,再装上飞机。

2）明示假设

明示假设指已经科学观测或科学实验证实的,且用书面语言明确表达的假设。明示假设具有更重要的科学意义,因为它的含义明确,可以更为准确地进行传播,这样可以被更多的人引用,从而便于研究。多掌握一个明示假设,就多增加一些知识。被证实的假设是人类的智慧。但是,每一个明示假设的提出、证实或证伪都需要经过很多人在很长的时间内花费很高的成本进行观测、实验,到现在为止,哥德巴赫猜想依然还是一个明示假设;人们还不知人最初从何而来;人们也不知道其他星球上是否还有像人类这样的动物。但人们可以假设月球上有生物。为了验证这个假设,1969 年 7 月 20 日,美国宇航员阿姆斯特朗乘"阿波罗 11 号"宇宙飞船到月球上进行了实地考察,结果发现月球没有生物存在的迹象,因此,假设被证伪。在证伪的同时也有被证实的东西,即月球上没有生物,月球上有干冰!现在"月球上没有生物""月球上有干冰"就是明示假设。一旦这些明示假设被证实后,立即变成真理,成为事实,作为一种科学的自然规律而存在。

明示假设举例:如果科学家们能够完成制造连接地球和太空站的天梯的设想,今后从地球到太空站之间的物流成本就会大大降低。

2. 按假设的结构分

按结构,假设可分为独立假设、条件假设。

1) 独立假设

独立假设是一个独立、完整的判断。比如,"中国物流成本占 GDP 的比重在 2020 年将降低到 10％左右"。既然是假设,就存在正确或者错误两种可能,在被证实之前,两种可能性都不用排除。但要证实或者证伪,必须得到该判断中所指的两个时刻中一个的到来,一是 2020 年;二是该比例降到 10％的那一天。

2) 条件假设

条件假设是一个基于给定条件的判断。比如,"到 2020 年,如果中国经济能够持续增长,中国物流成本占 GDP 的比重将降低到 10％左右"。尽管这个假设的主题与前面一个假设没有区别,但是,这里"如果中国经济能够持续增长"是假设的条件,如果这个条件不成立,那么这个假设也可能会不成立。显然,条件假设比独立假设更为准确一些。

3. 按假设的来源分

按来源,假设可分为统计假设、经验假设、观测假设。

1) 统计假设

统计假设是指在统计学中用来说明总体参数的数值的判断。在科学研究中,为了对基于一组观测数据、一批调查资料、一项实验结果,或者一个判断提出的假设进行证实或证伪,往往需要借助于统计学工具进行假设检验。比如,在物流系统分析中,通过对大量的制造企业和销售企业的物流系统进行调查发现,企业现在更倾向于采用公路运输方式发运货物。这是一个假设,它是否成立就要进行统计假设检验。

2) 经验假设

经验假设是指根据经验做出的假设。比如,一家制造企业根据以往经验,对两个为其提供第三方物流服务的物流公司 A 和 B 进行比较,得出 A 比 B 好的判断,这个判断就是经验假设。人们可以帮助这家制造商对这个经验假设进行检验,只要对 A 和 B 的历史服务业绩进行统计,再按照统计方法进行检验即可对该经验假设进行证实或证伪。

3) 观测假设

观测假设是指通过观测产生的假设。在自然科学、社会科学中都能通过观测产生假设,观测可以采取多种形式,比如使用观测仪器对天体进行观测,使用流量记录仪对道路上通过的货运卡车数量进行记录等。再如,通过对在 2004 年 1 月 26 日至 1 月 31 日期间在福建省龙岩市 319 国道上行驶的卡车进行实地现场观测,发现了川流不息的超载车队,经过简单的计算和分析,人们得出这样的假设,即"319 国道上的超载情况可能与全国其他高速公路的超载现象相似"。这就是一个观测假设。当然,观测假设也需要进行假设检验。

三、实验类分析方法

实验类分析方法是通过设计一定的实验环境和条件,采用简化的要素、构造简化的关系来再现系统,在系统再现过程中观测系统的组成要素、结构及系统要素相互关系的变化,并据此分析系统的方法。简而言之,实验类分析方法就是对假设、观测结果等进行实际验证的方法。

（一）物流系统实验

在自然科学中，实验室是主张科学发现的最有力工具。19世纪以来最伟大的科学发现，无一不是通过实验发现、验证的。一个假设如果能够通过实验验证其正确性，则假设被证实，即为科学的假设，反之，如果不能通过实验验证其正确性，则不能证实。如果被证伪，则是不科学的假设。因此，实验室是甄别假设真伪的最主要方法。现代主流经济学和管理学都认为，未经实验或者无法通过实验验证的研究结果不能作为科学的研究结果。

物流系统分析需要实验。比如为了建立供应链物流系统，人们能够在理论上计算出建立供应链前后相关企业物流成本承担比例的变化，以及供应链物流总成本的变化。理论上建立供应链后物流总成本可能会降低，但是，这个结论只是假设，进行物流系统分析时需要很多这样的假设，但对这些假设进行验证，就需要实验。

（二）实验方法的分类

物流系统分析中可以采用的实验方法很多，可以将这些实验方法分成以下四类：实验室实验、现场试验、计算机模拟实验和网络实验。

1. 实验室实验

实验室实验被认为是最科学的研究方法，只要设计合适的实验条件，就可以在实验室验证数据、理论和观测结果，可以得到与已经发表的对某一问题认识的结论不同的研究结论，可以取得新材料、新产品、新工艺、新设备等。

2. 现场实验

现场实验是指实验地点在现场的实验。比如海关商检员对通关商品进行检验，他的实验室就是在现场；水稻专家如果在试验田里做杂交水稻的实验，那也是现场实验；物流专家在实验室环境下可以监督在道路上行驶的装有GPS的卡车，当这些卡车正在制定一项实际运输任务时，该物流专家的实验性质就是现场实验。在工作现场进行实验可以使实验结果更真实、实用，这是值得推广的一种实验方法。

3. 计算机模拟实验

计算机模拟实验是利用信息技术、计算机技术、网络技术、数据库技术、建模技术等综合模拟再现物流系统的全部或部分的实验。计算机模拟实验是21世纪最有前途的一种实验方法。因为，现代信息技术和计算机技术异常发达，有了信息和计算机，几乎世界上所有的事物都可以数字化。

4. 网络实验

网络实验是利用互联网进行的实验。互联网上有丰富的资源，可利用其进行互联网实验。例如，可以利用网上货源配载平台为空车配货、为货物找车；可以通过分析国内外不同企业的网页，比较第三方物流企业提供的物流服务。

在互联网上进行网络实验还有更多用途。比如企业间利用互联网进行数据交换、企业内进行业务调度等方面的实验,实验成功后可以大面积采用互联网进行企业间和企业内的物流业务活动。如果所有企业的所有信息都能在互联网上进行交换,物流的效率将会成倍提高。所以,企业应该进行大量的网络实验,为大规模、全方位开发互联网资源做准备。

复习思考题

1. 什么是物流系统?物流系统的特点和目标是什么?
2. 阐述物流系统分析的基本概念与实质。
3. 简述物流系统分析的步骤及其要遵循的原则。
4. 物流系统分析的方法主要有哪几类?

案　例

丁渭修复皇宫的精妙构思

在我国北宋真宗年间,首都汴京(即今开封)发生火灾,皇宫被烧为灰烬。大臣丁渭受命主持皇宫修复工程。皇帝的命令是必须执行的,否则,即为抗旨。丁渭接到圣旨后,诚惶诚恐。但他不是那种只知道之乎者也的呆儒。他立即对皇宫废墟进行了勘察,发现这项"皇宫修复工程"存在三大难题:第一是取土困难,即找不到适当的地方取土烧制大量的砖瓦。第二是运输困难,因为除砖瓦外还有大量的建筑材料需要运到皇宫建筑工地,运输量很大。当时最好的运输方式是水路船运,可惜皇宫不位于汴水河岸,材料通过汴水运到汴京后还得卸货上岸,改由陆路用车马运到皇宫工地,既劳神费力又可能延误工期。第三是清墟排放的困难,即大量的皇宫废墟垃圾及修建完皇宫后的建筑垃圾排放何处?丁渭找到了主要矛盾之后,就广泛征集解决这三大困难的方案。十分幸运,他从众多方案中综合出了一个最佳方案,这个最佳方案使丁渭走向成功,提前完成了"皇宫修复工程",并使他名垂青史。

这项修复工程是这样设计和进行的:沿着皇宫前门大道至最近的汴水河岸的方向挖道取土,并将大道挖成小河道直通汴水。挖出的土即用来烧砖瓦,解决"取土困难";挖成河道接通汴水后,建筑材料可由汴水通过挖出的小河道直运工地,解决"运输困难";皇宫修复后,将建筑垃圾及废料充填到小河道中,恢复原来的大道,解决了"清墟排放"的困难。两边两条河不填,而且还挖深,解决了"街两边排水"的困难,而且还可以行船,成为一道亮丽的风景线。

丁渭组织的挖河、填河、建筑材料的运输、排水都是综合性考虑,想得很周全,具有前瞻眼光。说到底,这就是系统思考在我们中国古代建筑工程中一个具体的表现。

(资料来源:刘浩华,吴群,王友丽,等.物流学[M].北京:清华大学出版社,2016.)

延 伸 阅 读

都江堰成就千年"天府之国"

徜徉在成都繁华的街头，小憩在林间静谧的茶馆，看着人们悠闲的步伐，品味蜀地从容的生活，才能够真正体会到天府之国的安逸与富庶。可是谁又能够想到，岷江这条地上悬江一度成为古蜀国生存的极大障碍：一遇洪水泛滥，成都平原就一片汪洋；一遇旱灾，又是赤地千里。岷江之患还祸及西川，鲸吞良田，以致民不聊生。战国末期，秦蜀郡守李冰带领当地百姓经过8年的努力建成都江堰，从此以后水旱灾严重的成都平原成为"水旱从人，不知饥馑，时无荒年"的"天府之国"。

作为两千多年前建造的水利工程，都江堰没有什么先进技术，也没有建造雄伟的大坝，可是它却承载了"天府之国"千年的风调雨顺。直到今天，都江堰还在为四川省8市、42县的3 000多万人提供生活、生产和生态用水，都江堰灌溉区成为四川省工农业生产最发达、经济最繁荣的地区。可以说，没有都江堰就没有"天府之国"。

古往今来，一切水利工程归根结底不外乎为清除泥沙和防御洪水两大问题，水利工程的成败得失皆取决于此。都江堰是世界上最古老的水利工程，远在两千多年前的蜀郡守李冰，是怎样解决这两大技术难题的呢？

都江堰渠首工程只有一个酷似鱼样的大堤纵卧江中，这条堤被称为"金刚堤"。堤的头部是都江堰的鱼嘴分水堤，长约3 000米，把迎面而来的岷江水一分为二，切成内外二江。春耕用水季节，内江略低于外江，内江进水六成，外江进水四成；夏秋洪水季节，外江宽于内江，内外江进水比例自动颠倒过来，内江进水四成，外江进水六成。此外，鱼嘴充分利用弯道环流原理，使挟带大量泥沙的底层水流向外江；内江弯道长，流速相对慢，流入含沙量少的表层水，成功地完成了水流的自动排沙。中后部叫飞沙堰，是一座高出河床仅2米的低堰，宽240米，当内江水的深度在2米以内时，就可以全部进入宝瓶口确保灌溉；当内江水量过大时，洪水就会翻越飞沙堰，自动进入溢洪道，由外江排走。更妙的是，飞沙堰刚好位于内江进入宝瓶口的急转弯处，内江洪水越大，冲在山脚陡岸上产生的回流就越强，因此被托起的泥沙、卵石便被奇迹般地从飞沙堰上抛出去，进入外江，飞沙堰的名称也正是由此而来。尾部是两山之间狭窄的进水口，形似瓶口，叫宝瓶口。宝瓶口是人工在玉垒山上凿出的一个引水口，深度和宽度是通过精确计算得出的，被分隔出来的部分叫"离堆"，当内江流量较大时，洪水就通不过狭窄的宝瓶口，多余的岷江水被拒之门外，迅速回流，使成都平原免受洪水之灾。这三个部分就是都江堰渠首的三大主体工程。

据专家们介绍，都江堰渠首的这三大主体工程，均具有天然排沙、泄洪和无坝引水的三大功能。岷江上游每年要带下400万～600万立方米的沙石，经过这三大工程的泄洪排沙之后，进入宝瓶口的沙石，只有15%左右。为解决这一最后难题，李冰建立"岁修"制度：每年一度对渠首工程进行维修，遵循"深淘滩，低作堰"的原则，深淘滩是指岁修时要淘除飞沙堰坝前淤积的沙石，以保证宝瓶口正常进水；低作堰是指整修飞沙堰时，不宜把堰顶筑得太高，因为太高不利于泄洪排沙，太低则宝瓶口进水不够。二者相辅相成，成功地解决了引水和泄洪排沙问题。

　　水利工程作为一项重大的系统工程,并非只是简简单单的主体工程建设的问题,要考虑周边的生态环境、地形等众多因素,因此,人们对此都抱着非常谨慎的态度。兴建一个良好的水利工程将是一项功在当代、利在千秋的大事情,以都江堰为例,两千多年来,它促进了整个成都平原生态环境的协调发展和社会经济效益的提高。一项决策正确的水利工程既要符合自然规律,又要符合社会经济发展的需要,而都江堰恰恰就是将这两者统一的典范,从而应验了中国传统文化当中的"天人合一"理念!

　　(资料来源:何明珂.物流系统论[M].北京:高等教育出版社,2004.)

第三章

物流功能要素——运输、仓储、包装、装卸搬运

物流具有运输、储存、装卸搬运、包装、流通加工、配送和信息处理七项基本功能。其中，运输与储存分别解决了供给者和需求者之间在场所和时间上的分离，创造了物流的"空间价值"和"时间价值"。装卸搬运和包装对于完善物流系统、完善物流活动必不可少，但是也增加了成本支出，是影响物流成本的功能要素。本章将对运输、储存、装卸搬运、包装四项基本功能要素进行简要介绍。

第一节 运 输

广义上的运输是指对人和货物的载运及输送。《物流术语》(GB/T 18354—2006)中所指的运输是"用运输设备将物品从一地点向另一地点运送，其中包括集货、分配、搬运、中转、装入、卸下、分散等一系列操作"。在商业社会中，因为市场的广阔性，商品的生产和消费不可能在同一个地方进行，一般来说，商品都是集中生产、分散消费的。因此，为了实现商品的价值和使用价值，使商品的交易过程能够顺立完成，必须经过运输这一道环节，把商品从生产地运到消费地，以满足社会消费的需要和进行商品的再生产。如果将原材料供应商、工厂、仓库以及客户看作物流系统中的固定节点，那么，商品的运输过程正是连接这些节点的纽带，是商品在系统中流动的载体。因此，人们把运输称为物流的"动脉"。

一、运输的功能和作用

（一）运输的功能

1. 产品位移

运输的主要功能是将产品从原产地转移到目的地，实现产品在空间上的移动。运输通过改变产品的地点与位置而创造价值，这就是空间效应。另外，运输使得产品在需要的时间到达目的地，这就是时间效用。运输的主要目的就是以最少的时间和费用完成物品的运输任务。

2. 短暂储存

对商品进行短暂储存也是运输的功能之一，即将运输工具作为暂时的储存场所。如果转移中的产品需要储存，而在短时间内产品又将重新转移，卸货和装货成本也许会超过储存在运输工具中的费用,此时可以考虑把运输车辆作为一种移动的临时储存设施。

(二)运输的作用

1. 扩大商品市场范围

随着各种商品运输工具的发展,企业可以把商品输送到很远的地方进行销售,拓展了企业的市场范围,企业的发展机会也大大增加。随着互联网的发展,任何加入互联网的地方都有可能成为企业的市场,企业的市场范围产生了无限扩大的可能。为了真正地将这种可能变成现实,必须借助运输过程将商品顺利地送达这个市场。因此,运输可以帮助企业扩大市场范围,给企业带来更大的发展机会。

2. 保证商品价格稳定

各个地区因为地理条件不同,拥有的资源也各不相同。如果没有一个顺畅的商品运输体系,其他地区的商品就不能到达本地市场,本地市场所需的商品也就只能由本地生产企业供应,造成商品供给不平衡,商品的价格可能会出现较大的波动。但是,如果拥有一个顺畅的运输体系,当本地市场的商品供给不足时,外地的商品能够顺利地进入本地市场;同样,本地生产的过剩产品也能够运送到其他市场销售,从而保持供求的动态平衡和价格的稳定。

3. 促进社会分工发展

随着社会的发展,为了实现真正意义上的社会的高效率,必须推动社会分工的发展,而对于商品的生产和销售,也有必要进行分工,以达到更高的效率。当商品的生产和销售两大功能分开之后,一个高效的运输体系是生产和销售之间不可缺少的联系纽带,只有有了它,才能真正地实现生产和销售的分离,促进社会分工的发展。

二、运输方式及其选择

(一)运输方式

1. 铁路运输

铁路运输是运送大批量货物的重要方式。通过铁路运输的货物主要有煤炭、建筑材料、矿石、钢铁、石油、谷物、水泥等。这些产品都有一个共同的特点,就是低价值和高密度,且运输成本在商品售价中所占的比例较大。

1)铁路运输的优势

(1)铁路运输费用低。铁路运输一般符合规模经济和距离经济的要求。规模经济的特点是随着装运规模的增大,单位重量的运输成本会降低。也就是说,用铁路进行运输,一次运输的商品规模越大,单位产品的运输费用就越低。而距离经济是随着运输距离的延长,单位产品的运输费用也会相应减少。所以,对于大批量、长距离的货物运输,铁路运输的费用会比较低,一般要低于公路运输的费用。

(2)铁路运输连续、可靠、安全。随着现代科学技术的发展,铁路几乎可以修建在任何需要的地方。因此,现有的铁路网络四通八达,能够很好地满足远距离运输的要求。铁路可以全年、全天候运营,受地理和气候的影响比较小,具有较高的连续性和可靠性,而且,铁路运输的安全性也在逐步提高。

(3)铁路运输速度快。与水路运输相比,铁路运输速度较快。在运程比较长的情况下,也会快于公路运输。

2)铁路运输的局限性

(1)灵活性不强。铁路运输中的货车只能按照铺设的轨道行走,这在一定程度上影响了铁路运输的灵活性,不能实现"门到门"的服务。

(2)短距离运输费用较高。在进行近、中距离运输时,铁路运输的费用会比较高。

(3)应急运输能力差。由于车辆调配困难,铁路运输不能很好地满足应急运输的要求。

(4)基础设施成本高。铁路运输必须与货运站、铁轨等基础设施相配套,车站的建设、铁轨的铺设都要有一定的建设周期和大量资金的投入,所以,基础设施成本高。

铁路运输的这些局限性可以通过与其他运输方式相结合进行弥补,为用户提供满意优质的服务。比如,可以将铁路在长途运输和全国覆盖面广的优势与公路汽车运输的灵活性结合起来,这样,就能更好地实现"门到门"服务,提高运输部门的服务质量。

2. 公路运输

公路运输是配送货物的主要形式,也称为汽车运输。公路运输可以将货物直接送到用户所指定的地方,不需要在途中进行中转,极大地方便了用户。根据公路运输自身的特点,其主要运输价值比较高的产品,如纺织品、皮革制品、橡胶、塑料制品、仿金属制品、通信产品和照相器材等。

1)公路运输的优势

(1)适用性强,几乎可以运输任何没有特殊要求的货物。

(2)"门到门"服务。近距离条件下,公路运输能够实现"门到门"服务,而且运输速度也比较快。

(3)灵活性强。根据需要,灵活制定公路运输的时间表;在汽车载重量的规定范围内,货运量可大可小。

(4)运输费用较低。对于近距离、中小批量的货物运输而言,采用公路运输的费用比较低。

2)公路运输的局限性

(1)运输批量较小。因为汽车的载重量有限,所以,一般公路运输的批量都比较小,不太适合大批量货物的运输。

(2)长距离运费相对较高。长距离运输时,由于运输量不大,所以,与铁路运输和水路运输相比,公路运费比较高。

(3)对气候环境要求较高。公路运输比较依赖于气候和环境的变化,不正常的天气和恶劣的环境会降低运输安全,影响运送时间。

3. 水路运输

水路运输由船舶、航道和港口组成。这是一种历史悠久的运输方式,也称为船舶运输。水路运输主要用于长距离、低价值、高密度、便于机械设备搬运的货物运输。

1) 水路运输的优势

(1) 运输能力比较大,运输距离比较长。

(2) 运输成本低廉,单位商品的运输费用也比较低,这是水路运输的最大优势。

(3) 运输效率比较高。对于散装的原材料,可以用专用船只进行运输,由于运输量大,所以,劳动生产率比较高。

2) 水路运输的局限性

(1) 运输速度慢。在所有的运输方式中,水路运输的速度最慢,比铁路运输慢 1～2 倍。

(2) 极易受天气和气候的影响。水路运输对天气和气候的要求较高,刮风、下雨、冬季冰冻等都会影响行船和装卸作业的正常进行,使运输计划被打乱。

(3) 无法实现"门到门"服务。水路运输的货物必须在码头、港口停靠装卸,不能完成"门到门"的服务。

(4) 基础设施成本较高。水路运输必须与码头、港口等基础设施相配套,码头、港口要有一定的建设周期和资金投入,所以,基础设施成本较高。

4. 航空运输

航空运输主要用于国际货物的运输。

1) 航空运输的优势

(1) 运输速度快。在所有的运输方式中,航空运输的运输速度最快,适用于应急物资、易腐烂变质货物的运输。

(2) 运输距离长。航空运输适用于长距离运输。

(3) 包装费用低。飞机运输途中对货物的震动和冲击比较小,被运输的货物只需要简单包装即可,所以,比较节省包装费用。

2) 航空运输的局限性

(1) 运输费用比较高。在所有的运输方式中,航空运输的费用是最高的。

(2) 无法实现"门到门"服务。航空运输只能将货物运送到机场,而机场一般远离城市、远离用户,所以,不能单独完成"门到门"的服务。

(3) 适用范围小。航空运输只适用于机场周边的地区,没有机场的区域,就不能采用航空运输的方式。

(4) 对气象条件要求苛刻。恶劣的天气情况和气象条件会对航空运输造成极大的影响,如雷阵雨天气、雷暴气象条件、大风等,无法实现航空运输的及时性。

(5) 机场上空及空中条件的约束。飞机对飞过的空域有极严格要求,不允许有任何妨碍飞行的障碍物,如小鸟、其他飞行物,否则,极易造成空难事故。

5. 管道运输

管道运输是流体物资输送的主要方式,如石油、天然气、成品油、自来水等。

1) 管道运输的优势

(1) 成本低廉。由于输送的物资数量大、距离长,可以实现连续不间断地输送,所以,运输成本较低。

（2）天气情况影响小。因为管道多铺设于地下，运送的货物又在管道中，所以，受天气情况的影响非常小。

（3）使用期长，安全稳定。

2）管道运输的局限性

（1）灵活性较差。因为是通过事先铺设的管道进行货物输送，所以，只有接近管道的用户才能够使用。

（2）适用性差。管道运输只能输送液态或气态产品，不能运输固态的产品。

（3）运输速度慢。对于较长距离的管道输送，输送速度较慢，在输送过程中，有时还要采取增压措施，才能保证货物的运输。

（二）影响运输方式选择的因素

各种运输方式都有各自的特点，不同种类的物品对运输的要求也不尽相同，选择适当的运输方式是合理组织运输、保证运输质量、实现运输合理化的重要基础。

1. 货物的种类

货物的价值、单位重量、体积、形状、危险性、变质性等都是影响运输方式选择的重要因素。一般来说，价格低、体积大的货物，尤其是散装货物，比较适合于铁路运输或水路运输；重量轻、体积小、价格高以及对时间要求高的鲜活易腐货物适合于航空运输；石油、天然气、水煤浆等适宜选择管道运输。

2. 运输量

运输量对运输工具的选择也有重大影响。通常，15吨以下的货物宜采用公路运输；20吨以上的货物宜采用铁路运输；数百吨以上的粗大笨重货物，可选择水路运输。

3. 运输距离

运输距离决定了各种运输工具运输货物时间的长短，运输时间的长短对能否及时满足用户需要，减少资金占用有着重要影响。所以，运输距离是选择运输工具时应考虑的一个重要因素。一般情况下，运距在300千米以内宜采用公路运输；300～500千米可采用铁路运输；500千米以上的可采用水路运输。

4. 运输时间

运输时间与用户要求的交货日期、运输企业的服务水平相联系。针对用户要求的运输期限或运输企业承诺的运输时间，考虑选择不同的运输方式。例如，对于市场急需的商品，承运人会选择速度快的运输工具，如航空或汽车直达运输，以免贻误时机；反之，则可选择成本低而速度较慢的运输工具。

5. 运输成本

运输成本会因货物的种类、重量、容积、运距不同而不同，而且运输工具也会影响运输成本。运输成本直接影响运输企业的经济效益，也考验运输企业对运输成本的承受能力。

6. 运输工具的使用条件

由于受地理环境、运输时间、到货地点等条件的限制，承运人不能随心所欲地使用运输工具。以木材运输为例，采用水路运输是最经济的，因为木材是散装的，不需要专门的包装保护，能够进行较长时间的运输。若将木材从大兴安岭运到北京，因为两地之间没有水路，所以，承运人不能选择船舶作为运输工具，只能通过汽车和火车的联运，完成木材的运输。

7. 运输的安全性

运输的安全性包括所有运输货物的安全、运输人员的安全及公共安全。货物的特性以及对安全性的要求直接影响运输工具的选择。比如，同其他运输方式相比，载货卡车由于不需要中途装卸搬运，所以能够更好地保护货物的安全。

8. 其他影响因素

运输方式的选择除了上述影响因素外，还受到法律环境、经济环境、社会环境变化等因素的影响。例如，随着物流量的增大，噪声、振动、大气污染、海洋污染、交通事故等问题日益严重，政府为了解决这些问题而制定的法律、法规相继出台，可能会对某种运输方式的适用范围形成一些限制。

对于托运人和承运人来说，上述各种因素的影响是不同的。在具体运输业务中，承运人对运输方式的选择，可根据货主或托运人的要求，参考、比较不同运输方式的技术经济特征进行最优选择。

三、运输合理化

（一）合理运输"五要素"

运输是物流中最重要的功能要素之一，物流合理化在很大程度上依赖于运输合理化。因此，推进运输合理化是强化运输管理的一个重要方面。影响运输合理化的因素很多，起决定性作用的有运输距离、运输环节、运输工具、运输时间和运输费用五方面的因素，通常被称为合理运输"五要素"。

1. 运输距离

运输距离长短是运输合理与否的一个最基本因素。在运输时，运输时间、运输货损、费用、运输工具周转等若干技术经济指标都与运输距离有一定的关系，适当的运输距离无论对社会还是企业，都有经济效益。

2. 运输环节

在运输过程中，每增加一次运输，不但会增加起运的费用，还会增加诸如装卸、包装等运输的附属活动费用，这会导致运输的各项技术经济指标下降。所以，减少运输环节，尤其是同类运输工具的环节，对合理运输有十分重要的促进作用。

3. 运输工具

各种运输工具都有其使用的优势领域，优化选择运输工具，按运输工具的特点进行运输作业，最大限度地发挥所用运输工具的作用，是运输合理化的一个重要环节。

4. 运输时间

运输是物流过程中需要花费较多时间的环节，尤其是远程运输，在全部物流时间中，运输时间往往占绝大部分。所以,缩短运输时间对缩短整个流通时间有决定性作用。运输时间的缩短,不仅有利于运输工具的加速周转,进而充分发挥运力,而且有利于货主资金的周转,有利于运输线路运货能力的提高。

5. 运输费用

运输费用的高低很大限度上决定了整个物流系统的竞争力。由于运费在全部物流费用中占很大比例,因此,运输费用的降低,无论对货主企业,还是对物流经营企业,都是运输合理化的一个重要目标。运费的大小,往往也是各种合理化措施实施是否行之有效的最终判断依据之一。

所有运输合理化的改进,都是从"五要素"考虑的。当然,不合理运输现象的存在,往往也表现在这五个方面。

(二)运输合理化的措施

1. 有效防止车辆空载

充分利用专业运输队伍,制订周密的运输计划;有效运用相关信息,如货源信息/道路交通状况信息/天气预报、同行业运输状况信息等;企业本身不宜过多地备专用车辆等。

2. 尽量发挥"四优"直拨运输或直达运输

"四优"直拨运输是指管理机构预先筹划,就厂、就站(码头)、就库、就车(船)将货物分送给用户,无须再入库的方式,目的是力求以最少的中转次数完成运输任务。

直达运输是指无须中转,一次性地将货物运抵目的地。直达运输可以减少运输环节,提高运输速度,节省装卸费用,降低中转货损;有利于建立稳定的产销关系和运输系统,也有利于提高运输的计划水平。

3. 增加运输的科技含量

依靠科技进步是运输合理化的重要途径。采用多式联合运输、一贯制托盘化运输、"门到门"运输、集装化运输等现代运输方式;发展智能化运输,全球卫星定位运输等特殊运输技术;使用滚装集装箱轮船、滚装汽车轮船、载驳船等现代运输工具;积极开发和利用桶形物专用托盘、平板玻璃装架、仓库笼、模块化包装等各种集装单元技术等。

4. 配载运输

配载运输是指充分利用运输工具载重量和容积,合理安排装卸货物的一种合理化运输方式。配载运输一般是将轻重商品合理配载,在运输以重质货物为主的货物情况下,搭载一些轻泡货物,如铁路运输矿石、钢材等重质货物时,搭配运送轻泡农、副产品等。

5. 合装整车运输

合装整车运输是指物流企业在组织货物运输过程中,把同一方向的不同货物组配在一辆车内,以整车运输的方式托运到目的地,或者运到一个合适的中转站,再中转分运。采取合装整车运输的方式可以充分利用货车的容积和载重量,多载货,不空驶,达到运输合理化的目的,减少一部分运输费用,并节约社会劳动力。

6. 发展社会化运输体系

运输社会化是指发展运输的大生产优势,实行专业分工,打破单个物流企业自成运输体系的状况。发展社会化运输体系,统一安排运输工具,对于避免迂回运输、倒流运输、空驶、运力选择不当等多种不合理运输具有重要意义,从而达到组织效益和规模效益的统一。目前所采用的社会化运输体系主要有各种运输方式的组合、运输工具的合理搭配,以及采用最优运输模式等。

四、综合运输体系

综合运输体系是指各种运输方式在社会化的运输范围内和统一的运输过程中,按其技术经济特点组成分工协作、有机结合、连续贯通、布局合理的交通运输综合体。我国综合运输体系发展方向如下。

(1) 搞好各种运输方式的综合发展和协作,在全国范围内建设综合运输网,因地制宜地发展相适应的运输方式。发挥城市在综合运输网中的枢纽作用,大力发展各种运输方式的联合运输。

(2) 加快铁路的技术改造和新线建设,特别是以运煤为主的干线建设。充分发挥铁路在中长距离和大宗货物运输中的优势。对短途货运和运量大的成品油运输应逐步用其他运输方式分担。

(3) 充分发挥公路运输的灵活性,发挥其在短途货运中的主力作用。随着公路状况的改善、汽车技术的进步和大型车辆的增加,公路运输将逐步成为"门到门"运输的主要方式。

(4) 沿海和内河水运是大宗散装货物运输的主要方式之一。加强内河航道建设及沿海和内河港口的改造和建设,发展沿海和沿江等主要内河运输,实现干支直达运输和江海联合运输。

(5) 除发展原油管道运输和天然气管道运输外,在成品油集中的流向上,要建设成品油管道,并逐步发展输煤、输矿浆管道。

(6) 发展航空运输是运输现代化的主要标志。虽然与其他运输方式相比,航空运输在货运中所占比重不大,但在急需物资运输中,航空运输有其特别优势。

第二节　仓　　储

一、仓储的概念和作用

仓储是物流的主要职能,又是商品流通不可缺少的环节。《物流术语》(GB/T 18354—2006)中仓储是"利用仓库及相关设施设备进行物品的入库、存储、出库的作业"。在物流过程中,没有仓储环节,就不能解决生产集中性与消费分散性的矛盾,也不能解决生产季节性与消费常年性的矛盾。除此之外,仓储还可以解决供需之间及不同运输方式之间的矛盾,提供场所价值和时间效益,使商品的所有权和使用价值得到保护,加速商品流转,提高物流效率和质量,促进社会效益的提高。

1. 仓储活动可以创造"时间效用"

仓储能够调节商品的时间需求，进而消除商品的价格波动。一般商品的生产和消费不可能是完全同步的，为了弥补这种不同步所带来的损失，就需要通过储存商品消除这种时间性需求波动的影响。

2. 仓储活动可以降低运输成本，提高运输效率

通过物流仓储环节，可将运往同一地点的小批量商品聚集成较大的批量，然后再进行统一运输，到达目的地后，再分成小批量送到用户手中，这样虽然产生了一定的储存成本，但是可以更大限度地降低运输成本，提高运输效率。

3. 商品消费地的仓储活动可以提高客户满意度

企业如果在商品生产出来之后，能够尽快地把商品运到目标消费区域的仓库，那么目标消费区域的消费者产生商品需求时，就能尽快地得到商品，获得更高的消费者满意度，而且能够创造更佳的企业形象，为企业发展打下良好的基础。

4. 仓储是社会再生产的必要条件之一

仓储作为社会再生产各环节间的"物"的停滞，构成了衔接上一步活动和下一步活动的必要条件。例如，在生产过程中，上一道工序生产和下一道工序生产之间免不了有一定的时间间隔，上一道工序的零件总是要达到一定批量之后，才能经济合理地送给下一道工序加工；而下一道工序为了保持生产的连续性，也总是要有必备的半成品以作为最低储备保证。所以，仓储不论对哪一道工序来说，都是保证顺利生产的必要条件。

二、仓储作业

仓储作业的流程包括商品的入库、在库和出库的管理。

1. 仓储入库管理

商品入库一般经过验单、接货、卸载、分类（分标记）、商品点验、签发入库凭证、商品入库堆码、登记入账等一系列作业环节。对这些作业活动要进行合理的安排和组织。

2. 仓储在库管理

货物经过验收入库后，便进入储存保管阶段。保管是根据物资的本身特性以及进出库的计划要求，对入库物资进行保护、管理的工作环节。通过对商品的科学管理，保持商品原有的使用价值。

3. 仓储出库管理

商品出库业务是根据业务部门开出的商品出库凭证，按其所列的商品编号、名称、规格、牌号、数量等项目组织商品出库。货物出库的一般程序包括催提、出库前的准备、核对出库凭证、备料、复核、出库交接、销账存档等。

三、仓储合理化

仓储合理化就是在保证储存功能实现的前提下，用各种办法实现仓储的经济性。仓储成本的降低意味着整个物流的成本降低，但是仓储的基本任务是对需求的满足、实现储

存商品的"时间价值",这又要求储存必须有一定储量。因此,如何协调仓储量与仓储成本之间的关系就成了仓储合理化要解决的主要问题。

(一)仓储合理化的主要标志

1. 质量标志

保障储存物品的质量是完成仓储功能的根本要求,只有这样,储存物品的使用价值才能通过物流得以最终实现。在仓储活动中增加了多少时间价值或是得到了多少利润,都必须以保证质量为前提。所以,保证被储存物使用价值的质量是储存合理化的最主要标志。

2. 数量标志

在仓储数量和仓储成本之间找到一个平衡点,确定合理的仓储数量,使物流仓储活动既能保证基本功能的实现,又能有效地控制仓储成本。

3. 时间标志

在保证功能实现的前提下,寻求一个合理的储存时间。简而言之,仓储数量越大,消耗就越慢,物品储存的时间必然长,相反则必然短。在具体衡量时往往用周转速度指标反映时间标志,如周转天数、周转次数等。

4. 结构标志

结构标志是指根据储存物品不同品种、不同规格、不同花色的数量比例关系对仓储进行合理性的判断。尤其是相关性很强的各种物资之间的储存比例关系,更能反映储存合理与否。因为若物资之间相关性很强,只要有一种物资耗尽,即使其他物资有储量也无法投入使用。

5. 分布标志

分布标志指不同地区仓储数量的比例关系。即衡量和当地消费需求的比例关系,以此判断对消费需求的保障程度。

6. 费用标志

费用即仓租费、维护费、保管费、损失费、资金占用利息支出等。仓储的合理与否都能从实际费用上判断。

(二)实现仓储合理化的措施

1. 合理选择仓库

在自建仓库和租用公共仓库之间做出合理选择,找到最优的解决方案;有效开发和利用第三方仓储的功能。

2. 掌握各种现代化的仓储管理方法

掌握现代化仓储管理方法,如 ABC 法、应用系统科学法等,从科学的角度为仓储合理化提供保障。

3. 加速周转率，提高单位产出

仓储合理化的另一个重要内容是将静态储存变为动态储存，周转速度加快会为仓储活动带来一系列的好处；如资金周转快、资本效益高、货损少、仓库吞吐能力增强、成本下降等。

4. 坚持"先进先出"原则

"先进先出"能够保证每件仓储物品的储存期不致过长，是一种有效的仓储管理方式，也是仓储管理的准则之一。

5. 提高储存密度和仓库利用率

提高储存密度和仓库利用率的主要目的是减少仓储设备的投资、提高单位储存面积的利用率，以降低成本、减少土地占用。

6. 采用现代化储存保管技术

根据商品的特性，采用现代化储存保管技术，保证仓储物品的质量。

7. 储运装备一体化

采用集装箱、集装袋、托盘等储运装备一体化的方式，提高仓储与运输的转接效率。

四、物流中心

随着仓储作业重要性的进一步加强，专业化水平不断提高，传统的仓库已不能完全满足物流管理的要求。因此，出现了更高水平、更高效率的专业物流仓储组织——物流中心。物流中心是处于枢纽或重要地位的、具有较完整物流环节，并能将物流集散、信息和控制等功能实现一体化运作的物流据点。国家标准《物流术语》(GB/T 18354—2006)中物流中心是"从事物流活动且具有完善信息网络的场所或组织"。

（一）物流中心的功能

1. 运输功能

物流中心需要自己拥有或租赁一定规模的运输工具。物流中心首先应该负责为客户选择满足客户需要的运输方式，然后具体组织网络内部的运输作业，在规定的时间内将客户的商品运抵目的地，尽可能方便客户。

2. 储存功能

物流中心需要配备高效率的分拣、传送、储存、拣选设备，物流中心应该通过仓储环节保证市场分销活动的开展，同时尽可能减少库存占压的资金和储存成本。

3. 装卸搬运功能

装卸搬运是为了加快商品在物流中心的流通速度而必须具备的功能。专业化的装载、卸载、提升、运送、码垛等装卸搬运机械，能够提高装卸搬运作业效率、减少作业对商品造成的损毁。

4. 包装功能

物流中心的包装的目的不在于改变商品的销售包装，而在于通过对销售包装进行组合、拼配、加固,形成适于物流和配送的组合包装单位。

5. 流通加工功能

流通加工的主要目的是方便生产或销售。物流中心常常与固定的制造商或分销商进行长期合作,为制造商或分销商完成一定的加工作业。物流中心必须具备的基本加工职能有贴标签、制作并粘贴条形码等。

6. 信息处理功能

将在各个物流环节的各种物流作业中产生的物流信息进行实时采集、分析,并向货主提供各种作业明细信息及咨询信息,是现代物流中心的重要职能。

(二)物流中心的种类

不同类型的物流据点在物流链管理中的主要功能或侧重点也有所差别,诸如集货、散货、中转、加工、配送等。由于物流中心分布的地理位置及经济环境特征,这种主要功能差别带有区域经济发展要求的特点。根据现有的物流设施,可将物流中心分为集货中心、送货中心、转运中心、加工中心、配送中心和物资中心等典型类型。

1. 集货中心

集货中心是将分散生产的零件、产品、物品集中成大批量货物的物流据点。这样的物流中心通常分布在小企业群、农业区、果业区、牧业区等区域。

2. 送货中心

送货中心是将运抵的大批量货物换装成小批量货物并送到用户手中的物流据点。送货中心运进的多是集装、散装、大批量、大型包装的货物,运出的是经分装加工转换成小包装的货物。此类物流中心多分布在产品使用地、消费地或车站、码头、机场所在地。

3. 转运中心

转运中心是实现不同运输方式或同种运输方式联合(接力)运输的物流设施,通常被称为多式联运站、集装箱中转站、货运中转站等。转运中心多分布在综合运输网络的节点处、枢纽站等地域。

4. 加工中心

加工中心将运抵的经过流通加工的货物运送到用户或使用地点。这类物流据点侧重于对原料、材料、产品等的流通加工,配有专用设备和生产设施。尽管此类加工工艺并不复杂,但带有生产加工的基本特点,因而对流通加工的对象、种类均具有一定的限制与要求。物流过程的加工特点是将加工对象的仓储、加工、运输、配送等形成连贯的一体化作业。这类物流中心多分布在原料地、产品产地或消费地。经过流通加工的货物再通过使用专用车辆、专用设备(装置)以及相应的专用设施,如冷藏车、冷藏仓库,煤浆输送管道、煤浆加压设施,水泥散装车、预制现场等进行作业,可以提高物流质量、效率并降低物流成本。

5. 配送中心

配送中心是将取货、集货、包装、仓库、装卸、分装、配货、加工、信息服务、送货等多种服务功能融为一体的物流据点。配送中心是物流功能较为完善的一类物流中心,应分布于处于城市边缘且交通方便的地带。

6. 物资中心

物资中心是依托各类物资、商品交易市场,进行集货、储存、包装、装卸、配货、送货、信息咨询、货运代理等服务的物资商品集散场所。一些集团企业的物流中心,就是依托各类物资交易市场而形成的。全国一些有影响力的小商品市场、时装市场、布匹市场等也初步形成了为用户提供代购、代储、代销、代运及其他一条龙相关服务的场所和组织;有的已经成为全国性的小商品、布匹、时装等的专业性物流中心。

众多不同类型物流中心的出现说明,社会经济背景不同,经济地理、交通区位特征不同,物流对象、性质不同,所形成的物流中心模式也不同,一律强求用同一模式限定物流中心的功能和基础设施建设是不切实际的。但是,不同类型的物流中心应当充分履行其在物流系统中的功能,既要满足各层次物流的需要,又要避免物流设施重复建设的浪费。

(三)物流中心的地位

不同性质的物流中心在不同范围的物流链管理中所起的作用不同。完整意义上的物流中心应当成为区域经济圈的枢纽、运输网的依托和物流链管理的中枢。

1. 区域经济圈的枢纽

大范围的物流中心在区域经济圈的确立中位于重要的基础地位。把握物流中心的选址区域、规模、运营机能,在物流网络规划、建设与运营中有着重要作用。例如,法国巴黎南部最大的中心市场,可以为 1 800 万消费者服务,其中 1 200 万人是巴黎 150 千米圈内的消费者。物流中心的地位不仅主要体现在物流枢纽即物流集散、信息和控制等职能上,而且体现在社会、区域经济圈的形成与运作上。

2. 运输网的依托

随着现代运输手段的发展和运用,货物的空间效用、时间效用已得到充分的注意和运用。完整意义上的物流中心已成为选择运输手段所要考虑的重要因素。例如,在欧洲,运输方式选择的一般概念范围是:距离物流中心(运输枢纽)250 千米的范围选择 3 小时可完成送达的厢式车;距离物流中心 300 千米的范围,3 小时到达可选择火车;距离物流中心 320 千米的范围,一般由 4 小时的铁路运输完成或 3 小时的高速铁路运输实现;从物流中心至欧洲任何地方或城市之间在 3 小时内,可利用航空运输作为实现时空效率的手段。物流中心作为物流网的依托,能够使线网骨骼与业务经营的血肉合为一体。

3. 物流链管理的中枢

物流中心始终在物流链管理中处于中心地位,在物流链管理中起指挥中枢的作用。随着电子信息技术对此支持水平的提高,物流中心在物流链管理中的中枢地位将完全确立。

第三节 包 装

一、包装的概念和功能

（一）包装的含义

《物流术语》（GB/T 18354—2006）中包装是"为在流通过程中保护产品、方便储运、促进销售，按一定技术方法而采用的容器、材料及辅助物等的总体名称。也指为了达到上述目的而采用容器、材料和辅助物过程中施加一定技术方法等的操作活动"。因此，包装具有双重含义：①静态的含义，指能合理容纳商品，抵抗外力，保护和宣传商品，促进商品销售的包装物，如包装材料和包装容器等；②动态的含义，指包裹、捆扎商品的工艺操作过程。简言之，包装是包装物及包装操作的总称。

（二）包装的功能

1. 保护商品

科学地设计包装，可使内装物在物流过程中避免因外力、光热、有害气体、温湿度、微生物及其他生物等外界因素的影响而遭受损坏，这是物流包装的最主要的作用。

2. 提高物流作业效率

包装构成物流的操作单位。精心设计包装，实现包装的标准化和模块化，便于采用科学合理且成本低廉的方式完成各项物流作业，有利于采用科学的物流作业设备、物流作业方式，有利于选择合理的物流管理方法，有利于降低物流作业损耗，节约储存与运输费用。

3. 促进销售

富有特色的包装可以激发顾客对商品的偏爱和购买欲望，包装信息有助于顾客了解和正确使用商品，包装标识可以使物流作业人员正确地进行商品的存放和搬运作业，提高客户服务水平。在包装设计时，考虑与客户使用的搬运、储存设备相适应，尽管可能会导致成本有所增加，但却有利于提高服务水平，从而吸引并留住大批客户。

4. 方便消费

商品的包装还有方便流通及方便消费的功能，这就要求包装的大小、形态及包装材料、包装重量、包装标志等各个要素都要为运输、保管、验收、装卸等各项作业创造方便条件，也要求方便区分不同商品并进行计量。进行包装及拆装作业，应当简便、快速，拆装后的包装材料应当容易处理。

二、包装技术

（一）一般包装技术

最常见的包装技术有充填、装箱、裹包、封口和捆扎等。

1. 充填技术

将产品按要求的数量装入包装容器的操作称为充填。充填是包装过程的中间工序，在此之前是容器准备工序（如成形加工、清洗消毒、按序排列等），在此之后是封口、贴标、打印等辅助工序。

2. 装箱技术

箱常用于运输包装，其种类和形式较多，如按材质分为木板箱、胶合板箱、纤维板箱、硬纸板箱、瓦楞纸箱、钙塑瓦楞纸箱和塑料周转箱，其中以瓦楞纸箱最常见。

3. 裹包技术

裹包是用一层或者多层柔性材料包覆产品或包装件的操作。它主要用于销售包装，有时也用于运输包装，如用收缩或拉伸薄膜将托盘与货物裹包在一起。

常见的裹包方法有折叠式和扭结式两种。折叠式裹包的基本方法是：从卷筒上切下一定长度的材料，将材料裹在被包装物上，用搭接方式包成筒状，然后折叠两端并封紧。扭结式裹包方法是用一定长度的包装材料将产品裹成圆筒形，其搭结接缝不需要黏结或热封，只要将开口端部分向规定方向扭转形成扭结即可。

4. 封口技术

封口是指将产品装入包装容器后，封上容器开口部分的操作。

5. 捆扎技术

捆扎是将产品或包装件用适当的材料扎紧、固定或增强的操作。常用的捆扎材料有钢带、聚酯带、聚丙烯带、尼龙带和麻绳等。选用时要根据被捆扎物的要求以及包装材料的成本、供应情况综合考虑。

（二）"五防"包装技术

1. 防震包装技术

在机械、电工、仪器和仪表等产品中，有的比较精密，有的比较脆弱，经受不了运输和装卸过程中发生的较大冲击和振动等外力的影响，必须采用防震包装来加以防护，才能保证这些产品的功能和形态。

防震包装的作用主要是克服冲击和振动对被包装物品的影响。克服冲击所采用的方法通常叫缓冲，所用材料叫缓冲材料；克服振动而采用的方法通常叫防振、隔振，所用材料叫防振材料、隔振材料。缓冲材料与防振材料、隔振材料统称为防震材料。

2. 防潮包装技术

防潮包装就是为防止因潮气影响包装件而影响内装物的质量所采取的一定防护措施的包装，即采用防潮材料对产品进行包封，以隔绝外部空气相对湿度变化对产品的影响，使得包装内的相对湿度符合产品的要求，从而保护产品质量。

3. 防水包装技术

防水包装是为防止因水浸入包装件影响内装物质量而采取一定防护措施的包装。防水包装属于外包装,与内装物的个装或其他防护包装特性的包装措施、方法、容积和重量等没有直接的联系。但是,在外包装不采取防水措施时,有时也可利用内包装兼作防水措施。

一些具有防护性的内包装,如防潮包装、防锈包装、防震包装等,可以与防水包装相结合考虑,但不能相代替。一般来说,外包装采用防雨结构,内包装采用防潮或是防锈、防霉等结构。

4. 防锈包装技术

金属由于受到周围介质的化学作用或电化学作用而发生损坏的现象叫金属锈蚀。锈蚀对于金属材料和制品有严重的破坏作用,用包装的方法防锈对金属或合金制品的生产、运输和储存具有重大意义。

防锈包装技术是按清洗、干燥、防锈处理与包装等步骤逐步进行的,应选择各种适当的方法加以应用。

5. 防虫害包装技术

防虫包装是以用包装容器将易遭遇虫害的产品密封起来为主要手段,并以防虫、驱虫或杀虫为辅助手段,从而达到使产品免遭虫害的目的。不仅要用包装来达到防虫的目的,而且需要净化生产环境,尤其需要注意包装材料、包装容器加工以及包装操作等环节的防虫。

防虫害包装技术是通过各种物理因素(光、热、电、冷冻等)或化学药剂作用于害虫的肌体,破坏害虫的生理机能和肌体结构,劣化害虫的生活条件,促使害虫死亡或抑制害虫繁殖,以达到防虫害的目的。

三、集装化

(一)集装化与集装单元

集装是为了便于对零散物品进行运输、仓储和装卸搬运等物流操作而采用的一种方法。集装是以最高效地实行物资搬运作为根本条件,将若干零散物品或包装件通过一定的技术措施进行组合包装,形成一个作业单元,以便于装卸、存放、搬运与机械操作。所以,集装单元就是把一定的物料整齐地集结成一个便于储放、搬运和运输的单元。

集装化也称为集装单元化,国家标准《物流术语》(GB/T 18354—2006)对集装化的定义是:用集装器具或采用捆扎方法,把物品组成标准规格的单元货件,以加快装卸、搬运、储存、运输等物流活动。其中,用于集装物品的器具称为集装单元器具。

集装单元器具应具备两个条件:①能使物品集装成一个完整、统一的体积或重量的单元;②具有便于机械装卸搬运的结构,如托盘的叉入口、集装箱的脚件吊孔等。集装化有效地将各项分散的物流活动集结成一个整体,是物流系统合理化的核心内容和主要方式。

(二)集装化的类型

集装化有若干典型方式,常见的集装单元主要有以下几种类型。

1. 托盘

托盘是用于集装、堆放、搬运和运输过程中放置作为单元负荷的货物和制品的水平平台装置。平托盘是一种通用性托盘,也是使用量最大的一种托盘,此外还有柱式托盘、轮式托盘、箱式托盘以及其他特种专用托盘。

2. 集装箱

集装箱是当集装单元发展到最高阶段,为便于物品运输而专门设计的,具有一定强度、刚度和规格,专供周转使用的大型装货容器,具有经久耐用、可循环使用的特点。最典型的集装箱是通用干货集装箱,除此之外还有保温集装箱、罐式集装箱、台架式集装箱、敞顶集装箱等多种形式的集装箱。

3. 集装捆货

集装捆货是用捆扎带或捆扎绳将小件零散的货物扎成捆或叠,以形成一个便于储运等操作的集装单元,如成捆的钢材、木材、稻草等。

4. 其他集装容器

其他集装容器包括柔性集装袋、中型散装容器等新型集装容器。

(三)集装化的优缺点

1. 集装化的优点

集装化的优点如下:

(1)通过标准化、通用化、配套化和系统化来实现物流功能作用的机械化与自动化;

(2)物品移动简单,可减少重复搬运次数、缩短作业时间,装卸机械的机动性能高;

(3)可改善劳动条件、降低劳动强度、提高劳动生产率和物流载体利用率;

(4)物流各功能环节之间便于衔接,物品数量检验易进行,清点交接简便,差错减少;

(5)货物包装简单,可节省包装费用,降低物流功能作业成本;

(6)容易高堆积,减少物品堆码存放的占地面积,能充分灵活地运用空间;

(7)能有效地保护物品,防止物品的破损、污损和丢失。

2. 集装化的缺点

集装化的缺点如下:

(1)作业有间歇;

(2)需要良好的道路条件;

(3)托盘和集装箱的管理烦琐;

(4)设备费一般较高;

(5)托盘和集装箱自身的体积及重量的原因,使物品的有效装载减少。

(四)集装化的原则

为了充分发挥集装化的优越性,降低物流费用,提高经济效益,在实现集装化单元化的同时,还必须遵循以下基本原则。

1. 集装器具的标准化原则

集装器具的标准化是物流系统中相关设备据以制定标准规格的依据,是物流标准化的基本内容。集装器具标准化的内容主要有集装器具的材质、性能和形式,集装术语的使用和标识的方法,器具强度、刚度及耐久性实验方法等。

2. 集装的通用化、系统化、配备化原则

在利用集装器具对货物进行集装时要考虑集装化的通用性,以便于集装货物的流通。同时要牢记集装单位并不是孤立存在的,它是整个物流系统的一部分,集装化的同时还应考虑货物单元和机械设备之间应具有配套适用性。

3. 集装的集散化、直达化、满装化原则

集装单元应便于集散,但集装单元一旦形成,就不宜随意分拆,应尽可能保持原状直接送达最终用户。同时在形成集装单元时,还应注意尽可能使集装器具达到满载。

4. 集装的效益化原则

在推广应用集装单元化技术的过程中必须尽可能实现集装器具的合理使用,注意循环使用,这样才能充分发挥集装化的最大优势。

四、包装合理化

(一)包装合理化的含义

包装合理化是指在包装过程中使用适当的材料和技术,制成与物品相适应的容器,节约包装费用,既实现包装的功能,又要提高包装的经济效益的综合管理活动。包装合理化所涉及的问题,既包括商品生产、流通范围内的有关问题,还包括更大范围内的诸如社会法规、废弃物治理、资源利用等有关方面的问题。从多个角度考察,合理包装应满足以下八个方面的要求。

(1)包装应妥善保护内装的商品,使其质量不受损伤。

(2)包装材料和包装容器应当安全无害。

(3)包装的设计要便于摆放、装卸和搬运。

(4)包装的标志要清楚、明了,准确说明商品的特点和功能等信息。

(5)包装内商品外围空闲容积不应过大。

(6)包装费用要与内装商品相适应。

(7)包装设计要经济实用,提倡节省资源。

(8)包装要便于废弃物的治理。

(二)包装合理化的原则

从物流总体角度出发,包装合理化要朝着包装标准化、成本低廉化、技术多功能化、绿色化、机械化和智能化的方向不断发展,防止包装不足、包装过剩和包装污染。

1. 包装标准化

包装标准化是对包装类型、规格、材料、结构、造型、标志等所做的统一规定及相关技术

政策和技术措施,其中主要包括统一材料、统一规格、统一容量、统一标记和统一封装方法。

2. 成本低廉化

包装成本中占比例最大的是包装材料费用。因此在保证包装功能的前提下,要尽量节约材料费用支出,防止包装过剩,做到成本最低。

3. 技术多功能化

通过创新开发新的材料和技术,利用各种复合技术、包装容器技术开发新的包装材料和容器是包装合理化的重要内容。

4. 绿色化

从整个物流流程看,只有包装这一环节对资源和生态环境依赖性很强。包装工业要消耗大量的资源,同时包装废弃物会导致环境污染等。绿色包装是指无害、少污染的、符合环保要求的各类包装物品,是对节省材料、资源和能源,废弃物可降解,不致污染环境,对人体健康无害等方面提出的要求。绿色包装是包装合理化的发展主流。

5. 机械化

过去包装主要是依靠人力作业。进入大量生产、大量消费时代以后,包装的机械化也就应运而生。包装机械化从逐个包装机械化开始,直到装箱、封口、捆扎等外包装作业的完成。包装机械化对节省劳力、提高作业效率起着重要作用。

6. 智能化

物流信息化发展的一个基础是包装智能化,包装上的信息量不足或错误会直接影响物流各个环节的进行。包装上除了标明内装物的品名、数量、重量、生产厂家、保质期以及搬运储存所需条件等信息外,还应有商品条形码等,以实现包装智能化。

第四节 装 卸 搬 运

一、装卸搬运的概念和特点

(一)装卸搬运的概念

《物流术语》(GB/T 18354—2006)中装卸是"将物品在指定地点以人力或机械装入运输设备或从运输设备上卸下的活动"。装卸改变"物"的存放、支承状态,它是以一种垂直方向为主的位移。搬运是指"在同一场所内,对物品进行水平移动为主的物流作业",它改变"物"的空间位置,是一种以短距离水平方向为主的位移。

装卸搬运就是在某一物流节点范围内进行的以改变物料的存放状态和空间位置为主要内容和目的的活动。

(二)装卸搬运的特点

1. 装卸搬运是附属性、伴生性的活动

无论生产领域的加工、装配、检验,还是流通领域、消费领域中的运输、仓储、包装及废

物处理,装卸搬运是每一项活动开始及结束时必然发生的活动。在运输过程中,装卸搬运是第一环节,也是最终环节。无论哪一种运输方式,其运输全过程都包括了装货、运送、卸货三个主要环节。因此,装货是运输生产的开始,卸货是运输生产的终结。没有装卸搬运,运输生产无法进行,也无法完成。

2. 装卸搬运是支持、保障性活动

装卸搬运为生产与流通等环节提供了保障和服务。在生产与流通领域中,没有装卸搬运的保障与服务,就无法使运输高质量、高效率地运行,装卸搬运的质量、效率对运输过程有着重要的制约作用。在运输过程中,货物是多种多样的,会产生许多不同的装卸搬运作业。装卸的停歇时间在运输中占有很大的比重,搞好装卸搬运工作,是缩短装卸搬运时间、加速车辆周转、提高运输效率、降低运输成本的重要途径。另外,装卸搬运作业需要人与机械、货物、其他劳动工具相结合,工作量大,情况变化多,作业环境复杂,导致装卸搬运作业中存在不安全的因素和隐患,这就需要严格执行安全操作规程,确保装卸搬运质量,保障运输全过程的安全优质。

3. 装卸搬运是衔接性的活动

各种运输方式都需要一个集、装、运、卸、散的过程和相互换装的环节,否则,运输的优势就无法发挥。在集、装、运、卸、散五个环节中,"运"是主体,"集""装"是"运"的开始,"卸""散"是"运"的继续和终结,从而组成了运输生产的全过程。在运输的全过程中,"集""散"与"卸""散"起运输的衔接作用。正因为装卸搬运在整个运输活动中具有衔接功能,运输生产活动才得以正常运转,各种运输方式的中转换装才可实施和发挥,保证了综合运输能力的形成。只有把装卸搬运组织好,达到快装、快卸、及时集散,才能提高各种运输方式的效率。

二、装卸搬运的方式

1. 按作业场所分类

1)仓库装卸

仓库装卸是指仓库、堆场、物流中心等处所进行的装卸搬运,配合货物的入库、出库、维护、保养等活动进行,并且以堆垛、拆垛、上架、拣货、挪动、移动等操作为主。

2)火车站装卸

火车站装卸是指在铁路车站对火车车皮中货物的装进及卸出,其特点是一次作业就实现一个车皮的装进或卸出,很少有仓库装卸时出现整装零卸或零装整卸的情况。铁路装卸包括汽车在铁路货物和站旁的装卸作用,铁路仓库和理货场的堆码、拆散、分拣、配货、中转作业,铁路车辆在货场及站台的装卸作业等。

3)港口装卸

港口装卸是在港口进行的各种装卸搬运工作,包括码头前沿的装卸船作业,也包括各方的支持性装卸搬运,如前方与后方间的搬运工作,港口仓库的垛码、拆垛作业,港口理货场的堆取、运转作业,后方的铁路车辆和汽车的装卸作业等。有的港口装卸还采用小船在码头与大船之间"过驳"的方法,其装卸的流程较为复杂,往往经过几次的装卸及搬运作业

才能最后实现船与陆地之间货物过渡的目的。

4）机场装卸

机场装卸是指在机场往飞机上对货物进行的装卸作业。

2. 按作业的对象分类

1）单件货物装卸

单件货物装卸是指对以箱、袋等包装的货物进行单件、逐件的装卸搬运。目前，对大、长、笨、重的货物，或者集装会增加危险的货物等，仍采用这种传统的装卸搬运作业方法。

2）散装货物装卸

散装货物装卸是指对煤炭、粮食、矿石、化肥、水泥等块状、粒状、粉状货物进行的装卸搬运。其特点是一般从装运点直到卸点，中间不再落地，物品直接向运输设备、商品装运设备或储存设备装卸与出入库，是集装卸与搬运于一体的装卸搬运作业。这种作业常采用重力法、倾翻法、机械法、气力法等方法。

3）集装货物装卸

集装货物装卸是指先将货物集零为整，形成集合包装或托盘、集装箱等集装货物后再进行的装卸搬运。其特点是有利于机械操作，可以提高装卸搬运效率，减少装卸搬运损失，节省包装费用，提高顾客服务水平，便于达到存储装卸搬运、运输、包装一体化，实现物流作业机械化、标准化。

三、装卸搬运合理化

（一）装卸搬运合理化的概念

装卸搬运合理化是指以尽可能少的人力和物力消耗，高质量、高效率地完成仓库的装卸搬运任务，保证供应任务的完成。装卸搬运合理化，是针对装卸不合理而言。合理与不合理是相对的，由于各方面客观条件的限制，不可能达到绝对合理。

（二）不合理装卸搬运的表现形式

1. 过多的装卸搬运次数

在物流活动中，装卸搬运环节是发生货损的主要环节，而在整个物流活动中，装卸搬运作业又是重复进行的，其发生的频率超过其他任何活动，过多的装卸搬运必然导致货损的增加。同时，每增加一次装卸，就会较大比例地增加物流费用，就会大大减缓整个物流的速度。

2. 过大过重的包装装卸搬运

在实际的装卸搬运作业中，如果包装过大过重，就会反复在包装上消耗太多的劳动，这一消耗不是必需的，因而会形成无效劳动。

3. 无效物质的装卸搬运

进入物流过程的货物，有时混杂没有使用价值的各种掺杂物，如煤炭中的矸石、矿石中的水分、石灰中未烧熟的石灰以及过烧石灰等。这些无效物质在反复装卸搬运的过程中必然要消耗能量，形成无效劳动。因此，不合理的装卸搬运增加了物流成本，增加了货物的损耗,降低了物流的速度,若能有效防止,就会实现装卸搬运作业乃至物流活动的合理化。

(三)装卸搬运合理化的目标

1. 装卸搬运次数最少

减少暂时放置的发生机会,尽可能实现搬运一次到位。暂时放置是增加搬运次数的首要原因,掌握合适的单位搬运量是减少搬运次数的另一个重要因素。

2. 装卸搬运距离最短

合理规划工厂布局,可以有效缩短搬运距离。在工厂布局已经确定的情况下,合理规划流程、及时制订搬运计划,可以有限度地缩短搬运距离。

3. 各作业环节衔接要好

加强装卸搬运各环节的衔接可有效减少装卸搬运的劳动量。

4. 库存物品的装卸搬运活性指数较高、可移动性强

根据物料所处的状态,即物料装卸、搬运的难易程度,可将物料装卸、搬运的灵活性分为不同的级别。如果很容易转变为下一步的装卸搬运而不需过多做装卸搬运前的准备工作,则活性高;如果难以转变为下一步的装卸搬运,则活性低。

为了对活性有所区别,并能有计划地提出活性要求,使每一步装卸搬运都能按一定活性要求进行操作,对于不同放置状态的物品作了不同的活性规定,这就是"活性指数",分为0~4级共5个等级。活性指数越高,物品越容易进入装卸搬运状态,如下图所示。各级的含义如下。

0级——物料杂乱地堆在地面上的状态。

1级——物料装箱或经捆扎后的状态。

2级——箱子或被捆扎后的物料,下面放有枕木或其他衬垫后,便于叉车或其他机械作业的状态。

3级——物料被放于台车上或用起重机吊钩钩住,即刻移动的状态。

4级——被装卸、搬运的物料,已经被启动、直接作业的状态。

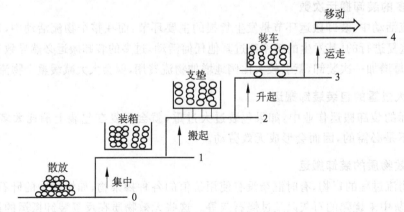

装卸搬运活性指数示意图

（四）装卸搬运合理化的原则

由于装卸搬运作业仅是衔接运输、保管、包装、配送、流通加工等各物流环节的活动，本身不创造价值，所以应尽量节约时间和费用。在装卸搬运作业合理化方面，可遵循以下七项原则。

1. 省力化原则

省力，就是节省动力和人力。因为货物装卸搬运不产生价值，作业的次数越多，货物破损和发生事故的频率越大、费用越高，因此首先要考虑尽量不装卸搬运或尽量减少装卸搬运次数。如采用集装化装卸、多式联运、集装箱化运输、托盘一贯制物流等；利用货物本身的重量和落差原理，如滑槽、滑板等工具的利用；减少从下往上的搬运，多采用斜坡式，以减轻负重；水平装卸搬运，如仓库的作业台与卡车车厢处于同一高度，手推车直接进出；卡车后面带尾板升降机，仓库作业月台设装卸货升降装置等都是有效的措施。总之，省力化装卸搬运的原则是：能往下则不往上、能直行则不拐弯、能用机械则不用人力、能水平则不要上斜、能滑动则不摩擦、能连续则不间断、能集装则不分散。

2. 活性化原则

这里所说的活性化是指"从物的静止状态转变为装卸状态的难易程度"。如果容易或适于下一步装卸搬运作业，则活性化高。此外，在装卸机械灵活化方面的例子有叉车、铲车、带轨道的吊车、能转动360°的吊车和带轮子、履带的吊车等。

3. 顺畅化原则

货物装卸搬运的顺畅化是保证作业安全、提高作业效率的重要方面。所谓顺畅化，就是作业场所无障碍、作业不间断、作业通道畅通。如叉车在仓库中作业，应留有安全作业空间，转弯、后退等动作不应受面积和空间限制；人工进行货物搬运，要有合理的通道，脚下不能有障碍物，头顶留有空间，不能人撞人、人挤人；用手推车搬运货物，地面不能坑坑洼洼，不应有电线、工具等杂物影响小车行走；人工操作电葫芦吊车，地面防滑、行走通道两侧的障碍等问题均与作业顺畅与否相关。机械化、自动化作业途中停电、线路故障、作业事故的防止等都是确保装卸搬运作业顺畅和安全的因素。

4. 短距化原则

短距化，即以最短的距离完成装卸搬运作业，最明显的例子是生产流水线作业。它把各道工序连接在输送带上，通过输送带的自动运行，使各道工序的作业人员以最短的动作距离实现作业，大大节约了时间，减少了人的体力消耗，大幅度提高了作业效率。缩短装卸搬运距离，不仅省力、省能，又能使作业快速、高效。

5. 单元化原则

单元化装卸搬运是提高装卸搬运效率的有效方法，如集装箱、托盘等单元化设备的利用等都是最好的例证。

6. 连续化原则

连续化装卸搬运的例子很多，如输油、输气管道，皮带传送机、辊道输送机、旋转货架等都是连续化装卸搬运的有力证明。

7. 人格化原则

装卸搬运是重体力劳动,很容易超过人的承受限度。如果不考虑人的因素或不够尊重人格,容易发生野蛮装卸、乱扔乱摔现象。搬运的东西在包装和捆包时应考虑人的正常能力和抓拿的方便性,也要注重安全性和防污染性等。

(五) 实现装卸搬运合理化的措施

1. 防止和消除无效作业

无效作业是指在装卸作业活动中超出必要的装卸、搬运量的作业。显然,防止和消除无效作业对装卸作业的经济效益有重要作用。为了有效地防止和消除无效作业,可从以下几个方面入手。

(1) 尽量减少装卸次数。要使装卸次数降低到最小,要避免没有物流效果的装卸作业。

(2) 提高被装卸物料纯度。物料的纯度,指物料中含有水分、杂质等与物料本身使用无关的物质的多少。物料的纯度越高,装卸作业的有效程度越高;反之,则无效作业就会增多。

(3) 包装要适宜。包装是物流中不可缺少的辅助作业手段。包装的轻型化、简单化、实用化会不同程度地减少作用于包装上的无效劳动。

(4) 缩短搬运作业距离。物料在装卸、搬运当中,要实现水平和垂直两个方向的位移,选择最短的路线完成这一活动,就可避免超越这一最短路线以上的无效劳动。

2. 提高装卸搬运灵活性

装卸、搬运的灵活性是指在装卸作业中的物料进行装卸作业的难易程度。在堆放货物时,事先要考虑到物料装卸作业的方便性。

从理论上讲,活性指数越高越好,但也必须考虑实施的可能性。例如,物料在储存阶段中,活性指数为4的输送带和活性指数为3的车辆,在一般的仓库中很少被采用,这是因为大批量的物料不可能存放在输送带和车辆上的缘故。

3. 实现装卸作业省力化

装卸搬运使物料发生垂直和水平位移,必须通过做功才能实现,要尽力实现装卸作业的省力化。在装卸作业中应尽可能地消除重力的不利影响。在有条件的情况下利用重力进行装卸,可减轻劳动强度和能量的消耗。将设有动力的小型运输带(板)斜放在货车、卡车或站台上进行装卸,使物料在倾斜的输送带(板)上移动,这种装卸就是靠重力的水平分力完成的。在搬运作业中,不用手搬,而是把物资放在一台车上,由器具承担物体的重量,人们只要克服滚动阻力,使物料水平移动,这无疑也是十分省力的。利用重力式移动货架也是一种利用重力进行省力化的装卸方式之一。重力式货架的每层格均有一定的倾斜度,让货箱或托盘沿着倾斜的货架层板自己滑到输送机械上。

4. 提高装卸搬运作业机械化水平

物资装卸搬运设备的运用组织是以完成装卸任务为目的,并以提高装卸设备的生产率、装卸质量和降低装卸搬运作业成本为中心的技术组织活动。

5. 推广组合化装卸搬运

在装卸搬运作业过程中,可根据不同物料种类、性质、形状、重量的不同来确定不同的装卸作业方式。处理物料装卸搬运的方法有三种形式:普通包装的物料逐个进行装卸,叫作"分块处理";将颗粒状物资不加小包装而原样装卸,叫作"散装处理";将物料以托盘、集装箱、集装袋为单位进行组合后进行装卸,叫作"集装处理"。对于包装的物料,尽可能进行"集装处理",实现单元化装卸搬运,可以充分利用机械进行操作。

6. 合理规划装卸搬运方式和装卸搬运作业过程

装卸搬运作业过程是指对整个装卸作业的连续性进行合理的安排,以减少运距和装卸次数。提高装卸搬运作业的连续性应做到:作业现场装卸搬运机械合理衔接;不同的装卸搬运作业在相互联结使用时,力求使它们的装卸搬运速率相等或接近;充分发挥装卸搬运调度人员的作用,一旦发生装卸搬运作业障碍或停滞状态,立即采取有力的补救措施。

装卸搬运作业现场的平面布置是直接关系装卸、搬运距离的关键因素,装卸搬运机械要与货场长度、货位面积等互相协调。要有足够的场地集结货场,并满足装卸搬运机械工作面的要求,场内的道路布置要为装卸搬运创造良好的条件,有利于加速货位的周转。使装卸搬运距离达到最小的平面布置是减少装卸搬运距离的最理想的方法。

复习思考题

1. 简述运输的功能和作用。
2. 比较各种运输方式的优缺点。
3. 试述运输合理化的措施。
4. 装卸搬运合理化的原则有哪些? 简述实现装卸搬运合理化的措施。
5. 仓储合理化的标志是什么? 简述实现仓储合理化的措施。
6. 集装化的原则有哪些?

案　　例

沃尔玛百货有限公司通过物流运输的合理化节约成本

沃尔玛百货有限公司(以下简称"沃尔玛公司")是世界上最大的商业零售企业,在物流运营过程中,尽可能地降低成本是其经营的哲学。沃尔玛公司有时采用空运,有时采用船运,还有一些货物采用卡车公路运输。在中国,沃尔玛公司百分之百地采用公路运输,所以如何降低卡车运输成本,是沃尔玛公司物流管理面临的一个重要问题。为此,他们主要采取了以下措施。

(1) 尽可能使用一种大型卡车,大约有16米加长的货柜,比集装箱运输卡车更长或更高。把卡车装得非常满,产品从车厢的底部一直装到最高,这样非常有助于节约成本。

（2）沃尔玛公司的车辆都是自有的，司机也是公司的员工。车队大约有 8 700 多名员工，其中 3 700 多名司机，5 000 名非司机。车队每周一次运输可以达 7 000~8 000 千米。众所周知，卡车运输是比较危险的，有可能会出交通事故。因此，对于运输车队来说，保证安全是节约成本最重要的环节。沃尔玛公司运输车队的口号是"安全第一，礼貌第一"，而不是"速度第一"。在运输过程中，卡车司机们都非常遵守交通规则。公司定期在公路上对运输车队进行调查，卡车上面都带有公司的号码，如果看到司机违章驾驶，调查人员就可以根据车上的号码报告，以便进行惩处。公司认为，卡车不出事故就是节省公司的费用，就是最大限度地降低物流成本。由于狠抓了安全驾驶，运输车队已经创造了 300 万千米无事故的纪录。

（3）沃尔玛公司采用 GPS 系统对车辆进行定位。因此，在任何时候，调度中心都知道这些车辆在什么地方，离商店有多远，还需要多长时间才能运到商店，这种估算可以精确到小时。公司知道卡车在哪里，产品在哪里，就可以提高整个物流系统的效率，有助于降低成本。

（4）沃尔玛连锁商场的物流部门 24 小时工作，无论白天或晚上，都能做到及时卸货。另外，运输车队还利用夜间进行运输，从而做到当日下午进行集货，夜间进行异地运输，翌日上午即可送货上门，保证在 15~18 个小时内完成整个运输过程，这是沃尔玛公司在速度上取得优势的重要措施。

（5）沃尔玛公司的卡车把产品运到商场后，商场可以把它整个地卸下来，而不用对每个产品逐个检查，这样就可以节省很多时间和精力，加快物流的循环过程，从而降低成本。这里有一个非常重要的先决条件，就是沃尔玛公司的物流系统能够确保商场得到的产品与发货单上的产品完全一致。

（6）由于运输成本比供货厂商自己运输产品的运输成本低，所以厂商也使用沃尔玛公司的卡车运输货物，从而做到把产品从工厂直接运送到商场，大大节省了产品流通过程中的仓储成本和转运成本。

沃尔玛公司的集中配送中心把上述措施有机地组合在一起，做出最经济合理的安排，从而使公司的运输车队能以最低的成本高效率地运行。

延 伸 阅 读

多 式 联 运

在《物流术语》（GB/T 18354—2006）中，多式联运是指联运经营者受托运人、收货人或旅客的委托，为委托人实现两种以上运输方式（含两种）或两程以上（含两程）运输的衔接，以及提供相关运输物流辅助服务的活动。

一、多式联运的种类

根据不同的原则，对多式联运可以有多种分类形式。但就其组织方式和体制来说，基本上可分为协作式多式联运和衔接式多式联运两大类。

（一）协作式多式联运

协作式多式联运是指两种或两种以上运输方式的运输企业，按照统一的规章或商定的协议,共同将货物从接管货物的地点运到指定交付货物的地点的运输。

协作式多式联运是目前国内货物联运的基本形式。在协作式多式联运下,参与联运的承运人均可受理托运人的托运申请,接收货物,签署全程运输单据,并负责自己区段的运输生产;后续承运人除负责自己区段的运输生产外,还需要承担运输衔接工作;而最后承运人则需要承担货物交付以及受理收货人的货损货差的索赔。在这种体制下,参与联运的每个承运人均具有双重身份。对外而言,他们是共同承运人,其中一个承运人(或代表所有承运人的联运机构)与发货人订立的运输合同,对其他承运人均有约束力,即视为每个承运人均与货方存在运输合同关系;对内而言,每个承运人不但有义务完成自己区段的实际运输和有关的货运组织工作,还应根据规章或约定协议,承担风险,分配利益。

(二)衔接式多式联运

衔接式多式联运是指由一个多式联运企业(以下称"多式联运经营人")综合组织两种或两种以上运输方式的运输企业,将货物从接管货物的地点运到指定交付货物的地点的运输。在实践中,多式联运经营人既可能由不拥有任何运输工具的国际货运代理、场站经营人、仓储经营人担任,也可能由从事某一区段的实际承运人担任。但无论如何,他都必须持有国家有关主管部门核准的许可证书,能独立承担责任。

在衔接式多式联运下,运输组织工作与实际运输生产实现了分离,多式联运经营人负责全程运输组织工作,各区段的实际承运人负责实际运输生产。在这种体制下,多式联运经营人也具有双重身份。对于货方而言,他是全程承运人,与货方订立全程运输合同,向货方收取全程运费及其他费用,并承担承运人的义务;对于各区段实际承运人而言,他是托运人,与各区段实际承运人订立分运合同,向实际承运人支付运费及其他必要的费用。很明显,这种运输组织与运输生产相互分离的形式,符合分工专业化的原则,由多式联运经营人"一手托两家",不但方便了货主和实际承运人,也有利于运输的衔接工作,因此,它是联运的主要形式。

二、多式联运的具体形式

最著名的和使用最广泛的多式联运系统是将卡车拖车或集装箱装在铁路平板车上的公铁联运,即驼背式运输。集装箱是被多式联运用来储存产品的"箱子",并在汽车货运、铁路或水路运输之间进行转移。顾名思义,卡车拖车或集装箱被放在铁路平板车上作城市间长途运输,余下的行程则由卡车拖运完成。

卡车渡运、火车渡船和集装箱船等是最老式的多式联运例子。它们使用水路进行长途运输,也是最便宜的运输方式之一。卡车渡运、火车渡船和集装箱船等运输概念是把卡车拖车、铁路车或集装箱装在驳船上或船舶上作长途运输。这类多式联运的另一种形式是"大陆桥运输",它是利用横贯大陆的铁路(公路)运输系统作为中间桥梁,把大陆两端的海洋连接起来的集装箱连贯运输方式。简单地说,就是两边是海运,中间是陆运,大陆把海洋连接起来,形成海—陆联运,而大陆起到了"桥"的作用,所以称之为"陆桥"。而海—陆联运中的大陆运输部分就称为"大陆桥运输"。

多式联运的另一种形式是航空货运与卡车运输相结合。本地货运是航空运输重要的组成部分,因为航空货运最终要从飞机场运往最后交付的目的地。航空—卡车运输是溢价包裹递送服务常用的一种组合。

第四章

物流功能要素——流通加工、配送和信息处理

　　物流具有运输、储存、装卸搬运、包装、流通加工、配送和信息处理七项基本功能。其中,流通加工是物流过程中形成物流增值效应的主要功能要素。配送最能体现物流系统最终的总体服务功能,可以说是完善服务功能的要素。信息处理功能起到支持物流运作的支撑平台作用,是促使物流合理化的功能要素。本章将对流通加工、配送和信息处理三项基本功能要素进行简要介绍。

第一节　流通加工

一、流通加工的产生和发展

　　《物流术语》(GB/T 18354—2006)中的流通加工(Distribution Processing)是指"物品在从生产地到使用地的过程中,根据需要施加包装、分割、计量、分拣、刷标志、拴标签、组装等简单作业的总称"。

(一)流通加工的产生

　　流通加工是顺应现代经济发展而产生的新的物流要素。

1. 生产的现代化与消费需求的个性化

　　现代化生产的特征之一是专业化的大规模生产,通过大批量的、单一品种的生产方式降低生产的成本,获取较高的经济利益。而这种规模大型化和高度专业化的集中生产方式也引起了生产和消费之间的分离。为了弥补这种分离,人们采取的传统手段是储藏、运输和交易。随着需求的不断提高,人们开始意识到现代化生产带来的生产和需求的分离除了体现在数量、地域和时间之外,还存在功能上的分离。现代化生产所具有的"少品种、大批量、专业化"的特点无法满足消费者在产品的规格、性能和品种等方面的需求。

2. 生产过程的改制与消费过程的改制

　　人们为了解决消费需求个性化与生产标准化、批量化之间的矛盾,采取了很多措施。生产企业在生产过程中增加产品改制的工序,用户(消费者)企业在使用前对商品进行改制。但这些措施均不同程度地增加了生产者的生产成本和消费者的使用成本。特别是对于生产者而言,这种增加产品改制工序的办法,无法实现大批量生产,有悖现代化生产方式。

3. 物流过程的改制与流通加工

随着更多的个性化产品进入流通渠道,增加了物流的管理难度,降低了物流效率。人们发现,如同流通从生产领域中独立出来一样,产品的改制也可以在流通环节完成,即物流企业按照用户(消费者)的要求对产品进行二次加工。这样,既解决了生产企业无法同时满足规模生产和个性需求的两难,也解决了消费者因个性需求而造成的使用麻烦。因此,流通加工应运而生。

4. 流通加工的作用

流通加工的产生过程说明流通加工与现代化生产有密切的联系,流通加工是现代物流运作中出现的新事物。简言之,流通加工是指在流通领域,为了弥补生产过程中加工活动的不足,更有效地满足用户的个性需求,更好地衔接各环节的生产与消费,由物流企业根据用户的需要,对产品进行包装、分割、计量、组装、价格贴付、商品检验等一系列简单加工作业活动的总称。

在传统的生产环境下,生产工序并不复杂,生产规模不大,所有的加工和制造机会集中在生产和再生产环节中,流通过程仅仅是实现商品价值及使用价值的转移。当生产转为大规模、专业化的现代化生产后,生产流程越来越复杂;又由于个性化需求的出现,生产过程中的加工制造不能满足消费的需求,也增加了流通环节的复杂性。所以,原本在生产和再生产过程中的加工活动转移到流通过程,形成流通加工。流通加工的出现和进一步发展,使物流过程具有一定的"生产性",物流过程可以主动创造价值而不是单一被动地"保持"和"转移"价值,改变了人们长期以来对物流只是"价值及使用价值转移"的固有观念。在物流中,流通加工的作用不断发挥,地位也不断提高。

(二)流通加工与生产加工的区别

由于流通加工可以看作个性化需求在物流过程中进行的生产加工的进一步延伸和细化,所以,流通加工与生产加工相比,在加工的方法、组织和生产管理上没有大的区别,主要区别在于加工对象、加工主体、加工深度和加工附加价值。

1. 加工对象

流通加工的对象是进入流通领域的商品,已具有了商品的性质;生产加工的对象则是形成产品过程中的原材料、零部件和半成品。

2. 加工主体

流通加工的主体是物流企业,以用户(消费者)需求为目的进行加工组织活动;而生产加工是由生产企业为主体,以产品设计和加工技术要求为目标。

3. 加工深度

流通加工一般是简单加工,加工的内容是浅层的,如板材的剪裁、玻璃的开片、商品的分装等;生产加工的复杂程度和其加工的深度要远远高于流通加工。

4. 加工附加价值

从价值观点看,生产加工在于创造商品的价值和使用价值;而流通加工则在于进一步完善商品的使用价值,一般是在不对加工对象做大的改变的情况下提高商品价值。

二、流通加工的类型

(一)按目的分类

按加工目的的不同,流通加工有以下基本形式。

1. 弥补生产领域加工不足的流通加工

由于某些生产因素的限制,许多产品在生产领域不能完全实现终极加工。例如,钢铁厂在生产通用性较强的钢材时,只能按照标准规定的规格进行大规模生产,以其获得较高的效率和效益。

2. 满足需求多样化的流通加工

用户的需求存在着多样化和多变化两个特点,为了满足这些要求,物流企业会对商品进行简单的加工。例如,对钢材的剪裁加工,对平板玻璃的开片加工,木材改为方材或板材的加工,商品混凝土和商品水泥制品的加工等。

3. 保护商品的流通加工

在物流过程中,为了保障实现商品的使用价值,防止商品在运输、储存、装卸、搬运、包装等过程中遭到损失或损坏,物流企业要针对不同商品进行有效的、保护性的加工作业。

生活消费品的流通加工如水产品、蛋肉产品等要求的保鲜保质的保鲜加工、冷冻加工和防腐加工等;丝麻棉织品的防虫、防霉加工等。生产资料的流通加工有金属材料的防锈蚀加工、木材的防腐防裂加工、水泥的防潮防湿加工等。

4. 方便物流作业的流通加工

有一些产品因本身的形态增加了物流操作的难度,需要对其进行流通加工,使物流各环节易于操作,提高物流效率。如石油、天然气的液化加工等。

5. 促进销售的流通加工

流通加工可以从若干方面起到促进销售的作用。如将零配件组装成用具、车辆便于直接销售;将蔬菜、肉类洗净切块满足消费者要求等。这种流通加工只进行简单改装的加工,或是组装、分块等深加工。

6. 提高加工效率的流通加工

流通加工以集中加工的形式,克服了单个企业加工效率不高的弊病,以一家流通加工企业代替了若干生产企业的初级加工工序,提高了生产水平。如平板玻璃通过集中开裁的简单加工,玻璃利用率从60%左右提高到85%~95%。

7. 物流合理化的流通加工

在干线运输及支线运输的结点,设置流通加工环节,可以解决大批量、低成本、长距离干线运输与多品种、少批量、多批次末端运输之间的衔接问题,在流通加工点与大生产企业间形成大批量、定点运输的渠道,又以流通加工中心为核心,组织对多用户的配送。也可在流通加工点将运输包装转换为销售包装,从而有效衔接不同目的的运输方式,实现物流的合理化。

8. 生产—流通一体化的流通加工

依靠生产企业与物流企业的联合,形成对生产与流通加工进行合理分工、合理规划、合理组织,统筹进行生产与流通加工的安排,这就是生产—流通一体化的流通加工形式。这种形式可以促成产品结构及产业结构的调整,充分发挥企业联合的经济技术优势,是目前流通加工领域的新形式。

(二)按产品分类

1. 钢材流通加工

经过流通加工的钢材数量,在工业发达国家占的比例较高。如日本有 35% 左右的钢材是经过流通加工再配送给各个用户的。钢材的流通加工方式以剪板、切割、轧钢、打孔、冷拉、集中下料为最多。

2. 水泥流通加工

水泥流通加工有以下三种加工方式。

(1)将大批量、长途、散装输送来的水泥,转换为纸袋包装或小规模的包装。

(2)将出厂的熟料运送到使用地区分散磨制成水泥。

(3)将水泥和沙石一起搅拌成各种标号及特性的生混凝土作为商品出售。

3. 木材流通加工

木材流通加工主要有以下两种方式。

(1)将木材磨制成碎屑,制成造纸原料,然后进行配送和输送。

(2)将木材加工成各种规格甚至加工成成品,如将造纸原料加工成板材、方材、胶合板等。

4. 燃料流通加工

对燃料进行流通加工的目的,主要是便于运输。例如,将煤炭磨成粉,再用水调和成泥浆状,然后用管道运输;将天然气压缩成液体,然后装罐输送等。这些都是有效的流通加工方式。

5. 平板玻璃套裁加工

物流企业设立玻璃加工套裁中心,负责按用户提供的图纸或规格尺寸进行统一的套裁开片,向用户供应成品,用户可以直接安装使用。

(三)保税区的加工贸易

由于保税区采用的是"境内关外"的政策,因此,对于进出口物资、加工贸易保税料件拥有政策优惠优势。充分利用这一优势,在进出口贸易中尽可能地在保税区进行流通加工。

三、流通加工合理化

流通加工合理化是实现流通加工的最优配置,在满足社会需求这一前提的同时,合理组织流通加工生产,并综合考虑运输与加工、加工与配送、加工与商流的有机结合,以达到最佳的加工效益。

（一）流通加工合理化的形式

1. 加工和运输结合

在干、支线运输转运点设置流通加工，既充分利用了干、支线转换本来就必须停顿的环节，又可以大大提高运输效率及运输转载水平。

2. 加工和配送结合

将流通加工设置在配送点中，一方面按用户和配送的需要进行加工；另一方面加工又是配送业务流程中分货、拣货、配货的一环，加工后的产品直接投入配货作业，这就无须单独设置一个加工中心环节，使流通加工有别于独立的生产，而使流通加工与中转流通紧密地结合。在配送之前进行流通加工，还可以大大提高配送服务水平。这种流通加工方式比较适用于煤炭、水泥等产品。

3. 加工和配套结合

在生产和消费中，生产企业和消费者往往有"配套"使用物资的需求，而这种"配套"需求仅仅依靠现有的生产单位有时无法实现完全配套。在物流过程中，进行适当的"配套"加工，大大提高物流的桥梁与纽带作用。如方便食品的配套，包括食品生产企业的产品——各种即食或速熟食品；餐具生产企业的产品——各种一次性餐具。

最典型的配套配送是汽车零配件的配套集成。自 20 世纪 70 年代起，日本汽车制造供应链中就确立了以整车厂为核心，要求零部件厂商不断提高质量、降低成本、缩短交货时间的"金字塔结构"的配套体系。所谓"金字塔"形，是以业务层层转包为基础，整车厂和零部件企业之间关系密切，整车厂只与一级供应商建立配套关系，一级配套商数量少，只有十几家或几十家，具有产品开发能力，是总成系统、模块供应商；一级与二级之间、二级与三级之间……分别建立协作配套关系。这种协作配套关系一般有四级甚至五级。厂家数量逐级增多，最终形成"金字塔"形整（车厂）零（部件企业）关系。

4. 加工和商流结合

通过流通加工能有效促进销售，流通加工合理化也可促使商流合理化。

5. 加工和节约结合

通过物流企业开展的流通加工业务，达到节约能源、节约设备、节约人力、节约费用，提高物流企业的经济效益和社会效益的目标。

与生产企业一个重要的不同之处是，物流企业的流通加工更应树立以社会效益为第一的观念，只有这样才有物流企业流通加工的生存价值和发展空间。

（二）避免不合理的流通加工

1. 合理设置流通加工地点

（1）设置在需求地区的流通加工地点。为衔接单品种大批量生产与多样化需求的流通加工，应将流通加工地点设在商品需求地区，充分发挥大批量的干线运输与多品种末端配送的物流优势。

（2）设置在生产地区的流通加工地点。为了方便物流的流通加工，应将流通加工地点设在产地，避免流通环节的增加。

2. 选择合适的流通加工方式

选择流通加工方式实质上是解决流通加工与生产加工的合理分工问题。本应由生产加工完成的，却由流通加工完成，造成不必要的损失和浪费。如加工后的边角余料可以被生产企业利用，则应该选择由生产企业加工完成，就地利用边角余料，提高原材料的利用率。当加工后的边角余料可以作为其他生产企业的原材料时，应选物流企业进行流通加工，加工后的边角余料通过物流企业的运输网络，输送到需要的生产企业，投入生产，提高了边角余料的使用价值，具有很好的经济效益和社会效益。

3. 降低流通加工成本

流通加工不是对生产过程的代替，而是一种完善和补充。

流通加工的重要优势之一是有较大的产出投入比。如果工艺复杂，技术要求较高，或加工可以由生产过程轻易解决，就不宜再设置流通加工。

第二节　配　送

一、配送的产生和发展

（一）配送的产生

第二次世界大战之后，在美国、日本等国家，由于大吨位、高效率运输工具的出现，使干线运输无论在陆路和海路方面都达到了较高水平，长距离、大批量的运输实现了低成本化。但是，与大规模的干线运输相匹配，往往还要辅以支线转运或小规模的搬运，这是物流过程中的一个薄弱环节，为了弥补和克服这些不足，物流过程增加了配送环节。

《物流术语》（GB/T 18354—2006）中对配送（Distribution）的描述是"在经济合理区域范围内，根据客户要求，对物品进行拣选、加工、包装、分割、组配等作业，并按时送达指定地点的物流活动"。

配送是"配"与"送"的有机结合。"配"是对货物进行集中、拣选、包装、加工、组配和配置；"送"是用各种不同的方式将货物送达到指定地点或用户手中。配送是综合的、一体化的、现代化的物流活动，是社会经济和社会分工发展到一定水平的产物。

（二）配送与运输的区别

运输一般是指通过远距离的运输，将大批量、品类复杂的商品，从批发企业、物流中心、配送中心送到零售商店和用户手里的物流服务。

配送属于二次运输、终端运输。通过将用户所需的各种商品配齐备好，向用户发货；或者将多个用户的小批量商品集中起来，进行一次发货的物流服务。

（三）配送的价值

现代配送是实现资源最终配置的经济活动,配送将支线运输及小规模搬运统一起来,优化和完善输送过程,提高末端物流的经济效益。配送不但为物流企业创造了经济价值,更重要的是有效配置和利用了社会资源,也是挖掘"第三利润源泉"的重要条件。

实现了高水平的配送之后,生产企业可以依靠配送而不需保持自己的库存或者只需保持少量保险储备,就可以实现生产企业"零库存",释放大量储备资金,改善企业的财务状况。物流企业集中库存,库存的总量远低于各企业分散库存的总量,同时,也能加强调节能力,提高社会经济效益。采用配送方式,用户只需向一个进货单位联系就能订购到以往需要去许多地方才能订到的货物;接货手续也可大大简化,减轻了用户订购工作量,也节省了订购费。

（四）配送的类型

1. 按配送商品种类和数量分类

1）单(少)品种、大批量配送

这是针对工业企业所需物资的配送类型。因为,物资需要量较大,品种单一或品种较少,不需要再与其他商品搭配,可由专业性很强的配送中心实行这种配送。由于配送量大,可使车辆满载并使用大吨位车辆;配送中心内部设置、组织、计划等工作也较简单,因而配送成本较低。此外,还可以从生产企业直接将所需物资运抵用户,减少在库在途时间,往往能获得更好的企业效益。

2）多品种、少批量配送

多品种、少批量配送是按用户要求,将各种需要量不大的物资配备齐全,凑整装车后由配送据点送达用户。这种配货配送计划难度大,配送中心设备比较复杂,要求作业质量高,组织和协调配合工作能力强,是高水平、高技术的配送方式。这种方式也正符合现代"消费多样化""需求多样化"的新观念,所以,是许多发达国家推崇的方式。

从 ABC 管理实践看,B、C 类的物资品种数远高于 A 类主要物资。虽然 B、C 类的品种数多,但单种物资的需要量都不大,若采取直送或大批量配送方式,一次进货量大,必然导致用户库存增加。所以,适合采用多品种、少批量的配送。另外,这种方式也适用于向零售商店补充一般生活消费品的配送。

3）配套成套配送

按企业生产需要,尤其是装配型企业生产需要,将生产每一台(件)产品所需全部零部件配齐,依据生产节奏定时送达生产企业,生产企业随即可将此成套零部件送入生产线装配产品。这种配送方式,物流企业承担了生产企业大部分供应工作,使生产企业专注于生产,与多品种、少批量配送效果相同。

2. 按配送时间及数量分类

1）定时配送

定时配送是按规定时间间隔进行配送,如数天或数小时一次等,每次配送的品种及数量可按计划执行,也可在配送之前以商定的联络方式(如电话、计算机终端输入等)通知配送品种及数量。

这种方式的优点是由于时间固定,物流企业易于安排工作计划、易于计划使用车辆,用户也易于安排接货力量(如人员、设备等)。也因为时间固定,备货的要求下达较晚,增加了配货配装的工作难度,如果要求配送的数量变化较大时,还会造成配送运力安排的困难。

2)定量配送

定量配送是按规定的批量在一个指定的时间范围内进行配送。这种方式数量固定,备货工作较为简单,可以按托盘、集装箱及车辆的装载能力规定配送的数量,有效利用托盘、集装箱等集装方式,也可做到整车配送,配送效率较高。由于对时间没有严格的限定,物流企业可以将不同用户所需物品凑整配送,提高运力利用率。对用户来讲,每次接货都处理同等数量的货物,有利于人力、物力的准备。

3)定时定量配送

定时定量配送是按照规定的配送时间和配送数量进行配送。这种方式兼有定时、定量两种方式的优点,但是因为限时限量,适合的用户不多。

4)定时定路线配送

定时定路线配送是在规定的运行路线上制定到达时间表,按运行时间表进行配送,用户可按规定路线、规定时间接货及提出配送要求。采用这种方式有利于计划安排车辆及驾驶人员。在配送用户较多的地区,也可免去过分复杂的配送要求所造成的配送组织工作及车辆安排的困难。对用户来讲,既可在一定路线、一定时间进行选择,又可有计划安排接货力量。但这种方式适用的用户也不多。

5)即时配送

即时配送是完全按用户要求的时间和数量进行配送的方式。这种方式是以某天的任务为目标,在充分掌握了这一天需要地点、需要量及种类的前提下,及时安排最优的配送路线并安排相应的配送车辆,实行配送。这种配送可以避免定时配送和定量配送方式的不足,做到每天配送都能实现最优的安排,因而是配送水平较高的方式。为了加强即时配送方式计划的指导性,可以在期初按预测的结果制订计划,以便统筹安排一个时期内的任务,并准备相应的力量,实际的配送实施计划则可在配送前一两天,根据任务书做出。

二、配送的组织和实施

(一)配送操作的主要环节

1. 备货

备货是配送操作的基础环节,分为筹集货物和储存货物。筹集货物包括订货、进货、集货以及相关的验货、结算等一系列工作。储存货物有暂存和储备两种状态。

2. 理货

理货包括货物分拣、配货和包装等业务活动。

3. 送货

送货是末端运输,要选择合适的运输方式、运输工具和运输路线。汽运是主要的运输工具。

(二)配送操作的重要节点——配送中心

配送中心是位于物流节点上,专门从事货物配送工作的经营组织和经营实体。配送中心是配送活动的集散地和发源地,属于物流运动的枢纽。配送中心集集货、分货和流通加工为一体,是现代化、多功能的物流组织。

在配送实践中,基于物流合理化和拓展市场的需要,形成了各种各样的配送中心。

1. 按功能分类

国外一般按配送中心的功能将其分为转运中心、分销中心、储存中心和加工中心。

(1)转运中心的主要功能是传送,不具备商品保管、在库管理等功能,商品在配送中心的储存时间较短,储存量较少。

(2)分销中心拥有商品保管、在库管理等管理功能,不具有长期储存商品的功能。同时,也从事商品周转、分拣和配送等业务。这种类型的配送中心一般设在口岸或者中心城市,往往大批量进货,然后分装组配,及时分送。

(3)储存中心兼有储存和配送双重功能,并且以储存保管功能为主。所以,往往拥有较大规模的仓储设施。

(4)加工中心的主要功能是对产品进行再次加工,以保证上市即可出售且消费。

2. 按服务范围和服务对象分类

国内往往按服务范围和服务对象将配送中心分为城市配送中心和区域配送中心。

(1)城市配送中心,顾名思义,是以城市作为服务范围的配送中心。由于城市范围一般生产与消费集中,物流量大,且汽车运输发达,这种配送中心可直接配送到最终客户。所以,这种配送中心经常和零售经营相结合。

(2)区域配送中心有较强的辐射能力和库存准备,将省(地)际、全国乃至国际范围的客户作为服务对象,为其配送货物。这种配送中心通常规模较大,客户较多,配送批量也较大,经营方式不一,既可以分级配送,也可以直接配送到批发商、企业客户和商店,甚至还有零星的配送服务。

(三)分拣配装技术

在配送中常见的分拣和配装技术主要有拣选式配货技术和分货式配货技术两大类。

1. 拣选式配货技术

拣选式配货技术是由负责理货的人员或理货机械,巡回于货物的各个储货点,按理货单指令,取出所需货物。这是"人到货前式"的分拣配装技术,形象称为"摘果式",如图 4-1 所示。

理货人员或理货机械巡回一遍,可配齐一个客户的货物,配齐后立即配装货物。

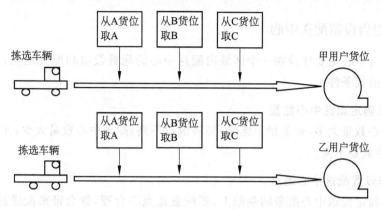

图 4-1 拣选式配货技术（"摘果式"）

2. 分货式配货技术

分货式配货技术是分货人员或分货工具从储存点集中取出各个用户共同需要的货物，然后巡回于各用户的货位之间，将这一种货物按用户需要量分放，再集中取出共同需要的第二种，如此反复进行，直至用户需要的所有货物都分放完毕，同时完成各个用户的配货工作。从上述作业过程看，是"货到人前式"的分拣配装技术，形象地称为"播种式"，如图 4-2 所示。

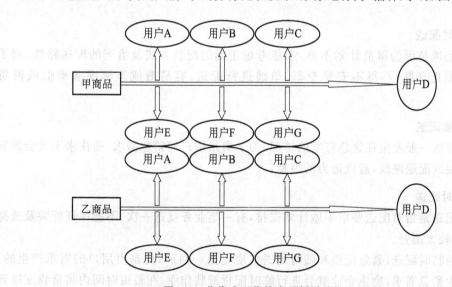

图 4-2 分货式配货技术（"播种式"）

"摘果式"和"播种式"的主要区别是：前者一次为一个用户配货配装，后者一次作业，可完成多家用户的配货配装；前者适用于需求量较大的用户，后者适用于零星散户的集中配货配装。

三、配送合理化

为了使配送服务更加高效合理，在设计配送系统时需要着重考虑配送中心的设置、配送计划的制订、配送方式的确定和信息系统的建设四个方面的因素。

（一）恰当设置配送中心

设置配送中心主要涉及在一个区域内配送中心的配置数量和配置地点，这是保证配送合理化的前提条件。

1. 合理确定配送中心数量

配送中心数量太多，业务量不饱满，经济效益不高；配送中心数量太少，无法满足用户的需要，社会效益不高。

2. 合理设置配送中心地点

在合理确定配送中心数量的基础上，若配置地点不合理，就会带来配送路线不合理、配送方式不合理等一系列问题。

只有在既合理确定配送中心数量、又合理设置配送中心地点的情况下，才可能选择合适的配送路线和配送方式，实现配送总体的合理化。

（二）加强配送的计划性

计划性是正常开展配送服务的"魂"。配送本身就含有计划的属性，没有计划，也就没有配送。

1. 临时配送

临时配送是因为事前计划不善，未能考虑正确的配装方式及恰当的配送路线，到了临近配送截止日期，不得不安排专车、单线进行配送，容易造成车辆满载率低或浪费里程。

2. 紧急配送

紧急配送一般发生在紧急订货的情况，为了满足用户的紧急需求，往往来不及合理安排车辆配装或配送路线，造成运力的浪费。

3. 随时配送

随时配送是指对配送要求不做计划安排，有一笔业务就送一次，不能保证配装及选择路线，造成较大浪费。

正常的临时配送、紧急配送和随时配送实质上是一回事，均是由用户的需求产生的。若用户发生紧急需求，物流企业就会进行临时配货配装作业，在最短时间内将货物配送到用户；若是区域内的重要用户，需要重点关注其对货物的需求，物流企业则会提供随时配送。这样的临时配送、紧急配送和随时配送的配送服务物流企业不能拒绝。但是，物流企业应该避免因为计划不周而导致发生的临时配送、紧急配送和随时配送，这些无计划的配送，会大大降低配送中心的经济效益和社会效益。

（三）实行共同配送

共同配送是多家企业共同建立配送中心、共同使用配送设备或共同组织配送的一种横向经济联合的形式。

共同配送中的企业因为配送量较小,单独配送的经济效益很低,所以,采取集小量为大量、共同利用统一配送设施或配送车辆进行配送,满足生产所需的货物供应。显然,共同配送不但能够提高企业的经济效益,更能提高社会经济效益。

需要强调的是,组织共同配送的关键是在多家企业中合理分摊成本以及合理分配收益。

(四)加强信息系统的建设

信息系统包括管理信息系统(MIS)和决策支持系统(DSS)。根据物流企业业务发展需要与财力的可能,建立和建设可靠的信息系统,是现代物流配送中心实现合理化配送、提高管理水平和经济效益的有效途径。

第三节　物　流　信　息

一、物流信息的概念和特点

(一)物流信息的概念

《物流术语》(GB/T 18354—2006)中规定,物流信息(Logistics Information)是"物流活动中各个环节生成的信息,一般随着从生产到消费的物流活动的产生而产生,与物流过程中的运输、储存、装卸、包装等各种职能有机结合在一起,是整个物流活动顺利进行所不可缺少的"。

物流信息概念可以分为狭义的物流信息与广义的物流信息。

狭义的物流信息是指与物流活动(如运输、储存、包装、装卸搬运、流通加工等)有关的信息,主要支持物流活动的管理和决策。

广义的物流信息不仅包括与物流有关的信息,还包括与其他流通活动有关的信息,如商品交易信息和市场信息等。

(二)物流信息的特点

物流信息除了具有信息的一般属性外,还具有自己的特点。

1. 广泛性

由于物流是一个大范围的、综合性的活动,所以,物流信息分布广,信息源点多,信息量大,涉及生产消费、财政信贷等国民经济的方方面面。

2. 联系性

物流活动是多环节、多因素、多角色共同参与的活动,目的就是实现产品从产地到消费地的顺利移动,因此,在物流活动中产生的各种物流信息必然存在着十分密切的联系,如生产信息、运输信息、储存信息、装卸信息之间都是相互关联、相互影响的。这种相互联系的特性保证了物流各子系统、供应链各环节以及物流内外部系统的相互协调运作。

3. 多样性

物流信息种类繁多,大致有以下几种分类方法。

(1)信息按范围可分为系统内信息和系统外信息。系统内信息是物流系统内部各个环节的信息,如流转信息、作业信息、控制信息、管理信息等,属于业务信息。系统外信息是物流系统以外的各种信息,如市场信息、政策信息、区域信息等,属于综合信息。

(2)信息按稳定程度可分为固定信息、流动信息和偶然信息。

(3)信息按加工程度可分为原始信息和加工信息。

(4)信息按发生时间可分为滞后信息、实时信息和预测信息等。

在实际工作中,应根据信息的不同种类进行收集和整理。

4. 动态性

现代物流的运作过程中,往往存在多品种、小批量的生产和多额度、小数量的配送,这些特点使得物流信息量大增,同时,物流信息反映物流活动和产品状态的不断变化,伴随着不断进行的物流活动,物流信息动态性特别强,由此产生的大量新信息不断更新原有的数据库。因此现代物流信息处理更加强调物流信息采集的及时和信息加工处理的快速。物流信息的及时收集、快速响应、动态处理已成为现代物流经营活动成败的关键。

5. 复杂性

物流信息广泛性、联系性、多样性和动态性带来了物流信息的复杂性。在物流活动中必须对不同来源、不同种类、不同时间和相互联系的物流信息进行反复研究处理,才能得到有实际应用价值的信息,用来指导物流活动,这是一个非常复杂的过程。

二、物流信息的作用和应用

(一)物流信息的作用

物流信息在物流活动中具有十分重要的作用,通过物流信息的收集、传递、存储、处理、输出等,成为决策依据,对整个物流活动起指挥、协调、支持和保障作用。

物流信息在物流系统中起着神经中枢的作用,主要功能是支持操作、支持管理控制、支持决策分析、支持战略计划,如图4-3所示。

图 4-3 物流信息的功能

1. 支持操作

物流系统是由许多个行业、部门以及众多企业群体构成的大的经济系统,系统内部正是通过各种指令、计划、文件、数据、报表、凭证、广告、商情等物流信息,建立起各种纵向和横向的联系,沟通生产商、批发商、零售商、物流服务商和消费者,满足各方的需要。因此,物流信息是沟通物流活动各环节之间联系的桥梁。物流信息随着物资、货币及物流当事人的行为等信息载体进入物流供应链中,同时,信息也随着信息载体反馈给供应链上的各个环节,依靠物流信息及其反馈可以优化物流布局、协调商品结构,达到商品供需平衡;优化物流的资源配置,协调人、财、物,提高物流企业的经济效益。

2. 支持管理控制

通过移动通信、计算机信息网、电子数据交换(EDI)、全球定位系统(GPS)等技术,实现物流活动的电子化,如货物实时跟踪、车辆实时跟踪、库存自动补货等。用信息化代替传统的手工作业,实现物流运行、服务质量和成本等的管理控制,如为了应付需求波动,在物流供应链的不同节点上通常设置零部件、在制品、制成品的库存,包括中间库存和最终库存,这些库存增加了供应链的长度,提高了供应链的成本。但是,如果能够实时掌握供应链上不同节点的信息,就能知道在供应过程中,什么时候、什么地方、多少数量的货物可以到达目的地,发现供应链上的过多库存并进行缩减,从而缩短物流链,提高物流服务水平。

3. 支持决策分析

物流信息是制定决策方案的重要基础和关键依据,物流管理决策过程本身就是对物流信息进行深加工的过程,是认识物流活动的发展变化规律性的过程。大量、全面、有价值的物流信息能使管理人员掌握全面情况,协调物流活动,通过评估、比较和"成本—收益"分析,做出最有效的物流决策,如车辆调度、库存管理、设施选址、资源选择、流程设计等,物流信息都可以发挥重要的协助和支持作用。

4. 支持战略计划

作为决策分析的延伸,物流战略计划涉及物流活动的长期发展方向和经营方针的制定,如企业战略联盟的形成、以利润为基础的顾客服务分析,以及能力、机会的开发和提炼。战略计划作为更加宏观长远的决策,必须建立在对物流信息进一步提炼和开发的基础上。通过对物流信息的归纳、分析和总结,管理者可以认识整个物流系统变化的规律,并对其发展进行预测,从而为物流系统的长期战略计划做出支持。

(二)利用物流信息建立信息系统

信息管理是任何部门进行科学管理必不可少的重要手段,物流信息本身是物流现代化管理的基础和依据。

物流信息来源于物流各子系统的业务活动,如运输、储存、包装、装卸搬运、配送、流通加工等业务。这些系统内的业务信息和系统外的与物流相关的信息构成了物流信息系统。物流信息系统的功能就是通过信息传递,将物流各环节的业务活动有机结合,协调一致,提高物流整体作业效率,取得最佳的经济效益。

物流信息系统既是一个独立的子系统,又是为物流总系统服务的辅助系统。

物流信息系统(Logistics Information System,LIS)作为企业管理信息系统(Management Information System,MIS)的一部分,通过处理加工与物流相关的信息,对物流、资金流进行有效控制和管理,并为企业提供信息分析和决策支持的人机系统。

(三)信息技术在物流领域的应用

信息技术(Information Technology,IT)泛指拓展人的信息处理能力的技术,主要有传感技术、计算机技术、通信技术、控制技术等。它取代或辅助人们完成了对信息的识别、监测、变换、储存、传递、计算、控制和利用。

信息技术发展、变化、更新很快,但是用于物流活动的信息技术主要有识别记录技术、电子数据交换技术(EDI)、地理信息系统(GIS)、全球定位系统(GPS)、数据挖掘(DM)和数据库管理(DW)技术等。

1. 识别记录技术

识别记录是物流活动非常基础又非常重要的工作。物流企业每天面对众多的客户、品种繁多的存货、不同时间的不同需求,要在短时间内进行准确识别并及时精确地记录,这很难做到。

(1)条形码(简称条码)

1972年,条形码大量用于一般产品。它给每位制造商和产品分配了一个五位数的号码,根据不同的号码,可以区分不同制造商、不同规格甚至不同包装尺寸的产品。这些号码不是用数字表示,而是用粗细不一的条杠与其间隙表示,这样就能让电子计算机识别,叫作"读码"。电子计算机"读码"的眼睛是扫描仪,常见于各种商场、超市收银台使用的扫描仪,又称POS机。物流企业在货物收发、车辆装卸等交接环节安置各种扫描仪,就能识别每种货物,并且跟踪货物的去向。

条码的出现和应用,使识别记录技术成为现代物流系统的重要技术之一。它可以快速采集信息,适应物流大量化和高速化的要求,大幅度提高物流效率。

(2)射频识别技术(RFID)

射频识别技术(Radio Frequency Identification,RFID)不局限于视线,识别距离比光学系统还要远,具有可读写能力,可携带大量数据,难以伪造。适用于物料跟踪、运载工具识别和货架识别等非接触数据采集和交换的场所。RFID可以应用在物流过程中的库存管理、运输管理和货物分拣管理,能提高物流效率,降低物流成本。

2. 电子数据交换技术(EDI)

国际标准化组织(ISO)将电子数据交换技术(Electronic Data Interchange,EDI)定义为"将商业或行政事务处理按照一个公认的标准,形成结构化的事物处理或信息数据格式,从计算机到计算机的数据传输"。EDI被确认为是企业之间计算机与计算机交换商务文件的标准形式,即在标准化基础上,通过计算机联网进行数据的传输与交换。

EDI将传统的通过邮件、快递或传真的方法进行两个组织之间的信息交流,转化为用电子数据实现。通过利用EDI,信息传递的速度大大高于传统方法进行的信息传递,实现了不同企业之间信息的实时传递,这给物流管理带来极大的便利。

3. 地理信息系统(GIS)和全球定位系统(GPS)

地理信息系统(Geographical Information System,GIS)是以地理空间数据为基础,采用地理模型分析方法,适时地提供多种空间的和动态的地理信息,是一种为地理研究和地理决策服务的计算机技术系统。其基本功能是将表格型数据(无论来自数据库、电子表格文件,还是直接在程序中输入)转换为地理图形显示,然后对显示结果进行浏览、操作和分析。

GIS技术主要用于铁路运输管理和军事物流。

全球定位系统(Global Positioning System,GPS)具有在海、陆、空进行全方位实时三维导航与定位的能力。在物流领域可以应用于汽车自定位、跟踪调度、各种运输方式的管理。

4. 数据挖掘(DM)和数据仓库(DW)

数据挖掘(Data Mining,DM)是从大量的、不完全的、有噪声的、模糊的、随机的数据中提取隐含在其中的、人们事先不知道的、但又是潜在有用的信息和知识的过程。随着信息技术的高速发展,人们积累的数据量急剧增长,如何从海量的数据中提取有用的知识成为当务之急。数据挖掘就是为顺应这种需要而发展起来的数据处理技术,是知识发现的关键步骤。

数据仓库(Data Warehouse,DW)是一个面向主题的、集成的、相对稳定的、反映历史变化的数据集合,用于支持管理决策。所谓面向主题是指数据仓库内的信息是按主题进行组织的,如用户使用数据仓库进行决策时所关心的重点方面:收入、客户、销售渠道等。集成是指数据仓库中的信息不是从各个业务系统中简单抽取出来的,而是经过一系列加工、整理和汇总的过程,因此数据仓库中的信息是关于整个企业的一致的全局信息。反映历史变化是指数据仓库内的信息并不只是反映企业当前的状态,而是记录了从过去某一时点到当前各个阶段的信息。

由于物流的信息量大、动态性强、更新速度快,物流企业要从这些海量数据中找出物流管理所需的数据,往往需要借助数据挖掘和数据管理技术。

复习思考题

1. 流通加工与生产加工的差异有哪些?
2. 生活中有哪些常见的流通加工?
3. 配送与运输的差异有哪些?
4. 为什么说配送是个小型的物流系统?
5. 配送操作的常见流程是怎样的? 哪些是你所见过的?
6. 物流信息的特点是什么?
7. 常用的物流信息技术有哪些? 大数据在物流中有哪些体现?

案　　例

案例1　日本伊藤洋华堂公司的新加工食品物流系统

伊藤洋华堂公司在东京圈内的新食品物流系统已经完成,其特征是深入研究店内物流以减轻店铺的作业负担。到货的精度达到了五万分之一,在世界上还很少见到这样高度现代化物流系统的案例。

一、供应链的大幅度改革

伊藤洋华堂公司早在很久以前就引入了"窗口批发商制度",致力于物流的效率化。这一制度是将若干个批发商的业务集中作为窗口的批发商,以简化向店铺配货体制。

1999年10月,新的加工食品物流中心投入运营。具体做法是:废弃3个集散型物流中心,将6个储存型物流中心集中为4个,除了加工食品之外还存放点心和酒类,中心的运营委托给食品批发商的各个公司。这样一来,不仅做到了从窗口批发商到店铺的物流效率化,向物流中心送货的厂家由原来的18个减少到4个,也大大减少了作业量。

二、由信息技术支撑的不同货架到货方式

在连锁店,从商品接收到货开始,再到将商品展示到卖场的过程往往负担较重,洋华堂也不例外。这主要是由于需要区分一般商品和特卖商品,还要进行验货、向卖场不同货架的码放等细致的作业,从入货口开始就要做一次分拣、二次分拣、验货、上货等工作。新的物流系统将这些中间作业全部省略并进行了改善,实现了商品卸货后可以向卖场直接上货,能够达到这样的效果完全靠的是信息系统。由于日本受土地法和大店法的限制,各个连锁店铺的面积大小不等,各个店铺的货架数也不相同,加工食品的货架数可以有10个或20个。

采用的"不同货架到货方式"是按货架为单位进行到货的方法,这样就可能在货架上顺序进行补充商品,做到最效率化。需要先对各个店铺的货架与商品的关系进行调查,将商品与其货架的货位输入物流中心的计算机系统中,在计算机系统上建立起商品与店铺以及货位的关联,通过计算机系统自动地识别什么商品有多少,应该补充到哪一家店铺的哪一个货位上。完成这样复杂的区分作业系统的到货精度能够达到五万分之一,应用如此高精度的物流系统,当然就不需要再进行验货作业了。

新物流系统还引入了鲜度维持管理系统,商品的主文件中设定了商品有效期和准许销售期限,在商品入库时输入制造年月,计算机系统就可以自动进行判断是否可以入库。在库商品严格地按照先进先出进行作业,每日由作业人员检验商品日期,为保证不出现超过准许销售期限的商品,对临近准许销售期限的商品提供警告功能,采用双重保险方式。

三、川口加工食品共同配送中心

该共同配送中心的物流、信息系统是由运营的食品批发商和洋华堂公司共同开发的,基本的物流操作在其他所有的物流中心是一样的。这里只举出川口加工食品共同配送中心的作业实例。该中心坐落在与东京相邻的琦玉县川口市,供给洋华堂公司在东京都、琦玉县、

栃木县、茨城县的 51 家店铺的商品，全年 365 天运转，一年基本的业务处理量金额约为 250 亿日元，中心的运营是由食品批发业的大公司菱食公司承担的。中心占地面积 2 618 坪、建筑面积 4 786 坪，保管商品数约 4 500 种，其中加工食品 2 400 种、点心 1 500 种、酒类 600 种。在库有与洋华堂公司交易的 16 家批发商的商品，采用共同保管方式。

该中心在上午进行入库作业，为了提高作业效率，采用指定时间到货方式，送货迟到的允许范围约为 15 分钟。作业人员使用下载了订货数据的手持式电脑终端，对入库商品与下载的数据核对后进行确认。然后将商品分别按 A、B、C、特卖的分类进入保管货区或自动仓库。店铺接收订货截至中午 12 点，配货作业从下午 2 点半开始，根据每日的订货量不同，一般需要进行到晚上 8 点左右。较近的店铺在傍晚时分出库、在晚 8 点左右送达；较远的店铺则在第二天开店前的早 7～8 点到货。考虑到噪声等问题，在避免深夜到货的同时争取在开店前结束到货。

四、维持五万分之一精度的作业系统

配货采用以下 3 种方式。

A 类商品和特卖商品采用清单配货方式，用叉车将商品搬送到出库区域，所有商品使用扫描器进行出库数据与实物的核对，保证数据完全一致。

B、C 类商品打印出与出库箱数相同的发货标签，播种方式是配货后将标签标贴到包装箱上，然后由自动传送装置搬送商品，自动分拣机读出标签的信息后按照不同店铺和不同通道进行分拣。

B、C 类商品的零散出库采用手推式配货台车的方式。出库信息按不同店铺和不同通道无线下载到台车上，从货架上取出商品后扫描通用商品条码，按每一个商品品种放入可折叠的货箱中，台车是洋华堂公司自己设计的，能够识别货架的位置，可以自动用最短的步行距离表示配货的数据。配货完成之后再进行数据上传，打印出标签标贴到货箱上，之后由自动分拣机进行分拣。自动分拣机的出货口排列着轮式托盘，包装箱和货箱上标贴有通道编码的标签，作业人员编码放入相应的轮式托盘上，轮式托盘带有分隔板，可以在一台轮式托盘上分开放置多个通道的商品。

五、5 亿日元以上的成本降低效果

在洋华堂的店铺，原来员工 8 点上班到 11 点补货还未完成的情况屡见不鲜，新的物流系统投入运营后，10 点过后再没有商品未陈列的现象发生，不同通道到货方式的实施，大大提高了店铺的补货效率。

到货商品所花费的时间从 80 分钟大幅度缩短到 20 分钟，也实现了店铺的无验货作业。缩短的时间用来进行订货和接待顾客，使店铺的顾客服务水平也得到了提高。

不仅仅是时间的节省，1 个店铺一年的人员费用也能够节省 200 万～300 万日元，现在东京圈从事物流中心的配货店铺数合计为 177 个店铺（洋华堂公司 117 个店铺、其他 60 个店铺），按每一个店铺节省 300 万日元计，一年总计可以减少 5 亿日元的费用。

洋华堂公司正在探讨在其他地区也采用新加工食品物流系统，如北海道、静冈县、中京地区的 3 个地区已经进入了实质性阶段。

洋华堂公司与日本的外资零售业不同，没有多余的店铺库存，也没有无效的物流作业。在欧美还见不到这样的现代物流系统，也可以说是企业物流革新的典范。

案例 2　中海集团物流有限公司的物流信息化

中海集团物流有限公司(简称"中海物流")能在中国航运市场的激烈竞争中脱颖而出,很大程度上源于其先人一步建立了比较完善的信息化系统。

一、转型——实现三级管理

中海集团与中远集团、中外运被称为中国航运市场的三巨头,在集装箱运量取得突飞猛进的 2002 年,中海物流应运而生。按照中海集团的发展规划,物流业是其发展重点和支柱性产业,并形成了以航运为核心,船代、货代、仓储堆场、集卡、驳船、空运、海铁联运等业务并举的大物流发展框架。调整后的中海物流采用三级管理的业务模式,总部管片区、片区管口岸。总部代表集团领导、管理、计划、协调中海的物流业务,加强对整个物流业务的总成本的控制,建立物流供应链;片区公司在总部的领导和管理下,经营各所属片区的配送业务、仓储业务、车队业务、揽货业务等,建立所属各地区的销售网点以及对该地区的成本控制;口岸公司在片区公司的管理下,进行揽货、配送的具体业务操作,并负责业务数据采集。而要实现这一点,没有强大的信息系统支撑是不可能的。中海物流在公司成立初期就意识到要做一流的物流企业首先要有一流的信息技术做支撑。为实施集团制定的"大物流"战略,中海物流最终选择了招商迪辰为软件供应商。

二、模式——"一个心脏跳动"

招商迪辰是国内首家将地理信息(GIS)、卫星定位(GPS)、无线通信(Wireless)与互联网技术(WEB)集成一体,应用于物流、交通和供应链管理领域的软件供应商。但为中海物流这样规模的企业建立全国性的物流信息化系统,在国内尚无先例可循。经过反复论证,双方达成共识,要在全国范围内应用一套企业级集成系统,实现信息的共享与交换,并保持数据的一致。该系统的核心就是以市场需求为驱动,以计划调度为核心,使物流各环节协同运作。它需要集成管理企业的计划、指标、报表、结算等,可层层细化与监控,并有统一的企业单证、报表、台账格式,而且有良好的扩展性和开放结构。更为关键的是,系统建成后应当是一套面向订单流的信息系统,从接受客户委托订单开始到订单管理,都要有一个平滑共享的信息流。这包括围绕订单制订物流方案、落实相关运力或仓储等物流资源、实施调度直至物流作业和质量监控等环节。

软件项目最大的困难在于业务变更。中海物流业务繁杂、需求众多且不断变化,信息系统也必须随之改进。经过战略转型后,中海物流已经将海运、货代业务剥离出去,专做第三方物流。第三方物流强调集中管理、集中调度,统一核算,客户进来不是面对单个分公司,而是面对整个物流体系,整个体系通过一套信息系统协同作业。用"一个心脏跳动"描述中海物流这种业务模式是最好的比喻。中海物流集团总部是一个利润中心,所属八大片区视为成本中心,资源统一调配,全国一盘棋。令中海物流自豪的是,目前国内还没有同类物流企业按这种模式运作。

三、海信——初战告捷

2002 年年底,海信电器股份有限公司(以下简称海信电器)进行首次第三方物流招标,中海物流在经过为期一个月的投标、调研、实施方案制订后,凭借着"中海"的强势品牌和完善的物流方案,中标海信电器电视机产品的全国配送物流服务项目。也就是从这个时候起,中海物流开始进行战略调整。中海物流凭借着完善的 IT 系统,将海信电器所有的客户需求发送到当地销售公司,再转到总部的销售中心、总部的物流部和中海物流的物流中心,最后到操作点,全程实现无缝连接,实际过程最快只需几分钟。

四、扩张——以柔克刚

海信电器项目的成功运作增强了中海物流的信心。目前中海物流正尝试以一流的网络服务和先进的电子商务为手段,积极发展国内、国外物流合作,整合社会资源,构筑供应链一体化经营模式。随着信息系统应用的不断深入,中海物流将逐步向客户提供通过 Internet 订单操作、货物追踪以及其他个性化的增值服务,并能根据 VIP 客户的需要,建立和客户自身管理系统的电子数据交换系统,确保信息交换的及时性和准确性。业务扩张带来的是对系统柔性的要求越来越强,由物流层面提升到供应链层面,成为客户业务模式的一部分。在这个过程中,需要优化,其中包括物流运输的优化、仓储的优化、人力的优化。系统最高层面的信息库,更要上升到决策分析层面,为最终决策提供重要的依据。

延 伸 阅 读

“7-11”便利连锁店的物流配送

“7-11”这家 70 多年前发源于美国的商店是全球最大的便利连锁店,在全球 20 多个国家拥有 2.1 万家左右的连锁店。2002 年,在中国台湾地区就有 2 690 家,美国 5 756 家,泰国 1 521 家,日本最多,有 8 478 家。一间普通的“7-11”连锁店一般只有 100～200 平方米大小,却要提供 23 000 种食品,不同的食品来自不同的供应商,运送和保存的要求各有不同,每一种食品在一定时间内不但不能出现短缺或者过剩,而且还要根据顾客的不同需要随时调整货物的品种,这样给连锁店的物流配送提出了很高的要求。一家便利店的成功,很大程度上取决于物流配送系统的成功。

“7-11”从一开始就采用在特定区域高密度集中开店的策略,在物流管理上也采用集中的物流配送方案,这一方案每年大概能为“7-11”节约相当于商品原价 10% 的费用。以我国台湾地区的“7-11”为例,全地区的物流配送就细分为出版物、常温食品、低温食品和鲜食食品四个类别。各区域的配送中心需要根据不同商品的特征和需求量,每天做出不同频率的配送,以确保食品的新鲜度,以此来吸引更多的顾客。新鲜、及时、便利和不缺货是“7-11”配送管理的最大特点,也是各家“7-11”店铺的最大卖点。

另外,不同食品对配送时间和频率也会有不同要求。对于有特殊要求的食品如冰激凌,“7-11”会直接从生产商门口拉到各个店铺。对于一般的商品,“7-11”实行的是一日三次的配送制度,早上 3～7 点,配送前一天晚上生产的一般食品;早上 8～11 点,配送前一天晚上生产的特殊食品,如牛奶、新鲜蔬菜等;下午 3～6 点,配送当天上午生产的食品。这样一日三次的配送频率在保证了商店不缺货的同时,也保证了食品的新鲜度。

第五章

企业物流

企业物流与物流企业是现代物流管理最重要的两个领域。企业物流是为企业生产经营活动提供物流支持的物流系统,是企业内部的物流系统。物流企业是为社会用户提供物流服务的,是社会化的物流系统。企业物流与物流企业的物流相互衔接,又相互替代,既相互合作,又互相竞争,共同构成国民经济物流体系的主要内容。

第一节 企业物流概述

企业作为一个微型社会系统,有工业企业、服务业企业、农业企业,基本活动是输入—转换—输出。企业将人力、物力、财力的输入,经过制造或加工或运营,转换为产品或服务。企业物流活动存在于输入、转换和输出的某一或全部阶段。

一、企业物流的概念

企业物流是指以企业生产经营为核心的物流活动,是具体的、微观的物流活动的典型领域。企业的经营过程主要是遵循着投入—转换—产出的模式运行的,但是不同类型的企业投入和产出存在着明显的差异,物流活动的核心也就有所不同。对生产制造型企业而言,投入的是原材料、燃料、人力、资本等生产要素,经过制造与加工的转换过程,将最终的产成品或服务作为产出;对服务型企业而言,设备、人力、管理和运营就是投入,通过一系列活动转换为服务成为企业的产出。总之,企业物流活动就是伴随着企业的投入—转换—产出过程的进行而产生的,如图 5-1 所示。正如前面所讲,企业的物流活动已经渗透到企业的各项经营活动之中。

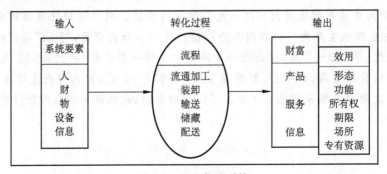

图 5-1 企业物流系统

《物流术语》(GB/T 18354—2006)中,企业物流(Internal Logistics)"是货主企业在生产经营活动中所发生的物流活动",包括供应物流(Supply Logistics)、生产物流(Production Logistics)、销售物流(Distribution Logistics)。从企业运作经营的全过程来说,指物品从原材料供应,经过生产加工,到产成品销售,以及伴随生产消费过程所产生的废旧物资的回收再利用的整个循环活动,如图 5-2 所示。

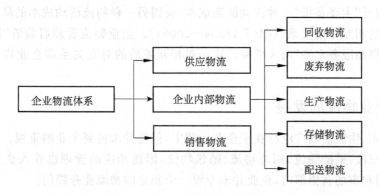

图 5-2 企业物流体系及分类

企业物流是企业功能的重要组成部分,企业物流系统是企业这个微观系统的子系统。该系统的目标主要包括内部目标和外部目标两个方面。内部目标是企业物流系统必须支持企业战略目标的实现,外部目标是企业物流系统必须满足客户的需求。因此,企业物流系统对运输、存储、包装、流通加工、配送等分散作业领域的综合协调,其最终目的是满足企业战略目标与客户价值的需要。

二、企业物流的特征

(一)企业物流是以实现加工附加值为主的经济活动

企业物流与社会物流有着本质的不同。企业物流对于实现时间价值和空间价值的贡献不大,主要是实现加工附加价值的经济活动。企业物流伴随着生产加工而发生、运动,其空间转移消耗不大,时间价值不高。企业物流极强的伴生性,决定了其对加工附加价值的提高作用极大。

(二)物料的有序流转是企业生产物流的关键特征

物料流转的手段是物料搬运。在企业生产中,物料流转贯穿于生产、加工制造过程的始终:在厂区、库区、车间与车间之间,工序与工序之间,机台之间,都存在大量频繁的原材料、零部件、半成品和成品的流转运动。生产过程中的物流的目标应该是提供畅通无阻的物料流转,以保证生产过程顺利、高效率地进行。

(三)企业生产物流的连续性

企业生产物流是由静态和动态相结合的节点和连接在一起的网络结构组成的。静态的"点"，表示物料处在空间位置不变的状态，如相关装卸、搬运、运输等企业的厂区配置，运输条件，生产布局等。生产物流动态运动的方向、流量、流速等是使企业生产处于有节奏、有次序、连续不断的运行状态的基础。

（四）企业物流成本的二律背反性

"二律背反"主要是指"一种活动的高成本，会因另一种物流活动成本的降低或效益的提高而抵消的相互作用关系（GB/T 18354—2006）"。企业物流管理肩负着"降低企业物流成本"和"提高服务水平"两大任务。这一对相互矛盾的对立关系即企业物流的二律背反性。

三、企业物流的发展

长期以来，物流活动广泛存在于企业运营中，但是并未得到企业的重视。企业物流习惯上被分为三段：采购物流、制造物流、销售物流，因而相应的管理也并入企业的采购部门、制造部门和市场营销部门，企业并未专设一个独立的物流业务部门。

1961年美国著名学者彼得·德鲁克在《财富》杂志上发表了《经济的黑色大陆》一文，提出物流是"一块经济的黑暗大陆"，是企业重要的利润源泉，强调应高度重视流通以及流通过程中的物流管理，引发了企业对物流管理的重视，推动了物流管理思想的广泛传播与应用。当时物流的概念以"实体配送"（Physical Distribution，PD）出现于商业文献，其后物流管理发展成为企业的重要职能。

20世纪七八十年代间，企业物流管理主要是对进货物流和出货物流进行管理。20世纪80年代，企业的输入、输出以及市场和制造功能被集成起来，企业物流管理才真正受到重视，越来越多的西方国家企业将物流战略视为获得市场竞争优势的重要途径，开始对物流全过程实施统一管理。管理者将企业物流管理贯穿于从原料采购到成品交付的整个环节，消除了企业内部物流流动之间的障碍，减少了库存量，使企业整体物流成本降低，并从战略角度促成物流管理和企业营销及生产各部门的协调，提高了客户服务水平，强化了企业营利能力，使企业内部物流一体化成为企业取得成功的必要条件。同期，许多美国企业增设了物流高级主管职位，企业物流管理的战略地位得到了肯定。

进入20世纪90年代后，市场竞争加剧，促使企业将其物流活动扩大到顾客和供应商相结合的方面。通过与供应链上游的制造商、原料供应商和位于下游的批发零售商之间的紧密合作，强化企业对市场的反应能力，提高供应链的整体效益，实现整个供应链范围的物流系统效益最大化。这种供应链上各个合作伙伴共赢的环境有助于企业顺利实现其经营目标并促进其不断发展。

日本的物流发展是以制造业物流为先导的。日本于1963年正式引进了物流的概念，将之理解为"在连续生产和消费间对物资履行保管、运输、装卸、包装和加工等功能，以及作为控制这类功能后援的信息功能，它在物资销售中起了桥梁作用"。20世纪70年代，早稻田大学西泽修教授指出物流是除了资源领域、人力领域的"不为人知的第三利润泉"。随着对物流研究的深入，促成了企业适时管理等思想手段的更新，准时制（Just in Time，

JIT)从最初的生产库存制度成为日本物流的重要理念。根据日本通产省 1999 年的调查，日本物流总成本为 52 兆日元，其中，制造业物流成本为 26.4 兆日元，占比超过 50%。随着物流技术和运作模式的不断改善，日本制造业物流费用占营业额的比重由 1975 年的 10.2% 下降到 1999 年的 8.1%。可以说，没有高度发达的制造业物流就没有日本物流的今天。

中国早期的物流概念来自于日本。改革开放前我国对物流的认识非常浅薄。从 1979 年到 20 世纪 90 年代国内主要着重于宏观物流研究，对物流的认识和理解仅限于"物资流通"；20 世纪 90 年代后，企业物流管理理念逐步得到企业管理者的认同与实践，但真正受到重视和发展还是近二十年的事情。虽然无论从理论研究还是企业实践上看，我国企业物流管理距世界水平相差甚远，但如海尔等少数行业内领先的大型企业已制定企业物流管理战略，并设立物流部或物流公司对企业内部物流进行统一规划控制。根据《中国采购发展报告（2014）》显示，2013 年，我国社会物流总费用超过 10 万亿元，占 GDP 比重为 18%，是美国 8.5% 的 2 倍有余，物流成本明显偏高。可见，我国的物流业存在巨大的发展空间。

我国目前经济增长主要依赖于制造业的发展，40% 以上的国内生产总值、50% 的财政收入、80% 以上的出口及近 75% 的外汇收入均来自制造业，可以说中国物流业的发展是以制造业物流发展为主导的，制造业物流的现状制约了物流业的发展和物流经营水平的提高。随着中国经济与世界经济的紧密结合，市场竞争加剧，从物流发展现状出发，我国应充分利用和整合企业现有的物流资源，积极推动企业物流的发展，并在此基础上推进物流社会化、专业化发展。

纵观企业物流管理发展历程，其过程大致分为以下四个阶段。

1. 功能化物流管理阶段

在这个阶段，运输、仓储、包装等物流的功能是在生产活动和社会经济活动中产生的，通常被作为生产经营活动过程的辅助环节来完成特定的功能。

2. 系统化物流管理阶段

在这个阶段，为了实现企业确定的物流系统的目标，提高向消费者和用户供应的效率，企业对物流系统进行计划、组织、指挥、协调和控制等活动。

3. 集成化物流管理阶段

在这个阶段，实体供应管理、制造支持管理与实体分销管理开始进行系统集成，包括从原材料、零部件等实体供应开始，通过生产加工过程的制造支持和产品实体分销链，直到将产成品送到最终用户手中为止的实物流动的全过程，主要包括功能集成、内部集成和外部集成。

4. 网络化物流管理阶段

在这个阶段，企业借助现代信息技术和网络技术，整合企业内外各种物流资源，对供应商和客户的上下游关系以及与此相关联的物流功能、物流资源、物流组织等进行管理，并以整个网络的最小总成本向客户提供最大的价值。

第二节 企业物流活动

制造业企业、农业企业、流通企业都存在大量的物流活动。"投入—转换—产出"是企业经营的基本模式,它决定着企业经营业务的性质,根据企业经营业务性质的不同,可以将企业物流分为三类:制造业企业物流、农业企业物流、流通企业物流。其中,制造业企业的物流流程具有典型性。

一、制造企业的物流活动

制造业企业物流是始于生产所需的原材料、零部件和生产设备等要素的采购活动,经过加工、制造活动,制造出新的产品,终于产品销售的整个社会供应的全过程。

制造业企业物流包括原材料、零部件和生产设备供给的供应物流,生产过程中产生的搬运、仓储等的生产物流,以及将产成品运送到分销商或直接运送到最终消费者的销售物流三个阶段。此外,由于不合格产品的外流、合理资源的回收利用等原因制造业企业还会产生企业物资的回收活动,即企业的回收物流。如图5-3所示。

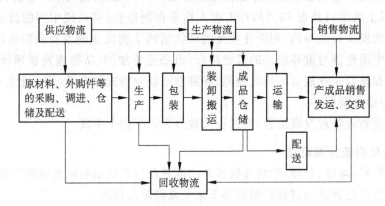

图 5-3　制造业企业中的物流活动

从系统论角度分析,制造企业物流是一个承受外界环境干扰作用的、具有输入—转换—输出功能的自适应体系。

(一)供应物流

《物流术语》(GB/T 18354—2006)中,供应物流(Supply Logistics)是"为下游客户提供原材料、零部件或其他物品时所发生的物流活动",也称采购物流。

1. 采购的流程

制造企业采购流程通常是指有制造需求的厂家选择和购买生产所需的各种原材料、零部件等物料的全过程。在这个过程中,作为购买方,首先要寻找相应的供货商,调查其产品在数量、质量、价格、信誉等方面是否满足购买要求。其次,在选定了供应商后,要以订单方式传递详细的购买计划和需求信息给供应商,并商定结款方式,以便供应商能够准确地按照客户的性能指标进行生产和供货。最后,要定期对采购物料的管理工作进行评价,寻求高效率的采购流程模式。

上述采购流程可以用一个简单的图形来表示,如图 5-4 所示。

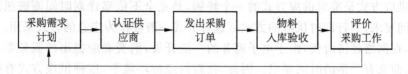

图 5-4 采购流程简图

2. 采购管理的目标

采购管理的目标一般用"5R"来表示。

1) 适当的时间(Right Time)

适当的时间指采购时间应该具有科学性,不宜太早或太晚,树立"零库存"观念,适时采购,及时交货。

2) 适当的数量(Right Quantity)

适当的数量指采购的数量以需求量为指导,尽量避免"过与不及"。采购量太多,一旦产品需求降低或产品改型换代,将会造成呆料或废料;若采购量太少,则可能会因增加采购次数而增加采购费用。

3) 适当的质量(Right Quality)

适当的质量指能以满足企业生产需要的质量为准则。质量太高,购入成本相对会偏高,或者质量功能浪费;质量太低,又会因达不到使用目的而造成新的浪费。

4) 适当的价格(Right Price)

适当的价格是指价格应该以公平合理为原则,避免购入的成本太高或太低。如果采购价格过高,将使公司负担额外的成本,减弱产品在市场上的竞争能力。反过来,如果采购价格过低,所谓"一分价钱一分货",可能导致采购物资质量或服务下降,影响最终产品质量。

5) 适当的供应商(Right Supplier)

适当的供应商指选择一定数量的符合企业要求的合格供应商,并与其建立平等互惠的买卖机会,维持长期的合作关系等。

3. 采购与供应的模式

在采购活动中,采购商是生产制造企业,供应商是原材料供给企业,双方是交易关系。常见的采购与供应模式如下。

1) 准时供应方式

在买方市场环境下,供应物流活动的主导者是买方。购买者(用户)有极强的主动性,用户企业可以按照最理想的方式选择供应物流。而供应物流的承担者,作为提供服务的一方,必须以最优的服务才能够被用户所接受。从生产企业方来看,准时供应方式是一种比较理想的方式。

准时供应方式是按照生产企业的要求,在计划时间内或者用户随时提出的时间内,实现用户所要求的供应。准时供应方式大多是双方事先约定、互相确认时间计划,因而有利于双方开展供应物流和接货的组织准备工作。

2)即时供应方式

即时供应方式是准时供应方式的一个特例,是完全不依靠计划时间而按照用户偶尔提出的时间要求,进行即时供应的方式。这种方式一般被作为应急的方式采用。

但是,在网络经济时代,由于电子商务的广泛开展,消费者所提出的服务要求大多缺乏计划性,而又有严格的时间要求。因此,在新的经济环境下,这种供应方式有被广泛采用的趋势。需要说明的是,这种供应方式由于很难实现计划和共同配送,因而运行成本较高。

3)"零库存"供应方式

在买方市场环境下,由于产品供大于求,买方有主导权,就可以设计出各个领域的"零库存"。这个零库存的前提条件是有充分的社会供应保证、现代的管理方法和技术手段。必须说明的是,生产企业的原材料零库存并不意味着供应商的零库存,可以理解为生产企业的"账面库存"为零。库存物资的资金占压是由供应商负担的。"零库存"可以免去库存的一系列问题,如仓库建设、管理费用,存货维护、保管、装卸、搬运,存货占用流动资金,以及库存物的老化、损失、变质等问题。因此,生产企业应尽量追求"零库存"的供应方式。

实现"零库存"供应方式的方法或途径有以下几种。

(1)供应商管理库存(Vendor Managed Inventory,VMI)。供应商等上游企业基于其下游客户的生产经营、库存信息,对下游客户的库存进行管理与控制。供应商完全管理和拥有库存,直到零售商将其售出为止,但是零售商对库存有看管义务,并对库存物品的损伤或损坏负责。实施VMI有很多优点:首先,供应商拥有库存,对于零售商来说,可以省去多余的订货部门,使人工任务自动化,可以从过程中去除不必要的控制步骤,使库存成本更低,服务水平更高;其次,供应商拥有库存,供应商会对库存考虑更多,并尽可能进行更为有效的管理,通过协调对多个零售生产与配送,进一步降低总成本。

(2)"看板"供应。"看板"供应是准时方式中一种简单有效的方式,也称"传票卡制度"或"卡片"制度。在企业的各工序之间、企业之间、生产企业与供应者之间,采用固定格式的卡片为凭证,由下一环节根据自己的节奏,逆生产流程的方向向上一个环节提出供应的要求,从而协调关系,做到准时供应。

4)电子采购模式

电子采购是指在电子商务环境下的采购模式,通常指企业或政府通过互联网平台对其业务范围内的产品和服务进行购买业务。它改变了通常用人工进行的采购处理方式,取而代之的是一套高效、规范化的解决方案。电子采购的基本原理,是由采购人员通过在网上寻找供应商、寻找所需采购的对象、在网上洽谈贸易、网上订货,甚至在网上支付货款,最终实现送货或进货作业,完成全部采购活动。

(二)生产物流

1. 生产物流

《物流术语》(GB/T 18354—2006)中,生产物流(Production Logistics)是"企业生产

过程发生的涉及原材料、在制品、半成品、产成品等所进行的物流活动"。

生产物流是与整个生产工艺过程相伴而生的,实际上已构成了生产工艺过程的一部分。其过程大体为:原材料、燃料、外构成件等物料从企业仓库或物料的"入口",进入生产线,再进一步随生产加工过程并借助一定的运输装置,在一个一个环节的"流"的过程中,本身被加工并随着时间进程不断改变自己的实物形态(如加工、装配、储存、搬运、等待状态)和场所位置(各车间、仓库),直到生产加工终结,再"流"至成品仓库。

2. 生产物流的类型

1) 从生产专业化的角度划分

(1) 单件生产的特点是产品对象基本上是一次性需求的专用产品,一般不重复生产。生产品种繁多,生产对象不断变化。

(2) 大量生产的特点是生产的品种少,每种产品批量大、生产重复性高。产品在一定时期内具有相对稳定的需求。

(3) 成批生产的生产对象是通用产品,生产具有重复性,产量介于大量生产和单件生产方式之间。通常可划分为大批量生产、中批量生产和小批量生产。

2) 从物料流向的角度划分

(1) 固定式生产物流(项目型生产),即制造大型设备,建造大型设施。从物料流动特征来看,固定式生产有两种状态:一种是物料进入生产场地后就被凝固在场地中,与生产场地(如住宅、厂房、公路、铁路、机场、大坝等)一起形成最终产品;另一种是物料进入生产场地后,"滞留"很长一段时间,形成最终产品(如大型机电设备、轮船、飞机等)后再流出。

(2) 流程式生产物流(连续型生产),指物料均匀、连续地进行,并且生产出的产品和使用的设备、工艺流程都是固定和标准化的,工序之间几乎没有在制品存储。

(3) 加工装配式生产物流(离散型生产),产品由许多零部件构成,各个零部件的加工过程彼此独立,且制成的零部件通过部件装配和总装配最后成为产品,整个产品的生产是离散的,各个生产环节之间要求有一定的在制品储备。

3. 企业生产物流的空间组织

生产过程的空间组织是指生产企业内部的各生产单位(包括车间、工段、班组等)的相对空间位置,它决定着企业生产物流运作中生产物料的空间移动安排。企业生产的连续性和节奏性要求生产物流能够及时、准确地将生产物料供应给各生产单位,而企业进行生产过程的空间组织就是要保证各生产单位的空间位置有利于生产物流的运作,使生产与物流能够密切配合、协调一致,产品的生产活动可以顺畅完成。

企业生产过程的空间组织划分为一些基本的生产单位,包括车间、工段和班组,这些基本生产单位是按两种基本原则进行空间组织的,即工艺专业化原则和对象专业化原则。

工艺专业化原则,就是按照生产工艺的特点来设置生产单位。在工艺专业化的生产单位内,集中同种类型的生产设备和同工种的工人,每一个生产单位只完成同种工艺方法的加工或同种功能。如图5-5所示。

对象专业化原则,就是以产品(或零件、部件)为对象来设置生产单位。在对象专业化的生产单位内,集中了为制造某种产品所需要的不同类型的生产设备和不同工种的工人,对其所负责的产品进行不同工艺方法的加工。如图 5-6 所示。

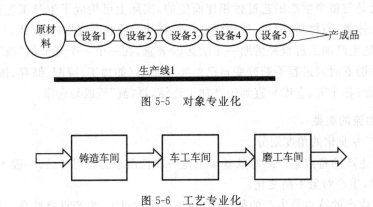

图 5-5   对象专业化

图 5-6   工艺专业化

显然,这两种不同的生产单位组织形式,无论在生产单位内部各生产阶段,还是在各生产单位之间,以及物流形式和物流量大小等方面均有很大的差异。因此,根据企业的生产特点和专业化程度,确定合理的生产单位和空间组织形式,是企业物流合理化研究的一项重要内容。

4. 生产物流的时间组织

生产物流的时间组织是指一批物料在生产过程中各生产单位、各道工序之间在时间上的衔接和结合方式。要合理组织生产物流,不但要缩短物料流程的距离,而且还要加快物料流程的速度,减少物料的批等待,实现物流的节奏性、连续性。生产物流的时间组织方式有以下几种。

(1)顺序移动方式,是指一批物料在上道工序全部加工完毕后才整批地转移到下道工序继续加工。该方式的优点是一批物料连续加工,设备不停顿,物料整批转工序,便于组织生产。

(2)平行移动方式,是指一批物料在前道工序加工一个物料以后,立即送到后道工序继续加工,形成前后交叉作业。该种方式的优点是不会出现物料成批等待现象,因而整批物料的生产周期最短。

(3)平行顺序移动方式,是指每批物料在每一道工序上连续加工没有停顿,并且物料在各道工序的加工尽可能做到平行。既考虑了相邻工序上加工时间尽量重合,又保持了该批物料在工序上的顺序加工。该种方式吸取了前两种移动方式的优点,消除了间歇停顿现象,能使工作充分负荷,工序周期较短,但安排进度时比较复杂。

(三)销售物流

销售物流是指生产企业出售产品和流通企业出售商品的物流过程。企业在产品制造完成后需要及时组织销售物流,使产品能够及时、协调、完好地送达客户指定的地点。

一般销售物流过程主要包括产成品的包装、产成品的储存、发送运输和装卸搬运。

1. 产成品的包装

包装可视为生产物流过程的终点,也是销售物流过程的起点。包装具有防护功能、提高效率和信息功能,是企业销售不可缺少的一个环节。因此,在包装材料、包装形式上,除了要考虑物品的防护和销售,还要考虑储存、运输等环节的方便及包装材料、工艺的成本费用。包装标准化、轻薄化,以及包装器材的回收利用等也是要重点考虑的问题。

2. 产成品的储存

保持产品的合理库存水平,及时满足客户要求,是产品储存最重要的内容。客户对企业产品的可得性非常敏感,缺货不仅使客户需求得不到满足,而且还会提高企业进行销售服务的物流成本。

产品的可得性是衡量企业销售物流系统服务水平的一个重要参数。为了避免缺货,企业一方面可以提高自己的存货水平;另一方面可以帮助客户进行库存管理。

3. 发送运输

不论销售渠道如何,也不论是消费者直接取货,还是生产者或供应者直接发货给客户(消费者),企业的产成品都要通过运输才能到达客户(消费者)指定的地点。而运输方式的确定需要参考产成品的批量、运送距离、地理位置等条件。

配送是一种较先进的运输形式。当生产者直接发货时,一般采用配送的形式。

4. 装卸搬运

客户希望在物料搬运方面的投资最小化,例如,客户可能要求供应商以其使用尺寸的托盘交货,也可能要求将特殊货物集中在一起装车,这样他们就可以直接再装运,而不需要重新分类。

装卸搬运过程要考虑装卸搬运机器和器具、装卸搬运方式、省力化、机械化、自动化以及智能化等。

(四)回收物流

制造企业的回收物流是指在生产过程或销售过程中出现的物品回收再利用的活动。如生产中出现的不合格产品,集中销毁后再进行生产;生产过程产生的废水、废气等经净化后循环使用;销售给用户的产品遭到退货,包装容器的回收利用等。

二、其他企业的物流活动

(一)农业企业的物流

农业生产企业可以分为农产品加工企业和农业种植企业。其中,农产品加工企业的物流与制造型企业的物流相类似。农业种植企业的物流是农业生产企业物流的代表,其物流系统具有某种特殊性。

1. 供应物流

供应物流以组织农业生产资料(化肥、种子、农药、农业机具)的物流为主要内容,与工业企业供应物流相比,物流对象不同。

2. 生产物流

农业种植业的生产物流与工业企业生产物流区别极大,主要区别如下:

（1）农业种植业生产对象在种植时不发生生产过程位移，而工业企业生产对象则要不断地位移。所以，农业种植业生产对象不需要反复搬运、装卸、暂存，代之以物流活动的是采用不同的劳动手段，如施肥、浇水、喷农药等。

（2）农业种植业一个周期的生产物流活动，停滞时间长，运动时间短，而工业企业生产物流在一个生产周期内几乎是不断运动的。

（3）农业种植业生产物流周期长且有季节性，而一般工业企业生产物流周期较短。

3. 销售物流

农业种植业的销售物流以组织农业产品（粮食、棉花等）为主要内容，其特点是在物流诸功能要素中，储存功能地位突出，储存量大，储存时间长，"蓄水池"功能要求较高。

4. 废弃物物流

农业种植业生产的废弃物物流的特殊性，主要表现在废弃物物流重量远高于销售物流。

（二）服务业企业的物流

服务业企业范围较广，包括服务型企业和流通型企业。服务型企业是指那些向社会提供无形产品的企业，流通型企业主要是向社会提供物流服务和商流服务的企业，包括批发企业、零售企业、运输企业、仓储企业和"第三方"物流企业。由于运输企业、仓储企业和"第三方"物流企业已经成为物流这一特定行业的特定企业，这三类将在第六章物流企业中详细介绍。批发企业、零售企业这一类流通企业在运营管理中包含了大量的物流活动，但这些物流活动仍然部分或全部由自身完成，所以仍然将它们作为企业物流的活动。

批发零售业物流是指在商品的批发零售过程中一切物流活动的总称。批发零售业物流可以分为批发企业的物流和零售企业的物流。

1. 批发企业物流的特征

批发企业物流的特征表现在其客户不是流通环节的终点消费者，而是零售商业企业。因此，批发企业必然要求物流系统不断满足其零售客户多批次、少批量的订货及流通加工等方面的需求。

对于零售企业来说，一方面，由于经营场所的面积有限，因此希望批发企业能向其提供小批量的商品物流；另一方面，为了满足各种不同客户的需要，它们又希望尽可能多地配备商品种类。

对于生产企业来说，由于所生产商品的产量一般都比较大，因而它们所希望的是批发企业能尽可能多地订购商品，即生产企业希望的是大量的商品物流。

这样，在生产企业的大批量物流供给和零售企业的小批量物流需求之间就产生了矛盾，而批发企业正好从中发挥其职能，起到"蓄水池"和"调节器"的作用。

2. 零售企业物流的特征

零售企业是在百货商店、连锁商店、超级市场、大卖场、邮购商店等商业企业的物流系统中产生的。在商流与物流分离的条件下，零售企业的物流形态，有从生产企业、批发企业等购进商品的采购；有将商品通过物流中心转运到各个连锁店和分销店的物流；还有把商品直接送到消费者手中的直销物流等。建立一个以零售企业为中心的零售企业物流系统正成为当今零售企业的一个课题。

过去,零售企业的商品物流主要依赖于作为供货商的生产企业和批发商,零售企业的物流主动权也由它们支配,零售企业则主要提供将消费者订购的商品运送到客户家中这种简单的"门到门"物流服务。

如今,零售企业已认识到企业物流发展的重要性,正逐步获得商品供应的主导权。这是因为供应商的物流管理水平参差不齐,完全依赖于供货商来经营零售企业的物流,有可能会使零售企业的商品出现问题。与此同时,零售企业也不断加强企业内部的商品管理,一方面,可以减少缺货带来的销售损失,避免成本浪费;另一方面,要求供货商必须及时、准确地将订购的商品送到商店中。即使零售企业对商品的销售动向把握得当,订单也准确无误地送到供货商手中,但是一旦商品不能及时、准确地送到商店中,也会对零售企业的商品管理造成损失。为了避免上述情况的产生,零售企业越来越重视自己物流系统的建立和完善。

许多零售企业开始加强物流中心的建设,通过做好市场预测与决策,集中力量研究商品的实体运动,采取共同进货,以减少不必要的流转环节,减轻城市交通公害,降低物流费用,进而达到提高物流管理水平,顺利完成商品使用价值运动过程的目的。

第三节 企业物流管理

《物流术语》(GB/T 18354—2006)中对物流管理(Logistics Management)的描述是指"为了以合适的物流成本达到用户满意的服务水平,对正向及反向的物流活动过程及相关信息进行的计划、组织、协调与控制"。

一、企业物流管理目标

企业物流管理作为物流管理的一个分支,是对企业内部的物流活动(如物资的采购、运输、配送、储备等)进行计划、组织、指挥、协调、控制和监督的活动。通过使物流功能达到最佳组合,在保证物流服务水平的前提下,实现物流成本的最低化,这是现代企业物流管理的根本任务所在。

二、企业物流管理内容

物流管理的内容包括三个方面的内容:对物流活动诸要素的管理,包括运输、储存等环节的管理;对物流系统诸要素的管理,即对其中人、财、物、设备、方法和信息六大要素的管理;对物流活动中具体职能的管理,主要包括物流计划、质量、技术、经济等职能的管理。

(一) 对物流活动诸要素的管理

1. 运输管理

运输管理的主要内容包括运输方式及服务方式的选择、运输路线的选择、车辆调度与组织等。

2. 储存管理

储存管理主要内容包括原料、半成品和成品的储存策略，储存统计，库存控制，养护等。

3. 装卸搬运管理

装卸搬运管理的主要内容包括装卸搬运系统的设计、设备规划与配置和作业组织等。

4. 包装管理

包装管理的主要内容包括包装容器和包装材料的选择与设计，包装技术和方法的改进，包装系列化、标准化、自动化等。

5. 流通加工管理

流通加工管理的主要内容包括加工场所的选定、加工机械的配置、加工技术与方法的研究和改进、加工作业流程的制定与优化。

6. 配送管理

配送管理的主要内容包括配送中心选址及优化布局、配送机械的合理配置与调度、配送作业流程的制定与优化。

7. 物流信息管理

物流信息管理主要指对反映物流活动内容的信息、物流要求的信息、物流作用的信息和物流特点的信息所进行的搜集、加工、处理、存储和传输等。信息管理在物流管理中的作用越来越重要。

8. 客户服务管理

客户服务管理主要指对于物流活动相关服务的组织和监督。例如，调查和分析顾客对物流活动的反映，决定顾客所需要的服务水平、服务项目等。

（二）对物流系统诸要素的管理

1. 人的管理

人是物流系统和物流活动中最活跃的因素。对人的管理包括物流从业人员的选拔和录用、物流专业人才的培训与提高、物流教育和物流人才培养规划与措施的制定等。

2. 物的管理

"物"指的是物流活动的客体即物质资料实体。物的管理贯穿于物流活动的始终。它涉及物流活动诸要素，即物的运输、储存、包装、流通加工等。

3. 财的管理

财的管理主要指物流管理中有关降低物流成本，提高经济效益等方面的内容，它是物流管理的出发点，也是物流管理的归宿。主要内容有物流成本的计算与控制、物流经济效益指标体系的建立、资金的筹措与运用、提高经济效益的方法等。

4. 设备管理

设备管理指对物流设备管理有关的各项内容。主要有各种物流设备的选型与优化配置、各种设备的合理使用和更新改造和各种设备的研制、开发与引进等。

5. 方法管理

方法管理的内容有各种物流技术的研究、推广普及,物流科学研究工作的组织与开展,新技术的推广普及,现代管理方法的应用等。

6. 信息管理

信息是物流系统的神经中枢,只有做到有效地处理并及时传输物流信息,才能对系统内部的人、财、物、设备和方法五个要素进行有效的管理。

(三)对物流活动中具体职能的管理

1. 物流计划管理

物流计划管理指对物质生产、分配、交换、流通整个过程的计划管理,也就是在物流大系统计划管理的约束下,对物流过程中的每个环节都要进行科学的计划管理,具体体现在物流系统内各种计划的编制、执行、修正及监督的全过程。物流计划管理是物流管理工作的首要职能。

2. 物流质量管理

物流质量管理包括物流服务质量、物流工作质量、物流工程质量等的管理。物流质量的提高意味着物流管理水平的提高,意味着企业竞争能力的提高。因此,物流质量管理是物流管理工作的中心问题。

3. 物流技术管理

物流技术管理包括物流硬技术和物流软技术的管理。对物流硬技术进行管理,即是对物流基础设施和物流设备的管理,如物流设施的规划、建设、维修、运用,物流设备的购置、安装、使用、维修和更新,提高设备的利用效率,日常工具管理工作等。对物流软技术进行管理,主要是物流各种专业技术的开发、推广和引进,物流作业流程的制定,技术情报和技术文件的管理,物流技术人员的培训等。物流技术管理是物流管理工作的依托。

4. 物流经济管理

物流经济管理包括物流费用的计算和控制,物流劳务价格的确定和管理,物流活动的经济核算、分析等。成本费用的管理是物流经济管理的核心。

三、企业物流管理原则

(一)服务原则

物流是"桥梁纽带"作用的流通系统的一部分,它具体联结着生产与再生产、生产与消费,因此要求有很强的服务性。

(二)快速及时原则

及时性不但是服务性的延伸,也是流通对物流提出的要求。

（三）节约目标原则

节约是经济领域的重要规律，在物流领域中除流通时间的节约外，由于流通过程中的消耗大多不增加或不提高商品的使用价值，所以，以节约来降低投入是提高相对产出的重要手段。

（四）规模化原则

以物流规模作为物流管理的原则，以此来追求"规模效益"。

（五）库存调节原则

库存调节原则既是服务性的延伸，也是宏观调控的要求，当然，也涉及物流系统本身的效益。在物流领域中正确确定库存方式、库存数量、库存结构、库存分布就是这一目标的体现。

复习思考题

1. 企业物流与社会物流有什么区别？
2. 制造业企业物流与服务业企业物流有什么区别？
3. 简述企业物流管理的目标和内容。
4. 回收物流和废弃物物流有哪些意义？

案　例

持续改进的戴尔公司生产物流

全球领先的系统与服务提供商戴尔公司（DELL）成立于 1984 年，最初以生产个人计算机以及办公计算机而得到市场和用户的认可，随后进入 IT 企业级市场。产品涉及服务器、工作站、储存设备、网络连接器等，并迅速发展成为全球五百强企业。为了满足激增的市场需求，戴尔开始在全球设立工厂和办事处。目前，戴尔在我国厦门及成都设有 3 个工厂，并在大中华区拥有超过 8 000 名员工。多年以来，戴尔一直致力于倾听客户的需求，为包括大型企业、政府机构、教育组织、中小企业以及个人消费者在内的广大客户提供创新产品与服务。

提及戴尔公司，"全球五百强""供应链管理""零库存"等关键词便与之相连。戴尔公司先进的供应链管理广为人知，成为各类企业学习效仿的模板。独特的直销模式也让戴尔公司逐渐成为业界"神话"。

在成就戴尔公司的众多因素与条件中，精细化生产无疑是非常重要的部分，产品按需、按时、按质的生产直接关系着客户的消费体验以及公司的发展。

走进戴尔（厦门）工厂，第一个感觉是干净有序。虽是十几年前建成的工厂，地面却依然能照出人影,厂区内没有多余的库存,没有大量废弃的包装,没有杂物,也没有十分嘈杂的声响,工人在规整的生产线上有条不紊、很有节奏地作业。在不到2万平方米的工厂内竟能完成数百万台的年产量。戴尔(厦门)工厂的生产线有什么特别之处?运用了哪些先进的设备和技术?

一、生产流程

位于厦门的两个工厂各有三条生产线,主要生产台式机、服务器、工作站、存储设备、网络连接器等设备,其生产流程与布局相似,大致分为原材料入库区、配料拣选区、组装生产区以及成品出口区,整个生产流程紧凑而清晰。

1. 原材料入库

该工厂共设有21个进料口,均采用集装箱供货,集装箱完成运输任务的同时还起到临时仓库的作用。戴尔公司的物料管理系统对原材料供应商开放,供应商可通过系统对物料的使用情况进行实时查看和统计,并根据需要进行备货,实现每2小时送货一次。因此,除了战略采购库存外,在工厂内极少见到大量存放的货物。

2. 订单打印

客户在戴尔公司销售系统内根据需要选择各种配置后生成的订单,统一在生产现场进行排队打印。订单打印之前,物料管理系统会对所需物料进行检查和核对,只有物料全部备齐,订单才能成功打印。打印的订单中包含产品生产所需的所有部件信息,如硬盘、CPU、外置卡、内存条、光驱等。与此同时,系统还会为订单中的每部机器分配独一无二的服务编号(产品序列号)。通过该号码,可以查询机器的所有装配信息以及维修记录。

3. 配料

组装每一个产品需要的所有物料按照订单拣选出来并放置在配料箱中。为了提高配料效率,常用部件通常选用流利式货架进行存放拣选,非常用部件则放置在搁板货架上。价值较高的CPU则处于相对封闭的区域内,由工人将其拣选并放到从封闭区域内穿过的输送线上。有赖于快速的补货,有些零部件(如机箱)不需要放在货架上,直接从集装箱移至输送线旁进行配料。工人按照订单信息进行原材料配备以后,还会对其PPID码(产品料号识别码)进行一一扫描,并与系统订单信息进行比对,只有信息一致时系统才会让其继续进入下一环节。

4. 组装

配料箱中的部件备齐后,系统会根据工位的繁忙情况自动将配料箱输送到指定的工位等候装配。工厂主要采用单元模式(Cell Build)进行生产,即一个人负责组装整台机器,其最大的特点在于灵活,一条生产线可以同步生产十几个款式的产品,对于分散、配置多样的订单,这种生产模式的效率非常高。目前,戴尔(厦门)工厂内约有200个单元模式工位。

5. 测试

组装好的产品放置在专用托盘上,经输送线送至自动堆垛机(Stacker)处码放,特制的多层货架堆满后,系统会提示操作人员取货。工人推着与多层货架配套的专用多层电动叉车将多层托盘(产品)取出,送至测试架(Burn Rack)进行全自动测试。

6. 外观检查及包装

产品通过测试后,会再次由工人推着电动叉车将多层托盘(产品)从测试架取出送至输送线进行高压测试以及外观检查,在此过程中自动卸垛机(De-stacker)完成待检产品的拆垛作业。在包装环节,较重的计算机和服务器均通过半自动吸吊设备协助完成,以降低工人的劳动强度。

7. 出库

包装好的产品按订单物流方向汇集在规定区域内暂存,待该方向的所有订单产品集结完毕集中码放在出货口处的集装箱内,交付物流公司运输。与进料口相对应,该工厂的出货口也是 21 个,其中包括负责包装废料回收的集装箱。

二、领先的工业 4.0 生产物流系统

戴尔公司的生产物流系统是当前国际倡导的工业 4.0 数字化制造系统。工业 4.0 是2013 年汉诺威工业博览会的最大热词,被称为第四次工业革命,而智能制造被称为第四次工业革命的主导,在德国已上升至国家战略。令人惊诧的是,戴尔(厦门)工厂早在2006 年就通过中国的昆山同日公司完成了智能制造项目的实施,该项目至今仍然处于国内领先水平。戴尔公司通过其先进的企业资源计划(ERP)、物料需求计划(MRP)、仓库管理系统(WMS)、制造执行系统(MES)、仓库控制系统(WCS)等信息系统,把 MRP 计划同生产作业现场控制系统联系起来,为操作人员和管理人员提供计划的执行、跟踪以及所有资源(人、设备、物料、客户需求等)的当前状态,整个生产物流系统处于动态监控记录。

戴尔公司的一套 PC 生产物流系统包括以下设备:900 米零压力积放电滚筒输送机(1 200 支电滚筒)、4 台堆垛(卸垛)机、2 套螺旋升降机、3 套 AB PLC 总线控制系统、2 套工控机监控系统、2 套 PTM 屏显拣选系统、11 套 RFID 读写器、12 套 SICK 扫描器、11 台摆动轮分拣机、1 套 HANEL 垂直回转库、各种计量及检测仪器、自动化专机、自动测试系统、自动贴标机、半自动助力吸吊机。这一完整的工业 4.0 生产物流系统,涵盖了信息系统、仓储物流技术装备、生产技术装备、自动化专机,生产效率达到 500 台/小时,输送分拣效率达 1 500 箱/小时。

戴尔公司在 8 年前就给我们提供了工业 4.0 生产物流样板工程,建成一个快速反应、有弹性、精细化的制造环境,帮助企业降低成本、按期交货、提高产品质量、提升客户服务质量。该智能生产系统也适用于其他行业(家电、汽车、半导体、通信、IT、医药等),对单一的大批量生产或既有多品种小批量生产又有大批量生产的混合型制造企业生产物流提供了良好的借鉴。

三、持续不断的改进

1. 按需改造生产线

戴尔(厦门)工厂内除了大规模采用 Cell Build 生产模式外,还改造和新增了部分流水线模式。这是由于 2007 年戴尔公司调整营销模式后,开始涉足渠道销售,从而需要完成大量相同配置的产品订单,而流水线模式更有效率上的优势。

2. 大量采用自动化技术设备

为了降低不增值的劳力投入,进一步提高生产效率,戴尔公司逐步将自动化设备引入工厂。如有的服务器内需安装十几个硬盘,而每个硬盘需要安装至少 4 枚螺钉,这样大量重复的劳动不仅加重了工人负担,也降低了效率,提高了成本。因此,从 2013 年开始,戴尔公司引入自动锁螺钉设备,在组装开始前统一将硬盘螺钉锁好后再配送至后端的流水线。此外,还采用了标签自动打印及张贴设备等。

3. 实施生产制造更精益管理

除了上述的自动化设备投入外,戴尔公司还对生产环节进行持续改良,从而缩短生产周期。例如,调整机器的移动距离、产线上配料箱的回流路径等,让生产变得更加精益。据悉,这也是目前戴尔公司正在全力以赴实施的项目——生产制造更精益(Make Manufacture More Lean,MMML)中的主要内容。其实,戴尔(厦门)工厂现场有序的管理,作业效率的大幅提升,包括许多人性化的作业环境设计,都得益于该项目的逐步实施。

4. 信息系统的大力投入

戴尔公司先进完善的信息管理系统给整个生产流程带来高效便捷。戴尔公司对其管理系统的投入和创新从未间断,从物料供应的及时性、数据采集的准确性、设备响应的灵敏性,甚至产品售后的可追溯性等各个方面,无不体现出其系统功能的强大。

四、立足客户,以人为本,效率至上

戴尔公司不断追求效率的目的,是为了更快、更好地为客户服务。如果说数字能代表一切,那么戴尔公司已经给出了最好的证明,戴尔(厦门)工厂干净明亮的厂区环境、快速平稳输送的配料箱、有条不紊的现场作业管理,都给人们留下深刻的印象。

随着国内 IT 行业竞争的不断加剧,各企业如何通过业务转型、技术升级等方式寻求发展,生产效率如何提升,供应链管理如何优化,均没有统一的答案。不过,至少戴尔公司已经在路上,并且从其工厂的效率以及产能来看,戴尔公司已经为后续发展打下了良好的基础。

(资料来源:任芳.持续改进的 DELL 生产物流[J].物流技术与应用,2014(12):84-86.)

延 伸 阅 读

云南白药集团股份有限公司成功的物流管理

云南白药集团股份有限公司(以下简称云南白药),国家二级企业,中国中成药国有企业 50 强,云南省首家 A 股股票上市公司,1995 年被国家授予"中华老字号"光荣称号。多年来,云南白药上缴利税均为云南省医药工业首位。公司现有全资、控参股企业 10 余家,集团总资产 8 亿多元,净资产 4 亿多元,年销售额 8 亿多元,年出口供货值 1 000 多万元,年利税总额突破亿元大关,是云南省实力最强、规模最大、品牌最优的大型医药企业集团。

1999 年 11 月,云南白药与北京英克科技公司合作,开始引进知识与资源管理系统——KRM,重组企业业务流程,加强供应链管理,使事关企业长远发展的关键性问题取得了突破性进展,公司运营质量、管理水平和发展后劲得以全面提升。云南白药集团的年终报告指出:"它(KRM)的建成,为公司进一步提升信息化管理水平、敏捷生产、降低成本、提高劳动生产率、最大限度地适应市场需要打下了良好的基础。"

一、问题分析

对于医药工业企业和医药商业企业来说,都存在着物流运转效率的问题。对于工业企业来说,物资主要会在原辅包材仓库、车间、产成品仓库形成物资积压;而对于商业企业,主要是在物资的流动速度和效率上存在一定的问题,物流运转效率的低下,必将造成资金流运转的不畅,导致企业的流动资金紧缺,财务费用上升。云南白药现有的物流管理在以下环节上存在一些问题。

1. 采购管理常见问题

云南白药现行的采购体制存在着以下问题:盲目采购,导致物资、流动资金积压浪费非常严重;供应商管理混乱,常常是"一朝天子一朝臣",供应商随着供应部换经理而更换,供应商的资质无法保证;因为业务与财务分离,导致企业有限的资金不能准确到达重点供应商的手中,无法保证企业重点物资及时保质的供应;财务几乎无法对采购业务进行实时监控,导致采购有业务失控的可能;有的企业所需的物资是属于季节性采购的,有的物资是需要进口的,这两种情况都属于超常规采购,企业更要进行严格控制。

2. 销售管理常见问题

销售预测不准,经常发生变动,不仅不能指导生产的进行,反而给生产带来很多麻烦;各个销售的分支机构,在地域上分布广泛而且非常分散,管理起来非常困难,更无法进行有效的控制;各地区串货现象非常严重,公司无法进行有效的控制;公司的价格政策不能得到很好的执行;因为所有的处方药都要进入医院销售,所以对于医药生产厂家来讲几乎不能掌握到纯销数据,终端客户信息也收集不上来,无法更加深入地为客户提供更好的服务;多包装、多价格体系,也使销售管理更加困难。

3. 配送运输常见问题

配送运输常见的问题有运输资源的管理问题,如车辆、车皮等;运输的合理路径问题,即车辆或人员的运输路径合理安排的问题;运输费用的管理,即运输费用的合理归集和分配的科学管理;第三方物流的支持,即有些企业的物流配送全部委托给第三方物流公司,那么整个对于第三方物流公司的管理也属于企业管理的一个重要组成部分,而有些企业的物流部门想发展成为相对独立的第三方物流机构,所以,对于第三方物流的支持是非常重要的。

4. 仓储管理常见问题

物资数量较大,账、卡、实物靠手工对账已经很难进行管理;物资积压严重,有的物资买回来后很多年都不一定能用得上,手工方式下,无法统计库存物资的使用效率;有的物资因为吸水、吸湿而导致库存的自然报溢;有的物资因为风干、挥发而导致库存的自然报损;对于生产需要的物资,是根据生产计划进行仓储送料还是由车间进行领料的选择;对于某些物资,需要在仓库进行称量、配货后才能交付车间或进入销售领域,在这中间需要对计量单位之间的换算进行管理;因业务财务分离,每月底的存货核算需要财务人员、仓储人员与其他部门的人员进行大量的对账工作,费时费力,而且非常容易出错,每月的库存盘点工作,也同样非常的费时费力,还易出错;对于产成品而言,批号及有效期的管理也很混乱,经常是批号新的被卖了出去,而旧的却一直留在仓库里,最后只能报废或返工。

二、解决方案

云南白药集团采用英克 ERP 系统,主要由生产物流管理系统(BMS)、生产管理系统(MPCS)、物流调配系统(GPCS)、销售业务系统(BMS)四大基本模块组成。

1. BMS

BMS 主要包括采购、库存、质量检验、质量控制 4 大子系统,应用于集团制造中心的生产物流管理,对生产过程的存货量、采购量、进货时机、存储策略、资金、质量等进行有效管理和决策,从而降低库存,并与 MPCS 高度集成,以最快的速度满足生产的需要。

2. MPCS

MPCS 主要包括生产计划、生产管理、质量检验、质量控制、成本核算 5 个子系统,是一个覆盖企业整个生产过程的综合信息管理系统,主要应用于集团制造中心的生产管理,对企业的生产计划制订、生产过程控制、生产成本核算、质量检验与控制等进行管理和决策,从而有效降低生产成本,提高企业的市场竞争力。

3. GPCS

GPCS 是一个物流的快速响应系统,主要应用于工业分销或商业连锁配送,支持企业的货物在多物理点存放的情况下,建立调配货物的快速响应机制,并对各地点的存货量、存货分布、补货时机、配送策略等方面进行自动决策,支持虚拟配送模式,从而有效降低库存,并与主业务系统高度集成,以最快的速度满足客户的请求。

4. BMS

PM/BMS 由计划、采购、质量、销售、财务、决策 6 大子系统组成,各子系统间既相互独立,又相互关联。BMS 涵盖了销售过程的方方面面,包括采购管理、要货计划管理、开单开票管理、库存管理、客户资信管理、应收应付管理、资金回笼管理、销售费用预提管理、分公司业绩管理、报表分析等,各功能块组成完整销售的业务,使得业务流程实现了规范化、标准化,为管理者准确、及时提供物流、资金流、信息流的相关信息,为管理者做出决策提供可靠保证。

三、实施效果及评价

1. 加强了企业生产的计划性

通过 ERP 系统的实施,基本上制止了手工生产计划模式下的排产随意性,进而变为制造中心按集团内部订单安排生产任务单,车间见任务单进行生产,使得公司的生产更加贴近市场的需要。

2. 提高了企业采购的针对性,降低原材料的库存

使用 ERP 系统物料需求计划来安排采购部门的采购,使采购严格与生产物料需求联动,从而有效地降低了原材料的库存。

3. 提供严格的物料消耗手段,有效降低车间的物料消耗

通过执行按料率限额领料、每批生产进行物料日结、严格成本考核等手段,杜绝了车间超料率领料、内部压料或藏料等行为,降低了车间的物料耗用。

4. 规范了公司各业务的流程

通过实施 ERP 系统,明确了各职能的责权,将责任落实到各个岗位,避免了实际工作中的扯皮、推诿现象,提高了工作效率。

5. 单品核算

通过采用 PM/BMS,基于计算机强大的计算功能和信息传递的及时性和准确性,现

已做到单品核算,更精确地计算出单品成本、毛利等,便于统计公司销售业绩。

6. 提供决策支持

实现企业经营业务、财务数据的全面收集和综合统计分析,及时为管理者提供真实的经营数据以支持决策。

7. 提高了企业的市场应变能力

采用系统的实时数据采集分析,动态地掌握和传递业务信息及市场状况,提高企业对客户的服务质量和效率,及时对市场反馈信息做出相应决策。逐步形成联结各个扩展分部及供应商、客户的业务操作与商务交往网络,充分利用内部及市场信息,建成具有巨大增值能力的信息系统,提高企业的竞争能力与市场影响面。

按照规划,云南白药下一步的目标是经济结构调整和战略布局。根据对企业现状的分析,希望在深挖核心竞争力的同时,加强研发力量,拓展其内涵和外延,将云南白药做强做大。

（资料来源：整理自博越企管培训网 http://www.ot51.com/article_7959.html.）

第六章

物 流 企 业

第一节　物流企业概述

"十二五"时期,我国已成为全球最具成长性的物流市场。2015 年,物流业总收入约为 7.5 万亿元,全国货运量预计将达 457 亿吨。其中,公路货运量、铁路货运量、港口货物吞吐量多年来都居世界第一位。快递业务量突破 200 亿件,冷链物流市场规模预计超过1 500 亿元,各类细分市场规模不断扩大。

物流企业通过兼并重组、战略调整、联盟合作等多种方式,市场集中度显著提高。2015 年,四大航运央企启动重组,市场向强势企业进一步集中。中国物流与采购联合会发布的"中国物流企业 50 强"企业的主营业务收入近 8 000 亿元,第 50 名入选企业门槛为 18.8 亿元,比 2010 年提高 3.5 亿元。截至 2015 年年底,我国 A 级物流企业总数已达3 500 多家。其中,5A 级企业 214 家,具有标杆作用的领先物流企业群体成长壮大。随着互联网时代的到来,创新型物流企业快速涌现。据不完全统计,我国各类物流互联网平台超过 200 家。与此同时,一批跟不上时代发展步伐的企业被陆续淘汰。

在"十二五"期间,我国物流行业高速发展,既有传统物流企业的转型升级,也有现代化综合物流企业的异军突起。这些物流企业的不断发展和演化,展现了物流业的多样化生态。

一、物流企业的概念

关于什么是物流企业,国际上没有统一的定义。我国物流企业的定义经历了一个从认识到统一的过程。

2004 年 8 月 5 日,国家发展与改革委员会等九部委(国家发展和改革委员会、商务部、公安部、铁道部、交通部、海关总署、国家税务总局、中国民用航空总局、国家工商行政管理总局)共同发布了《关于促进我国现代物流业发展的意见》。该意见对"物流企业"的解释如下:物流企业是指具备或租用必要的交通工具和仓储设施,至少具有从事运输(或运输代理)和仓储两种以上经营范围,能够提供运输、代理、仓储、装卸、加工、整理、配送等一体化服务,并具有与自身业务相适应的信息管理系统,经工商行政管理部门登记注册,实行独立核算、自负盈亏、独立承担民事责任的经济组织。

　　2005年3月24日,国家标准化管理委员会下设的全国物流技术委员会正式发布国家标准《物流企业分类与评估指标》(GB/T 19680—2005),自2005年5月1日起实施。该标准对物流企业的定义描述如下:"物流企业"是指至少从事运输(含运输代理、货物快递)或仓储一种经营业务,并能够按照客户的物流需求,对运输、储存、装卸、包装、流通加工、配送等基本功能进行组织和管理,具有与自有业务相适应的信息管理系统,实行独立核算、独立承担民事责任的经济组织,非法人物流经济组织可比照适用。

　　2007年5月1日开始实施的《物流术语》(GB/T 18354—2006)中对物流企业(Logistics Enterprise)的描述是指"至少从事运输(含运输代理、货运快递)或仓储一种经营业务,并能够按照客户物流需求对运输、储存、装卸、包装、流通加工、配送等基本组织和管理,具有与自身业务相适应的信息管理系统,实行独立核算、独立承担民事责任的经济组织,非法人物流经济组织可比照适用"。

　　新标准的出台对规范物流市场行为、促进物流企业的健康发展具有重要意义,同时也从技术标准的层面上为政府部门的宏观管理和政策制定提供了依据。

二、物流企业的发展动因

　　在当前激烈的竞争环境中,企业要想获得竞争优势,必须从企业和环境特点出发,培育自己的核心竞争力。由于资源的有限性、市场环境的日新月异等原因,企业需要将自身的优势功能集中化,而将劣势功能转移出去,借助企业外部资源的优势来弥补和改善自己的弱势,在这种情况下,企业选择业务外包的形式,将非核心业务外包给其他企业或由合作企业来完成。企业物流外包是业务外包的主要方式之一,同时,作为一体化物流的高级形式,物流外包已经成为工业企业等物流需求企业的战略取向,对提高企业物流运作效率,推动企业物流社会化运营有重要的意义。

　　外包(Outsourcing)就是将一些传统由企业内部成员负责的非核心业务以外加工方式转让给专业的、高效的供应商,以充分利用公司外部最优秀的专业资源,从而降低成本,提高效率,增加企业自身竞争能力的一种管理策略。自20世纪80年代以来,物流外包已成为商业领域的一大趋势。制造业和商业都纷纷将自己的物流业务外包给专业提供物流服务的外部物流提供商。

　　尽管在目前的商业中,还有相当的企业保留着自己的物流业务,但更多的企业仍然考虑在合适的时候由外部物流企业为自己提供专业的物流服务。如惠普公司(HP)在美国有11家工厂,原来各自处理自己的进货和产品的仓储和分配工作。供应线路混乱,协调复杂,经常出现运输车辆空驶的现象,效率低下。1993年,HP将上述业务外包给专业从事货物配送的Ryder Integrated Logistics Company,精简了自己的仓库和卡车运输业务,由后者统一管理各个工厂的物流业务。结果,1994年HP公司仅原材料运到工厂所需费用一项,就比过去减少了10%以上。

　　随着全球经济一体化进程的加快和信息技术的飞速发展,特别是20世纪80年代西方掀起的集中核心业务的管理热潮,物流外包日渐成为西方物流理论和实践的宠儿。据美国某机构对美国制造业500家大企业的调查,2002年65%的企业将国内物流业务交给了外部的第三方物流供应商承担,如果加上国际物流业务的外包,则有77%的企业实施了物流外包。在欧洲,目前使用第三方物流的比例也高达 76％;在日本,第三方物流在整个市场中的比重则达到了 80％。然而,在中国,根据中国仓储协会 2003 年的调查统计,生产企业的原材料交由第三方物流承担的比重仅仅占 22％。20 世纪 90 年代中后期,我国理论界和实践工作者们也开始了对此问题的探索,并逐步被社会认识、了解、认可和进一步采用。

三、我国物流企业的发展现状

(1) 我国物流企业发展速度快,但大多处于低层次的初级阶段,多数提供单要素的基本物流服务。传统物流企业正在转型阶段,新创立的物流企业由于能力和实践的原因,正处于发展的初期。

(2) 我国多数物流企业的规模偏小,实力较弱,无法与跨国物流公司抗衡。近十几年来我国物流企业的规模在发展中壮大,截至 2012 年,我国规模在 10 亿以上的物流企业有近百家(如珠三角的广东南粤、广东宝供物流等)。但是与那些超级物流大鳄——跨国物流公司比,我国的物流企业规模还太小。进一步扩大企业规模是增加国家竞争力的需要,也是本土物流企业的发展方向。

(3) 新型物流企业正在发展之中。新型物流企业(如经营冷链物流的企业、大型配送中心、大型物流园区、供应链管理企业)都在建立并发展。初具规模、极具成长性的物流市场体系在中国逐渐形成,物流产业将趋于专业化、精细化。

(4) 第三方物流企业正在脱颖而出。第三方物流企业快速发展并占有多数物流市场,是物流市场成熟的标志。近十几年来,以广州宝供为代表的我国第三方物流企业不断涌现,并取得了长足的发展。

(5) 物流企业的经营方式多种多样。第一方物流仍在经营;第二方物流实力在拓展;第三方物流在发展和壮大;第四方物流开始入市经营物流地产的规划和实施。

四、物流企业的分类

2005 年,由中华人民共和国国家质量监督检验检疫总局和中国国家标准化管理委员会发布了《物流企业分类与评估指标》(GB/T 19680—2005)。该标准根据以物流服务某项功能为主要特征,并向物流服务其他功能延伸的不同状况,划分物流企业类型。

(一)物流企业的类型

1. 运输型物流企业
运输型物流企业应同时符合以下要求:
(1) 以从事货物运输服务为主,包括货物快递服务或运输代理服务,具备一定规模;
(2) 提供门到门运输、门到站运输、站到门运输、站到站运输服务和其他物流服务;
(3) 企业有一定数量的运输设备;
(4) 具备网络化信息服务功能,应用信息系统可对运输货物进行状态查询、监控。

2. 仓储型物流企业
仓储型物流企业应同时符合以下要求:

（1）以从事仓储业务为主，为客户提供货物储存、保管、中转等仓储服务，具备一定规模；

（2）企业能为客户提供配送服务以及商品经销、流通加工等其他服务；

（3）企业自有一定规模的仓储设施、设备，自有或租用必要的货运车辆；

（4）具备网络化信息服务功能，应用信息系统可对货物进行状态查询、监控。

3. 综合服务型物流企业

综合服务型物流企业应同时符合以下要求：

（1）从事多种物流服务业务，可以为客户提供运输、货运代理、仓储、配送等多种物流服务，具备一定规模；

（2）根据客户的需求，为客户制定整合物流资源的运作方案，为客户提供契约性的综合物流服务；

（3）按照业务要求，企业自有或租用必要的运输设备、仓储设施及设备；

（4）企业具有一定运营范围的货物集散、分拨网络；

（5）企业配置专门的机构和人员，建立完备的客户服务体系，能及时、有效地提供客户服务；

（6）具备网络化信息服务功能，应用信息系统可对物流服务全过程进行状态查询和监控。

（二）物流企业的评估指标

1. 等级评估原则

能够全面、系统反映企业综合能力，对于具备一定综合水平的三种类型的物流企业，按照不同评估指标分为 AAAAA、AAAA、AAA、AA、A 五个等级。AAAAA 级最高，依次降低。

物流企业评估工作可由全国性物流企业组织设立评估机构具体实施。

2. 评估指标

（1）运输型物流企业。运输型物流企业评估指标见表 6-1。

表 6-1　运输型物流企业评估指标

评估指标		级　别				
		AAAAA 级	AAAA 级	AAA 级	AA 级	A 级
经营状况	1. 年货运总营业收入/元*	15 亿以上	3 亿以上	6 000 万以上	1 000 万以上	300 万以上
	2. 营业时间*	3 年以上	2 年以上		1 年以上	
资产	3. 资产总额/元*	10 亿以上	2 亿以上	4 000 万以上	800 万以上	300 万以上
	4. 资产负债率*	不高于 70%				
设备设施	5. 自有运输车辆/辆* 或总载重量/t*	1 500 以上 (7 500 以上)	400 以上 (2 000 以上)	150 以上 (750 以上)	80 以上 (400 以上)	30 以上 (250 以上)
	6. 运营网点（个）	50 以上	30 以上	15 以上	10 以上	5 以上

续表

评估指标		级　别				
		AAAAA 级	AAAA 级	AAA 级	AA 级	A 级
管理及服务	7. 管理制度	有健全的经营、财务、统计、安全、技术等机构和相应的管理制度				
	8. 质量管理*	通过 ISO9001—2000 质量管理体系认证				
	9. 业务辐射面*	国际范围	全国范围	跨省区	省内范围	
	10. 顾客投诉率（或顾客满意度）	≤0.05%（≥98%）	≤0.1%（≥95%）		≤0.5%（≥90%）	
人员素质	11. 中高层管理人员*	80%以上具有大专以上学历或行业组织物流师认证	60%以上具有大专以上学历或行业组织物流师认证		30%以上具有大专以上学历或行业组织物流师认证	
	12. 业务人员	60%以上具有中等以上学历或专业资格	50%以上具有中等以上学历或专业资格		30%以上具有中等以上学历或专业资格	
信息化水平	13. 网络系统*	货运经营业务信息全部网络化管理			物流经营业务信息部分网络化管理	
	14. 电子单证管理	90%以上	70%以上		50%以上	
	15. 货物跟踪*	90%以上	70%以上		50%以上	
	16 客户查询*	建立自动查询和人工查询系统			建立人工查询系统	

备注：1. 标注"＊"的指标为企业达到评估等级的必备指标项目，其他为参考指标项目。

2. 货运营业收入包括货物运输收入、运输代理收入、货物快递收入。

3. 运营网点是指在经营覆盖范围内，由本企业自行设立、可以承接并完成企业基本业务的分支机构。

4. 顾客投诉率是指在年度周期内客户对不满意业务的投诉总量与企业业务总量的比率。

5. 顾客满意度是指在年度周期内企业对顾客满意情况的调查统计。

（2）仓储型物流企业。仓储型物流企业评估指标见表 6-2。

表 6-2　仓储型物流企业评估指标

评估指标		级　别				
		AAAAA 级	AAAA 级	AAA 级	AA 级	A 级
经营状况	1. 年仓储营业收入/元*	6 亿以上	1.2 亿以上	2 500 万以上	500 万以上	200 万以上
	2. 营业时间*	3 年以上	2 年以上		1 年以上	
资产	3. 资产总额/元*	10 亿以上	2 亿以上	4 000 万以上	800 万以上	200 万以上
	4. 资产负债率*	不高于 70%				

续表

评估指标		级别				
		AAAAA级	AAAA级	AAA级	AA级	A级
设备设施	5. 自有仓储面积/m²*	20万以上	8万以上	3万以上	1万以上	4 000以上
	6. 自有或租用货运车辆/辆	500以上	200以上	100以上	50以上	30以上
	7. 配送客户点/个	400以上	300以上	200以上	100以上	50以上
管理及服务	8. 管理制度	有健全的经营、财务、统计、安全、技术等机构和相应的管理制度				
	9. 质量管理*	通过 ISO9001—2000 质量管理体系认证				
	10. 顾客投诉率（或顾客满意度）	≤0.05%（≥98%）		≤0.1%（≥95%）		≤0.5%（≥90%）
人员素质	11. 中高层管理人员*	80%以上具有大专以上学历或行业组织物流师认证		60%以上具有大专以上学历或行业组织物流师认证		30%以上具有大专以上学历或行业组织物流师认证
	12. 业务人员	60%以上有中等以上学历或专业资格		50%以上具有中等以上学历或专业资格		30%以上具有中等以上学历或专业资格
信息化水平	13. 网络系统*	仓储经营业务信息全部网络化管理			仓储经营业务信息部分网络化管理	
	14. 电子单证管理*	100%以上		80%以上		60%以上
	15. 货物跟踪	90%以上		70%以上		50%以上
	16 客户查询*	建立自动查询和人工查询系统			建立人工查询系统	

备注：1. 标注"＊"的指标为企业达到评估等级的必备指标项目,其他为参考指标项目。

2. 仓储营业收入指企业完成货物仓储业务、配送业务所取得的收入。

3. 顾客投诉率是指在年度周期内客户对不满意业务的投诉总量与企业业务总量的比率。

4. 顾客满意度是指在年度周期内企业对顾客满意情况的调查统计。

5. 配送客户点是指企业当前的、提供一定时期内配送服务的、具有一定业务规模的、客户所属的固定网点。

6. 租用货运车辆是指企业通过契约合同等方式可进行调配、利用的货运专用车辆。

（3）综合服务型物流企业。综合服务型物流企业评估指标见表 6-3。

表 6-3　综合服务型物流企业评估指标

评价指标		级别				
		AAAAA级	AAAA级	AAA级	AA级	A级
经营状况	1. 年货运营业收入/元*	15亿以上	3亿以上	6 000万以上	1 000万以上	300万以上
	2. 营业时间*	3年以上	2年以上		1年以上	

续表

评价指标		级别				
		AAAAA级	AAAA级	AAA级	AA级	A级
资产	3. 资产总额/元*	10亿以上	2亿以上	4 000万以上	800万以上	300万以上
	4. 资产负债率*	不高于70%				
设备设施	5. 自有货运车辆/辆* 或总载重量/t*	1 500以上 (7 500以上)	400以上 (2 000以上)	150以上 (750以上)	80以上 (400以上)	30以上 (250以上)
	6. 运营网点(个)	50以上	30以上	15以上	10以上	5以上
管理及服务	7. 管理制度	有健全的经营、财务、统计、安全、技术等机构和相应的管理制度				
	8. 质量管理*	通过ISO9001—2000质量管理体系认证				
	9. 业务辐射面*	国际范围	全国范围	跨省区	省内范围	
	10. 顾客投诉率(或顾客满意度)	≤0.05% (≥98%)	≤0.1% (≥95%)		≤0.5% (≥90%)	
人员素质	11. 中高层管理人员*	80%以上具有大专以上学历或行业组织物流师认证	60%以上具有大专以上学历或行业组织物流师认证		30%以上具有大专以上学历或行业组织物流师认证	
	12. 业务人员	60%以上具有中等以上学历或专业资格	50%以上具有中等以上学历或专业资格		30%以上具有中等以上学历或专业资格	
信息化水平	13. 网络系统*	货运经营业务信息全部网络化管理			物流经营业务信息部分网络化管理	
	14. 电子单证管理	100%以上	80%以上		60%以上	
	15. 货物跟踪*	90%以上	70%以上		50%以上	
	16. 客户查询*	建立自动查询和人工查询系统			建立人工查询系统	

备注：1. 标注"*"的指标为企业达到评价等级的必备指标项目,其他为参考指标项目。

2. 综合物流营业收入指企业通过物流活动所取得的收入,包括运输、储存、装卸、搬运、包装、流通加工、配送等业务取得的收入总额。

3. 运营网点是指在经营覆盖范围内,由本企业自行设立、可以承接并完成企业基本业务的分支机构。

4. 顾客投诉率是指在年度周期内客户对不满意业务的投诉总量与企业业务总量的比率。

5. 顾客满意度是指在年度周期内企业对顾客满意情况的调查统计。

6. 租用货运车辆是指企业通过契约合同等方式可进行调配、利用的货运专用车辆。

7. 租用仓储面积是指企业通过契约合同等方式可进行调配、利用的仓储总面积。

第二节　第三方物流

一、第三方物流概述

（一）第三方物流的概念

《物流术语》（GB/T 18354—2006）中，第三方物流（the Third Party Logistics，3PL）是指"接受客户委托为其提供专项或全面的物流系统设计以及系统运营的物流服务模式"。

第三方物流是相对"第一方"物资供应方和"第二方"物资需求方而言的。第三方物流的含义可以从广义和狭义两种角度来理解。

1. 广义的概念

广义的第三方物流是相对于自营物流而言的，凡是由社会化的专业物流企业按照客户要求所从事的物流活动都可以包含在第三方物流范围之内。这里的"第三方"是相对于"第一方"（发货人或托运人）和"第二方"（收货人）而言的，它既不属于第一方，也不属于第二方，本身不拥有商品，不参与商品的买卖，但与第一方和第二方均有关系——通过与第一方、第二方或与这两方合作为他们提供专业化物流服务。因此，广义上的第三方物流企业既包括传统物流企业，如传统的运输公司、仓储企业、报关行等单一环节的服务提供商，也包括了现代物流企业。

2. 狭义的概念

狭义的第三方物流是"作为外部组织利用现代技术、管理理论和经济关系为客户提供专项或全面的物流系统设计以及系统运营的服务模式"。所谓利用现代技术，主要体现为基于电子信息技术的技术体系应用；管理理论主要指战略管理、集成管理等前沿理论和方法；现代经济关系主要是指第三方物流经营主体与客户的关系，体现为长期合作、战略联盟、虚拟经营等关系。因此，狭义的第三方物流体现了以下几个特点。

（1）企业具有现代化系统物流服务的素质，提供增值的现代化物流服务活动。

（2）提供的物流活动包括供应链在内的全程物流服务，抑或是特定的、定制化服务的物流活动。

（3）提供的物流活动是采取委托—承包形式的业务外包的长期物流活动。

从狭义的角度去理解第三方物流，把它看作是一种高水平、专业化、现代化的物流服务方式更有其现实意义。尤其在我国，还存在很多小规模、低水平的物流服务活动，并且短时间难以消除。如果将这些物流活动都包括在第三方物流中，就会模糊人们对第三方物流的认识。在这个意义上，第三方物流也可以是"第三方供应链管理"，为客户提供整个或部分供应链物流服务，其最大的附加值是基于信息和知识，而不是提供低价的一般性服务。

3. 源于管理学的概念

第三方物流的概念源于管理学中的外包或外协（Outsourcing），意指企业动态地配置自身和其他企业的功能和服务，利用外部的资源为企业内部的生产经营服务。将"外包"思想引入物流管理领域，就产生了"物流外包（Logistics Outsourcing）"的概念，即生产或销售等企业为集中精力增强核心竞争能力，而将其物流业务以合同的方式委托给专业的物流服务公司（即第三方）运作，同时通过信息系统与物流服务公司保持密切联系，以达到对物流全程的管理和控制的一种物流运作与管理方式。由于生产销售企业与第三方物流公司之间的关系是由合同的方式确定的，第三方物流也常被称为合同物流或契约物流（Contract Logistics）。

（二）第三方物流的特征

从我国和其他国家第三方物流成功的实践来看，第三方物流已经逐渐形成了鲜明的特征，具体表现如下。

1. 契约关系明显化

第三方物流通过委托方和代理方签订正式合约，确定双方的权利与义务。第三方物流根据契约规定的要求，为物流业务的需求者提供单一或全方位的服务，并对整个物流活动进行管理。

2. 业务专业化

专业化是物流提供方发展的基本要求，同时也是委托方的需要。第三方物流必须要提供专业化的物流服务，体现在物流方案的设计、物流操作过程、物流技术工具、物流设备以及物流活动的管理等方面。

3. 服务针对化

物流需求者在对物流服务项目上有特殊性，不同的委托者有不同的要求，第三方物流作为代理方应该根据委托方在需求特性、产品特征、企业形象、业务流程等方面的要求，提供个性化的物流服务和增值服务。第三方物流要在物流行业的竞争中取胜，也要持续强化所提供的物流服务的个性化和特色化，来培育本企业的核心竞争力，进而提高其市场核心竞争力。

4. 管理系统科学化

第三方物流应该具有专业的物流服务功能和科学的管理方法，这是第三方物流存在和发展的基本要求。只有这样，物流才能满足市场多样化的需求。

5. 信息资源共享化

信息技术是物流发展的软件基础。信息系统技术的发展实现了信息资源的共享，促进了物流管理的科学性，提高了物流的效率和效益，为第三方物流与物流需求企业的顺利合作提供了条件。

有资料显示，在产品整个生产过程中，仅仅有5％的时间用于加工和制造，其余

95％的时间都用于储存、装卸、等待加工和运输等物流过程。所以,在第一利润和第二利润空间变得越来越小后,物流成为各个经营者的第三利润源泉。第三方物流可以为委托企业平均降低10％～20％的成本。专业的第三方物流运用规模生产的专业优势和成本优势,通过提高各个环节的能力来节省费用,使委托方从外包的物流服务中受益。

(三)第三方物流的类型

出于物流服务种类的多样性和物流外包的多样性,第三方物流服务的类别也是多种多样的。

1. 按照提供物流服务的种类划分

(1)以资产为基础的第三方物流服务。这是物流企业自己拥有资产,如运输车队、仓库和各种物流设施、设备。通过自己的资产提供专业的物流服务,如美国包裹快递公司(United Parcel Service Inc,UPS)。

(2)以管理为基础的第三方物流服务。这是通过系统数据库和咨询服务等为企业提供物流管理或提供一定的人力资源。这种形式的第三方物流企业不具备运输和仓储设施,只是提供以管理为基础的物流服务。

(3)综合物流服务。这是拥有一定实力的第三方物流企业,自己拥有资产,并能提供相应的物流管理服务,同时,它还可以利用其他第三方物流企业的资产,提供与物流相关的服务。

2. 根据企业服务内容和服务对象划分

(1)针对少数客户提供低集成度物流服务的3PL企业。这种3PL企业有两种情况,一是作为3PL成长的阶段性而存在的,即由于物流企业发展初期的服务能力和客户资源有限所导致的;二是3PL企业将自身的发展定位于以有限的资源和能力满足少数客户特定的物流服务需求。一些中小型的3PL企业较适合这一定位。

(2)同时为较多客户提供低集成度物流服务的3PL企业。这是目前存在比较多的一种3PL企业。从国内物流业的发展和国外的实践看,这类物流企业有望成为我国未来物流市场上3PL企业的主流模式,典型的有宝供物流企业集团、广东宏鑫物流集团等。

(3)针对较少客户提供高集成度物流的3PL企业。这种3PL企业所提供的物流服务个性化很强,介入客户的营运程度也比较深,与客户往往结成战略伙伴关系,甚至进行共同投资。在西方发达国家市场中这类3PL企业很典型,例如联邦快递(FedEx Corp)在欧洲就和某家具公司成立了一家物流公司,专门负责该家具公司全球物流业务的管理和运作。基于服务的特殊性,一般这类3PL企业很难大规模经营。

(4)同时为较多客户提供高集成度物流服务的3PL企业。这种3PL企业在我国还没有出现,即使是在西方发达国家能同时为很多家企业提供高集成度的物流服务的企业也是很少见的。

四种3PL企业的分类如图6-1所示,图中不同层次物流服务集成度如表6-4所示。

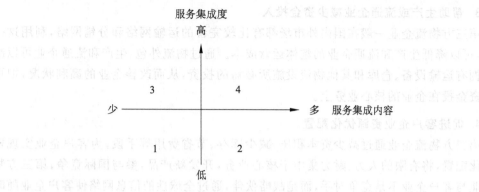

图 6-1　第三方物流企业分类示意图

表 6-4　物流服务集成度表

物流服务集成度	集　成　内　容
低	运输、仓储、配送、流通加工等环节的功能集成
较低	将物流活动与销售、生产、财务等项衔接的预测、计划、控制等活动
较高	整个供应链上物流活动的衔接、管理和优化
高	供应链上物流体系的规划、设计等咨询活动

二、第三方物流企业的比较优势

对大多数制造企业和分销企业而言,物流活动通常不是企业的核心能力,此时,第三方物流恰恰能很好地为这些企业提供物流服务。第三方物流企业拥有一般企业从事物流业务所不具有的灵活性和专业性,尤其对那些业务量呈现季节性变化的企业,更是如此。如对于季节性很强的零售商而言,旺季聘用较多的物流运输作业人员,淡季辞退他们,一年可以做到,但是,年复一年则很困难。如果与第三方物流企业结成合作伙伴,这个问题就迎刃而解了。所以,与企业物流相比,第三方物流企业一般具有以下优势。

1. 具有专业水平和相应的物流网络

第三方物流企业为了开展业务的需要,都会开发信息网络并积累不同类型企业的物流专业知识,提供运输、仓储和其他增值服务。许多关键信息,如运量、国际通关文件、报价和其他信息等,均由第三方物流企业收集和整理。同时,第三方物流企业为获得这些信息而进行的投资,会分摊给享受服务的众多客户,相对于非物流专业的企业,获得这些专门信息的费用较低。

2. 实现规模经济效益

第三方物流企业专门从事物流服务活动,在正常运行的环境中能够实现规模经济,使各类设施、设备的闲置率降至最低。比如一家拥有较强流转能力和货物配载能力的第三方物流企业,可以从运输企业或其他物流服务企业那里得到更低廉的运输报价,从运输企业那里大批购买运输能力,然后为很多客户集中配载货物,大幅度降低单价运输成本。

3. 帮助生产或流通企业减少资金投入

第三方物流企业一般在国内外市场都有比较完善的运输网络和分销网络,利用这一优势,可以降低生产和流通企业的整体运营成本。通过物流外包,生产和流通企业可以减少因拥有运输设备、仓库和其他物流设施所必需的投资,从而改善企业的赢利状况,把更多的资金投在企业的核心业务上。

4. 促进客户企业资源优化配置

第三方物流企业通过减少资本积压、减少库存、节省费用等手段,为客户企业实现资源优化配置,将有限的人力、财力集中于核心业务,开发新产品,参与国际竞争;第三方物流企业与客户企业不是竞争对手,而是战略伙伴,通过全球性的信息网络使客户企业随时通过互联网了解供应链的情况,减少物流过程的复杂性;第三方物流企业通过提供"量体裁衣"式的设计,制定以客户企业为导向、低成本、高效率的物流方案,提升客户企业的形象,为在市场竞争中取得胜利创造有利条件。

5. 第三方物流企业的信息技术优势

许多第三方物流企业与独立的软件供应商结盟或开发内部信息系统,能够最大限度地利用运输和分销渠道,有效地进行货物跟踪或电子交易,提高供应链运行效率,并进行其他相关的增值服务。企业若能与适合的第三方物流企业合作,就可以以最低的外包业务投入,获得更好的服务和信息支持。

三、第三方物流的价值

第三方物流的快速发展,源于它远远高于传统物流的价值贡献,即第三方物流具有传统物流所不具备的价值创造、价值形成模式,最终体现第三方物流独特的存在价值。

第三方物流企业与客户企业之间的差别在于物流服务的可得性及表现水平,具体区别在于物流企业的内部资源是物流能力,而客户企业的物流仅仅是众多业务领域中的一部分。这样,如果给定同样的资源,第三方物流服务就能比客户企业在作业过程中使用更多的资源和技巧,这就是第三方物流企业提供多种服务和高水平服务的原因。同样,为了不断提供这样的物流服务活动,第三方物流企业更注重在物流服务上的投资,继续为客户创造价值。

第三方物流的价值通过高效率物流运作服务、发展和整合客户、物流企业间的联合等途径实现。

(一)高效率物流运作服务

第三方物流企业创造价值的基本途径是实现比客户更高的运作效率,并能提供较高的成本服务比。运作效率提高意味着对每一个最终形成物流的单独活动进行开发(如运输、仓储等)。如仓储的运作效率取决于足够的设施、设备及熟练的规划和操作技能。一般认为高水平管理对服务与成本有正面影响,因为它能促使物流其他要素同样保持较高水平。

运作效率范畴中的另一方面是提高整体流程的作业效率,即协调连续的物流作业。

除了作业技能外,高效率物流运作还需要协调和沟通技能。协调和沟通技能在很大程度上与信息技术相关,因为协调与沟通一般是通过信息技术来实现的。如果在第三方物流服务中存在有利的成本因素,那么以低成本提供更好的服务将是最佳选择。

(二)发展和整合客户

物流运作的专业化使第三方物流企业在专门技术和系统领域内超越客户企业的能力,可以用更低的费用提供物流服务。在发展客户企业的过程中,第三方物流企业更看重优质服务的竞争,而不是价格上的竞争。

第三方物流企业在引入更多客户后,通过协调运作实现资源的综合利用。多客户整合可以有效利用同类资源,创造更高的物流服务价值。整合客户表现出的规模经济效益是递增效益,运作得好,将会取得竞争优势以及更大的客户群。

(三)物流企业间的联合

对于主要以管理和整合外部资源为主的第三方物流企业来说,企业发展的动力不是依靠内部资产的增加及规模的扩大,而是通过物流企业间的联合,增强物流服务功能,扩大物流服务范围,获得物流企业、客户企业的经济效益。在实践中,物流企业间的整合分为纵向联合和横向联合。

1. 纵向联合

纵向联合是指第三方物流企业与只能提供单一或较少服务的物流服务商建立关系,共同为客户企业提供物流服务,进一步开拓创造价值的空间。

在纵向联合中,第三方物流企业应寻找成本低、服务好的物流服务商,与之建立合作关系,增强企业的核心竞争力,达到不增加物流设备投资的情况下,扩大物流服务领域的目的。

2. 横向联合

横向联合是指第三方物流企业与类似的、没有竞争关系的物流企业合作,扩大为客户企业提供服务的地域覆盖面,拓展物流服务功能。

第三节　第三方物流的运作

第三方物流运作是指由不同利益主体组织构成的、能够调度各种资源,在一定的外部环境中进行物流活动的系统。

不同利益主体组织包括第三方物流企业、联合的物流企业、客户企业等。

各种资源包括硬件资源和软件资源。硬件资源有设备、搬运装卸机械、仓库、机场、车站、道路、网络设施等;软件资源有规章条例、合同、制度、知识技能等。

一、第三方物流的服务内容

第三方物流服务内容包括执行活动、控制活动、决策活动三个层次,如图 6-2 所示。它可以简单到只是完成一项执行活动,如帮助客户企业安排一批货物的运输;也可以复杂到设计、实施和运作一个企业的整个分销和物流系统。表6-5是第三方物流的服务内容。

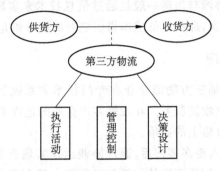

图6-2 第三方物流的三个层次

表6-5 第三方物流的服务内容

服务类型	服务内容
执行活动	运输、仓储、包装、加工、配送和集成服务等
管理控制	物流活动跟踪、追溯和信息服务等
决策设计	开发物流系统及提供物流策略等

（一）开发物流系统和提供物流策略

对于第三方物流企业来说，为了增强竞争优势，已不能满足于提供"港到港""门到门"的服务。一些客户甚至要求提供"货架到货架"的服务，完全达到零库存销售的要求。开发物流系统，制定物流策略，提供物流管理信息系统的设置以及配送方案、配装方法、运输方式等，就成为第三方物流企业应对更加激烈的市场竞争的措施之一。

（二）信息处理

物流信息系统是指为了保障企业交易的顺利开展，控制从订货、库存到发货的一系列物流活动的信息管理系统。物流信息系统的目标是提高物流的服务水平，减少物流活动中的损耗，降低物流的总成本。

对于第三方物流企业来说，高质量的服务水平和全方位的服务内容必然会引发物流成本的攀升。解决这对矛盾的有效途径是通过信息管理系统控制物流的各个环节，使服务和成本两个目标之间达到最佳的平衡。所以，第三方物流企业的信息处理能力是提供高质量物流服务的一个基本的也是最关键的服务平台。广东宝供储运有限公司的快速发展正是得益于其强大的信息处理功能。公司最初只是一个个体铁路转运站，在短短4年的时间内，一跃成为为宝洁、雀巢、格力、麦当劳等大型企业提供物流服务的第三方物流企业，其成功的关键在于能为客户提供完善的信息反馈和数据处理服务。

（三）货物集运

第三方物流企业的货物集运能力包括仓储、铁路运输、公路运输及水路运输等方面。

集运能力的高低与配送中心的选址、布局、设计、功能设置密切相关。所以,合理规划、设计配送中心对提高货物集运服务水平尤为重要。

(四) 选择运输商和货代

在社会化大生产的环境下,第三方物流企业单靠自身的力量为客户提供全方位的服务,往往显得力不从心,这时就需要联合其他的物流企业协作完成。因此,选择一个优秀的合作伙伴是保证高质量物流服务水平的重要基础。

(五) 仓储

仓储功能是第三方物流企业的一个基本服务平台。

(六) 运费支付

运费支付也称为代垫运费,主要指支付给提供协作的其他方运费,这符合社会化分工和分工细化的经济规律。

(七) 咨询

随着与顾客逐步建立合作伙伴关系,第三方物流企业所提供的服务还应包括物流咨询。例如,利用第三方物流企业在消费者和货主之间的桥梁作用,为货主提供前期的市场调研及预测;根据不同国家的贸易等级要求,建议货主使用不同的包装材料及包装方法等策略咨询。这些服务拉近了企业与货主的关系,符合双方的经济利益。

综上所述,第三方物流不仅要提供货物的购、运、调、存、管以及加工和配送全过程服务,而且要提供网络设计和整个商品物流过程最优化的解决方案。

目前,我国大多数物流企业从事的物流服务多属于在传统运输、仓储等业务基础上拓展的物流增值服务业务。从物流企业的服务功能上看,我国物流服务商的收益85%来自基础性服务,其中运输管理占53%,仓储管理占32%,增值服务及物流信息服务与支持物流的财务收益只占15%。中国仓储协会组织的"中国工商企业物流任务外包情况调查"表明,国内生产企业的外包物流主要集中在干线运输,其次是市内配送和仓储,再次是包装;商业企业的外包物流在市内配送、仓储和干线发运方面比例大致均等。从中可以看出,中国物流的服务内容大都集中于传统意义上的运输、仓储范畴之内,加工、配送、定制服务等增值服务处在发展完善阶段。

二、第三方物流企业的运作模式

我国第三方物流的主要运作模式有与制造业相结合的物流运作模式、与商业零售业相结合的物流服务运作模式和物流一体化运作模式。

(一) 与制造业相结合的物流服务运作模式

以往我国大多数企业都是自己解决产品的运输问题,包括原材料和产成品的运输,而这一部分恰好是第三方物流企业的核心业务和优势所在。与制造业相结合的第三方物流服务的最大用户群通常是日用品、纸制品、化妆品和食品等产品的制造商。首先,这些制造商产品的消费者比较分散,消费量不大,一般通过零售店销售的方式,将产品销售给消费者,所以,产品运输是这些制造商面对的难题,第三方物流企业利用运输网络,为他们提供运输服务,将产品源源不断地运往各零售店。其次,制造商通过第三方物流企业的有效物流体系,降低产品的在库在途时间,降低物流成本,使其产品获得增值,保持市场的竞争优势;再次,制造商通过第三方物流企业的客户平台,与其他重要客户建立联系,不断扩大用户群,保持或者增加市场占有率;最后,第三方物流企业可以依托制造商,成为中小型企业的物流代理商。

(二)与商业零售业相结合的物流服务运作模式

随着我国商业零售业市场的对外开放,越来越多的外资大型超市相继开业,加上全球电子商务的迅猛发展,国内传统的大中型商业零售企业受到多重挤压,举步维艰。零售业与第三方物流企业结合,由其提供物流末端配送服务,为零售企提供了发展的新思路,与零售业相结合的第三方物流服务运作模式应运而生,其优势在于以下几个方面。

1. 完成 5R 服务

利用先进的信息系统,将第三方物流企业、零售商、供应商连接起来,实现信息共享,保证在要求的时间内完成 5R 服务,即适时、适质、适量、适价和适地的服务。

2. 保证配送系统顺利运转

建立快速反应的运输体系和配送网络,形成完整的信息平台、业务流程和管理流程,当提出业务请求时,可根据物流量的大小,由调度中心调度,配送点送货上门。特别是当物流量较小时,实行共同配送,确保配送系统顺利运转。

3. 进行有效的市场策划和研发

组织具有实战经验的专家队伍,以独特的信息交换处理中心为技术支持,通过现代通信和电脑技术组成市场信息网络,不断进行市场策划和研发。

另外,第三方物流末端配送业务可将大型配送中心及量贩店的货物送到百姓家中,也可直接为品牌商提供现成的市场营销网络。

(三)物流一体化运作模式

物流一体化运作模式就是利用物流管理,使产品在有效的供应链上迅速移动,生产商、供应商和销售商均能获得显著的经济效益。物流一体化运作模式是物流运作的更高级阶段,它的根本目的是通过不同职能部门之间、不同企业之间在物流上的合作,达到提高物流效率、降低物流成本的效果。

这种运作形式分为垂直一体化物流运作和水平一体化物流运作两种模式。

1. 垂直一体化物流运作

垂直一体化物流运作是目前企业物流和供应链管理的主流方向,而第三方物流在垂直一体化物流运作中扮演着重要的角色。企业超越了现有的组织机构界限,将供货商和用户纳入管理范围,作为物流管理的一项中心内容。第三方物流发挥了衔接企业与供应商、企业与客户的作用,辅助企业在部分或全部范围内管理物流业务。这种运作的关键是力求从原材料到用户的每个过程都实现对物流的管理,供应链条通过企业和第三方物流的深度整合形成一种联合力量,以赢得竞争优势。

垂直一体化物流运作的设想为解决复杂的物流问题提供了方便,而正是第三方物流雄厚的物质技术基础、先进的管理方法和通信技术使这一设想成为现实,并在此基础上继续深化和发展。

2. 水平一体化物流运作

水平一体化物流运作是通过同一行业中各企业之间物流方面的合作以获得整体上的规模经济,从而提高物流效率,而这种整合主要是由第三方物流完成的。企业引进第三方物流的运作,从企业经济效益上看,降低了企业物流成本;从社会效益来看,减少了社会物流过程的重复劳动。例如,第三方物流企业可以用同样的装运方式进行不同企业相同类型商品的共同运输,而所产生的经济收益则大大优于企业单个装运。

不同商品的物流过程不仅在空间上是矛盾的,而且在时间上也是有差异的。这些矛盾和差异的解决就要靠掌握大量物流需求和物流供应能力的信息来完成。第三方物流恰恰是物流信息和物流资源的整合者。现在开展的协同配送是这种运作的例证:这种运作的重要条件是有大量的企业参与并且有大量的商品存在,这时只有第三方物流与客户企业的合作才能提高物流效益。这种运作需要产品配送方式的集成化和标准化。

三、"互联网＋"与我国第三方物流的发展趋势

随着"互联网＋"时代的到来,现代物流逐渐与"互联网＋"技术产生深度融合。现有的物流系统将转变为一种以互联网、物联网、云计算、大数据等先进信息技术为支撑的现代综合性物流系统,它是推动社会商品交易发展的重要支撑,也是今后物流业发展的趋势和竞争的制高点。

(一)第三方物流业务需求旺盛

现代企业为增强市场竞争力,倾向于将企业的资金、人力、物力投入核心业务中,对其他业务则寻求社会化分工协作,以期获得资源配置效率和效益的最大化。尤其是在物流需求扩大、成本上升的压力下,越来越多的制造企业开始从战略高度重视物流功能整合,实施流程再造,将物流业务分离外包。这种外包物流业务的增加,在"互联网＋"的技术支持下,将使第三方物流快速发展。

(二)物流服务逐步向标准化方向发展

标准化是国民经济管理和企业管理的重要内容,也是现代科学体系的重要组成部分,标准化管理具有权威性和法律效力。

随着社会大分化、生产大分工的发展趋势,现代物流服务业成为我国现代产业结构调整和升级的重要支柱性产业,受到了政府的高度重视和政策扶持,其中又以注重推进物流标准化建设为显著标志。2015年,国家制定了《物流标准化中长期发展规划(2015—2020

年）》,力图通过标准化增强物流行业与各行业上下游的联动效应,加强物流行业对经济发展的纽带作用,也对第三方物流的发展提出了新要求。同时,互联网、物联网、大数据等先进信息技术为第三方物流实施物流标准化提供了支持平台。

（三）物联网技术推动实现物流自动化、智能化

互联网以及各种信息技术的发展,实现了数据的快速、准确传递,提高了现代物流企业在运输、装卸、仓储配送、采购、订货、订单处理等业务的自动化水平,物流企业与其他企业间的信息沟通交流、协调合作更加方便快捷。物联网技术能够更有效地跟踪和管理物流渠道中的货物,精确计算物流活动的成本,使物流管理效率得到极大的提高。

（四）第三方物流企业逐步向供应链管理领域发展

物流行业起步于实物配送阶段,该阶段是一种功能单一、信息化程度低的以传统运输、仓储、货代等业务为主的初级物流形态。随着第三方物流服务的快速发展,物流行业逐步进入集仓储、配送和信息服务于一体的发展阶段,物流企业或打造专门服务于特定企业的"自用"集约化物流平台,或成为"公共"的可供各类企业使用的集约化物流平台。未来,随着物流行业向细分领域不断扩张,借助"互联网＋",第三方物流服务将逐步尝试向第四方物流服务转化,物流企业将调集和管理、组织自有资源及其他企业提供的具有互补性的服务资源、能力和技术,以提供一个综合的供应链解决方案,物流企业将从被动服务上升到战略主动地位。

复习思考题

1. 物流企业发展的动因是什么?
2. 根据国家标准,物流企业包括哪些类型?
3. 简述第三方物流的概念。狭义第三方物流和广义第三方物流有什么不同?
4. 简述第三方物流的特征和分类。
5. 如何理解第三方物流的价值?
6. 第三方物流服务的内容有哪些? 分别属于哪个层次?
7. "互联网＋"时代我国第三方物流发展有哪些趋势?

案　　例

珠海市德昌顺物流投资有限公司的发展

一、发展历程

作为珠海市首个物流资源信息化、设施标准化和管理规范化物流园的投资者及运营商,德昌顺物流投资有限公司在十余载的发展历程中,实现了二次飞跃:公司创始人曾德君总经理于1993年只身离家初闯商海,凭借其务实拼搏的精神,通过几年的发展

逐渐积累到原始资本。2005年,曾德君以其敏锐的眼光和魄力在中山市火炬开发区独资开发了德昌顺物流中心,标志着德昌顺正式进入物流行业,目前该中心已成为珠三角核心物流中转中心之一。经过十年的努力,2014年德昌顺已经积累了丰富的园区开发和运营经验,建立并培育了一支优秀的工程设计与建设、市场招商及园区运营团队,同时也有了一批长期稳定的优质客户。这一年,德昌顺物流投资有限公司成立,旗下"德昌顺智慧物流园"项目也在珠海市金湾区启动,园区集仓储、包装、配送、运输及物流信息服务于一体,逐步打造成为珠海首个"三化"的现代物流园,成为连通海运(高栏港)和空运(珠海机场)的公路零担运输集散港;同时借助当前互联网的发展,创建电子商务客户的线下物流仓储配送基地,2015年园区正式开业,标志着的德昌顺在转型升级的道路上实现了又一次飞跃。

二、重点项目按标准化设计建设

德昌顺智慧物流园作为德昌顺公司旗下重点项目,从设计建设初期就按照标准化的理念开展。

（一）项目目标定位

建设以货运中转、仓储配送、电商物流、航空物流、停车场及信息服务为一体的现代化智慧物流园。

（二）项目设计

项目占地约200亩,项目建设内容包括:物流办公区、货物中转区、信息服务平台(含物流信息交易、电商物流、物流金融、数据交换)、仓储及园区生活配套设施。

（三）设计原则

1. 前瞻性原则

智慧物流园体系的设计和实施在理念上要适度超前,在思想上要站得更高,保证智慧园区信息平台的技术是领先的、模式是领先的,不仅要考虑当前园区的发展所需要的信息化支撑,更要满足未来新业务模式的发展需要。

2. 先进性原则

智慧物流园区的基本理念是把信息平台打造成物流园区的核心竞争力,因此,在信息化技术的应用上要保证其先进性和领先性,用最先进的信息技术来促进、引导、规范、创新园区的业务发展模式。

3. 可扩展性原则

智慧物流园系统的设计要具备可扩展性,要满足未来新系统、新业务的扩展需求,保证系统建设投入的有效发挥作用,避免重复投资。

（四）项目建设

1. 硬件设施建设

对场内运作区统一设置装卸平台、雨篷,保证运作区的作业环境,保证场内运作区域的足够宽敞,对场内通道、停车场用厚度30厘米的混凝土进行硬化,以解决坑洼不平且遇雨天气场地泥泞不堪,大吨位货车出入、停放困难,卫生清扫困难的问题,改善交易环境和道路状况,提供良好的交易场所和作业环境。整个园区光纤到户,提高园区互联网运行效率,同时规划物流园区便民商业街,为园区提供生活配套服务。

2. 软件平台建设

为了适应互联网和物联网的发展趋势,物流园高度重视物流信息化建设,发展综合性和专业性的物流信息服务和物流交易平台,有效地促进了物流园区服务模式的变革。

3. 人才团队建设

德昌顺在人才建设方面,除了注重对现有公司人才的培训与开发,还注重未来人才储备。因此,德昌顺与北京师范大学珠海分校、北京理工大学珠海学院、吉林大学珠海学院、广东科学技术职业学院、珠海城市职业技术学院五所珠海高校建立校企合作,在人才培养与引进方面开辟通道。

三、当前公司运营及服务内容

（一）物流园发展初期,以基础设施平台建设为主

在智慧物流园发展的初期,以硬件配套设施建设为主,通过整合资源,广泛收集物流园区的各类信息,并将信息分类化、标准化、规范化,按照智慧物流园建设设计框架要求,逐步构建功能模块,如通过与珠海交通集团旗下公司合作,优化城市配送软件,打造 APP 货运软件"运起来",逐步实现物流业务信息平台的连接、物流园区综合管理信息系统的连接。

（二）目前运营过程以功能完善和提升为主

为保证物流园基本功能的运行,重点对各业务流程进行重组,对不符合资源整合配置要求的作业环节及时调整,对不符合低成本、高效率标准的作业加以改进。同时实现园区平台与相关企业组织的对接。

四、公司未来 3～5 年发展战略

随着物流园区运行平台的普及与功能的日趋完善,低成本、高效率的物流服务进入成熟发展的轨道。未来 3～5 年,随着国家"一带一路"战略的不断推进,珠海西部开发方针的逐渐落实,港珠澳大桥的通车,以及港珠澳大桥的延长线在金湾接通,将会把香港、深圳甚至深圳西部的一些物流直接通过大桥引入珠海金湾。珠海金湾在未来来将可能是珠海乃至中国西部一个重要的物流集散中心,德昌顺智慧物流园得天独厚的地理区位优势将凸显。这就要求德昌顺要不断完善市场化的运作方式,吸引外部企业和机构的广泛参与,在智慧物流运行平台的支持下,将生产商、零售商、物流企业及客户紧密联系在一起,实现企业之间信息共享和同步处理,促进企业之间的生产加工包装、存货计划控制、运输管理、仓储管理、客户资源管理的信息互动,构建基于智慧物流园平台的供应链体系,向着供应链整合的方向发展。

五、当前困难及解决思路

当前,随着公司发展的不断壮大,对高层次技术人才尤其是硬件系统维护和软件系统二次开发的需求量将会越来越大,公司人才招聘及培养的速度在很大程度上将成为决定公司继续快速发展的制约因素。

因此,针对此项困难,德昌顺计划进一步深化与已建立校企合作的高校之间的合作,引入高校专家团队进驻公司,与高校专家团队携手共同打造人才梯队;同时,建设电商产业孵化基地,引入社会先进技术人才力量携手共赢。

（资料来源:由珠海德昌顺投资有限公司提供。）

延 伸 阅 读

宝 供 物 流

一、集团简介

宝供物流企业集团(以下简称"宝供集团")是中国最早运用现代物流理念为客户提供现代物流服务的专业公司,创建于 1994 年,是目前国内领先的第三方物流企业。在十几年的成长历程中,宝供集团一直坚持"为客户提供优质高效的供应链一体化物流服务,不断为客户创造价值"的经营理念。目前,宝供集团在全国 50 多个城市设立了 50 多个分公司或办事处,形成了覆盖全国的业务运作网络和信息网络,为全球 500 强中的 52 家企业及国内一批大型企业提供物流一体化服务,并与它们建立了战略合作伙伴关系,成功地为这些企业降低了运营成本,提高了竞争力。

宝供集团自创立以来,秉承"不管大步小步,始终迈前一步"的创新理念,时刻把握市场发展的脉搏,深刻领会客户的物流需要和内涵,充实物流服务内容,提高服务质量,形成了经营、管理、服务的宝供模式。

二、企业发展规划

根据市场及客户发展的需要,宝供集团未来几年将集中优势资源,着力实施以下战略。

(一)基地战略

将在全国 15 个城市投资建设大型现代化高效的物流基地,形成一个以现代化物流基地为枢纽的运作网络。

(二)运输网络战略

(1)在全国主要城市间构造 20 条快速、安全、稳定可靠的干线运输网络。

(2)在全国 15 个城市打造一个深度配送网络,提供 B2B、B2C 的配送体系,从而形成一个由跨区域的干线运输网络、区域运输网络和深度配送网络组成的三级联动运输体系。

(三)科技战略

打造一个连接上下游的第三方物流信息集成平台,形成一个以订单驱动的、贯穿订单处理全过程的一体化信息服务平台。同时,开发及引进具有国际先进水平的物流技术和设备,全面提升宝供运作的效率和效果,以形成一个高效的运作体系。

(四)人才战略

加大对员工的培养力度,努力营造良好的工作环境和工作氛围,把宝供集团打造成为有理想、有抱负的物流人才实现价值的平台,从而为客户提供更优质、高效的服务。

三、优势

(一)运作网络

(1)提供"门对门"全过程的服务,实现"一票到底,全程无忧";

(2)提供统一标准的服务,实现服务的规范化、模块化;

(3)提供全方位的增值服务,实现客户服务的多样化、个性化;

（4）提供快速反应的服务，实现快速的市场反应，抢夺市场先机。

（二）信息系统

（1）提供电子数据对接服务，实现数据的无缝链接，确保准确性和及时性；

（2）提供订单处理服务，实现订单处理的电子化，提高订单的响应速度；

（3）提供各种物流报表，实现决策管理数据化；

（4）提供实时动态的物料流动查询，实现可视化的物流目标管理。

（三）干线运输网络和配送网络

2004年，宝供集团与中铁行包联手打造了铁路运输新产品行邮专列，它是按特快客车的运行图运作的，具有快速、安全、准确、可靠的特点。专列运行时速每小时120公里，每天定时开出、定时到达、全天候运行。这种全新的运输方式完全克服了以前铁路运输不准时、不可靠、速度慢的种种弊端，为客户提供了一种全新、快速、安全、可靠的运输服务。

1．"一票到底"的服务

针对某著名IT配件生产企业既有生产线配送、又有每天定时报关出口的需求特点，宝供集团利用掌控的公路终端接送和铁路行邮干线运输等资源，为其提供"一票到底"的服务。这种准时、稳定、安全、节省的运输配送，支持了客户的准时生产，保证了出口船期，减少了环节成本。

2．直接面向终端的营销模式

随着市场竞争的加剧，减少流通环节，直接面向终端已成为新的营销模式。2002年，宝供已在上海、广州、北京、沈阳等地实施配送战略，总结出一套独特的、直接面向终端的运营模式。

（四）物流基地

宝供集团的物流基地规模宏大、功能齐全，为众多客户提供全方位的物流服务，包括验收、分拣、储存管理、包装、加工、分拨、配送、交叉理货作业。同时，也可为客户提供各种灵活的货物调剂便利，减少因旺淡季带来的不必要的浪费。通过有效资源整合、流程优化和环节精简，大大提高工作效率，降低运作成本。

宝供集团与某著名企业实施原辅材料供应商管理库存（Vendor Manage Inventory，VMI）。利用宝供集团在全国各个物流基地的管理和调控能力，有效地管理1 000多家供应商的原辅材料的供应。通过系统对接，该企业只需每天向宝供集团下达生产计划和原辅材料供应计划，在规定时间内，宝供集团进行原辅材料的分拣理货，及时供应上线生产，实现了客户原辅材料零库存的愿望。

四、储运、物流到供应链——宝供物流的三级跳

宝供集团在遵循现代物流发展理念的前提下，用短短不到十年的时间，完成了从储运、物流到供应链服务的三级跳，一跃成为国内领先的现代化物流企业集团。宝供物流的发展历程和经验无疑成为国内传统物流企业发展转型的参照样板。

（一）宝供集团发展的三个阶段

1．1994—1997年

这一期间，宝供集团从一家传统储运公司转变为提供一体化物流服务的专业公司。

2．1997—2000 年

这一期间，宝供集团逐步发展成为一家较为成熟的第三方物流企业。

3．2000 年以后

这一期间，宝供集团向提供供应链一体化物流服务转型，并取得了良好的效果。

（二）独立的第三方

宝洁对宝供集团的发展起到了非常重要的作用，正是与宝洁这样一个国际性的大公司合作，宝供集团才学到了不少有用的东西，为以后的发展打下了良好的基础。

宝供集团与宝洁的合作始于 1994 年。当时，宝供集团创始人刘武先生在广州承包经营一家铁路货物转运站，而刚刚进入中国市场的宝洁公司正在为产品不能及时、快速地运送到全国各地而犯难。经人介绍，两家公司签下了合作的第一笔业务——4 个集装箱的货物运输，宝洁公司提出了非常苛刻的要求。为了完成这笔业务，刘武亲自对货物进行全程跟踪。不仅如此，在业务结束后，刘武还主动给宝洁写了一份报告，对整个过程中各环节可能遇到的问题及解决办法详细地做出了说明。虽然这笔业务刘武基本上没有赚到钱，但却赢得了宝洁的信任。此后，刘武注册成立了宝供储运公司，而宝洁也加大与宝供集团的合作力度，到 1996 年，宝供集团成了宝洁铁路运输的总代理。

随着业务的不断扩大，为了打破当时分块经营、多头负责的模式，宝供集团开始在全国铺建业务网络，刘武将这一网络分为"天网"和"地网"。"天网"是指不断改进的物流信息系统，"地网"是指在全区域中心城市建立分公司，并以此为依托铺设全国网络。早在 1997 年，宝供集团就在全国同类企业中率先实施了基于 Internet/Intranet（互联网/物联网）的物流信息管理系统，凭借这一系统，宝供集团实现了对全国范围内的物流运作信息的实时动态跟踪管理。此后，宝供集团又累计投入 1 000 多万元对这套系统进行完善和升级，通过这个系统实现与客户的电子数据交换，并为客户提供诸如报表、运作咨询等个性化的物流信息服务，宝供集团与客户之间的业务变得更为便捷和富有效率。

1999 年，在多方努力和争取下，宝供储运有限公司更名为宝供物流企业集团，成为国内第一家注册的物流企业（当时国内工商部门的字典里还没有"物流"这个词），宝供集团已经基本上完成了向第三方物流企业的转变，并在内部建立了相对比较完善的业务运作管理体系（SOP）和质量保证体系（GMP）。

（三）以物流基地建设推进供应链服务

在完成向第三方物流的转变后，宝供集团开始向提供增值化的供应链一体化物流服务方向努力，并将物流基地的建设作为提高供应链服务能力的重要突破点。目前，宝供集团苏州物流基地一期工程已经完工并投入运营，广州基地也已进入收尾阶段。广州基地是投资规模最大的一个基地，占地面积约 70 万平方米，总投资为 8 亿～10 亿元。

宝供集团的物流基地，将是集配送、分拣、拼装和简单加工等功能为一体的一站式物流中心。同时，还附加了基于进出口业务的保税、通关、检验检疫和国际金融结算等功能。另外，由于生产商和供应商的产品都在宝供的基地集散，基地也是一个采购平台。利用这些基地，宝供为客户减少了大量的搬运环节，降低了物流成本，自身也通过增值服务获取更多的利润。宝供集团之所以花这么大力气在物流基地的建设上，一是因为随着物流市场竞争的激烈，企业对物流服务的要求也越来越高，小批量、多批次、多品种的配送方式和快速反应的能力越来越被看重,这就要求对物流的各环节进行高度整合,提高效率,建设物流基地就是为了适应这种需要。二是宝供集团将此作为其向供应链一体化服务提供商转型的重要载体。

2002年,宝供集团向外界宣称与IBM合作进军供应链服务领域。向供应链方向转型,意味着宝供集团的主要业务变成了两个方面:一是与需要服务的企业一起制定合理的供应链解决方案,不仅涉及它们的产品物流,还要将其销售、生产、采购的各个环节的物流业务作综合性的规划,提供整体优化方案;二是通过物流服务确保这个方案的实施。这表明,宝供集团以前主要靠整合社会资源提供物流服务,今后则主要提供和实施供应链解决方案。

2005年1月,宝供物流企业集团有限公司被广州市人民政府授予了"广州市百强民营企业"的称号。

2005年1月,"宝供物流信息化"荣获中国物流与采购联合会2004年度科技进步一等奖,并向国家科技部推荐参加国家科技进步奖的评选。

作为中国的第三方物流企业,摩根士坦利给宝供物流下的评语是——"中国最具价值的第三方物流企业";同样,麦肯锡也有类似的评价。

(资料来源:整理自惠州学院网站 http://course.hzu.edu.cn/wlx/n13c41.shtml.)

第七章

专 业 物 流

第一节　冷 链 物 流

一、冷链物流概述

　　冷链物流是物流活动的高端细分领域,较之常温物流,具有更高的复杂性和技术性;因其活动对象的特殊性,又具有重要的经济和社会意义。虽然最近几年我国冷链物流发展较快,但总体上还处于起步阶段,需要政府及有关管理部门制定政策,采取措施,有力推动冷链物流的发展;需要企业界锐意创新,积极实践,不断丰富开展冷链物流的模式、途径;需要理论界主动关注冷链物流的发展,追踪国际冷链物流的信息,积极研究解决冷链物流问题的对策和方法。

（一）冷链物流的概念和特点

1. 冷链物流定义

　　《物流术语》(GB/T 18354—2006)中规定,冷链(Cold Chain)是"为保持新鲜食品及冷冻食品等的品质,使其在从生产到消费的过程中,始终处于低温状态的配有专门设备设施的物流网络"。具体地说,冷链物流是指冷冻、冷藏类物品,从生产、储存、运输、销售到消费前的各个环节中,始终处于规定的低温环境,以冷冻工艺学为基础,以制冷技术为手段,以保证物品质量、减少物品损耗的一项系统工程。

　　随着科学技术的进步、制冷技术的发展,冷链物流的适用范围越来越广,保鲜水平越来越高。主要适用范围包括以下几个方面。

　　（1）初级农产品,如蔬菜水果类,肉、禽、蛋、奶类,水产类,花卉产品等。

　　（2）加工食品,如速冻食品,禽、肉、水产等包装熟食,冰激凌和奶制品,快餐原料等。

　　（3）特殊商品,如对温度敏感的药品类、疫苗、人体器官等。

2. 冷链物流的特点

　　冷链物流是以保证低温物品品质为目的,以保持低温环境为核心要求的供应链系统。同普通物流相比,冷链物流需要特殊的装置,且必须注意时间、运送过程、运送方式的选择和控制。因此,冷链物流有以下不同于普通物流的特点。

1）系统性

冷链物流运作中要考虑整个冷链的系统性，以符合"3T"原则，即温度（Temperature）、时间（Time）和耐藏性（Tolerance）。为了最大限度地保证产品原来的品质，冷链物流中的产品在生产、储存和运输等环节必须始终处于低温条件，所以要考虑产品的流通时间和产品本身的耐藏性。

2）协调性

冷链物流由多个环节组成，包含从原材料采购、加工、流通、配送，直至零售和消费的全过程。冷链是一个跨部门的有机结合体，要求各部门互相协调、紧密配合。冷链物流的时效性要求冷链各环节具有较高的组织协调性和相当强的技术支持。

3）全程温控

为保证物品品质并降低运输过程中的损耗，冷链物流中各个环节都要进行温度控制。尤其是冷藏类的食品、药品和人体器官，需要完整的冷链物流进行全程温度控制，以确保使用安全，包括装卸、储存和运输时的封闭环境等，缺一不可。要保证冷藏品的最终质量，就要保证整个冷链中各个环节及其接口环节的质量。冷链管理不是单点控制，而是全程温度控制。

4）成本高昂

冷链成本主要由冷链设施设备投资和冷链运作成本两部分构成。冷链物流的投资是常温物流投资的3～5倍，其中，冷库的建设和冷藏车的购置所占投资比例较大。冷链物流的运作成本主要是为维持合适的温度和湿度环境所需要的电、油、水的消耗。

5）技术含量高

冷链物流是难度大、技术含量高的物流形式。冷链物流的运作管理具有科学性、技术性和安全性的专业特性，涉及的技术主要包括生鲜储存技术、运输配送技术、信息技术、冷藏设备制造技术、监控技术。

（二）生鲜电商物流

1. 生鲜电商的市场特征

我国是农业生产和农产品消费大国，目前蔬菜产量约占全球总产量的59％，水果和肉类产量占46％，禽蛋和水产品产量占35％。近年来我国生鲜农产品产量快速增加，每年约有4亿吨生鲜农产品进入流通领域，农产品冷链物流需求规模大。中商产业研究院发布的《2016—2020年中国市场前景及投融资策略研究报告》指出，生鲜电商处于高速增长的状态。2014年我国生鲜电商交易规模达290亿元，较2013年增长122.6％，而目前我国生鲜市场规模接近1万亿元，而电商的渗透率不到3％，生鲜电商市场上升空间巨大。

生鲜电商的商品主要以初级农产品为主，与普通电商相比，生鲜电商的市场特征如下。

1）产品特征

由于生鲜产品以初级农产品为主，又由于我国的农业生产多是一家一户型，加之行业发展时间短，所以，产品表现出生产分散、损耗高和非标准化三个特征。

2）营销特征

国内大部分生鲜电商企业都以广告营销为主，通过网络、移动互联、地铁广告、报刊广告等多种渠道进行营销宣传，提高企业和品牌的知名度。与其他商品相比，营销力度较大，这一方面表明生鲜商品的需求增长很快；另一方面也表明行业利润空间较大。

3）物流特征

（1）生鲜电商与生鲜商品实体市场最大的不同就是消费者对商品的体验程度，前者体验程度低，只能通过图片、照片和文字进行体验；后者体验程度高，在实体店能够看到、摸到甚至品尝到生鲜商品。为了提高消费者对生鲜电商的信赖度，生鲜电商物流就要做到全程冷链保障和较高的时效性。这也就是生鲜电商物流的特征，具体如下。

（2）全程冷链物流保障，即从初始点到终点所提供的全程适应的温度湿度环境。以瓜果蔬菜为例，采摘开始，就进入冷链保障环节，其后的预冷、加工、运输、仓储、包装、配送等所有的环节都要求提供相适应的温湿度环境。

（3）较高的时效性，生鲜产品多是日常消费品，其新鲜程度是商品的主要质量指标。如瓜果蔬菜、蛋禽肉类和水产品等，基本做到消费者上午下单，物流企业当天中午或晚上就会送达；或者是晚上下单，第二天上午或中午送达。

（4）服务覆盖范围小。因为全程冷链物流保障要求高，时效性要求高，所以，客观上限制了生鲜电商的物流服务范围。由于生鲜电商发展迅速，现有的第三方冷链物流企业无论从配送人员、配送站点，到冷库、冷藏车等软硬件条件，都难以满足生鲜电商企业的要求。特别是要达到全程冷链物流保障和时效性的要求，物流企业需要自建自营冷库，建设周期比较长。

2. 生鲜电商模式

生鲜电商模式主要是 O2O，又分为会员＋配送、门店＋平台、物流＋终端三种模式。

1）会员＋配送模式

这种模式是通过会员定制的方式将田间最新采摘的新鲜农产品通过冷链物流直接配送到顾客手中，没有中间环节，配送时间不超过 12 小时，很大程度上保证了产品的新鲜度。由于采用集中配送，相比传统的生鲜电商，大大降低了物流的成本。

2）门店＋平台模式

这种模式是商家兼有自己的门店和网上平台，消费者可以先行网络订购，通过到店自取或送货上门等方式购买到商品。这种模式的最大优势就是拥有线下实体店，兼备了消费体验以及仓储、物流站点的功能，而传统的生鲜电商没有这些功能。

3）物流＋终端模式

这种模式是一种合作模式，通过新型网络平台，依托原有的物流渠道来完成整个配送流程。同时，将原产地的实况、安全分析报告等通过视频、照片发布到网络平台，依次增加消费者的视觉体验和降低对视频安全的顾虑。主要代表企业是顺风优选。

3. 生鲜电商存在的问题

目前，生鲜电商行业主要存在产品质量不稳定、配送成本过高、O2O 要求强大的管理和执行能力等问题。其中，产品质量不稳定和配送成本过高是影响生鲜电商发展的主要因素。

由于生鲜商品从保存到运送对温湿度有着极为苛刻的要求,常规的仓储物流无法支撑冷链物流,若要确保商品送到客户手中仍然新鲜,就必须在冷库、冷藏车、保温箱等环节投入庞大的资金,并建立一套精准订单预测、标准化品类管理、快速配送、快速库存周转等业务流程。

鉴于国内市场庞大、复杂、分散的特点,直接导致生鲜冷链物流成本比普通商品高出1~2倍。生鲜电商为了有效控制成本,要么采取规模化经营,用以摊薄成本;要么规避耗费较高的环节,用以降低成本。这就是现有生鲜电商采用不同模式进行运营的原因所在。

4. 发展趋势

2014年以来,我国生鲜电商市场持续升温,在全国一线、二线城市基本形成了一定的品牌格局。

(1)来自消费者的推动。随着人们消费观念的转变以及消费能力的不断增强,未来生鲜电商市场还会快速发展。

(2)来自生鲜电商的推动。目前,冷链成本占销售额的25%～40%,随着冷链规模的扩大与成熟,成本会逐渐下降,未来移动生鲜电商的占比将逐年提升。

(3)来自生产者的推动。从长远角度看,生鲜领域的O2O会比电商有更好的发展前景。生产者——主要是农民,可以不通过经销商而在平台上进行原产地产品的直接销售,线上线下将成为一个新的整体。

需要注意的是,不是只要有线下门店和线上网站就可以称之为O2O模式,还要看两端各自作用的发挥、体验环节的衔接以及协同效应的更大发挥。总之,在生鲜O2O网站的争夺中,定位是基础,线上线下的协作效率、供应链管理和物流管理将是三大核心竞争力。

二、冷库管理和冷冻冷藏技术

(一)冷库管理

冷库是在低温条件下储藏货物的建筑群,也是发展冷链物流的基本设施。冷库是指用各种设备制冷、可人为控制和保持特定的温度及相对湿度的设施,是对易腐物品进行加工和储藏的建筑物的总称。冷库具有冷冻和物流双重属性。冷库的冷冻属性体现为在冷库中应用机械,使冷库保持一定的温度和湿度;冷库的物流属性体现为经营者按用户的要求,将冷冻物品从供给地到需求地的转移过程。

根据不同的标准,可以对冷库进行分类。按储藏货物的储藏要求分为冷却库、冷藏库、冷冻库、超低速冻库;按使用性质分为生产性冷库、分配性冷库、零售性冷库、综合性冷库;按结构类型分为土建性冷库和装配性冷库。冷库的分类方法还有按规模大小、储藏商品等划分。

1. 冷库的作业管理

1)入库管理

(1)入库预报。入库商品相关信息(名称、规格、数量、入库时间等情况)通过传真、电话、电子邮件等通信设施传送至指定保管人。

（2）仓库准备。接到入库商品相关信息指令后，及时安排或调整好仓库库位、人员、设置等。

（3）验收。验收时，索取相关合格证明和入库许可文件，并对该运输工具外观情况进行检查，并记录车牌、车型等信息；对于施封车，应在启封前核对施封信息和启封许可文件，并检查和记录施封完好情况；施封车开封应在保管人和存货人或承运人同时在场情况下进行，并做好相应记录确认。此外，对入库食品进行感官检查，视质量情况做入库、有条件入库和禁止入库的区别对待；同时，检查车厢内低温商品的外表温度和内部中心温度，并记录结果。

2）在库管理

（1）在库管理的基础是库位管理，所有的商品都有自己的位置。无论是入库、分拣和出库都必须依靠位置来解决而不是靠人的经验。近年来，最先进物流设备的导入以及硬件设施的完善，库位管理都得到强化和充分运用。

（2）库位的安排必须合理有序，必须方便叉车工及现场操作人员的备货，尤其是零散货物的堆放要有秩序；对于没有标识的托盘及时补填标识，还要单独划出一些存放零散货物的储位。在库位安排上，要充分考虑客户产品的库存周期，对于库存期较短、出入库频繁的货物应放置在方便查找及出入的地方。

（3）对库存商品，要严格掌握储存保质期限，定期进行质量检查，执行先进先出制度。此外，对于库房温度、湿度、卫生情况需进行检查，一旦发现库内温度、湿度有变化，通风不良时要通知有关部门及时调整并做好记录；定期对冷藏间的空气及设备进行测定和分析，以检查微生物污染情况。如发现有软化、霉烂、腐败变质和异味感染等情况时，应及时采取措施，分别加以处理，以免感染其他食品，造成更大的损失。

3）出库管理

（1）冷藏食品出库时，必须检查其质量和卫生状况；检查装载冷冻食品的车辆是否已进行预冷并检查其清洁卫生状况；检验后出具出库检验证书并随车同行。

（2）货物出库认真核对，防止错发、错取。接货人与发货人双方交接，正确无误则双方签字。对于出库时需要升温处理的货物，应按照作业规程加热升温，不得采用自然升温。

（3）待冷库的食品全部取出后，库房应通风换气，利用风机排除库内的混浊空气，换入过滤的新鲜空气。为了减少冷耗，货物出入作业应选择在气温较低的时间进行，如早晨、傍晚、夜间。出入库作业时集中仓库内的作业量，尽可能缩短作业时间。

2. 冷库的卫生管理

1）冷库建筑设备的卫生

冷库的库房是进行食品冷加工和长期存放食品的地方，库房的卫生管理工作是整个冷库卫生管理的中心环节。在库房内，霉菌较细菌繁殖得更快，并极易侵害食品。因此，库房应进行不定期的消毒工作，包括垫木、运货用的手推车以及其他载货设备。漂白粉、次氯酸钠、乳酸、福尔马林等是低温库房内常用的消毒剂。

2）冷库工作人员的卫生

冷库工作人员经常接触多种食品，如不注意卫生，本身患有传染病，就会成为微生物和病原菌的传播者。因此冷库工作人员对个人卫生应有严格的要求，必须定期检查身体，如发现患传染病者,应立即进行治疗并调换工作。库房工作人员不应将工作服穿到食堂、厕所等冷库以外的场所。

3. 冷库的安全管理

长期在冷库低温封闭的环境下工作,对劳动人员的伤害比较大。同时库房中氨气的挥发也对工人的呼吸系统造成慢性伤害。对于进入库房的人员,必须要求保温防护,穿戴手套、工作鞋,尽量减少在库内停留时间。进入库房前,尤其是长期封闭的库房,需进行通风,防止由于植物和微生物的呼吸作用使二氧化碳浓度增加,造成氧气不足而窒息。冷库库房和机房内应时时监控制冷剂浓度以及各处管道、容器压力,防止制冷剂中毒和爆炸的发生。低温环境还会造成设备的材料强度、性能降低,这都需要引起足够重视。

随着人们对冷藏食品需求的日益增加,冷库容量也是逐年递增。与此同时,我国冷库存在的安全事故问题也频频发生。特别是火灾、氨泄漏事故等已成为当前冷库安全管理工作中急需解决的主要问题,造成这些问题的主要原因是:专职管理部门不明确,缺乏系统指导;企业对冷库安全管理不重视;制冷系统带病运转现象非常普遍。因此,关注冷库安全管理的重要性;建立符合现代企业要求的安全管理制度;定期进行安全管理的自我检查;制定氨泄漏应急预案,并定期开展安全演习等工作,努力提高冷库行业安全管理工作的水平。

(二)冷链的相关技术

1. 预冷技术

预冷的方式有多种,一般有自然预冷和人工预冷两种。人工预冷又分为风冷、水冷、冰冷和真空预冷,如图 7-1 所示。

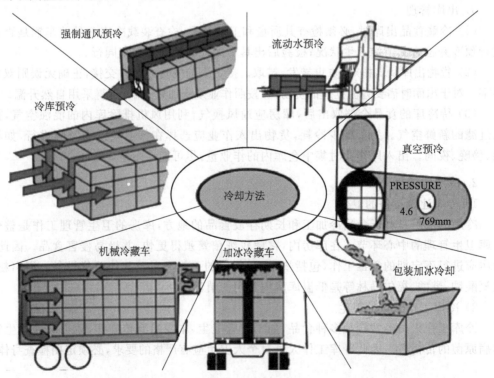

图 7-1　预冷方式

这四种方法各有利弊,各有其适用条件,如表7-1所示。例如,大部分叶菜适宜冷风预冷、真空预冷;根茎菜适宜水预冷、冷风预冷;表/体比小的果菜和结球叶菜(如包菜)适宜冷风预冷。其中,真空预冷效率最高。真空预冷,是指将新鲜的农产品或食品放在特制的真空容器内,用真空泵或真空系统迅速抽出其中的空气和水蒸气,使被预冷产品的水分在低压下蒸发,由于蒸发吸热,导致产品本身温度降低。其突出特点是预冷速度快,对于绝大部分叶类蔬菜而言,即使在预冷前经过包装,一般 20～30 分钟就可以使温度降至4℃～5℃,而其他冷却方式达到同样的效果需要几个小时甚至几十个小时。此外,真空预冷法降温速度快且均匀,保持了产品的真空密闭无菌状态,使得储藏保鲜时间更长,效果更好。

表 7-1 四种预冷方法比较

预冷方法	预冷速度	预冷能力	耗能	制造条件	占地面积	适用品种	包装	成本	设备造价	操作
冷风	很慢	小	高	一般	大	果蔬	简单	低	低	简单
压差	慢	大	低	一般	大	果实型	较复杂	低	低	简单,易实现自控
冷水	快	很大	较高	一般	大	果实类根茎类	要求严格	低	低	简单
真空	很快	大	低	严格	小	叶菜类	要求严格	高	高	复杂,易实现自控

2. 气调技术

气调技术主要适用于瓜果蔬菜的储存。果蔬气调储藏是目前国际上比较先进的储藏保鲜方式之一,它是根据不同果蔬的生理特点,通过调节控制储藏环境中的氧气(O_2)浓度、二氧化碳(CO_2)浓度、温度、湿度和乙烯($CH_2{=}CH_2$)浓度等条件,达到降低果蔬呼吸强度,延缓养分的分解过程,使其保持原有的形态、色泽、风味、质地和营养,延长储藏寿命。对于果蔬而言,降低氧气(2％～5％)和提高二氧化碳(0％～5％)的浓度,能降低果蔬呼吸强度并推迟其呼吸高峰的出现,一定程度上减少了蒸发作用;两者同时调节,对果蔬类呼吸抑制作用更为显著。

对于肉类、鱼类产品气调保鲜处理,高浓度的二氧化碳可以明显抑制腐败,且抑菌效果会随二氧化碳浓度的升高而增强。一般二氧化碳的浓度控制在 25％ 以上。

气调储藏保鲜效果需要完善的气调设备来保障,不同的气调储藏方法需要不同设备。人工快速降氧的机械气调库储藏需要的基本设备就是能够提供可达到气调环境条件的气调库及其相应的辅助设施。气调包装主要利用呼吸作用与包装材料的透气性来调节袋内的气体,选择合适透气性的包装材料是影响气调包装储藏保鲜效果的关键。因此,气调库和气调包装材料的研究开发非常重要。

3. 冰温技术

冰温温度带,指的是零度到生物体冻结点之间的温度区间。在此温度区间储藏、后熟、干燥和流通的食品被称为冰温食品,它在保持食品鲜度和风味等方面具有独特优势。冰温储藏是继冷藏、冻结后的一种新兴的储藏方法,越来越得到广泛的重视。冰温技术的开发具有现实的意义,传统的冷藏储藏期短,冻结储藏时间虽长,但食品品质下降较为严重,为了寻找更好的储藏方法,日本首先提出了"冰温"的概念,并在冰温技术的发展事业上做出了巨大贡献。

冰温技术的发展诞生了冰温库、冰温集装箱、冰温运输车、冰温陈列柜、冰温冰箱和采购食品时的冰温菜篮等设备,在日本已经形成了一条完整的冰温冷藏链,即让食品从产地到消费者家庭的流通过程中,都保持冰温温度。鉴于冰温技术的优越性,人们对冰温技术的关注和研究也越来越多。冰温储藏果品蔬菜、肉制品、水产品等都取得了一定的成效。

但是冰温储藏也有其局限性,如冰温保鲜库的建设技术要求高,温度波动范围必须要小于 0.5℃,而普通冷库的温度波动范围大多在 2℃~3℃,所以对冰温库的温控设备的要求非常严格;在国内,标准化冰温库的建设以及冰温库维护的高成本都限制了冰温技术的发展与应用。随着人们对冰温技术认识的加深,包装材料等成本的降低,冰温技术有望推广到进出口产品的流通、企业产品规模化储藏,以及家用可调温冰箱。

4. 蓄冷技术

蓄冷技术,是指在夜间电力负荷低峰时,运行制冷机组产生冷量存储在蓄冷介质中,然后在电力负荷高峰期释放冷量,满足各种冷负荷需求,移峰填谷,节约电费。蓄冷技术在食品低温加工、低温储藏、低温运输配送、低温销售等食品冷链的各环节中都具有广泛的应用背景和节能潜力。

蓄冷保温的产品主要有低温配送相变蓄冷剂和蓄冷保温箱。低温相变蓄冷剂是采用先进的相变蓄冷材料,具有蓄冷量足、释冷平缓、卫生无毒、可反复使用及安全可靠的优点,广泛应用于疫苗、诊断试剂、血液、食品等需要冷冻、冷藏的货物的保存与配送。蓄冷保温箱则是采用聚氨酯(PU)保温层整体发泡成形来制造箱体,应用高效相变蓄冷材料作为制冷剂,无须插电,可确保箱内保持所需温度的保温箱。蓄冷保温箱可分为医用蓄冷保温箱和食品类蓄冷保温箱,如图 7-2 所示。

(a) 食品类保温箱　　　　　　　　　　　　　(b) 医用保温箱

图 7-2　蓄冷保温箱

将蓄冷保温箱与铁路快递、航空运输等运输方式相结合,能够很好地满足生物制品、高档食品等产品个性化、多样化的冷链物流需求,可以实现"小批量、多批次、门到门"的冷链物流服务。

5. 其他技术

面对激烈的市场竞争,冷链物流企业为了加快物流速度,降低物流成本,提高管理水平和服务质量,逐渐采用了各种先进的信息技术,包括射频识别技术、全球定位系统和地理信息系统等。在储存和运输食品方面,为了延缓或防止食物的腐败,采用了臭氧杀菌保鲜、微孔薄膜等技术。

三、冷链运输

(一)冷链运输分类

冷链运输主要分为公路冷链运输、铁路冷链运输、水路冷链运输和航空冷链运输。

1. 公路冷链运输

公路冷链运输主要以冷藏汽车为运输工具,是目前冷链运输中最主要、最普遍的运输方式。公路运输的优势是机动灵活,凡是铺设公路的地方,均能通过公路运输送达货物。

2. 铁路冷链运输

铁路冷链运输主要以冷藏车和冷藏集装箱为运输工具,它主要的优势是运价低、运输距离长、运送货物量大。

3. 水路冷链运输

水路冷链运输主要以冷藏船和冷藏集装箱为运输工具,它的优点是成本低、运量大,主要用于长距离、低价值、高密度的货物运输。

4. 航空冷链运输

航空冷链运输主要以小型装载冷藏集装箱为运输手段,用于长距离、高价值、保质期短的货物运输。

实际工作中,公路冷链运输、铁路冷链运输、水路冷链运输和航空冷链运输实行联运,尤其是铁路冷链运输、水路冷链运输和航空冷链运输一般会由公路运输完成终端运输。

(二)冷藏集装箱运输

1. 冷藏集装箱的定义

冷藏集装箱是一种特殊的集装箱,它附有制冷设备,并在内壁敷设热传导率较低的材料,是用以装载冷冻、保温、保鲜货物的集装箱。冷藏集装箱具有良好的隔热性、气密性,货物可不间断地保持在所要求的低温状态;在使用中可以整箱吊装,装卸效率高,不同运输工具之间无须货物换装,可用于多种交通工具的联运;在一定条件下,还可以当作活动式冷库使用。

(1)外包装。外包装是冷藏运输的重要组成部分,是防止货物损坏和污染的基础。外包装的适当设计和高质量材料应能够满足以下要求:防止货物积压损坏;承受运输途中的冲击;使用标准的外形尺寸,从而有利于货盘堆码或直接准入冷藏集装箱;防止货物脱水;在低温和潮湿情况下保持强度;防止串味等。另外,不同货物也要有不同的设计和达到质量要求的包装材料。

(2)箱内堆装。在冷冻货物、保鲜货物的堆装要求与一般冷藏货物的要求不同。冷冻货物的堆装方法非常简单,只需将货物紧密堆装成一个整体,在货物包装之间、货物与箱壁之间不应留有空隙。但整体要低于红色装载线,以利于冷风的流动。保鲜货物的堆装方式应使冷风在包装材料和整个货物之间循环流动,以带走保鲜货物呼吸产生的热量,补充新鲜空气。可以采取的堆装方式分别有无间隙积木式堆装法和货盘堆装法。

(3)装箱注意。应对货物进行预冷处理,并达到运输要求的温度。因为冷藏集装箱制冷能力有限,所以只能用于保持货物的温度。当冷藏集装箱运送温度敏感的货物时应预冷,预冷时应该关闭箱门。如果冷藏集装箱未预冷,可能造成货物温度波动,从而影响货物质量。每个冷藏集装箱在使用前,应进行全面检查,包括箱体外观、制冷系统、箱内卫生清洁状况等。

2. 冷藏集装箱的运输管理

冷藏集装箱使用的范围不断拓展,包括温度-60℃的超级冷冻鱼、30℃的花球茎、温度控制偏差要求小于1℃的温度敏感货物等。虽然冷藏集装箱现已具备多种完善的保持货物质量的功能,但货物正确装箱前的预处理、适当的包装和箱内堆装、特定的温湿度设置等也十分重要。使用冷藏集装箱的基本要求如下。

(1)冷藏集装箱装货后应检查冷藏或冷冻货物的原有质量,并在货单上加以说明。

(2)在装箱过程中,应严格按照装货堆码原则,避免风机短路造成降温不平衡,降低制冷装置的制冷效率。

(3)冷冻货物长距离运输时,箱内设定温度与实际温度差不能超过3℃,运送冷藏货物时,其温度误差应不大于0.5℃。

(4)冷藏集装箱运送新鲜水果、蔬菜等时,应及时打开通风口,经常进行通风换气,但运送冷冻货物时,应关闭通风口。

(5)在运送纸盒包装的冷藏货物时,应根据室外气温及湿度情况,及时进行通风,保持箱内空气干燥,防止包装箱外表面凝露。

(三)温度监控

1. RFID温度标签的应用

RFID温度标签能够识别温度变化的准确时间,实时收集温度数据,并将数据传输到阅读器进行记录,专用于识别和定位物品,在机械温度监控及冷链运输方面得到广泛的应用。

物流运输从卸装、包装、保管一直到输送都必须有实时可视化的温度控制,才能维持原来的价值,让用户吃得放心、用得舒心。冷链物流中完整记录物资所处环境的温度,对于其保鲜以及问题原因的调查有着积极的作用。温度RFID标签能够在物资身份识别的同时又能对其所处环境温度进行测量和记录,实时地判断物品在储运过程中环境温度是否超出允许范围,实现品质全过程可追溯。

1) 温箱存放

温箱是冷链和热链中最常见和单品数量最庞大的应用环境,适合用于热链餐饮配送、海鲜食品、血包配送等。系统的安装简便,只需将标签探头放入温箱,标签外壳紧贴于温箱外,外引 RF 天线入车厢,便能完成温度数据的采集。

2) 冷库存放

为整合冷链一体化智能管理,节省系统成本,冷库温度监控系统的温度传感器将 GPRS+温度探头放入冷库内固定,通过固定在冷库外的 GPRS、GSM 模块进行温度数据的传输。针对不正常的升温或降温,通过后台监控报警后,工作人员迅速采取降温或升温措施,从而降低或避免损失。

3) 冷车存放

RFID 温度标签直接放置在冷车车厢内对运输物品进行温度监控。把读写器放在驾驶室,把 RF 天线引入冷厢内,温度标签直接放入冷厢内,寻找合适的位置固定。通过读写器,将冷车内的温度变化实时传输给温控中心。控制中心负责与智能车载终端进行信息交换,对各种短信息进行分类、记录和转发,与其他相关职能部门的网络互联,以及与这些部门之间进行业务信息的支流;同时对整个网络状况进行监控管理。适合用于血液、疫苗、生鲜食品、雪糕车、冻肉配送等。

2. RFID 温度标签的业务流程

实现冷链供应链整个温度"生命周期"的信息化。具体流程如下。

1) 采购入库

货品采购到货后,扫描或输入订单号码至本系统;系统根据订单号码打印箱号条码,并由工作人员粘贴在包装箱上;完成入库并开始记录温度。

2) 出库

仓库根据出库指示内容,取出货物,准备出库;货物箱号与货物单号相对应,用条码枪扫描要出库的货物箱号,使其与运单号一致;温度标签与单号对应,扫描或输入温度标签编号,使之与订单号对应;运输开始,并实施传递温度信息。

3) 到货入库

车辆到达后,设置在仓库的天线会读取到 RFID 标签的 ID 号码;通过读取到的标签 ID 自动获得本次到货物品箱号,并完成自动入库,而无须再次扫描条码;完成入库以后温度记录的工作转交给仓库。

第二节 危险品物流

一、危险品物流概述

(一)危险品物流的定义

在物流概念出现之前,危险品物流以"化学品运输""化学品仓储""有毒物品运输与仓储""易燃易爆物品的仓储运输"等概念来表述。随着物流概念的出现,除了基本的危险品运输与仓储功能之外,危险品的生产、采购、加工、配送和销售等其他物流过程也引起了广泛关注。

1. 危险品

危险品是指国家明文规定的爆炸性压缩气体和液化气体、易燃液体和固体、自燃物品和遇湿易燃物品、氧化剂和有机过氧化物、毒害品和感染性物品、放射性物品、腐蚀品及其他具有危险源的类产品。

2. 危险品物流

危险品物流是指危险品的运输、装卸、存储、保管过程。危险品一般都是工业原料或产品,鉴于其特殊的物理、化学性能,在接触和处理过程中必须遵守相应的规则,以免发生伤害事故和灾难事故,造成经济损失、环境危害和负面的社会影响。特别是运输环节,这是一项技术性和专业性很强的工作。与一般物流管理侧重于效率和效益不同,危险品物流管理首先要关注的是安全问题,其次才是经济效益问题。

(二)危险品物流管理理论研究

尽管我国现代物流理论研究已经取得一定进展,但是危险品物流管理实践和理论的研究尚处于起步阶段。

1. 理论研究滞后

针对危险品物流管理的理论研究不足,对危险品物流的规律总结提炼不够,缺乏科学有效的管理体系和操作办法,通常将普通物流管理的经验用于危险品物流管理中,导致人们的安全意识淡薄,危机处理机制薄弱,物流操作不规范,危险品物流管理研究处于瓶颈状态,难以取得突破性进展。

2. 理论与实际脱离

在具体的工作实践中,相当一部分生产企业和物流企业存在现代化水平不高、企业管理混乱、危险品物流管理的缺失、事故应急机制落后等重大问题,加之有关人员责任心不强和违规操作,安全事故层出不穷,给人民带来巨大的生命和财产损失,同时也加剧了环境污染。

(三)危险品物流管理

1. 政府监管

政府要进一步强化对危险品物流的监督和管理。国务院在颁布实施《危险化学品安全管理条例》以及《安全生产法》等国家性法律规定后,国家安全生产监督管理局为了进一步提高危险品物流管理水平,又先后颁布实施了《危险化学品包装物、容器定点生产管理办法》《危险化学品经营许可证管理办法》以及《危险化学品登记管理办法》等,从而构建了中国危险化学品安全管理的法律框架。同时,国家标准化管理委员会也积极履行职能,制定了具备国家标准的危险化学品管理条例。

目前,联合国已经正式接纳我国进入化学品分类及标志全球协调系统(GHS)以及危险货物运输专家委员会(TDG)之列,我国得以参与国际危险货物运输规程的制定过程,这样有利于我国危险品监管与国际接轨。

2. 企业管理到位

危险品作为一个特殊的行业,其物流管理必须严格。物流企业要坚决执行国家法律和政府有关管理部门制定的法律法规,不能有丝毫的松懈。要制定更加严苛的管理制度细则,严明奖惩制度,责任落实到人;科学设置业务流程,规范操作规程;制定预案,层层联防;要不断加强对企业员工进行安全教育、处置事故演练,强化法律意识、责任意识、安全意识。

3. 科技保障

危险品品种多、用途广,配套性和技术性都较强。要做到危险品物流活动规范化、科学化、标准化,加强物流各个环节的科学技术研究十分必要。科技保障对危险品物流的安全起到极为重要的作用。

二、危险品物流各环节的安全技术

(一)危险品包装

1. 危险品包装原则

(1)遮盖原则。防止危险品因接触雨雪、阳光、潮湿空气等其他物质而变质,或发生剧烈的化学反应,造成事故。

(2)稳定原则。化学品运输过程中不免会受到碰撞、震动、摩擦和挤压,在包装的保护下保持完整和相对稳定的状态,减少碰撞、摩擦等机械损伤,从而保证运输安全。

(3)隔离原则。防止因洒漏、泄漏、挥发以及与性质不相容的货物直接接触而发生事故,污染或腐蚀运输设备及其他货物。

(4)方便装运原则。便于装卸、搬运、堆垛和保管。

根据《危险货物运输包装通用技术条件》(GB 12463—2009)的规定,危险品包装的四种试验方法为堆垛试验、跌落试验、气密试验、液压试验。

2. 危险品包装标识

危险品的包装必须具备国际或国家统一规定的"危险货物包装标志"。标记既能表明设计型号、包装形式的最大容积或质量及其他特殊要求,还能帮助相关人员了解新包装的使用。

1)联合国危险货物包装标志

联合国把化学危险物品分为以下9类:第1类爆炸品,第2类气体(含易燃气体、有毒气体等),第3类易燃液体(高、中、低闪点),第4类易燃固体,第5类氧化剂和过氧化物,第6类有毒品和感染性物品,第7类放射性物品,第8类腐蚀性物品,第9类杂类危险品。

国际化学品安全包装标识详见联合国危险货物包装标志图版。

国际化学品的联合国包装级别,一般根据联合国《危险货物运输建议书》和国际海事组织(IMO)《国际海上危险货物运输规则》等规定,除第1类、第2类、第5类、第6类和第7类有专门规定之外,其余各化学物质的包装分别按危险性分为三级。危险性大的包装级别为Ⅰ级,中等危险的包装级别为Ⅱ级,危险性较小的级别为Ⅲ级。每个级别的划分都有相应的判定标准。例如,有毒化学品包装级别的判定标准如表7-2所示。

表7-2 有毒化学品包装级别的判定标准(LD50,mg/kg)

包装级别	口服毒性	皮肤接触毒性	吸入毒性
Ⅰ级包装	≤5	≤40	≤0.5
Ⅱ级包装	>5~50	>40~200	>0.5~2
Ⅲ级包装	>50~200	>200~1 000	>2~10

2) 欧盟化学品包装标志

欧盟要求,欧盟国家的化学品包装上必须标示出"危险符号",危险符号要用黑体字印刷在橙红色背景下。各种符号的含义如表7-3所示。

表7-3 危险符号的意义

符 号	含 义	符 号	含 义
C符号	腐蚀性物品	E符号	爆炸性物品
F符号	高度易燃物品	F+符号	极易燃物品
O符号	氧化性物品	T符号	有毒物品
T+符号	极毒物品	xi符号	刺激性物品
Xn符号	有害物品	N符号	环境危险物品

这些符号的含义与危险物质的"安全使用建议"(S标记)以及"特别风险"(R标记)有关。S标记表示安全预防措施建议(the Recommended Safety Precautions);R标记表示在化学物质使用中产生的特别风险的性质(the Nature of Special Risks)。

这种特殊的标记由一个字母(R或S)和一串数字组成,字母后面的数字表示具体的类型;字母与数字之间的"-"连字符表示对特别风险(R)或安全预防措施建议(S)的单独说明;字母和数字之间的"/"斜杠符号表示用一句话对特别风险(R)或安全预防措施建议(S)作综合的说明。例如:R7表示可能引起火灾;R20表示吸入有害;R20/21表示吸入和与皮肤接触时有害;S2表示避免儿童接触;S7表示应存在密闭包装容器中;S1/2表示上锁保管并避免儿童接触;S20/21操作(搬运)时不得进食、饮水或吸烟等。

3) 国家标准

国家标准《危险货物包装标志》(GB 190—2009)中规定了危险货物图示标志的类别、名称、尺寸及颜色。标志的图形共21种,19个名称,其图形分别标示了9类危险货物的主要特性。标志的颜色执行标志图形规定,如图7-3所示。

包装标志 1

爆炸品标志

（符号：黑色；底色：

橙红色）

包装标志 2

爆炸品标志

（符号：黑色；

底色：橙红色）

包装标志 3

爆炸品标志

（符号：黑色；

底色：橙红色）

包装标志 4

易燃气体标志

（符号：黑色或白色；

底色：正红色）

包装标志 5

不燃气体标志

（符号：黑色或白色；

底色：绿色）

包装标志 6

有毒气体标志

（符号：黑色；

底色：白色）

包装标志 7

易燃液体标志

（符号：黑色或白色；

底色：正红色）

包装标志 8

易燃固体标志

（符号：黑色；

底色：白色红条）

包装标志 9

自燃物品标志

（符号：黑色；

底色：上白下红）

包装标志 10

遇湿易燃物品标志

（符号：黑色或白色；

底色：蓝色）

包装标志 11

氧化剂标志

（符号：黑色；

底色：柠檬黄色）

包装标志 12

有机过氧化物标志

（符号：黑色；

底色：柠檬黄色）

包装标志 13

剧毒品标志

（符号：黑色；

底色：白色）

包装标志 14

有毒品标志

（符号：黑色；

底色：白色）

包装标志 15

有害品标志

（符号：黑色；

底色：白色）

包装标志 16

感染性物品标志

（符号：黑色；

底色：白色）

图 7-3 危险货物包装标志

包装标志 17　　　　包装标志 18　　　　包装标志 19　　　　包装标志 20

级放射性物品标志　　级放射性物品标志　　级放射性物品标志　　腐蚀品标志

（符号：黑色；　　　（符号：黑色；　　　（符号：黑色；　　　（符号：上黑下白；

底色：上黄下白，　　底色：上黄下白，　　底色：上黄下白，　　底色：上白下黑）

附一条红竖线）　　　附二条红竖线）　　　附三条红竖线）

包装标志 21

杂类标志

（符号：黑色；

底色：白色）

图 7-3　续

3. 危险品标志位置

标志可采用粘贴、钉附及喷涂等方法进行标识，其位置规定如下。

（1）箱状包装：标志位置位于包装端面或侧面的明显处。

（2）袋、捆包装：标志位置位于包装明显处。

（3）桶形包装：标志位置位于桶身或桶盖。

（4）集装箱、成组货物：标志位置位于四个侧面。

每种危险品包装件应按其类别粘贴相应的标志。但如果某种物质或物品还有属于其他类别的危险性质，包装上除了粘贴该类标志作为主标志以外，还应粘贴表明其他危险性的标志作为副标志。

（二）消防和防爆技术

1. 灭火剂

灭火剂能够有效地破坏燃烧条件，终止燃烧。灭火剂选择的基本要求是效率高，使用方便，资源丰富，成本低廉，不会对人和环境造成危害，常用的灭火剂有水（水蒸气）、泡沫灭火剂、干粉灭火剂、二氧化碳灭火剂、卤代烷灭火剂。

2. 防火防爆安全装置

阻火装置的作用是防止火焰蹿入容器、设备和管道内,或阻止火焰在设备和管道内扩展。常见的阻火设备有安全液(水)封、水封井、阻火器、单向阀和火灾自动报警装置。自动报警装置的作用是在感烟、感温、感光等火灾探测器接收到的火灾信号,借助灯光显示出火灾发生的部位并发出报警声,提示人们尽早尽快采取灭火措施。

3. 危险品运输防火要求

危险品安全运输涉及诸多因素,物品的性质不同,对防火运输的要求也不同。

1)共性要求

危险品运输时一定要有完好的、合适的包装,以免泄露、抛撒造成火灾。

严格遵守并装禁忌原则,即两者相混发生放热反应的物质,或灭火方法不同的物质,绝不允许混装。任何一种运输方式,都必须严格遵守这个原则。

危险品运输要选择适宜的气象条件,尽量避免在刮风、下雨、下雪、炎热、雷暴等气象条件下运输危险品。

2)特殊要求

采用机动车运输时,需配备好消防器材和导除静电装置,控制车速,注意槽车安全,严格控制装货高度,汽车状况不良时不可运输危险货物。

散装量大的易燃液体最好选用特殊设计的船舶运输。船运危险物品时,要注意检查包装;执行并装紧急原则;根据货物特性,配备相应的消防器材,做好防湿、防水保护;在船舱配置温度指示仪,避免因船舱温度过高而引起危险品的自燃或爆炸。此外,注意保持船舱清洁,防止非危险品因受海水腐蚀、受潮、日照、闷热等影响,自动发热、蓄热而引发事故。

采用管道运输液体危险品,不能使用绝缘泵,防止产生静电,引发危险。可采用铁壳铜的离心泵,用蒸气往复泵最为合适。输送管道内径要比输送泵的出口粗,以降低管道内壁所受的压力和液体运送过程中的阻力,减少跑、冒、满;管道内的流速适当降低,可以大大减少静电危险;输送管道的材质要耐溶胀、耐腐蚀并有足够的强度,确保管道无爆炸的危险。凝固点较高(低于0℃)或环境温度与物料凝固点相比较低时,要采取保暖措施。易燃液体不可以使用压缩空气输送。如用惰性气体输送时,应严格控制压力,防止管道的破裂。

管道输送气体危险品时,要防止泄漏,不得超压;管道输送系统中要设停泵连锁装置,用以防止事故发生,确保安全。

4. 危险品运输的防爆措施

1)防爆的技术措施

爆炸危险品对温度有要求,在运输中如果超出温度范围,可能会加速分解或者发生猛烈的爆炸。为了防止这种分解的发生,在运输的过程中必须严格控制爆炸危险品的温度。

爆炸危险品主要通过船舶、火车和汽车三种运输工具运输,不同的运输工具有不同的防爆技术措施,必须综合考虑,如从包装、装卸、操作规程到运输工具的停放等,都需要注意。

2）运输中的管理措施

从事危险品运输的物流企业应该制定适合于危险品运输的管理细则,比如安全管理制度、车辆检查检测制度、容器定期检测制度、从业人员岗位责任制度、事故报告制度以及各种操作规程等,使危险品运输过程中的各个环节均有章可循。这样有利于物流企业对危险品运输整个过程的监控和管理工作的开展,有利于整个运输服务过程在可监管、可控制、可考核的环境下进行。

信息技术、自动化技术的不断发展,为物流企业提升危险品物流安全技术水平、建立危险品物流监控管理系统提供了强大的技术支持。

(三)危险品物流的防雷防静电技术

危险品物流中,产生的静电能引起危险品发生爆炸,引发火灾。因此,静电安全防护主要是对爆炸和火灾的防护。当然,对于一些防护静电电击和消除静电产生的危害也同样有效。

1. 静电导致火灾爆炸的条件

在一定的条件下,静电才会导致火灾爆炸。

(1)具备产生静电的条件;

(2)具备产生火花放电的电压;

(3)有引起火花放电的合适间隙;

(4)有足够大的能量产生电火花;

(5)周围环境有易燃易爆物品。

上述条件缺一不可。所以,只要消除其中一个条件,就可防止静电引起燃烧爆炸。

2. 防静电技术

1）主要场所防静电

静电可能引起安全事故的场所必须采取防静电措施,具体需要防静电措施的场所有生产、储存、使用、装卸、输送易燃易爆物品的生产装置、易燃气体和易燃液体槽车和船的装卸场所、可能遭受静电电机危险的场所。

2）静电控制措施

静电控制措施可以从源头上防止静电的产生。

工艺控制法是指从工艺流程、材料选择、设备结构和操作管理等方面采取措施限制静电的产生或控制静电的积累,使其不能达到危险的程度。

泄漏导走法是静电产生后防止静电产生危害的一种方法,它是指将静电接地,使之与大地连接,从而消除导体上的静电,这是消除静电的最基本方法。

静电中和法也是消除静电的一种方式,它是指利用静电消除器产生的消除静电所必需的离子对异性电荷进行中和作用。非导体,如橡胶、纸张等在生产过程中产生的静电,都应采用静电消除器消除。

3）人体防静电措施

人体带电除了会使人遭到电击和影响安全生产以外,还可以在精密仪器或电子器件生产中造成质量事故。所以,人体防静电也尤为重要,在人体必须接地的场所,工作人员要随时用手接触接地棒,用以清除人体所带的静电。另外,在导电化特殊场所,可以通过洒水或铺设导电地板实现消除静电。最后,合理使用规定劳动保护工具和用品,在安全操作工作中尽量不进行会使人体带电的活动,如接近或接触带电体。

4)危险品物流的防静电措施

首先,采用防静电包装;其次,在运输过程中,保持车辆平稳,尽量减少货物之间的摩擦和碰撞;再次,运输车辆应有抗静电或者减少静电的装置,通过静电导体和静电亚导体,将已经产生的静电电荷向大地泄放,防止静电聚集,限制静电电位的上升,避免由此产生的火花放电,或是利用各种静电消除设备,将积聚的电荷中和。

3. 防雷技术

1)防雷装置

防雷装置包括接闪器、引下线、接地装置、电涌保护器和其他连接装置。

2)防雷基本措施

防直击雷措施,主要是装设避雷针、避雷线、避雷网和避雷带。

防电磁感应及雷电波入侵措施。雷电感应能产生极高的冲击电压,在电力系统中要与其他过电压同样考虑,在化工厂主要考虑的是放电火花所引起的火灾和爆炸。

3)运输工具的防雷措施

汽车槽车和铁路槽车在装运易燃易爆物品时要装阻火器。铁路装卸危险品的设备需要做电器连接并接地,冲击接地电阻应小于 10 欧姆(Ω)。金属船舶的金属桅杆或其他凸出物要做接闪器,若船体的结构是木质的或者其他的绝缘材料,则必须将桅杆或者其他凸出的金属物与水下的铜板连接。无线电天线应该装避雷针。有雷暴时,应停止运输。

使用管道运输危险品时,管道本身可以作为接闪器,其法兰或阀门的连接处,需设金属跨接线,若法兰用 5 根以上螺栓连接时,法兰可不用金属线跨接,但是必须构成电器通路。管道系统的所有金属部件,包括护套的金属包覆层都必须接地。接地电阻不得大于10 欧姆。可燃性气体防控管路时必须装设避雷针,避雷针的保护范围要高于 2 米,避雷针距关口的水平距离不得小于 3 米。

第三节 救灾应急物流

一、应急物流概述

(一)应急物流的定义

在应急物流概念提出之前,国内外学者已对与应急物流相关的军事物流、企业突发性物流、重大赛事演出物流进行了研究。比如,运用仿真的方法对供应链中的突发性物流进行研究;对突发物流与订单分割对物流总成本的影响进行比较研究;在研究美军物流系统优化战略的基础上,提出我军物流系统的优化思路,以及信息制胜、技术整合的思想。

《物流术语》(GB/T 18354—2006)中对应急物流的定义是"针对可能出现的突发事件

已做好预案,并在事件发生时能够迅速付诸实施的物流活动"。应急物流是指为了满足突发的物流需求,非正常性地组织物品从供应地到接收地的实体流动过程。应急物流包括物品的获得、运输、储存、装卸、搬运、包装、配送以及信息处理等功能性活动以及人员运送。

(二)应急物流的特点

应急物流是在各类突发事件中对物资、人员、设备、资金的需求进行紧急保障的一种特殊的物流活动,具有以下特点。

1. 突发性和不确定性

顾名思义,由突发性引起的应急物流,最明显的特征就是突然性和不可预见性,这也是应急物流区分于一般物流的一个最明显的特征。因为突发事件的不确定性,人们无法准确地估计突发事件的持续时间、影响范围、影响强度,加之各种不可预期的因素,使应急物流具有明显的不确定性。

2. 弱经济性

应急物流的最大特点就是一个"急"字,如果按部就班地进行一般物流,就会无法满足应对紧急情况的物流需求。在一些重大险情或事故中,物流的经济效益原则将不再作为一个物流活动的中心目标加以考虑,所以,应急物流目标具有明显的弱经济性。

3. 非常规性

应急物流本着特事特办的原则,许多平时物流过程的中间环节将被省略,整个物流流程将表现得更加紧凑,物流组织机构更加精干,物流行为具有很浓的非常规色彩。

4. 事后选择性

由于应急物流的突发性和随机性,决定了应急物流的供给不可能像一般的物流或供应链物流,根据客户的订单需求提供产品和服务。应急物流供给是在物流需求产生后,在全社会内,用极短的时间调集所需的应急物资。

5. 需求的多样性和流量的不均衡性

突发事件发生时,短时间内需要大量的各种物资,从救灾专用设备、医疗设备、通信设备到生活用品无所不包。应急物流的突发性决定了应急系统必须能够在极短的时间内,快速运送大量的应急物资。

6. 时间约束的紧迫性

应急物流活动的最核心要求就是"快速"。当突发事件发生时,应急物流最先考虑的是如何把应急物资最快地调运至需求地。应急物资多为抢险救灾物资,关系生命,关系全局。应急物流速度的快慢直接影响突发事件所造成危害的程度。

7. 多主体参与性

应急物流的物品来源多样,主要包括政府提供的公共物品,企业或个人自主采购和社会公益捐助的物品等。由此可见,在应急物流中,社会公共事业物流多于企业物流,所以,经济效益的重要性位于社会效益之后。而与多头供应相对应的是多头储备、各自为政的采购和运输。针对这种分散性，需要对资源进行整合，以备不时之需。因此，对于重大灾害处理应遵循政府、企业、个人相结合的原则。

二、应急物流的物资管理

（一）应急物资的筹措与采购

应急物资是指用于应急物流保障、发挥应急保障功能的物品、器材等的统称，是应对突发公共事件的重要的物质保障条件，是实现有"物"应"急"可"流"的必备条件。应急物资的筹措和采购是应急物资的首要环节，筹措和采购工作的优劣关系物资保障的水平和应急物流的目标实现。

1. 应急物资筹措

要确保紧急状态下筹措到所需物资，必须建立高效规范安全的紧急物资筹措渠道。首先，动用平时储备是应急物资筹措方式中最快速稳妥的方式之一；其次，市场紧急采购和组织社会捐赠也是应对紧急情况下筹措物资的有效办法；最后，一些突发事件可能超出人们已有的认知，有必要对一些急需物资开展突击式的研制和生产。

2. 应急物资采购

应急物资的采购是指在抗灾抢险、战时动员等紧急状态下，为完成紧急任务进行的采购活动，可分为市场紧急采购和预先采购。

1）紧急采购

紧急采购是在灾害发生后对物资进行快速采购的活动，因为时间紧，需要量大，所以，采购成本一般都比较高。

2）预先采购

预先采购是在危机或者灾害还没有发生时进行的采购，具有预防性，又称为预防采购。这种采购具有两个主要优点：一是当紧急状态发生时可以井然有序地组织物资调配，第一时间运送到位；二是在时间充裕的情况下进行物资采购，采购成本相对比较低。

应急物资用于防止灾害的蔓延和灾后重建工作，包括灾区民众基本生活物资的及时补充，采购量大，时间要求比较短，应当开辟多种采购渠道，主要面向国内企业，必要时可通过海外市场采购，以保证物资的数量和质量。

（二）应急物资的储备

应急物资储备主要应对自然灾害、事故灾难等突发事件发生时，短时间内需要大量应急物资的情况。

1. 应急物资的储备方式

目前，我国主要的应急物资储备方式有政府储备和协议储备。

1）政府储备

政府储备是指国家和各级地方政府为应对突发事件，对一些至关重要的应急物资在各级应急物资储备库进行的储备活动。政府储备又分为中央储备和地方政府储备,它是应急物资最主要、最直接、最可靠的来源,也是物资筹措的首选方式。

2)协议储备

协议储备是指政府适当地选择具有一定储备能力的企业,将部分或全部实物储备及其他方式的储备交由企业代储,当发出供货指令时,代储企业必须按照政府要求及时提供物资供给的一种物资储备方式。协议储备可细分为协议企业实物储备和协议企业生产能力储备。

2. 应急储备物资的分类

由于应急物资需求的多样性,使得储备物资分类比普通库存物资更加复杂。依据物资的重要性以及市场供需状况,可以将物资分为关键物资、瓶颈物资、重要物资、普通物资四种类型。

1)关键物资

关键物资的特点是应急需求量相对较大,物资价值昂贵,物资质量对应急救援产生重大影响。同时,能够提供这种物资的合格供应商不多。

2)瓶颈物资

瓶颈物资的基本特点是获取物资有一定难度,比如合格供应商极少,与供应商的距离较远,缺乏可靠的运输保障;应急物资属于专利产品,供应商占优势地位等。

3)重要物资

重要的物资特点是市场供应比较充足,但物资本身价值昂贵,库存占用资金大,所以,物资库存不多。

4)普通物资

普通物资的特点是小件物资,种类繁多,价值不高,市场供应充裕,库存量大。

(三)应急物资的运输和配送

1. 应急物资运输

应急物资运输是实现应急物流的重要环节。在整个应急物流过程中,运输是加快应急物流全过程连续不断进行的前提条件,也是衔接物资筹措、配送和消耗的纽带。

1)选取合理的运输方式

在应急物资运输方式的选择上要综合考虑灾情的需要,运输环境,交通网络,应急物资的理化性质、数量、时限等方面的要求,在铁路、公路、水路、航空甚至管道运输等方式中选择适合的运输方式。

2)注重优化运输过程

选择合理的运输路径,采取高科技装载手段,运用直达或联合运输方式提高运输效率,坚决避免过远、迂回、无效和空载运输。

2. 应急物资配送

应急物资的配送应当遵循及时、准确、安全、高效的原则。在紧急条件下,应急物资配送作业具有时间短、数量多、质量高等特点,加大了配送的难度。这就要求在配送前对现有应急物资进行清点整理,针对不同的突发事件,制定配送预案,综合协调地完成配送任务。

应急物资可以采取超前配送、及时配送、综合配送、定时配送、定量配送、定时定量配送等配送方式。超前配送是在灾情发生前,运用现代科学技术对可能的灾害进行预报预测的基础上,根据预测结果按照一定的数量、种类合理安排应急物资并配送到灾区的方式。超前配送是应急物资配送的高级形式,是应急物流区别于普通物流的显著特征,也是应急救灾的重要途径。因应急物资的配送具有超前性,所以大大增强了应急抗灾能力。

(四)应急物流中心的建设

应急物流中心是指国家或地区在应对各种天灾人祸、重大险情或突发事故中,为做好救援物资的筹集、运输、储存、配送等工作而建立的一个特殊的物流中心。当接到应急物流任务后,由应急物流中心负责筹集和配送应急物资到需求地。在组织结构上,这些物流中心可以是企业自建,也可以租赁或外包。应急准备阶段依托现有各种类型的物流企业建立相关应急物资的物流中心,形成虚拟的应急物流网络,有利于物资应急实施时应急物流网络的快速构建和管理,可以快速形成物资应急能力。

1. 应急物流中心的构成

应急物流中心由中心本部和加盟的物流中心或物流企业两部分构成。

1)中心本部

中心本部是整个应急物流中心的枢纽,是平时业务指导机构和灾时指挥协调机构,不负责物资采购、储存、运输、配送等具体业务。中心本部的主要工作是通过各业务部门指导各加盟物流中心(物流企业)完善必要的、应急所需的软硬件设备设施,指挥协调物流中心(物流企业)和救灾物资储备中心进行采购、储备、输送等业务,使整个应急物流系统"有序、高效、实时、精确"。

2)加盟物流中心(物流企业)

各加盟物流中心或物流企业是应急物流中心物资保障的具体执行机构。根据应急物流中心分配的任务,利用自身的业务优势、技术优势筹集、储备、配送救灾物资,以最快的速度,保质保量地将救灾物资送到灾区、灾民手中。

2. 应急物流中心的基本功能

1)能力储备功能

应急物流中心能力储备功能主要包括两个方面:一是应急中心在平时进行的应急物品运输(配送)能力储备;二是组织能力储备。应急物流中心是应急能力储备的载体,其储备功能的发挥可以提高应急物流应付战争和重大突发事件的快速反应能力。

2)信息保障功能

由于应急物流涉及的范围广,信息量大,所以,应急物流信息具有动态性强、及时性要求很高的特点。鉴于此,应急物流中心应具有先进的物流信息系统和物流信息化终端工具,实施各种数据采集工作。一旦接到应急物流任务,可以实时提供应急物流信息保障功能。

三、突发公共事件的应急物流管理

作为应对突发事件的物质基础,应急物流能够提供充足而可靠的物资保障,受到政府应急管理职能部门的高度关注,在突发事件应急体系中的重要地位逐步确立。

(一)突发公共卫生事件的物流管理

1. 公共卫生事件

根据《突发公共卫生事件应急条例》第 376 条,公共卫生事件是指突然发生,造成或者可能造成社会公众健康严重损害的重大传染病疫情、群体性不明原因疾病、重大食物中毒和职业中毒以及其他严重影响公众健康的事件。主要包括重大急性传染病暴发流行,群体不明原因疾病,新发传染病,预防接种群体性反应和群体药物反应,重大食物中毒,重大环境污染,急性职业中毒,放射污染和辐照事故,生物、化学、核辐射恐怖袭击,重大动物疫情,以及由于自然灾害、事故灾难或社会治安等突发事件引发的严重影响公众健康的卫生事件。突发公共卫生事件针对的是群体而不是个体。

2. 公共卫生事件的应急物流

重大突发公共卫生事件应急物流是重大突发公共卫生事件中所进行的所有物流活动的统称,包括物资的采购、运输、储存、搬运、包装、配送以及物流设施装备的使用、管理和事件处理中的信息处理等活动。它以提供公共卫生事件所需应急物资为目的,以追求时间效益最大化和灾害损失最小化为目标。突发公共卫生应急物流是一项复杂的人—社会—经济的系统工程,必须以现代科学技术为依托,统筹全局,动员全社会力量协同进行。

3. 突发公共卫生事件的应急组织

我国应对突发公共卫生应急事件的部门有国家卫生计划生育委员会(简称国家卫生计生委)、各地卫生行政部门、医疗保健和卫生防疫机构,相应的社会组织等。

1) 应急组织

事件发生后,第一时间成立相应级别的公共卫生事件应急处理指挥部,负责突发事件信息的收集、分析、报告、通报;突发事件应急处理技术和监测;突发事件的分级和应急处理工作方案;突发事件预防、现场控制,应急设施设备、救治药品和医疗器械以及其他物资和技术的储备与调度;突发事件应急处理专业队伍的调配。

2) 常设应急机构

国家卫生计生委设立突发公共卫生事件应急办公室,建设应急指挥中心。各级地方政府在卫生行政部门设立应急指挥机构,遇有重大疫情等突发公共卫生事件,立即组织力量进行调查处理和医疗救治,并及时向地方党委、政府报告,提出应对措施建议。

4. 突发公共卫生事件的应急物流预案

突发公共卫生事件的应急物流预案是为保证发生突发公共卫生事件时,医药器械等应急物品救援快速反应而预先制定的全面、具体的实施方案。应急预案能使应急准备和应急管理有章可循,有利于对突发事件及时做出响应,有利于提高全社会的风险防范意识。

5. 突发公共卫生事件的应急物流信息系统

突发公共卫生事件的应急物流信息系统负责传染性疫情、重大食物中毒和职业中毒等突发性公共卫生事件应急物流的信息采集、汇总和报告,为突发性公共卫生事件应急物资的供应、生产、运输、配送等提供准确可靠的信息资料,为应急物流的保障做出正确的决策。

1) 突发公共卫生事件的预警预报系统

建立预警系统可以使社会或相关人群调整生活行为方式,或在环境威胁发生之前采取措施加以控制。在突发公共卫生事件发生时,一般由疾病控制与预防中心(CDC)紧急组织现场调查、病因学研究等工作,对疾病可能带来的危害程度进行客观评估,并将评估报告直接送交有关决策部门,根据疾病危害严重程度迅速启动相应的应急指导措施,并通知其他尚未发现疫情的地区做好积极防范准备。这一过程叫作预警,是将突发恶性传染病扼杀于摇篮的第一步,也是最重要的一步,是疾病控制与预防部门最主要的工作。

2) 建立突发公共卫生事件的信息网络平台

突发公共卫生事件信息网络平台是应急物流的基础设施,是突发公共卫生事件应急物流的基本平台,是应急物流系统高效率、灵活性、可靠性的保证。国家卫生计生委建立了统一的国家公共卫生信息系统平台和重大传染病疫情监测报告、重大食品卫生事件报告、重大职业卫生事件报告、重大环境污染事件报告、放射卫生事件报告等信息系统。

3) 建立突发公共卫生应急物流的跟踪系统

采用应急物流跟踪系统及射频技术,可以更深入地了解救援过程中所使用的物流设施设备,尤其是一些重要的医疗器械、医药药品等,以及从装箱运输到灾区的整个救灾流程。

(二)危险品物流事故的应急管理

1. 建立应急反应系统

建立危险品物流事故应急反应系统,需要政府的大力支持,各地方及相关职能部门应建立危险品物流事故应急处理机制,组织交通、消防、医疗等部门成立服务机构用于应急援救;优化应急服务站的数量及选址;组织危险品事故实景演练,以提高救援工作的及时性和有效性。事故发生时,应急工作领导小组根据突发事故的级别和类型协调相关应急救援机构参加应急协作,相关部门积极配合、共同实施,尽力使损失降至最低,保障人民生命财产安全。

2. 提高应急装备和信息技术水平

应急装备是救援工作的物质基础,应提前配置好所需的装备,如应急救援车辆、消防车辆、灭火装备、急救设备、防护器材、侦检设备、通信设备以及牵引车、起吊机、切割机、破拆机等特种车辆和装备,提高救援处置能力,充分发挥应急救援组织的作用,增强应急力量。

为了在事故发生的第一时间确认事故的具体地点,了解危险品的类别、数量等信息并采取相应的救援活动,需要充分利用现代科技带来的便利,将全球卫星定位系统(GPS)、地理信息系统(GIS)及无线射频技术(RFID)等现代技术应用到应急物流。应急决策中心通过 GPS 和 GIS 确定事故发生的具体位置,制定最佳救援路线;通过 RFID 扫描后获知事故危险品的种类、数量及包装等基本信息。根据 GPS 系统所得到的危险品的泄漏情况,结合危险品的种类,可以估算出救援物资的类型、数量和救援所需的工具,考虑各应急服务站点的物资情况并结合事故的具体位置,找出既能满足救援资源需求又能最快到达事故地点的应急服务站。另一方面,由于危险品有可能通过空气传播扩散,对事故周围的群众造成危害,所以,要采取人员疏散的措施。此时,根据 RFID 阅读器提供的危险品种类、数量及泄漏情况等的信息,分析对周围人员及环境造成的危害,估算危害范围,结合该事故地点的天气情况和其他的相关因素做出人员疏散的决策。这些技术的应用可以提高危险品物流事故应急处理的及时性和有效性,能在事故发生后最大限度地减少事故造成的损害。

3. 协同应急管理

类似于其他突发事件,危险品物流事故的完整应急响应过程包括预警、应急处置和恢复重建三个阶段。要建立纵向和横向一体化的事故应急机构,并根据危险品物流事故危害程度、影响范围、控制事态能力进行分级管理和分级响应。不同于其他突发事件,危险品物流事故的发生地点可能是储存地点,也可能是运输途中,甚至是到达地点。所以,事故发生后的波及区域不在物流企业所管辖的区域,各区域之间需要协同管理。建立统一的信息共享平台,实现数据、语音和视频的交换与共享,有利于协同应急管理。

(三)自然灾害应急物流管理

1. 自然灾害应急物流管理体系

自然灾害应急物流管理体系是为了实现在突发自然灾害环境下对应急物资、人员、资金等进行有效组织和保障这一目标的需要而建立的综合体系。自然灾害应急物流管理体系是一个复杂的大系统,涉及政府、行业组织、物流企业、社会团体、志愿者等不同层次的机构或人,也涉及采购、仓储、调度、运输、配送、回收等不同功能环节,还涉及信息、人才、政策、法规、理论、技术等不同的组成要素。

2. 自然灾害应急物流管理的"短板"

1) 组织保障

首先,物资保障量大,涉及面广,仅以保障一日三餐的食品,应急物流任务就非常繁重。其次,由于交通、通信、电力的中断,给应急物流的组织带来极大难度。

2) 组织时效

灾害发生后的"黄金 72 小时",检验着应急物流的效率。在实际救援中,由于意想不到的困难,使应急物资,如帐篷、食品、药品、工程设备等无法在"黄金 72 小时"中满足需要,极大地影响了第一时间的救灾效果。

3) 组织协调

自然灾害应急物流管理的组织协调工作非常复杂:

(1) 救灾物资来源复杂,有国家调拨、军队支持、地区捐助、国际志愿;

(2) 承担物流的实体复杂，有国内的政府组织、企业、部队、各种志愿者组织，还有国际组织；

(3) 人员复杂，灾区群众、各种救援人员、受害者家属亲友，同时几百万人涌向灾区，这种近似无序的流动，极易造成交通堵塞，更增加了应急物流组织的难度。

3. 自然灾害应急物流发展的应对策略

1) 建立健全应急物流保障机制

应急物流保障机制以法律的形式确保了在灾害紧急情况下各种社会资源的调配使用。应急物流保障机制包括监测预警及应急预案机制、全民动员机制、政府协调机制和应急基金储备机制。建立与完善这些机制能够有效地通过法律手段为救灾应急物流活动提供更多的支持，也能更有规划地处理应急物流中发生的各种问题。

2) 建立"绿色通道"机制

在重大灾害发生及救灾时期，建立国家间的、地区间的"绿色通道"机制，即建立应急保障流程或程序，开通一条或者多条专用通道，可有效简化作业周期，方便快捷地通过海关、机场、边防检查站、地区间检查站等，让应急物资、抢险救灾人员及时、准确到达受灾地区，从而提高应急物流效率，缩短应急物流时间，极大限度地减少生命财产损失。"绿色通道"机制可通过国际组织如国际红十字会，或通过相关政府或地区政府协议实现，或通过与此相关的国际法、国家或地区制定的法律法规对"绿色通道"的实施办法、实施步骤、实施时间、实施范围进行法律约束。

3) 加强交通运输保障

自然灾害发生后，往往对交通基础设置造成巨大的破坏，这给物资的运输带来相当大的阻碍。因此，要充分运用现代技术手段，建设稳定性高、耐用性强的交通基础设施，完善路网建设，确保在自然灾害发生后，交通基础设施的完备，有效支撑应急物流活动。

自然灾害应急物流过程中的采集、包装、运输、储存等环节，其技术内涵和外延都应得到延伸，从先前的单一平面式保障方式，扩展到海、陆、空三维空间保障方式。

应急物流中除了利用军用运输的力量，还可以通过应急保障机构与一些大型的运输公司、第三方物流公司预先签订协议或临时签订协议，提出紧急运输要求。这一措施将很好地解决我国运力不足的现象，从而保证应急物流的运输力量，实现应急物资的运输快速化。特别是针对救灾中航空运力不足的现象，可以与航空公司，甚至是拥有直升机的个人事先签订协议，缓解空中运力不足的局面。

4) 运用高新技术物流装备

现代救助物流新技术逐渐向物流自动化技术、可视化技术、信息化技术方向发展，它们之间相互依赖，相互支持，相互融合。例如，在救灾应急物资的储存、分拣环节，物流技术主要趋向于自动化；在救灾应急物资的调度、运输环节，物流技术则趋向于可视化；在救灾应急物资的监控、管理环节，物流技术则趋向于信息化。

5) 发挥传统技术在应急物流中的作用

由于先进技术对环境的苛刻要求，传统技术在自然灾害发生后能够起到独特的作用，这得益于传统技术受自然环境影响较小。所以，在发生突发性自然灾害后，传统技术能够有效克服极端恶劣的条件，发挥直接或间接支援应急物流活动的功能。因此，在应用先进技术为突发性自然灾害应急物流提供保障的同时,也要兼顾发挥传统技术的作用。

6)社会物流纳入应急物流体系

我国目前应对自然灾害的应急物流多以行政力量为主,在灾害发生后,单纯依靠国家行政力量显示出一些弊端。为了有效提升应急物流的能力,应及时动用社会物流力量。

7)军地物流一体化

按照军地一体化的思维对应急物流进行建设和改进是十分有效的措施。在应对突发性自然灾害时,依靠军队进行抢险救灾是我国采取的重要和主要方法。但存在军队服从应急机构的统一指挥和协调的问题。所以,在进行应急物流体制机制建设中,应体现军队与地方的一体化。

复习思考题

1. 试述温度监控在整个冷链物流体系中的重要性。
2. 简述我国冷链物流发展面临的主要问题。
3. 冷链物流的特点是什么?
4. 请列举冷链物流的适用范围。
5. 简述危险品危害防治措施。
6. 简述易燃易爆危险品的分类及不同类别的特点。
7. 简述我国危险品物流存在的问题。
8. 与一般物流活动相比,危险品物流具备哪些主要特征?
9. 什么是应急物流?应急物流产生的原因是什么?
10. 与一般物流活动相比,应急物流具备哪些主要特征?
11. 请分析在应急物流中紧急采购和预先采购的优劣性。
12. 试述信息保障在应急物流中的重要性。

延伸阅读

器官移植的低温保存与应急运输

器官移植是 20 世纪人类医学发展史上的重大突破,是根治器官衰竭唯一有效的手段,已成为今后医学发展的主要方向之一。近年来,随着外科移植技术、免疫抑制治疗方案、排斥反应以及感染的防治等主要技术的进步,器官移植患者 5 年及 10 年生存率都有了显著的提高。

维持器官保存期间移植物的活力,是器官移植成功的前提条件和根本保障。目前,单纯低温保存(Cold Storage,CS)仍是当前各大器官移植中心首选、最常用的保存方法。CS利用低温器官保存液将移植器官中的血液置换出来,使器官快速降温,将移植器官保存于理想的微环境中。低温保存技术已应用于细胞、组织和器官的长期保存,这为建立细胞、组织和器官库奠定了基础,从而使肾、心、肺等器官的移植成为现实。低温保存一般是在

4℃或低温甚至超低温条件下进行的,无论在哪种条件下都须采用一定的保存液、保存温度和保存方法;同时,脱离不了先进的低温容器、观察形态的设备以及检测器官活性的仪器。低温保存技术的好坏直接关系血细胞、组织和器官能否延长时间、移植物的质量,也直接影响移植后的存活率或患者输注后的治疗效果。

低温包装可在医疗卫生的器官移植手术中为救死扶伤"保驾护航"。一般从配型成功的供体采撷器官后,立即进行处理,浸泡在保护液中,放入低温包装箱("冰壶")内,再添加阻热介质(无菌级冰块),经过密封储藏,然后送去实施最重要的移植手术。

2014年12月3日,医生、2 000多位网友和航空公司在微博上联合上演了一幕"爱心接力",使原本因为航班延误有可能与肺移植手术失之交臂的爱心捐献器官,最终及时从广州被运抵无锡,挽救了一个鲜活的生命。

无独有偶,据悉,2014年5月也曾有一名女子因孩子急需器官移植救命,经由微博喊话航空公司,望其能够确保运送捐赠器官的航班准时起飞,收到了南方航空公司"正全力保障该次航班"的满意回复。

微博上的紧急求助、多个部门的奋力协调,最终让患者的生命得到延续。这一个个令人惊心动容的故事虽然以圆满收尾,却让人难以释怀:现有的工作机制能否使捐献器官"物尽其用"? 在捐献器官的运送过程中,微博主导的个案式处理是否可以确保"万无一失"与"共贯同条"?

如何及时、高效运送捐献器官成为必须解决的关键问题。对于"爱心接力"事件的圆满结局,无锡市人民医院相关人士庆幸于深圳航空公司的积极配合与应急处理,但实际上牵涉机构与环节甚多。这无疑需要建立健全包括交通部门在内的联动机制,涉及空运、铁运和高速公路。参演"爱心接力"的无锡市人民医院副院长陈静瑜认为,无论选择何种运输方式,"都必须建立捐献器官运送的'绿色通道'"。例如,对于需要远距离运输的移植器官,无异天价的包机费使人们只能次选普通航班,即使相关医院通常与民航公司合作,但在登机、安检的流程上并未能享受优先待遇。陈静瑜建议,可为具备移植手术资质的医院统一发证,确保经快速通道安检登机;为防患未然,航空公司应制定可行的航班延误应急预案。他深知,个案式处理只能救助个人,只有规范群体行为才能挽救更多生命。这就要求建立健全捐献器官运送的规范化、流程化长效机制,更需要寄希望于顶层设计与国家层面的推动。

第八章

链式物流及其新视角

物流作为第三产业中的重要产业,往往与经济结构相配合而发生内涵和外延的转变。在传统农业经济的背景下,经济特征是自给自足,生产与消费的分离不显著也不常见,所以,在此基础上的物流往往是偶然的、短距离的,称之为点式物流。而在工业经济背景下,大工业的发展使得企业的生产和运输量大大增加,生产与消费开始出现分离,在此基础上的物流有一定的距离,称之为线式物流。进入 20 世纪 90 年代以来,由于科学技术的飞速进步和生产力的发展,顾客要求个性化消费,企业之间竞争日益剧烈,加上政治、经济、社会环境的巨大变化,导致生产与需求的分离成为常态。在全球化的背景下,企业不仅存在单向的物流行为,逆向的物流也成为常态经营,在企业与企业之间形成互相链接的物流行为,每个企业都存在一个环状的物流,而不同企业之间的环状物流也相互交错,称为链式物流。链式物流的出现不仅呼应了供应链管理思想的产生,也体现了循环经济与绿色物流的思想,同时,也是逆向物流普遍化的结果。它是经济全球化的产物,也是全球化运营的必然要求。

第一节 循环经济和绿色物流

一、全球循环经济背景与绿色物流的要求

(一)全球循环经济背景

循环经济是一种以资源的高效和循环利用为核心,以"减量化、再利用、资源化"为原则,以"低消耗、低排放、高效率"为基本特征,符合可持续发展的经济增长模式,是对"大量生产、大量消费、大量废弃"的传统增长模式的根本改变。循环经济旨在循环过程中增强对资源和环境的保护,尽量减少资源消耗,降低环境成本,获得相应的经济效益,特别是获得社会效益。

1. 循环经济理论研究背景

循环经济理论研究是一个循序渐进、不断深化的过程。

20 世纪 60 年代,随着人类活动对环境破坏的日益加重,一批环保先驱者呼吁人们更多地关注环境问题,循环经济的萌芽由此产生。生物学家卡尔逊夫人出版的《寂静的春

天》,首次揭示了环境污染对生态系统和人类社会的巨大破坏。美国经济学家波尔丁的"宇宙飞船理论"对传统经济的"资源——产品——排放"的线性增长方式提出批评,认为循环经济是以生态学规律为指导,将清洁生产、循环利用资源、高效利用废弃物和可持续发展融为一体的生态经济。

1971年,弗雷斯特尔出版《世界动态学》一书,与罗马俱乐部的梅多斯等人出版的《增长的极限》同为增长极限论的代表作。他们提出人类社会的粮食生产、人口发展、资源消耗、工业生产、环境污染等增长并非可以无限期持续下去,而是存在着一个极限。坂本滕良于1976年出版了《生态经济》,他在此书中抨击了传统线性经济,并提出在发展经济活动时要充分考虑环境问题,只有考虑了环境问题才是发展循环经济的最终途径。

20世纪80年代,循环经济思想从污染末端治理转向了资源利用全程控制。人们的认识经历从"排放废物"到"净化废物"再到"利用废物"的过程,注意到采用资源化的方式处理废弃物。但对于污染物产生的合理性及源头防止还缺乏认识。1987年,世界环境与发展委员会公布了著名报告《我们共同的未来》,系统阐明了可持续发展战略的核心思想,在一定程度上完善了循环经济理论。

20世纪90年代,人们认识到原有经济发展模式是一种以牺牲资源和环境为代价的经济发展,从而积极探索可持续发展模式。1990年,英国环境经济学家皮尔斯和特纳在其《自然资源和环境经济学》一书中提出了循环经济的概念。这一时期,从可持续发展理念出发,提出产品生命周期、为环境而设计等体现循环经济思想及理念的理论,标志着环境整治活动以源头预防和全过程治理代替了末端治理。

2. 循环经济应用研究背景

20世纪80年代末90年代初以来,随着可持续发展战略的普遍推行,发达国家将发展循环经济、建立循环社会作为实现环境与经济协调发展的重要途径,并把循环经济上升到国家法律层面。

1992年,世界工商企业可持续发展理事会向里约会议提交的报告《变革中的里程》,提出生态经济效益理念的循环经济概念,要求企业在生产活动中推行清洁生产,减少产品和服务中能源的使用量,实现污染物排放的最小化,推动了循环经济在企业层次上的实践。

丹麦卡伦堡工业园区将不同的工厂结合起来,形成了共享资源和互换副产品的生态工业链,减少了废物处理的费用,产生了好的经济效益,是目前世界上生态工业园系统运行最为典型的代表。美国总统可持续发展理事会也专门成立了生态工业园特别工作组,并建立了示范点,许多国家也都在积极建设生态工业园。

德国是最先制定出循环经济相关法律的国家。早在1972年就制定了废弃物处理法,但当时仅强调废弃物排放后的末端处理。1986年,进一步修定为《限制废弃物处理法》,发展方向转变为避免废弃物的产生。1991年6月公布的《包装条例》首次运用法律形式,要求包装材料的生产和经营者承担义务,回收并利用使用过的包装品;1996年10月,公布了《循环经济和废物管理法》,确立了循环经济原则"避免产生—循环使用—最终处置"。

日本在20世纪50年代后期开始了高速的经济增长,同时工业污染也日益加剧,到了

80 年代后期,废弃物排放量剧增,造成了环境污染。日本政府在 1991 年制定了《再生资源利用促进法》,确定了促进报废汽车和家用电器等循环利用而进行判断基准、事前评估、信息提供等的运作机制。1993 年制定了《环境基本法》,以实现可持续发展经济社会体系为目标,减少对环境的压力,之后在 1995 年出台了《容器包装循环利用法》。2000 年 6 月,出台了建设循环性社会最重要的法律——《促进循环性社会形成基本法》,其目的就是要转变传统型经济社会发展模式,建设循环发展型社会,促进在生产、流通、消费过程中对物资的有效利用和循环利用,限制资源的浪费、减低环境的负担。2003 年,日本制定了《循环型社会形成推进基本计划》,成为指导建设循环型社会的方针。

美国自 1976 年制定《固体废物处置法》,现已有半数以上的州制定了不同形式的资源再生循环法规。美国加州于 1989 年通过了《综合废弃物管理法令》,要求在 2000 年以前实现 50%废弃物通过资源削减和再循环的方式进行处理,未达到要求的城市将被处以每天 1 万美元的行政罚款。据美国全国物资循环利用联合会的数据,美国共有 5.6 万家企业涉及物质循环利用行业,该行业规模已经与美国的汽车行业相当,成为美国经济的重要组成部分。

(二)绿色物流的发展要求

1. 环境保护要求

随着生活水平和文化素质的提高,人们对环境的期望值越来越高,对环境保护的意识越来越强烈。环境破坏具有特殊性,与教育、医疗卫生、营养和预期寿命随着经济发展而得到改善不同,环境很多时候会由于经济发展而遭到破坏。一旦环境被破坏,受害者不仅仅是享受发展成果的受益者,还会影响下一代人,甚至几代人。环境保护程度是衡量经济社会发展质量的重要指标之一,发展的可持续性取决于环境和资源的可持续性。生产、消费及物流会在相当程度上导致环境污染。有些行业从自身成本考虑,忽视了环境保护,最终尝到了环境污染的恶果。因此,要实现绿色物流发展,为改善环境、促进可持续发展服务。

2. 政府职能要求

保护生态环境和自然资源,促进经济的可持续发展是政府社会职能的重要组成部分。随着经济的发展,我国在能源、资源、环境与发展方面存在的矛盾日益突出,在此情况下,发展循环经济对我国来说就显得尤为必要。

目前,我国经济已进入高速发展阶段,但这是以资源高消耗和环境重污染为代价的。我国资源相对贫乏,生态环境脆弱,世界石油储备量可用 200 年,而我国只能用 70 年;世界天然气储备量可用 50 年,而我国只能用 20 年。同时,我国能源利用效率非常低,经济学家估计,我国需要世界能源平均值的 3 倍、日本的 7 倍才能赚取 1 美元的收入。当资源和环境的承载力都经受不起传统经济发展模式下高强度的资源消耗和环境污染时,建立生态文明社会,走循环经济之路,已成为我国的必然选择。

3. 全球化经济发展要求

随着经济全球化的发展,一些传统的关税和非关税贸易壁垒逐渐淡化,环境壁垒逐渐兴起。为此,国际标准化组织制定的环境标准 ISO14000 成为众多企业进入国际市场的通行证,它要求建立环境管理体系,使其经营活动、产品和服务的每一个环节对环境的影响最小化。ISO14000 不仅适用于第一产业、第二产业,也适用于第三产业,更适用于物流业。我国物流企业要想在国内外市场上占有一席之地,发展绿色物流是其必然的选择,只有加快绿色物流的发展步伐,才能在未来的挑战和竞争中抢得先机。

4. 现代物流业可持续发展要求

物流业的发展需要消耗大量的能源,其中,运输环节的能源消耗最为严重,而运输环节主要消耗的燃油类能源对环境的影响很大。物流过程中能源的大量消耗,不仅加重了能源紧缺,增加了物流成本,还增加了有害废弃物的排放,造成气候和环境的进一步恶化。根据欧洲运输经济研究机构的研究,运输过程中产生的二氧化碳几乎占了二氧化碳排放总量的 40%,其中,98% 又是公路运输造成的。由此可见,物流过程中的高能耗和高排放问题十分严重。所以,物流业面临的挑战不是单纯实现物流系统的利润最大化,还需要重视节能减排,实现绿色化,才能有效实现其可持续发展的目标。

二、绿色物流的措施和实现

(一) 主体

1. 政府

对于各级政府,要进行科学合理的物流规划设计,把绿色思想融入经济发展战略中;同时要有大局思想,兼顾临近地区的物流配置,避免物流资源的过剩或浪费。建立科学的物流配送体系,在合适的物流节点设置零担货物集运、大宗货物集散中心,提高城市的配送效率;建立科学的交通规划战略,合理设置运输节点,避免运输中拥堵问题的出现;推进驼背运输、滚装运输等多式联运,协调各种运输方式,以实现货物运输的绿色高效。

政府应设置绿色物流的专门管理机构,有步骤、有计划地开展绿色物流的各项工作。政府部门应联合环境监测机构、物流行业协会等专业组织建立物流绿色化的标准体系,定期统计物流活动中的污染物排放;对监测到的数据建立数据库,定期进行分析比对;对绿色物流考核中卓有成效的企业,在后期投资活动中给予优先享有政府优惠政策的待遇;对于绿色化进程缓慢或者未有成效的物流企业,及时进行监督指导。

政府要积极支持物流企业申请的绿色项目,并将这项工作规范化、制度化。比如,将物流企业取得绿色物流的效果与税收减免相结合;污染物排放量的控制与金融支持政策相结合。

政府应争取设置绿色物流发展专项资金,成立绿色物流管理委员会对其进行管理,实现专款专用,并逐步扩大其影响。

此外,各级政府还要加大对绿色物流的宣传教育工作,开展政府、企业和社区的多样化宣传,提升企业和社会公众的绿色理念,使绿色环保成为物流行业和公众的自觉行动。

2. 物流企业及相关协会

物流企业要进行绿色物流相关技术的研发和推广,在物流基础设施的建设和养护中,大力推广应用节能型养护装备、材料及工艺手段。在设备选用上,优先选择能耗低、污染物排放量少的先进设备。定期维护和保养设备,使其处于最佳效能,减少废气排放和能源浪费。对职工进行绿色节能意识培养,定期开展节能减耗竞赛,并将其纳入工资绩效考核体系中。同时,以行业平台为依托,大中小企业资源互补,实现行业的信息系统化,实现物流不同环节的数据信息对接,最大限度地利用获取的物流信息,避免信息沟通不畅带来的额外碳排放。

物流协会及其他行业机构要掌握本地物流发展情况,更要熟悉区域周边的物流配套;联合周边区域相关组织,协调大区域、大范围的物流资源配置,以实现物流资源的优化配置和物流活动的节能减排;搭建绿色物流的交流平台,引导行业内先进技术和经验的交流;结合国内物流活动的特性,建立行业重点用能装备和机械设备的排放限值标准,健全其市场准入与退出机制,构建行之有效的行业排放指标体系并逐步修订完善;还要及时了解国外绿色物流的发展趋势,学习借鉴国际绿色物流先进经验,加强与国际相关组织、研究咨询机构的交流合作。

3. 社会组织

社会组织在发展绿色物流中可以发挥积极的作用,设立绿色公益基金专门用于推进绿色物流的宣传和服务,鼓励企业、社会公众自觉加入到物流行业的环保节能中来;搭建研究交流平台,促进先进技术的推广和经验的交流。

(二)物流环节

物流系统包括运输、仓储、包装、配送等不同环节,只有每个环节有效实现绿色环保,整个物流系统才能得到改善。

1. 绿色运输

1)建立综合运输体系

运输作为物流活动中最主要、最基本的活动之一,是污染物排放量最大的环节。要实现运输环节的低排放,除了采用新兴能源运输工具外,建立综合运输体系也能降低污染物排放。

综合运输体系是将各种运输方式有机联系在一起,并交织成一个安全、节约、高效和环保的完整便捷系统,通过多种运输方式的分工协作,形成效率更高、效益更好的运输能力,各种运输方式能够充分发挥其优势。综合运输体系实现了多环节、多区段、多运输工具的相互衔接,克服了单个运输方式固有的缺陷,在整体上保证了运输过程的最优化和效率化。

在多种运输方式中,海运和铁路运输最环保。各地应该结合本地的地理优势和区域配置,充分结合现有基础设施条件实现多式联运。

2)加快智能公路系统建设

公路运输作为最便捷的运输方式,在货物运输中占有相当大的比例,要有效实现绿色运输,必然要关注货运量最大的公路货运,加快智能公路系统的建设。智能公路运输管理系统的建立,需要先进的信息技术、通信传输技术、电子传感技术、电子控制技术和计算机处理技术有效集成,建立在大范围、全方位发挥作用的实时、准确、高效的综合运输和管理系统。利用智能公路运输管理系统对交通进行疏导,有效降低事故的发生,改善交通拥挤和阻塞。通过运输信息系统更精密地计算与调度,可以极大地减少空车行驶、迂回运输与重复运输等不合理的运输方式及其带来的资源浪费与环境污染。

2. 绿色包装

研究发现包装在整个产品的重量中约占 5%,因此,减少包装一方面能减少包装材料生产或分解过程中的有害物质排放;另一方面也能减少运输中的污染物排放。在绿色包装方面,主要包括绿色包装材料的选择、包装的标准化及包装物的循环利用。

关于包装材料,要尽量选择易降解、污染物排放低的轻型原材料,选用纸质材料代替塑料、金属等不易降解的材料。包装物的印刷尽量采用简单的单色印刷,避免多色印刷和大块实地印刷。简化印刷可以大大节约印刷成本,而多色印刷和大块实地印刷不仅带来环境污染,还会损伤纸箱抗压强度,削弱其保护功能。在包装物生产中多采用低碳或无碳技术,例如在包装物中广泛使用的瓦楞纸板,现在就有了无碳低温生产技术,大大减少了瓦楞生产所耗用的能源和碳排放。

同时,包装物设计时应尽量和仓库设施、运输设施的尺寸保持一致,这样有利于小包装的集成,实现集装箱及托盘装箱,提升物流的作业速度。包装尺寸的标准化也有利于机械化操作,实现包装的大型化,减少单位包装,节约包装材料和包装费用,有利于保护货物。

积极使用可重复的包装物,如采用废弃瓦楞纸板、边角纸板等加工成包装座、衬垫、护套等替代泡沫,在降低成本和减少加工能耗的同时提高了包装质量。对于可直接再次利用的外包装要在使用中注意保护其完整性,在一次周转使用结束后对其进行必要的整理和修复,以提高其重复使用次数。

3. 绿色仓储

绿色仓储的实现贯穿于仓储中心建设、仓储管理以及仓储节点的布局。

采用绿色建筑技术建设绿色环保仓储中心,降低照明、空调和设备的能耗。白天仓库无须借助灯光的,可以利用自然光;夜间照明可以采用节能灯,运用风力资源或太阳能发电,满足照明及办公的需要。

在仓储管理与作业中要借助仓储管理软件,提高仓储效率和空间利用率,在仓储过程中如果碳排放量一定的前提下利用率提高能够降低单位产品的碳排放。仓储管理软件为用户提供灵活的上架策略、周转策略和合理的货位分配策略,这些不但可以大幅度提高装卸和管理效率,还可以有效地降低能耗,充分利用仓库资源。

在物流园区布局上,要在郊区或城乡边缘带主要交通干道附近设立专用地,集中物流企业,有效发挥整体优势和规模优势,实现物流企业的专业化和互补性。非闹市区的选址也能有效缓解交通拥挤,减轻环境压力,实现货物运行的畅通。

4. 绿色流通加工

流通加工中有一系列的生产活动,也是物流领域对绿色环保大有作为的领域。绿色流通加工一方面是要变分散加工为专业集中加工,在规模化下提高资源的利用效率,减少环境污染;另一方面是要有效处理加工中产生的边角废料,以减少其产生的无效污染物排放。

5. 绿色配送

在配送中有效实现绿色环保的一个途径就是实现共同配送。共同配送是由几个中小型配送中心联合起来,分工合作对某一地区客户进行配送,可以有效解决某一地区的客户所需要的物品数量较少而引起的使用车辆不满载、配送车辆利用率不高等问题。共同配送能有效打破企业边界,提高人员、资金、时间的利用效率,使其获得最大化的经济效益,而且可以去除多余的迂回运输,从而缓解交通压力,获得保护环境的社会效益。

6. 绿色装卸搬运

要选用低碳装卸搬运设施设备,优先选择能耗少、碳排放低的绿色装卸搬运设施设备。在装卸搬运中,要有效安排人员和车船等设备的衔接,避免出现人等货、货等人的情况。

(三)绿色物流政策

综观世界各国的环保经验,许多发达国家都经历了一条依靠法律的强制力来保障环境治理的道路。严格的标准和法律法规在一定程度上与环境保护的成效成正比,各种环境管理规章越严格,企业和社会对此就越关注。对于运输环节的高排放,通过建立完善的法律法规进行车辆类型划分、等级评定和燃料消耗量限值,及时公布燃料消耗达标车型,强有力地清除不合要求的超标车辆。与此同时,加强运输车辆综合性能检测和巡查,有效实现动态监督。在已经推行的碳排放交易试行办法的基础上,研究具体的细化政策与规章,通过有偿碳使用的约束机制,有效促进本地区的低碳化发展。在物流产品或服务的提供上,逐步试行并推行碳标签制度,让消费者了解产品或服务的碳足迹,强化其消费的低碳意识,并促进物流服务或产品的提供商透过碳标签有效分析碳排放来源,及时采取有力措施来改进完善自己的产品或服务。

物流行业要建立起自身的污染物排放统计及分析制度、节能减排的评价体系,联合政府对监督企业进行一定的考核和奖惩。只有政策法规明晰了,企业才能做到明确自己的义务和责任,物流行业绿色化运营才能在有效范围内进行。

同时,要将物流业的绿色环保发展纳入其政府规划中,各规划要结合本地区的实际情况,做到结合实际也能前沿发展,并在以后的政策规划中持续性地体现对物流绿色化发展的重视。规划制定后,在后续的实施中要有效地把书面的规划落实到实际的行动中,让正确的规划落地,这样才能为绿色发展创造良好的法律与政策环境,有效推进物流行业的绿色化。

第二节　逆 向 物 流

一、逆向物流概述

(一)逆向物流的含义

我们通常说的物流都是指"正向物流",但一个完整的供应链不仅应该包括"正向"的物流,还应该包括"逆向"的物流。

最早提出"逆向物流"概念的是美国经济学家斯托克。1992年,他在给美国物流管理协会(CLM)的一份研究报告中指出:逆向物流(Reverse Logistics,RL)为一种包含了产品退回、物料替代、物品再利用、废弃处理、再处理、维修与再制造等流程的物流活动。

美国物流管理协会对逆向物流的定义是"计划、实施和控制原料、半成品、制成品库存和相关信息,高效和成本经济地从消费点到起点的过程,从而达到回收价值和适当处置的目的"。

《物流术语》(GB/T 18354—2006)中,将逆向物流包含的反向物流、回收物流和废弃物物流分别进行了定义。

1. 反向物流(Reverse Logistics)

反向物流是物品从供应链下游向上游的运动所引发的物流活动,也称逆向物流。

2. 回收物流(Returned Logistics)

回收物流是退货、返修物品和周转使用的包装容器等从需方返回供方或专门处理企业所引发的物流活动。

3. 废弃物物流(Waste Material Logistics)

废弃物物流是将经济活动或人民生活中失去原有使用价值的物品,根据实际需要进行收集、分类、加工、包装、搬运、储存等,并分送到专门处理场所的物流活动。

从定义可以看出,回收物流和废弃物物流可能存在反向(即下游向上游的流动),也可能存在其他流向,因此,反向物流和回收物流、废弃物物流的定义之间存在交叉关系。

逆向物流有狭义和广义之分。狭义的逆向物流是指对那些由于环境问题或产品已过时的原因而回收产品、零部件或物料的过程。它是将过时物中有再利用价值的部分加以分拣、加工、分解,使其成为有用的资源重新进入生产和消费领域。参与逆向物流的公司通常不属于原来的物流系统。广义的逆向物流除了包含狭义的逆向物流之外,还包括废弃物物流的内容,其最终目标是减少资源使用,并通过减少使用资源达到废弃物减少的目标,同时使正向物流以及回收物流更有效率。

(二) 逆向物流的产生

1. 经济利益驱动

随着电子商务的快速发展以及在线零售商和邮寄公司的兴起,消费者换货或者退货行为频繁发生,明显增加了企业的逆向物流负担。又由于直销渠道面对的顾客是全球范围的,增加了退货物品管理的复杂性,管理成本也因此上升。所以,逆向物流的经济价值逐步得到显现,国外许多知名企业把逆向物流战略作为强化竞争优势、增加顾客价值、提高供应链整体绩效的重要手段。

2. 环境保护法律法规压力

经济全球化的推进也让各国开始密切关注环境保护问题,各国都从自身可持续发展的目标出发,对破坏环境的商品及商品包装制定相关法律进行严厉监控。因此,越来越多有关环境的法律法规要求生产商对整个产品生命周期负责,对各类电子、包装、汽车等产品的返回采取相应的回收措施。随着人们环保意识的增强,环保法规约束力度的加大,企业被迫承担起更多回收产品的责任。强制性的法律法规使得企业不得不采取积极的应对措施,加强逆向物流的管理,以期达到法律的要求。

3. 产品生命周期缩短

在许多行业,一个非常明显的现象就是产品生命周期正在变得越来越短,也不可避免地导致产生了更多的不被需要的产品和包装退货。这些大量的退货通过逆向物流活动进行返品处理、再制造、再营销、再循环和垃圾处理,也带来了高额的逆向物流成本。

(三)逆向物流的特点

1. 高度不确定性

逆向物流产生的地点、时间及回收品的质量和数量难以预测,导致了逆向物流供给的高度不确定性,再加上已恢复或再使用产品市场的高度不确定性,使得对回收产品的需求更是难以预测,因而供需平衡难以掌握。逆向物流尤其是退货物流一般来讲不会有历史数据做参考,它的零星发生和大规模突然发生都是很难预测与计划的,往往只能是在事情发生以后,才开始被动地应付。因此,逆向物流是难以预测的。

2. 运作复杂性

逆向物流的方式按产品的生命周期、产品特点、所需资源、设备等条件不同而复杂多样,比正向物流中的新产品生产过程存在更多的不确定性和复杂性。一个企业的逆向物流实施直接被消费者、供应商、竞争对手以及政府机构四种环境因素影响。所以,企业很难做出战略决策来高效且经济地运作逆向物流系统。

3. 实施困难性

逆向物流普遍存在于企业的各项经营活动中,从采购、配送、仓储、生产、营销到财务,需要大量的协调和管理。尽管在一些行业,逆向物流已经成为在激烈竞争中找到竞争优势从而独树一帜的关键因素,但是许多管理者仍然认为逆向物流在成本、资产价值和潜在收益方面没有正向物流那么重要,因此分配给逆向物流的各种资源往往不足。另外,相关领域专业技术和管理人员的匮乏,缺少相应逆向物流网络和强大的信息系统及运营管理系统的支持,都成为有效逆向物流实施的障碍。

二、逆向物流的实施

(一)产生逆向物流的领域

1. 生产过程中的逆向物流

1)不合格品的重新加工

在加工生产过程中,由于生产质量的控制,在质检流程之后包装流程之前产生的不合格品会要求重返加工流程,进行再加工,从而产生逆向物流。

2）生产过程的废品、废料

废品、废料的产生数量有一定的计划性和规律性，在工艺流程中可以就地回收，很少进入社会物流系统。

3）装备、设施和劳动工具的报废

生产使用的工具等由于正常使用寿命的终结或意外损坏而丧失使用价值，或者由于设备更新而淘汰。这些可以随机处理。

2. 流通过程中的逆向物流

商品在物流过程中产生的包装废弃物，如木箱、台架、捆带等，有的可以直接回收利用，有的要进入物资大循环再生利用。

3. 消费过程中的逆向物流

消费过程中主要的逆向物流包括故障维修、问题产品退换和废旧产品的回收利用。

1）故障维修

消费者在使用过程中由于使用操作不当或产品零部件原因而使产品不能使用。故障维修一般是由企业在各地的客户服务中心进行。

2）问题产品退换

在产品"三包"期限范围内，产品存在非人为损坏的情况下，经过客户服务中心的检测后，消费者可到购买地进行退换。同时问题产品将被封包送返厂商。

3）废旧产品

产品使用年限已到或由于其他原因提前终结使用或报废，出于资源再利用和环境保护等原因必须对废旧、废弃产品进行处理达到再利用的目的。

（二）逆向物流的实施

1. 回收物流实施

1）产品及零部件回收

由于产品生命周期的缩短，回收物流中，有相当大一部分是仍然可以使用的产品或者零部件，也有部分是退货或者换货带来的回收物。这些物品在回收之后，进行适当的分拣和处理，可直接返回销售或者生产环节，进行再销售或者再生产。这也是回收物流可能的最大经济利益所在。

2）包装物回收

通过各种渠道和各种方式，收集使用过的产品包装容器和辅助材料，重新投入生产领域或物流领域。对于可以进行多次利用的包装物的回收，需经过必要的技术处理，满足再次使用的要求。

3）回收物流操作流程

回收物流的操作可以自营、外包，也可以联合经营。在实际中回收物流需要与正向物流一同规划完成，从而形成良好的物流循环过程。回收物流的操作流程可以分为收集、预处理、再处理、产品再循环、产品再分配等几个过程。由于回收物不同于废弃物，仍有一定的价值，因此，在流程操作中，需要对回收物进行功能测试，并根据产品结构特点以及性能状况进行处理方案的设计,由成本效益分析确定最优的处理方案。处理方案包括直接再销售、再加工后销售、分拆后零件再利用等不同方式。

2. 废弃物的物流实施

1) 生产过程中产生的废旧物料

这些废旧物有报废成品、半成品,加工生产的边角废料,钢渣、炉底,生产中损坏报废的机械设备,由于设计变动或产品更新换代而不再使用的呆滞物料等。

2) 流通过程中产生的废弃物料

这些废弃物有各种原材料和设备的包装物、流通中因长期使用而损坏的设备工具、产品更新中因标识改变而废弃的物料、保管中因存储时间太长而丧失部分或全部使用价值的商品。

3) "精神"损耗产生的废旧物料

物资的损耗分为实际损耗和"精神"损耗。前者是物资在使用过程中的损耗,通常以新旧程度、损坏程度和报废程度表示;后者是指物资没有投入使用,而是因为科学技术进步,被新产品淘汰,失去价值和使用价值,比如计算机、手机等电子类产品。

4) 废弃物物流的操作流程

常见的废弃物物流操作流程:用户将废弃物通过有偿的形式卖给回收企业;具有较大价值的废弃物,如报废的汽车,用户可将其直接返回给制造商;商家开展的新旧商品换购;

对于被丢弃的废弃物,回收企业拣回并集中处理。

3. 废弃物的物流管理原则

废弃物物流管理是一项复杂的系统工程,应按照一定的原则进行。

1) 效益平衡原则

废弃物物流管理的目的是追求社会效益和企业效益的最大化。大多数情况下,这两个目标并不是一致的,一味地追求一个目标而忽视另一个目标都会给社会或企业带来消极后果。所以,废弃物物流管理要兼顾两个效益的平衡。

2) 事前控制原则

废弃物物流总是伴随正向物流进行的,往往被人们忽视,或者只考虑"送"的问题而很少考虑"收"的问题,这势必会增加废弃物物流管理的成本和难度。因此,在产品的研发设计阶段,就应考虑以后的回收问题,如设计便于拆卸、回收利用和可降解的包装等。

3) 系统化原则

废弃物物流涉及社会、企业和个人利益,即使在同一个企业内部也涉及多个部门,如研发部、营销部、采购部、财务部等。所以,要用系统的观点,统筹规划废弃物物流。

(三) 逆向物流的潜在价值

1. 增加销售收入

对于一些滞销商品或是性能状况较好的回收商品,经过适当的加工、包装、处理后,可再次出售,有时再售的价格会高于原销售的价格。

2. 增强用户忠诚度

合理利用逆向物流中的废旧产品,可为生产企业树立良好的形象,加强用户对品牌或企业的忠诚度。如耐克(Nike)公司利用回收旧跑鞋获得的收益,修建公众篮球场和田径场,作为支持公益事业的行动。虽然回收旧鞋付出了一些成本,但支持公益事业的做法赢得了社会的赞誉,提高了用户对 Nike 品牌的忠诚度。

3. 挖掘潜在价值

实施有效的管理策略,充分挖掘逆向物流中潜在的价值。

1) 有效的流程管理

回收的产品或零部件必须经过翻新等加工处理才能出售,在此过程中必然产生费用。为了增加回收物流的价值,就要对翻新加工流程实施有效的管理,降低再生产的成本。

2) 有效的回收库存管理

按照库存管理的思想,应采取有效的回收库存管理加速回收品的周转和利用。比如设置回收"门槛"(即只回收有利用价值的物品),减少无价值回收品的库存;生产企业设置回收品注册码,通过注册方式退货,用户可以尽快拿到退款,企业能够了解可能的退货量,以便准备足够的仓储空间。

3) 拆解物资

许多物资(主要是机器设备)虽然因为种种原因报废了,但是组成这些物资的零部件可能还有使用价值。比如废旧汽车中,能够提取 95% 的铝、钢铁、黄铜和紫铜等,还有橡胶挡风雨条、泡沫坐垫、合成塑料和玻璃等,可以再利用。再比如报废的船舶,其中也有可以提取的贵金属、金属、非金属等有价值的物资。在我国物流企业中,就有拆船公司。

4) 实时跟踪

建立逆向物流管理信息系统,对产品和零部件使用条形码,可实现产品的实时跟踪,而且实时的产品状况和损坏信息可以帮助物流企业了解逆向物流系统的需求。

第三节　供应链管理

一、市场变化和管理模式的转变

(一)市场环境的变化与纵向一体化模式

1. 市场环境的变化

纵观 20 世纪,市场环境发生了急剧的变化。从 20 世纪 20～30 年代长达十年之久的经济衰退,到 40～60 年代的经济复苏和稳定的市场,再到 70～80 年代的经济滞胀,市场基本是卖方市场,生产引导消费。进入 90 年代,随着科学技术飞速进步,带来生产力的大幅度提升;随着人民生活水平的不断提高,消费需求日益多样化,需求不确定性增加,市场由卖方市场转向买方市场,企业之间竞争加剧。

2. 纵向一体化模式

纵向一体化是沿产业链占据若干环节的业务布局。纵向一体化是企业在两个可能的方向上扩展现有经营业务的一种发展战略,分为前向一体化和后向一体化。前向一体化战略是企业自行对本公司产品做进一步深加工,或者资源进行综合利用,或公司建立自己的销售组织来销售本公司的产品或服务。如钢铁企业自己轧制各种型材,并将型材制成各种不同的最终产品即属于前向一体化。后向一体化则是企业自己供应生产现有产品或服务所需要的全部或部分原材料或半成品,如钢铁公司自己拥有矿山和炼焦设施,纺织厂自己纺纱、洗纱等。

纵向一体化策略适合相对稳定的市场环境。然而,面对变化莫测的市场环境,纵向一体化模式则暴露出种种缺陷。

1) 增加企业投资负担

不管是投资建新的工厂,还是用于其他公司的控股,都需要企业自己筹集必要的资金,这给企业带来许多负担,如筹资融资、偿还利息、基建等。项目建设时间越长,企业的利息负担就越重。

2) 丧失市场时机

由于基建项目需要一定的建设周期,往往出现项目建成之日,就是项目下马之时的现象,市场机会早已在项目建设过程中逝去。因此,项目建设周期越长,企业承担的风险越高。

3. 从事不擅长的业务活动

"纵向一体化"管理模式的企业实际上是"大而全""小而全"的翻版,企业囊括了产品设计、计划、财务、会计、生产、人事、管理信息、设备维修等业务工作,增加了大量的辅助性管理工作,结果无法发挥关键性业务的核心作用,得不偿失,不仅使企业失去了竞争特色,而且增加了企业产品成本。

4. 直接面临众多竞争对手

企业涉及业务领域广泛,所面对的竞争对手众多。例如,有的制造商拥有自己的运输公司,这样,企业不仅要与制造业的对手竞争,还要与运输业的对手竞争。在企业人财物资源都十分有限的情况下,四面出击的结果是可想而知的。

5. 增大企业的行业风险

如果整个行业不景气,采用纵向一体化模式的企业不仅会在最终用户市场遭受损失,而且会在各个纵向发展的市场遭受损失。

鉴于纵向一体化管理模式的种种弊端,从 20 世纪 80 年代后期开始,越来越多的企业放弃了这种经营模式,取而代之的是横向一体化管理模式。

所谓横向一体化管理模式,企业利用外部资源快速应对市场需求的变化,利用内部资源抓核心竞争力——产品技术和市场占有率。对于产品制造,抓住关键零部件的生产,其余的零部件可以委托其他企业加工生产。例如,福特汽车公司的 Festive 车就是由美国人设计,日本马自达厂商生产发动机,韩国制造厂生产其他零件和装配,最后,再在美国市场销售。福特汽车公司把零部件生产和整车装配都放在了企业外部,充分利用其他企业资源,缩短汽车的生产周期,赢得产品在低成本、高质量、早上市诸方面的竞争优势。"横向一体化"形成了一条从供应商到制造商再到分销商的贯穿所有企业的"链"。在这个链条上,相邻节点企业均表现出一种需求与供应的关系,便形成了供应链。

供应链上的节点企业必须达到同步、协调运行,才有可能使链上的所有企业都受益。于是便产生了供应链管理这一新的经营与运作模式。

(二)供应链管理的概念

1. 供应链

1)早期供应链概念

早期的观点认为供应链是制造企业中的一个内部过程,企业把从外部采购的原材料和零部件,通过生产转换和销售等活动,再传递到零售商和用户的一个过程。这一传统的供应链概念仅局限于企业的内部操作层上,注重企业自身的资源利用。

虽然有些学者把供应链的概念发展到与采购、供应管理相关联,表示与供应商之间的关系,但这种关系也仅限于企业与供应商之间,供应链中的各个企业独立运作,忽略了与外部供应链成员企业的联系,往往造成企业间的目标冲突。

2)广义供应链概念

广义供应链概念认为,供应链应是一个"通过链中不同企业的制造、组装、分销、零售等过程将原材料转换成产品,再到最终用户的转换过程"。这个概念既注意到与其他企业的联系,又注意到供应链的外部环境,是更大范围、更为系统的供应链概念。

3)国内供应链概念

《物流术语》(GB/T 18354—2006)中,将供应链(Supply Chain)定义为"生产及流通过程中,为了将产品或服务交付给最终用户,由上游与下游企业共同建立的需求链状网"。

一般认为,供应链是围绕核心企业,通过对信息流、物流、资金流的控制,从采购原材料开始,制成中间产品以及最终产品,最后由销售网络把产品送到消费者手中的将供应商、制造商、分销商、零售商、直到最终用户连成一个整体的功能网链结构模式。供应链是一个范围更广的企业结构模式,它包含所有加盟的节点企业;不仅是一条连接供应商到用户的物流链、信息链、资金链,而且是一条增值链,物料在供应链上因加工、包装、运输等过程而增加其价值,给相关企业带来收益。

4)供应链结构

根据供应链的定义,其结构可以简单地归纳为如图8-1所示的模型。

从图中可以看出,供应链由所有加盟的节点企业组成,其中有一个核心企业(可以是产品制造企业,也可以是大型零售企业,也可以是物流企业),节点企业在需求信息的驱动下,通过供应链的职能分工与合作(生产、分销、零售等),以资金流、物流和信息流为媒介实现整个供应链的不断增值。

2. 供应链管理

1)国外供应链管理的概念

在供应链管理的发展过程中,产生了很多经典的对供应链管理的描述。

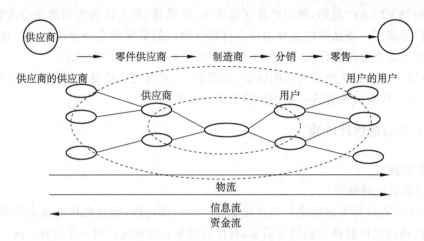

图 8-1 供应链的网链结构模型

伊文斯认为,供应链管理是通过前馈的信息流和反馈的物料流及信息流,将供应商、制造商、分销商、零售商,直到最终用户连成一个整体的管理模式。

哈理森进而将供应链定义为"供应链是执行采购原材料、将它们转换为中间产品和成品、并且将成品销售到用户的功能网"。

菲利浦认为,供应链管理不是供应商管理的别称,而是一种新的管理策略,它把不同企业集成起来以增加整个供应链的效率,注重企业间的合作。

美国供应链协会认为,"供应链管理包括贯穿于整个渠道来管理供应与需求,原材料与零部件采购、制造与装配、仓储与存货跟踪、订单录入与管理、分销以及向顾客交货"。

2) 国内供应链管理的概念

《物流术语》(GB/T 18354—2006)对供应链管理(Supply Chain Management)的定义是"对供应链涉及的全部活动进行计划、组织、协调与控制"。

供应链管理是在经济全球化的背景下,供应链中的不同企业用系统的观点对物流、信息流和资金流进行设计、规划、控制和优化,寻求建立供产销企业以及用户间的战略合作伙伴关系,最大限度地减少内耗与浪费,实现供应链整体效率优化,满足用户需求,保证供应链成员取得相应的绩效和利益的管理过程。

二、供应链管理的内容

(一)供应链管理的内容

供应链管理是通过前馈的信息流(由需方向供方流动的信息流,如订货合同、加工单、采购单等)和反馈的信息流(伴随物流的信息流,如提货单、入库单、完工报告单等),将供应商、制造商、分销商、零售商直到最终用户连成一个整体的模式。它既是一条由供应商到用户的物流链,又是一条价值增值链。供应链管理的核心就是缩短物品从供方到需方的流转时间,获得供应链的整体竞争力。

供应链管理主要涉及供应、生产计划、物流和需求四个方面,如图 8-2 所示。图中显示,集成化供应链管理以同步化、集成化生产计划为指导,以各种技术为支持,尤其以 Internet/Intranet 为依托,实现供应、生产作业、物流、满足需求。供应链管理的目标是提高服务水平和降低总的交易成本,并寻求两个目标之间的平衡。

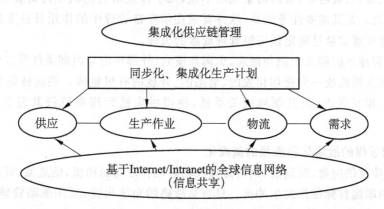

图 8-2 供应链管理涉及的四个方面

供应链管理的主要内容有:战略性供应商和用户合作伙伴关系管理;供应链产品需求预测和计划;供应链的设计(全球节点企业、资源、设备等评价、选择和定位);供应链内部的物料供应与需求管理;基于供应链管理的产品设计与制造管理、生产集成化计划、跟踪和控制;基于供应链的用户服务和物流管理;企业之间资金流管理;基于互联网的供应链交互信息管理等。

(二)供应链管理的特点

1. 多元化的管理目标和开阔的管理视野

供应链管理在强调问题最终解决的同时,还关注解决问题的方式,以最快的速度、最低的成本和最佳途径解决问题。凸显出管理目标上具有时间方面的要求,又有成本方面的要求,还有效果上的追求,供应链管理目标呈现多元化。

供应链管理将视野从某个行业、某个企业、企业内部某个部门的点、线、面的管理区域,延伸到多个企业、企业中的多个部门甚至其他相关行业。供应链管理的视野是全方位立体状的,如图 8-3 所示。

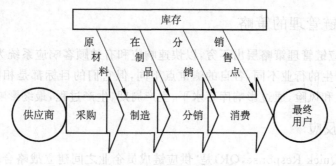

图 8-3 供应链管理的视野

2. 更多的管理要素和复杂的管理系统

供应链管理要素的种类和范围比以往有较大的扩展,不仅包含传统的人、财、物,而且扩展到信息、知识、策略等,管理对象无所不包,几乎涉及所有的软硬件资源要素,管理难度进一步加大。尤其需要注意的是,软件要素在供应链管理中的作用日益重要,如信息、知识、策略等要素常常是决定供应链管理成败的关键。

供应链管理系统涉及宏观与微观、纵向与横向、外部环境与内部条件等方面的相互作用,彼此之间交织构成一个密切相关的、动态的、开放的有机整体。供应链各部分之间形成相互依赖、相互促进、相互制约的关系链,使得供应链管理系统极其复杂,管理难度增大。

3. 管理过程的战略化和流程的集成化

供应链涉及供应商、制造商、销售商以及联系三者之间的物流、信息流、资金流等多个环节,各自的职能目标往往发生冲突。只有从战略的角度出发,运用战略管理手段,才能有效实现供应链管理整体目标。

为实现整体目标最优,供应链管理需要一体化的集成管理模式,以流程为基础,以价值链为核心,强化供应链整体的集成与协调,通过信息共享、技术交流合作、资源优化配置等措施,实现供应链一体化管理。

4. 新的管理思想

供应链管理体现了新的管理思想。

1)库存管理

供应链的库存管理除了"保护"的功能外,还特别关注商品流到市场的速度,尽量缩短从供应商到消费者的通道长度;改变以往视供应者为竞争对手的观念,将竞争对手看成是合作伙伴;大幅降低总体库存水平。

2)为用户服务

供应链类型和供应链长短是由用户需求决定的,供应链上的企业创造的价值只能通过用户的满意度以及产生的利润来衡量。因此,只有用户取得成功,供应链才能生存和不断发展。所以,供应链管理必须以用户为中心,将为用户服务、满足用户的需求作为供应链管理的出发点,贯穿全过程,不断提高服务质量和服务满意度,把促成用户成功作为创造竞争优势的根本手段。

三、供应链管理的策略

近年来,供应链管理策略层出不穷,以快速响应和有效顾客响应系统为主要策略。尽管这两种策略产生的行业不同,各自的侧重点不同,但它们的目标都是相同的,即减少供应链的不确定性和风险,通过影响库存水平、生产周期、生产过程,最终影响服务水平。

(一)快速反应

快速反应(Quick Response,QR)是"供应链成员企业之间建立战略合作伙伴关系,利用 EDI 等信息技术进行信息交换与信息共享,用高频率小数量配送方式补充商品,以实现缩短交货周期,减少库存,提高顾客服务水平和企业竞争力为目的的一种供应链管理策略"(《物流术语》GB/T 18354—2006)。快速反应是由美国纺织与服装行业发展起来的一种供应链管理策略,是美国服装零售商、服装制造商以及纺织品供应商开发的整体业务概念,目的在于减少原材料到销售点的时间和整个供应链上的库存,最大限度地提高供应链的运作效率。QR 要求供应链成员企业之间建立战略合作伙伴关系,利用 EDI 等信息技术进行信息交换与信息共享,用高频率小数量配送方式补充商品,以实现缩短交货周期、减少库存、提高服务水平和企业竞争力的目标。QR 的着重点是对消费者需求做出快速反应。QR 的具体策略有商品即时出售、自动物料搬运等,最早由连锁零售商沃尔玛、偌马特等采用,并逐步推广到纺织服装行业。

(二)有效顾客反应

有效顾客反应(Efficient Customer Response,ECR)是"以满足顾客要求和最大限度降低物流过程费用为原则,能及时做出准确反应,使提供的物品供应或服务流程最佳化的一种供应链管理策略"(《物流术语》GB/T 18354—2006)。它是制造商、批发商和零售商等供应链成员各方相互协调合作,以更好、更快的服务和更低的成本满足用户需要的供应链管理系统。ECR 是把以往处于分散状态的供应链节点有机联系在一起以满足顾客需求的工具。

ECR 的优势是,供应链各方为提高顾客满意这一共同目标进行合作,分享信息和决策;最终目标是建立一个具有高效响应能力和以客户需求为基础的系统,使零售商和供应商以业务伙伴方式合作,提高整个供应链的效率,而不是单个环节的效率,从而大大降低整个系统的成本、库存和物资储备。

有效产品引进、有效店铺分类组合、有效促销和有效补货是 ECR 的四大要素,如表 8-1 所示。

表 8-1　ECR 四大要素

要　素	内　容
有效产品引进	通过采集和分享供应链伙伴间时效性强的更加准确的购买数据,提高新产品销售的成功率
有效店铺分类组合	通过有效地利用店铺的空间和店内布局,来最大限度地提高商品的盈利能力,如建立空间管理系统,有效的商品品类管理等
有效促销	通过简化分销商和供应商的贸易关系,以提高贸易和促销的系统效率。如可采取消费者广告（优惠券、货架上标明促销）、贸易促销（远期购买、转移购买）等方式
有效补货	从生产线到收款台,通过 EDI,以需求为导向的自动连续补货和计算机辅助订货等技术手段,使补货系统的时间和成本最小化,从而降低商品的售价

实施供应链合作关系就意味着新产品新技术的共同开发、数据和信息的交换、市场机会共享和风险共担。在供应链合作关系环境下,制造企业为选择供应商不再只考虑价格,

而是更注重选择能在优质服务、技术革新、产品设计等方面进行良好合作的供应商。供应商为制造企业的生产和经营提供各种生产要素。供应商所提供要素的数量、价格直接影响制造企业生产过程、生产成本和产品质量。总之,企业与供应商的关系应是一种战略性合作关系,一种合作的双赢关系。只有双方坦诚相待、融洽合作,才能使经济效益产生"1+1>2"的协同效应。

复习思考题

1. 为什么说逆向物流的实施能有效节约成本?
2. 生活中的逆向物流有哪些? 你认为它操作得好吗? 如果不好,应该如何改进?
3. 逆向物流与绿色物流的区别是什么?
4. 供应链管理和管理学的关系是什么?
5. 为什么企业需要供应链管理?
6. 你身边的供应链有哪些? 它们的供应链管理是怎样进行的?

案　例

案例1　沃尔玛公司供应链管理

"让顾客满意"是沃尔玛公司的首要目标,顾客满意是保证未来成功与成长的最好投资,这是沃尔玛数十年如一日坚持的经营理念。为此,沃尔玛为顾客提供"高品质服务"和"无条件退款"的承诺绝非一句漂亮的口号。在美国只要是从沃尔玛购买的商品,无须任何理由,甚至没有收据,沃尔玛都无条件受理退款。沃尔玛每周都有对顾客期望和反映的调查,管理人员从计算机收集信息,以及通过直接调查收集到的顾客期望即时更新商品的组合,组织采购,改进商品陈列布置,营造舒适的购物环境。

沃尔玛能够做到及时地将消费者的意见反馈给厂商,并帮助厂商对产品进行改进和完善。过去,商业零售企业只是作为中间人,将商品从生产厂商传递到消费者手里,反过来再将消费者的意见通过电话或书面形式反馈到厂商那里。看起来沃尔玛似乎并没有独到之处,但是结果却差异很大。原因在于,沃尔玛能够参与到上游厂商的生产计划和控制中去,因此能够将消费者的意见迅速反映到生产中,而不是简单地充当二传手或者电话话筒。

供应商是沃尔玛唇齿相依的战略伙伴。早在20世纪80年代,沃尔玛采取了一项政策,要求从交易中排除制造商的销售代理,直接向制造商订货,同时将采购价格降低2%~6%,大约相当于销售代理的佣金数额,如果制造商不同意,沃尔玛就拒绝与其合作。沃尔玛的做法造成和供应商关系紧张,一些供应商为此还在新闻界展开了一场谴责沃尔玛的宣传活动。直到20世纪80年代末期,技术革新提供了更多督促制造商降低成本、削减价格的手段,供应商开始全面改善与沃尔玛的关系,通过网络和数据交换系统,沃尔玛与供应商共享信息,从而建立伙伴关系。沃尔玛与供应商努力建立关系的另一做法是在店内安排适当的空间,有时还在店内安排制造商自行设计布置自己商品的展示区,在店内营造更具吸引力和更专业化的购物环境。

沃尔玛还有一个非常好的系统,可以使得供应商们直接进入到沃尔玛的系统,沃尔玛叫作零售链接。任何一个供应商可以进入这个系统当中来了解他们的产品卖得怎么样,昨天,今天,上一周,上个月和去年卖得怎样。他们可以知道这种商品卖了多少,而且他们可以在 24 小时之内就进行更新。供货商们可以在沃尔玛公司的每一个店当中,及时了解到有关情况。

另外,沃尔玛不仅仅是等待上游厂商供货、组织配送,而且也直接参与到上游厂商的生产计划中去,与上游厂商共同商讨和指定产品计划、供货周期,甚至帮助上游厂商进行新产品研发和质量控制方面的工作。这就意味着沃尔玛总是能够最早得到市场上最希望看到的商品,当别的零售商正在等待供货商的产品目录或者商谈合同时,沃尔玛的货架上已经开始热销这款产品了。

沃尔玛的前任总裁大卫·格拉斯曾说过:"配送设施是沃尔玛成功的关键之一,如果说我们什么比别人干得好的话,那就是配送中心。"沃尔玛第一间配送中心于 1970 年建立,占地 6 000 平方米,负责供货给 4 个州的 32 间商场,集中处理公司所销商品的 40%。在整个物流中,配送中心起中枢作用,将供应商向其提供的产品运往各商场。从工厂到上架,实行"无缝链接"平滑过渡。供应商只需将产品提供给配送中心,无须自己向各商场分发。这样,沃尔玛的运输、配送以及对于订单与购买的处理等所有的过程,都是一个完整的网络当中的一部分,可以大大降低成本。

随着公司的不断发展壮大,配送中心的数量也不断增加。现在沃尔玛的配送中心,分别服务于美国 18 个州约 2 500 间商场,配送中心约占地 10 万平方米。整个公司销售商品的 85% 由这些配送中心供应,而其竞争对手只有约 50%~65% 的商品集中配送。如今,沃尔玛在美国拥有 100% 的物流系统,配送中心已是其中一小部分,沃尔玛完整的物流系统不仅包括配送中心,还有更为复杂的资料输入采购系统、自动补货系统等。

供应链的协调运行是建立在各个环节主体间高质量的信息传递与共享的基础上。沃尔玛投资 4 亿美元发射了一颗商用卫星,实现了全球联网。沃尔玛在全球 4 000 多家门店通过全球网络可在 1 小时之内对每种商品的库存、上架、销售量全部盘点一遍,所以在沃尔玛的门店,不会发生缺货情况。20 世纪 80 年代末,沃尔玛开始利用电子数据交换系统(EDI)与供应商建立了自动订货系统,该系统又称为无纸贸易系统,通过网络向供应商提供商业文件、发出采购指令,获取数据和装运清单等,同时也让供应商及时准确把握其产品的销售情况。沃尔玛还利用更先进的快速反应系统代替采购指令,真正实现了自动订货。该系统利用条码扫描和卫星通信,与供应商每天交换商品销售、运输和订货信息。凭借先进的电子信息手段,沃尔玛做到了商店的销售与配送保持同步,配送中心与供应商运转一致。

案例 2　塔捷特推行快速反应

塔捷特商店(Target Stores)十分热心于在零售业推行快速反应。塔捷特在美国有 500 多家大型商店,每年还保持大约 15% 的数量增长。塔捷特商店经营服装、家庭用品、电器、卫生用品、美容品以及日常消费品。塔捷特是一个折扣商,与凯马特、沃尔玛和西尔斯等商店竞争。

塔捷特经营的全部商品都有条码,并且所有交易中的 POS 数据被采集。每日数据于当晚经由卫星通信传输到总部,某种商品的每日销售与库存数据和参与快速反应的重要供应商共享,塔捷特不允许完全地自动补货,但向供应商保证每周订货。因为供应商了解整个企业的库存目标、现有存货和实际销售数据,所以很容易把握订货数量,并利用这些信息制订自己的生产与分销计划。

每周一次的订货确定后,供应商在一周内将产品送至塔捷特的 6 个配送中心。一旦货到配送中心,塔捷特的管理部门再考虑到下一周的销售情况后,向每个商店配送。所以,商店每周接受每个品类的补充送货,相对于供应商而言,是两周为一个周期。

在这个系统,塔捷特首要的目的不是减少商店总的库存,相反,塔捷特的营销理念是消费者喜欢也希望商店是"丰富"的,即顾客想要的每个品类均能在商店找到且随手可得。因此,商店的所有存货应该陈列出来,而不是放在顾客看不见的库房里。货架设计要使顾客能轻易看到所供商品的丰富。现货可获得性的标准定得相当高,塔捷特希望达到 95% 的现有率。在这里,"现有"意味着"设计最大库存量的至少 40% 是在货架上"。利用这个标准,传统的缺货百分比实际上为零。为支持此标准,塔捷特依靠快速反应方法,提高补充送货的"合适度"。补充供应体系的目标是补充每个品类可能 100% 地接近货架设计容量,而不产生多余的存货,否则,就需要额外的存储场地。这部分后备库存是不愿出现的,因为它们没有陈列,所以不直接创造效益,且由于频繁搬运货物进出储存场所,既增加费用,又极易丢失、损坏或被盗。

塔捷特发现其快速反应系统取得了显著成效,成为企业取得成功的一个重要因素。在体系中的重要供应商也从订货的稳定性以及销售与库存数据共享带来的那些订货的可预见性增加上获益。塔捷特的利益从供应商、配送中心、商店的较高商品可获得性中得到。由于频繁地补货,配送中心的周期订货量较低,因为预测期缩短,安全库存较低。当然,这些会带来较高的运输成本,增加数据系统费用。通过在配送中心的库存成本节约和系统带来的补充订货的"合适度"提高,大大节省了商店的货物处理费用,补偿了那些增加的成本。此外,系统运转所需的销售数据对有效的商品经营极为有用,与供应商的密切联系使得价格下降并节约其他采购费用。总之,塔捷特致力于其快速反应系统,并积极扩展系统至更多更重要的供应商,以实现在所有大销量的品类上 100% 的快速反应目标。

延 伸 阅 读

阅读 1　供应链管理中的快速反应(QR)

一、QR 的产生背景

20 世纪 60～70 年代,美国的杂货行业面临着国外进口商品的激烈竞争。80 年代早期,美国产的鞋、玩具以及家用电器在市场的占有率下降到 20%,而国外进口的服装则占据了美国市场的 40%。面对与国外商品的激烈竞争,纺织与服装行业在 70 年代和 80 年代采取的主要对策是在寻找法律保护的同时,加大现代化设备的投资。80 年代中期,尽管纺织与服装行业是美国通过进口配额系统保护最重的行业之一,但服装行业进口商品的渗透却在继续增加。一些行业的先驱认识到保护主义措施无法保护美国服装制造业的领先地位,必须寻找别的方法。

1985—1986 年,世界首要的为零售、产品消费及卫生保健提供管理咨询的库特·塞尔曼协会在分析供应链时发现,尽管系统的各个部分高效运作,但整个系统的整体效率却十分低。于是纤维、纺织、服装以及零售业开始寻找那些在供应链上导致高成本的活动。结果发现,供应链的长度是影响其高效运作的主要因素。整个服装供应链,从原材料到消费者购买,时间为 66 周,其中 11 周在制造车间,40 周在仓库或转运,15 周在商店。这样长的供应链不仅各种费用大,更重要的是,建立在不精确需求预测上的生产和分销,因数量过多或过少造成的损失非常大。整个服装供应链系统的总损失每年竟达 25 亿美元,其中 2/3 的损失来自于零售或制造商对服装的降价处理以及零售时的缺货。进一步的调查发现,消费者不购买的主要原因是找不到合适尺寸和颜色的商品。

这项研究导致了快速响应策略的应用和发展。快速响应是零售商和其供应商密切合作的策略。应用这种策略,零售商和供应商通过共享 POS 系统信息、联合预测未来需求、发现新产品营销机会等对消费者的需求做出快速的反应。从业务操作的角度来讲,贸易伙伴需要用 EDI 来加快信息的流动,并共同重组他们的业务活动以将订货前导时间和成本极小化。有统计表明,在补货中应用 QR 可以将交货前导时间降低 75%。

二、QR 的收益

零售商大概需要投入销售额的 1.5%～2% 以支持条码、POS 系统和 EDI 的正常运行。这些投入包括 EDI 启动软件、现有应用软件的改进、租用增值网、产品查询、开发人员费用、教育与培训、EDI 工作协调、通信软件、网络以及远程通信费用、CPU 硬件、条码标签打印的软件与硬件等。实施 QR 的收益是巨大的,它远远超过其投入。美国的 Kurt Salmon 协会调查分析认为,实施快速响应系统后供应链效率大有提高:缺货大大减少,通过供应商与零售商的联合协作保证 24 小时供货;库存周转速度提高 1～2 倍;通过敏捷制造技术,企业的产品中有 20%～30% 是根据用户的需求来制造的。快速响应系统需要供需双方的密切合作,因此,协调库存管理中心的建立,为快速响应系统发挥更大的作用创造了有利的条件。

三、QR 的主要特征

1991 年,Blackburn 在对美国纺织服装业 QR 研究的基础上总结出 QR 成功的 5 项条件,也是 QR 的主要特征。

1. 改变传统的经营方式,革新企业的经营意识和组织结构

一是企业必须改变只依靠独立的力量来提高经营效率的传统经营意识,树立通过与供应链各方建立战略合作伙伴关系,从而利用供应链各成员的资源来提高经营效率的现代经营理念;二是零售商在垂直型 QR 系统中起主导作用,零售店铺是垂直型 QR 系统的起始点;三是在垂直型 QR 系统内,通过 POS 数据等销售信息和成本信息的相互公开和交换来提高各个供应链成员企业的运作效率;四是明确垂直型 QR 系统内各个企业之间的分工协作范围和形式,消除重复作业及无效作业,建立有效的分工协作框架体系;五

是通过利用信息技术实现事务作业的无纸化与自动化。

2. 必须开发和应用现代信息处理技术,这是成功进行 QR 活动的前提条件

这些信息技术有商品条形码技术,物流条形码技术(SCM),电子订货系统(EOS),POS 数据读取系统,EDI 系统,预先发货清单技术(ASN),电子支付系统(EFT),生产厂家管理的库存方式(VMI),连续补充库存方式(CRP)等。

3. 与供应链上下游企业建立战略伙伴关系

其具体内容包括积极寻找和发现战略合作伙伴并在合作伙伴之间建立分工和协作关系。合作的目标既要削减库存,又要避免缺货现象的发生,还要降低商品风险,避免大幅度降价现象发生,以及减少作业人员和简化事务性作业等。

4. 改变对企业商业信息保密的传统做法

将销售信息、库存信息、生产信息、成本信息等与合作伙伴交流分享,并在此基础上,要求各方在一起发现问题、分析问题和解决问题。

5. 缩短生产周期和降低商品库存

供应方必须做到缩短商品的生产周期;进行多品种、少批量生产和多频度、小批量配送,降低零售商的库存水平,提高为顾客服务的水平;在商品实际需要将要发生时参照 JIT 生产方式组织生产,减少供应商的库存水平。

阅读 2　供应链管理中的有效客户反应(ECR)

一、ECR 产生的背景

ECR 是 1992 年从美国的食品杂货业发展起来的一种供应链管理策略。20 世纪 80 年代末 90 年代初,美国的食品杂货业面临着与纺织和服装行业相似的挑战,其增长速度缓慢。为提高竞争能力,美国食品杂货业采用了一种称为有效客户响应(ECR)的策略。几乎同时,欧洲食品杂货业为解决类似问题也采用 ECR 策略,并建立了欧洲 ECR 委员会(ECR Europe)以协调各国在实施 ECR 过程中的技术、标准等问题。ECR 是杂货业供应商和销售商为消除系统中不必要的成本和费用,给客户带来更大利益而进行密切合作的一种战略。ECR 的主要目标是降低供应链各个环节的成本。这与 QR 的主要目标——对客户的需求做出快速反应有所不同。这是因为食品杂货业与纺织服装行业经营产品的特点不同。杂货业经营的产品多数是一些功能型产品,每一种产品的寿命相对较长(生鲜食品等除外),因此,因订购产品数量过多或过少的损失相对较小。纺织服装业经营的产品多属创新型产品,每一种产品的寿命相对较短,因此,订购产品数量过多或过少造成的损失相对较大。

20 世纪 60 年代和 70 年代,美国日杂百货业的竞争主要是在制造商之间展开。竞争的重点是品牌、商品、经销渠道和大量的广告和促销,在零售商和制造商的交易关系中制造商处于主导地位。80 年代末 90 年代初,竞争格局发生了变化,在零售商和制造商的交易关系中,零售商开始逐渐占据主导地位,竞争的重心开始转向流通中心、自有品牌、供应链效率和 POS 系统。同时在供应链内部,零售商和制造商之间为了获取供应链主控权,同时为零售商自有品牌和制造商品牌占据零售店铺货架空间的份额展开着激烈的竞争,这种竞争导致供应链的各个环节间的成本不断转移,供应链整体的成本不断上升,而且很

容易牺牲力量较弱一方的利益。

在这期间新的零售业态,如仓储商店、折扣店大量涌现,这使得零售商能以相当低的价格销售商品,从而使日杂百货业的竞争更趋激烈。在这种状况下,许多传统超市业者开始寻找对应这种竞争方式的新管理模式与方法。而在这一期间由于日杂百货商品的技术含量不高,大量无实质性差别的新商品被投放市场,使生产厂家之间的竞争趋同化。生产厂家为了获得销售渠道,通常采用直接或间接的降价方式作为向零售商促销的主要手段,这种方式往往会大量牺牲厂家自身的利益。但这时如果生产商能与供应链中的零售商结成更为紧密的战略联盟,将不仅有利于零售业的发展,同时也符合生产厂家自身的利益。

另外,从消费者的角度来看,企业过度竞争的结果往往是使消费者的需求被忽视。通常消费者需要的是商品的高质量、新鲜感、优质服务以及在合理价格基础上的多种选择。然而,许多企业往往不是通过努力提高商品质量、提供更好的服务和在合理价格基础上的多种选择来满足消费者,而是通过大量的诱导型广告和广泛的低品位促销活动来吸引消费者转换品牌,同时通过提供大量非实质性变化的商品供销费者选择。这样,消费者得到的往往是高价、不满意的商品。针对这种状况,客观上要求企业从消费者的需求出发,提供能满足消费者需求的商品和服务。

在上述背景下,美国食品市场营销协会(Food Marketing Institute,FMI)联合包括COCA—COLA、P&G、Safeway Store 等六家企业与流通咨询企业 Kurt Salmona Associates 公司一起组成研究小组,对食品业的供应链进行调查、总结、分析,于 1993 年 1 月提出了改进该行业供应链管理的详细报告。在该报告中系统地提出有效客户反应(ECR)。经过美国食品市场营销协会的大力宣传,ECR 概念被零售商和制造商所接纳并被广泛地应用于实践。

二、ECR 的收益

根据欧洲供应链管理系统的报告显示,接受调查的 392 家公司,其中制造商使用 ECR 后,预期销售额增加 5.3%,制造费用减少 2.3%,销售费用减少 1.1%,货仓费用减少 1.3%及总盈利增加 5.5%。而批发商及零售商也有相似的获益:销售额增加 5.4%,毛利增加 3.4%,货仓费用减少 5.9%,货仓存货量减少 13.1%及每平方米的销售额增加 5.3%。由于在流通环节中缩减了不必要的成本,零售商和批发商之间的价格差异也随之降低,这些节约了的成本最终将体现在消费者身上,各贸易商也将在激烈的市场竞争中赢得一定的市场份额。

第九章

"互联网十"下的物流新模式

2014年11月,国务院总理李克强出席首届世界互联网大会时指出,互联网是大众创业、万众创新的新工具。其中"大众创业、万众创新"正是此次政府工作报告中的重要主题,互联网被认为是中国经济提质增效升级的新引擎。

2015年3月5日召开的十二届全国人大三次会议上,李克强总理在政府工作报告中首次提出"互联网十"行动计划,指出"制定'互联网十'行动计划,推动移动互联网、云计算、大数据、物联网等与现代制造业结合,促进电子商务、工业互联网和互联网金融健康发展,引导互联网企业拓展国际市场。"

在这样的时代背景下,物流业作为传统行业之一,只有主动地拥抱互联网,在新一波信息化的浪潮中实现产业的转型升级才是唯一的出路。因此,在"互联网十"下涌现出来的物流新模式是物流工程与物流管理领域必须认真研究的课题。

第一节 "互联网十"的基本内涵和特征

一、"互联网十"的概念

通俗地说,"互联网十"就是"互联网十各个传统行业",但这并不是简单的两者相加,而是利用信息通信技术以及互联网平台,让互联网与传统行业进行深度融合,创造新的发展生态。

二、"互联网十"的特征

1. 跨界融合

"互联网十"中的"十"就是跨界,就是变革,就是开放,就是重塑融合。敢于跨界了,创新的基础就更坚实;融合协同了,群体智能才会实现,从研发到产业化的路径才会更垂直。融合本身也指代身份的融合,客户消费转化为投资,伙伴参与创新。

2. 创新驱动

创新驱动正是互联网的特质。中国粗放的资源驱动型增长方式早就难以为继,必须转变到创新驱动发展这条正确的道路上来。用互联网思维求变、自我革命,也更能发挥创新的力量。

3. 三是重塑结构

信息革命、全球化、互联网业已打破了原有的社会结构、经济结构、地缘结构乃至文化结构,甚至权力、议事规则、话语权也在不断发生变化。

4. 尊重人性

人性的光辉是推动科技进步、经济增长、社会进步、文化繁荣的最根本的力量,互联网的力量之所以强大,最根本的来源是对人性的最大限度的尊重、对人体验的敬畏、对人的创造性发挥的重视。

5. 开放型生态

生态是"互联网＋"非常重要的特征,而生态的本身就是开放的。推进"互联网＋",其中一个重要的方向就是要把过去制约创新的环节化解掉,把"孤岛"式创新连接起来,让研发由市场驱动,让努力创业的人们有机会实现价值。

6. 连接一切

连接一切是"互联网＋"的目标。虽然连接是有层次的,也存在差异,但连接会产生价值。

第二节 "互联网＋"的基础技术和应用

作为互联网的各项基础技术及其应用不断发展和演进的产物,"互联网＋"即传统行业采用移动互联网、云计算、大数据、物联网等新的信息通信技术,改造原有产品及其研发、生产、运营方式。

一、移动互联网

(一)移动互联网的概念

移动互联网(Mobile Internet,MI)是一种通过智能移动终端,采用移动无线通信方式获取业务和服务的新兴业务,由终端、软件和应用三个层面构成。终端层包括智能手机、平板电脑、电子书、MID 等;软件层包括操作系统、中间件、数据库和安全软件等;应用层包括休闲娱乐类、工具媒体类、商务财经类等不同应用与服务。

(二)智慧物流云平台的作用

在实际应用中,智慧物流云平台能够在不同参与企业之间搭建信息沟通的渠道,协助参与企业之间高质量、高效率地"对话"。还能与企业现有的应用系统和程序进行数据接口,让现有的系统发挥更好的应用效果。同时,能够提供数据优化工具与模型,以数据支持业务环境优化,并以直观的形式进行展现。

(三)移动互联网在物流行业中的应用

在物流行业,通过大量的移动应用,提高物流企业的服务水平。

1. 解决物流服务末梢信息问题

在配送环节,企业可以利用移动互联网实现下单、领货、运输、送达等全流程的监控与管理。用户通过平台,实现手机派单调度。采用任务在线下发方式,解决物流行业在派单、揽收、送货等末梢环节的信息化问题,加快业务运作效率。

2. 覆盖移动信息化盲区

在物流配送过程中,实现移动信息采集。通过移动扫码等终端,经过移动互联网实时反馈各种数据,解决移动信息化盲区。

3. 实现物流过程的可视化管理

通过定位系统与配送订单的结合,利用移动网进行信息处理能力,能实时查询车辆位置与订单交接情况,实现物品配送过程的可视化管理。

4. 实现货物动态跟踪

通过移动信息实时采集,能够实现货物动态跟踪。企业通过对外勤人员或车辆的移动定位,便可得知货物所处的位置;与此同时,客户通过电话、移动互联网 APP 等方式,也可以实时查到自己货物送达的位置。

运输车辆在途跟踪管理是物流企业的一大难题,平台通过实时的定位、跟踪、和轨迹回放等,可以帮助企业掌握业务人员、车辆的营运状态,方便人员、车辆营运分析及管理,切实提高车辆利用率和生产效率。

5. 及时收取费用

在物品送达之后,通过手机支付途径收取费用,加速物流企业资金归集,加快资金回笼速度,提高企业竞争力。

二、物联网

(一)物联网的概念

1. 麻省理工学院的定义

物联网的概念最初来源于麻省理工学院 1999 年建立的自助识别中心(Auto-ID Labs)提出的网络无线射频识别(RFID)系统,即把所有物品通过射频识别等信息传感设备与互联网连接起来,实现智能化识别和管理。并提出了关于物联网的定义:在计算机互联网的基础上,利用 RFID、无线数据通信等技术,构造一个覆盖万事万物的网络,以实现物品的自动识别和信息的互联共享。

2. 国际电信联盟(ITU)的定义

2005 年 11 月 7 日,国际电信联盟(ITU)在突尼斯举行的信息社会世界峰会(WSIS)上正式确定了"物联网"的概念,并随后发布了《ITU 互联网报告 2005:物联网》(*ITU Internet reports* 2005:*the Internet of things*),介绍了物联网的特征、相关的技术、面临的挑战和未来的市场机遇。

3. 物联网的狭义和广义定义

狭义的物联网指连接物品到物品的网络,实现物品的智能化识别和管理。

广义的物联网则可以看作是信息空间与物理空间的融合,将一切事物数字化、网络化,在物品之间、物品与人之间、人与现实环境之间实现高效的信息交互方式,并通过新的服务模式使各种信息技术融入社会行为,是信息化在人类社会综合应用达到的更高境界。

对比物联网最初概念以及上述不同的物联网定义,物联网使我们在信息与通信技术的世界里获得一个新的沟通维度,将任何时间、任何地点,连接任何人,扩展到连接任何物品,世界上所有的物体都可以通过互联网主动地进行信息交换。如图 9-1 所示。

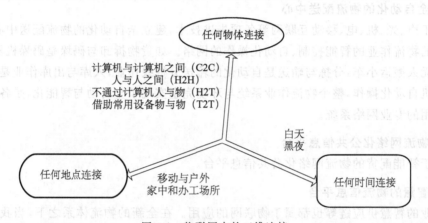

图 9-1　物联网中的三维连接

4. 其他定义

(1) 物联网是未来网络的整合部分,它以标准、互通的通信协议为基础,具有自我配置能力和全球性动态网络设施。在这个网络中,所有实质和虚拟的物品都有特定的编码和物流特征,通过智能界面无缝连接,实现信息共享。

(2) 由具有标识、虚拟个性的物体对象所组成的网络,这些标识和个性运行在智能空间,使用智慧的接口与用户、社会和环境的上下文进行连接和通信。

(3) 物联网指通过 RFID、红外感应器、全球定位系统、激光扫描器等信息传感设备,按照约定的协议,把任何物品与互联网连接起来,进行信息交换和通信,以实现智能化识别、定位、跟踪、监控和管理的一种网络。它是在互联网基础上延伸和扩展的网络,其用户端延伸和扩展到了任何物体和物体之间。

(二) 物联网的应用

物联网技术是信息技术的革命性创新,现代物流业发展的主线是基于信息技术的变革,物联网必将带来物流配送网络的智能化,带来敏捷智能的供应链变革,带来物流系统中物品的透明化与实时化管理,实现重要物品的物流可追踪管理。在物流业中,物联网主要应用于五大领域。

1. 产品智能可追溯网络系统

基于 RFID 等技术建立的产品的智能可追溯网络系统,如食品的可追溯系统、药品的可追溯系统,等等。这些智能的产品可追溯系统为保障食品安全、药品安全提供了坚实的物流保障。

2. 可视化管理网络

智能配送的可视化管理网络,这是基于 GPS,对物流车辆配送进行实时的、可视化的在线调度与管理的系统。很多先进的物流公司都建立并配备了这一网络系统,以实现物流作业的透明化、可视化管理。

3. 全自动化的物流配送中心

基于声、光、机、电、移动互联网等各项先进技术,建立全自动化的物流配送中心,实现局域内的物流作业的智能控制、自动化操作的网络。如货物拆卸与码垛是码垛机器人,搬运车是无人搬运小车,分拣与输送是自动化的输送分拣线作业,入库与出库作业是自动化的堆垛机自动化操作,整个物流作业系统与环境完全实现了全自动与智能化,是各项基础集成应用的专业网络系统。

4. 物流网络化公共信息平台

基于智能配货的物流网络化公共信息平台。

5. 智慧的物流信息平台

企业的智慧供应链等也都属于物联网的应用。在全新的物流体系之下,当我们把智能可追溯网络系统、智能配送的可视化管理网络、全自动化的物流配送中心连为一体,就产生了一个智慧的物流信息平台。

三、云计算

互联网的发展经历了 Web 1.0 时代(由网站编辑产生内容,使用者单向获得信息)、Web 2.0 时代(由使用者产生内容,双向互动),目前正进入 Web 3.0 时代(由机器产生内容,信息自动互动、自然语义互动等)。

(一)云计算的出现

Web 2.0 技术的发展进一步改变了信息产生和互动的模式,普通人也可以参与信息的制造和传播。同时,信息互动的形式也变得更为丰富,出现了博客、微博等新型应用,使用者规模不断扩大,互联网数据出现爆炸性的增长,大型的网络运营商不断地建设数据中心已满足庞大的数据存储和处理需求。尤其是像谷歌(Google)这样的搜索引擎提供商,其致力于在全球范围内不断地增加数据,包括文字、图像、视频等,为此,Google 构建了全球最具规模的数据中心以统一管理庞大的分散资源,在此过程中,其分布式计算技术逐渐成熟,更多的应用可以基于这样的技术来提供,人们透过浏览器不再仅从某些服务器上获得数据和应用,而是从成千上万台服务器上获得数据和应用,即云计算(Cloud Computing)。

在典型的云计算模式中,用户通过个人计算机、移动电话手机等终端设备接入网络,向"云"提出需求,"云"接收请求后组织资源,通过网络为"端"提供服务。用户终端的功能可以大大简化,诸多复杂的计算与处理过程都将转移到"云"上去完成。它意味着计算能力也可以作为一种商品进行流通,就像自来水、电、管道煤气一样,取用方便,费用低廉。

(二)云计算的特点

1. 云计算具有网际网络的特点

"云"指网际网络,云计算是通过网际网络来使用的,这就决定了它具有网际网络的特点。

1)即时使用

随时随地任意连接网际网络的终端,即申请即使用。

2)虚拟化

云计算支持用户在任意位置、使用各种终端获取应用服务。所请求的资源(计算能力、存储能力、数据等)来自于"云",而不是固定的有形的实体。应用在"云"中某处运行,但实际上用户无须了解,也不必关心运行的具体位置。

3)自助服务和弹性服务

可定制,可随需使用,弹性服务,例如存储空间可以设定为 1GB,根据需要,也可以很快扩充为 100GB 或缩减为 100MB。

4)可度量性

服务资源的使用可以被监控、报告给用户和服务提供商,并可根据具体使用类型(如带宽、活动用户数、存储等)收取费用。

5)潜在的危险性

云计算除了提供计算服务之外,还必然提供存储服务。由于云计算服务当前垄断在企业手中,企业仅仅能够提供商业信用。所以,政府机构或银行这些特殊的商业机构选择云计算服务时,需要保持足够的警惕。一旦政府和银行大规模使用云计算服务,将有可能使这些云计算服务企业有机会以数据的重要性"挟制整个社会"。

2. 资源池的特点

"云"指资源池,也就是说,不是构建 1~2 台服务器,而是要构建一定规模的集群,并且对该集群统一管理,才能满足云计算业务的需求。

1)较大的规模

考虑到网际网络流量的突发性,云计算服务需要具备一定的规模才可能满足基本的业务可用性,因为如果当资源不足时,用户的请求就有可能失败。

2)良好的可伸缩性

这是用户能够随时使用的前提。通常,这种可伸缩性是通过资源虚拟化技术实现的。

3)即时提供

这种"即时"是相比传统信息技术(IT)资源的获得时间而言的。由于在网际网络上提供云计算服务都是以软件的形式进行的,因此云计算提供商应具备非常强大的批量提供能力。例如,过去要购买、安装、设定 1 000 台服务器可能需要数周或更长的时间,但通过云计算模式,可能只需要数小时甚至数分钟。将硬件部署变为软件部署是实现即时提供的关键。

4) 更低的成本

这是支持云计算作为一种商业模式的关键。影响云计算成本低的因素有两个,一是规模效应带来的利用率的提升导致软、硬件成本的降低;二是 IT 运营模式的变革、节能技术的引进及传统 IT 销售成本的降低导致总体成本的降低。

5) 可靠性

云计算系统通过设备和数据的冗余,可自动检测失效节点,并在部分节点失效的情况下继续正常工作。

四、大数据

麦肯锡全球研究所给出的大数据的定义是"一种规模大到在获取、存储、管理、分析方面大大超出了传统数据库软件工具能力范围的数据集合,具有海量的数据规模、快速的数据流转、多样的数据类型和价值密度低四大特征。"

(一)大数据的意义和作用

大数据技术的战略意义不在于掌握庞大的数据信息,而在于对这些含有意义的数据进行专业化处理。换言之,如果把大数据比作一种产业,那么这种产业实现盈利的关键,在于提高对数据的"加工能力",通过"加工"实现数据的"增值"。

从技术上来看,大数据与云计算的关系就像一枚硬币的正反面一样密不可分。大数据难以靠单台的计算机进行处理,而宜于依托云计算的分布式处理、分布式数据库和云存储、虚拟化技术。

物流企业每天都会涌现出海量的数据,特别是全程物流,包括运输、仓储、搬运、配送、包装和再加工等环节,面对海量数据,物流企业在不断加大大数据方面投入的同时,不该仅仅把大数据看作是一种数据挖掘、数据分析的信息技术,而应该把大数据看作是一项战略资源,充分发挥大数据给物流企业带来的发展优势,在战略规划、商业模式和人力资本等方面做出全方位的部署。

(二)大数据在物流企业中的应用

1. 市场预测

商品进入市场后,并不会一直保持最高的销量,会随着时间的推移、消费者行为和需求的变化而不断变化。传统的市场调查是通过调查问卷和以往的经验寻找客户的来源,当调查结论出来时,往往已经过时。延迟、错误的调查结果只会让企业对市场需求做出错误的预测。大数据则能帮助企业完整勾勒出用户的行为和需求信息,通过真实有效的数据反映市场的需求变化,从而对产品进入市场后的各个阶段做出预测,合理地控制物流企业库存和安排运输方案。

2. 物流中心的选址

物流中心选址要求物流企业在充分考虑到自身的经营特点、商品特点和交通状况等因素的基础上,使配送成本和固定成本等之和达到最小,可以利用大数据中分类树方法解决这一问题。

3. 优化配送线路

配送线路的优化是一个典型的非线性规划问题,它一直影响着物流企业的配送效率和配送成本。物流企业运用大数据分析商品的特性和规格、用户的不同需求(时间或资金等),用最快的速度制定运输方案,选择合理的配送线路。

物流企业还可以通过配送过程中实时产生的数据,快速分析配送路线的交通状况,对事故多发路段做出提前预警。精确分析配送整个过程的信息,使物流的配送管理智能化,提高物流企业的信息化水平和可预见性。

4. 仓库储位优化

合理的安排货物储存位置对于仓库利用率和搬运分拣的效率有着极为重要的意义。对于货物数量多、出货频率快的物流中心,储位优化就意味着工作效率和效益。通过大数据的关联模式法分析货物数据之间的相互关系,合理安排货物在仓库中的位置,提高货物的分拣率,控制货物储存的时间。

第三节 "互联网＋"催生新的物流模式

一、挑战与改变

(一)新的挑战

"互联网＋"对物流提出了新的挑战,主要体现在两个方面。

1. 降低了利润空间

"互联网＋"的出现降低了传统物流企业的利润空间。互联网经济利用先进通信技术,通过大量信息的有效传递,实现了商品价格透明,最大限度地抑制了信息不对称。在"互联网＋"的时代,各物流企业提供服务的价格被透明化了,物流企业无法通过提高单价获得利润的增加。

2. 更高的服务要求

"互联网＋"经济背景下的网络资源优势得到充分发挥,用户能够方便地发表相关意见,对物流企业的服务提出了更高的要求,物流企业为了与用户保持良好的关系,就需要处理大量的客户信息数据。

在"互联网＋"的新的经济模式下,传统物流业须以创新模式主动迎接挑战,方能适应时代的要求,赢得自身发展。

（二）新的物流模式的属性

在"互联网＋"经济的背景下,云物流、智慧物流等创新的物流模式将应运而生,与传统物流模式相比,具有新的属性。

1. 高效性

物流与电子商务密切配合,为用户提供便捷迅速的服务,保证作业的时效性,让用户在期望的时间内获得所需的货物。物流的高效性将成为评估物流企业经营能力的重要指标。

2. 低成本

为了提高市场竞争力,物流企业和用户都有降低流通成本的迫切要求,这将成为中国电子商务物流发展的强大动力。

3. 运营自动化

物流运营的自动化必将成为物流业的发展趋势。物流企业借助信息化管理模式,能够自动完成用户信息录入、自动分拣、自动包装以及派送信息自动处理等,减少了运营中的人力资本投入。

4. 智慧化

将智慧化管理的思想和方法应用到物流管理中去,建设物流管理信息系统,实现精细化管理,保证管理的有效性,促使管理可视化。

二、云物流

1."物流云"与"云物流"

1）云物流的产生

云物流产生于云计算与物流的结合,其结合方式有两种,一是将云计算服务直接应用于物流业,由此产生了"物流云";二是将"云"的虚拟化、集中调度、分散使用等思想运用于相应行业的产品或运营设计中,由此产生了"云物流"。

2）云物流与云计算的关系

云计算的本质是作为终端用户,只需使用终端设备得到所需要的最终结果,而不关心其结果的处理过程,即只使用不过问。

物流领域中的第三方物流或第四方物流的概念,可以看作是云物流的雏形。物流终端用户不直接管理物流的中间过程,只是将其交由物流企业运作。物流企业承揽的业务特别是大型复杂的物流业务,并不一定是由一家物流企业完成,多数情况下要由几家不同的物流企业配合完成,而终端用户不需要了解这些情况,只关心业务完成的最终结果。这与云计算的特征非常相似。

这样,当人们在思考云物流时,就不仅仅局限于利用云计算技术开展物流运作,而是在更高的层次上思考云物流的发展。如物流行业在云计算的支持下,利用云计算的网络与成果,尽快发展与云物流相关的实体经济。

云物流集成众多物流用户的需求,形成物流需求信息集成平台。用户利用这一平台,最大限度地简化应用过程,实现所有信息的交换、处理、传递,用户只需专心管理物流业务。同时,"云物流"还可以整合零散的物流资源,提升整体工作效率、改善流程、降低运营成本、降低物流活动的整体能耗,成为实现低碳物流的重要一环。

2. 云物流在快递行业的应用

从快递业应用云物流的实例看,云物流的作用主要体现在物流信息方面。在实际运作中,快递行业中的某个企业首先搭建一个"行业云"的平台,集中行业中的私有数据,即集中来自全球发货公司的海量货单;其次,对海量货单和货单的目的路径进行整理;最后,指定运输公司发送到快递公司,最后送达收件人。在这一过程中,云物流对快递行业的收货、运输、终端配送的运作模式进行了整合,实现了批量运输,部分解决了我国运输行业长期存在的空驶(或是半载)问题,提高了运输公司的效率,降低了成本。但是,快递行业只是物流行业中的一小部分。

3. 云物流在整个物流行业的应用

物流从经济层面上可以分为宏观物流和微观物流。

宏观物流通常是指物流范围较广、工程量较大、具有带动经济作用的物流活动。宏观物流方式会影响社会流通方式,也会影响国民经济。

相对于宏观物流而言,微观物流主要是指局部的、小范围的物流作业。除此之外,还有社会物流、企业物流、国际物流、区域物流、特殊物流等不同的分类。

物流活动是由包装、装卸、运输、存储、流通加工、配送和物流信息等活动构成的。提高物流效率就是提高上述各个活动的效率。

当一个企业承担物流的全部功能时,实际上是承担了所有的物流活动。第三方或是第四方物流出现以后,通过对物流活动进行细分,实现物流作业专业化,提高物流活动效率。第三方或第四方能够提高物流效率的本质,实际上是对物流活动进行重新组合即业务重构,实现了业务活动的专业化。所以,与快递行业一样,业务重构对提升效率起到了巨大的作用。

在业务重构过程中,云计算是可以利用的工具。目前,在物流领域有些运作已经有"云"的身影,如车辆配载、运输过程监控等。借助云计算中的"行业云",多方收集货源和车辆信息,并使物流配载信息在实际物流运输能力与需求发生以前得以发布,加快了物流配载的速度,提高了配载的成功率。

"云存储"也是可以发展的方向之一,利用移动设备将在途物资作为虚拟库存,即时进行物资信息交换和交易,将物资直接出入库,并直接将货物运送到终端用户手中。

受益于云物流的还有供应链,零售业在云物流的影响下也将发生变化。

如果说,云计算为快递行业降低生产成本发挥了很大作用,那么,云计算在物流行业应用带来的直接效果就是降低物流成本,这将大大提高物流业的社会效益。

三、智慧物流

(一)智慧物流的概念

智慧物流是利用集成智能化技术,使物流系统能模仿人的智能,具有思维、感知、学习、推理判断和自行解决物流中某些问题的能力,即在流通过程中获取信息从而分析信息做出决策,使商品从源头开始被实施跟踪与管理,实现信息流快于实物流。

物流是在空间、时间变化中的商品等物质资料的动态状态。因此,很大程度上物流管理是对商品、资料的空间信息和属性信息的管理。在以物联网为基础的智慧物流技术流程中,智能终端利用 RFID、红外感应、激光扫描等传感技术获取商品的各种属性信息,再通过通信手段传递到数据中心对数据进行集中统计、分析、管理、共享、利用,从而为物流管理甚至是整体商业经营提供决策支持。

物流业是最早接触物联网的行业,很多先进的现代物流系统已经具备了信息化、数字化网络化、集成化、智能化、柔性化、敏捷化、可视化、自动化等先进技术特征。很多物流系统和网络也采用了最新的红外、激光、无线、编码、认址、自动识别、定位、无接触供电、光纤、数据库、传感器、RFID、卫星定位等高新技术,这种集光、机、电、信息等技术于一体的新技术在物流系统的集成应用就是物联网技术在物流业应用的体现。图 9-2 是智慧物流技术基础示意图。

图 9-2　智慧物流技术基础示意图

智慧物流理念的提出,顺应历史潮流,也符合现代物流业自动化、网络化、可视化、实时化、跟踪与智能控制的发展新趋势,符合物联网发展的趋势。

(二)智慧物流的作用

智慧是对事物能迅速、灵活、正确地理解和解决的能力。智慧物流就是能迅速、灵活、正确地理解物流,运用科学的思路、方法和先进技术解决物流问题,创造更好的社会效益和经济效益。

1. 降低物流成本,提高企业利润

智慧物流能大大降低制造业、物流业等各行业的成本,实打实地提高企业的利润。生产商、批发商、零售商三方通过智慧物流相互协作,信息共享,物流企业便能更节省成本。其关键技术诸如物体标识及标识追踪、无线定位等新型信息技术应用,能够有效实现物流

的智能调度管理、整合物流核心业务流程,加强物流管理的合理化,降低物流消耗,从而降低物流成本,减少流通费用、增加利润。从而改善备受诟病的物流成本居高不下的现状。并且能够提升物流业的规模、内涵和功能,促进物流行业的转型升级。

2. 加速物流产业的发展,成为物流业的信息技术支撑

智慧物流的建设,将加速当地物流产业的发展,集仓储、运输、配送、信息服务等多功能于一体,打破行业限制,协调部门利益,实现集约化高效经营,优化社会物流资源配置。同时,将物流企业整合在一起,将过去分散于多处的物流资源进行集中处理,发挥整体优势和规模优势,实现传统物流企业的现代化、专业化和互补性。此外,这些企业还可以共享基础设施、配套服务和信息,降低运营成本和费用支出,获得规模效益。智慧物流概念的提出对现实中局部的、零散的物流智能网络技术应用有了一种系统的提升,契合了现代物流的智能化、自动化、网络化、可视化、实时化的发展趋势,对物流业的影响将是全方位的,因为现代物流业最需要现代信息技术的支撑。

3. 为企业生产、采购和销售系统的智能融合打基础

随着 RFID 技术与传感器网络的普及,物与物的互联互通,将给企业的物流系统、生产系统、采购系统与销售系统的智能融合打下基础,而网络的融合必将产生智慧生产与智慧供应链的融合,企业物流完全智慧地融入企业经营之中,打破工序、流程界限,打造智慧企业。

4. 使消费者节约成本,轻松、放心购物

智慧物流通过提供货物源头自助查询和跟踪等多种服务,尤其是对食品类货物的源头查询,能够让消费者买得放心,吃得放心,增加消费者的购买信心,促进消费,最终对整体市场产生良性影响。

5. 提高政府部门工作效率,有助于政治体制改革

智慧物流可全方位、全程监管食品的生产、运输、销售,大大节省了相关政府部门的工作量的同时,使监管更彻底更透明。通过计算机和网络的应用,政府部门的工作效率将大大提高,有助于我国政治体制的改革,精简政府机构,裁减冗员,从而削减政府开支。

6. 促进当地经济进一步发展,提升综合竞争力

智慧物流集多种服务功能于一体,体现了现代经济运作特点的需求,即强调信息流与物质流快速、高效、通畅地运转,从而降低社会成本,提高生产效率,整合社会资源。智慧物流的建设,在物资辐射及集散能力上同邻近地区的现代化物流配送体系相衔接,全方位打开企业对外通道,以产业升级带动当地经济的发展。物流中心的建设,将增加城市整体服务功能,提升城市服务水平,增强竞争力,从而有利于商流、人流、资金流向物流中心所属地集中,形成良性互动,对当地社会经济的发展有较大的促进作用。

(三)智慧物流系统的创建

1. 建立基础数据库

建立内容全面丰富、科学准确、更新及时且能够实现共享的信息数据库是企业建立信

息化建设和智能物流的基础。尤其是在数据采集挖掘和商业智能方面,更要做好功课,对数据采集、跟踪分析进行建模,为智能物流的关键应用打好基础。

2. 推进业务流程优化

目前企业传统物流业务流程信息传递迟缓,运行时间长,部门之间协调性差,组织缺乏柔性,制约了智能物流建设的步伐。企业尤其是物流企业需要以科学发展观为指导,坚持从客户的利益和资源的节约保护为出发点,运用现代信息技术和最新管理理论对原有业务流程进行优化和再造。企业物流业务流程优化和再造包括观念再造、工作流程优化和再造、无边界组织建设、工作流程优化(主要指对客户关系管理、办公自动化和智能监测等业务流程的优化和再造)。

3. 重点创建信息采集跟踪系统

信息采集跟踪系统是智能物流系统的重要组成部分。物流信息采集系统主要由RFID 系统和 Savant(传感器数据处理中心)系统组成。每当识读器扫描到一个 EPC(电子编码系统)标签所承载的物品制品的信息时,收集到的数据将传递到整个 Savant 系统,为企业产品物流跟踪系统提供数据来源,从而实现物流作业的无纸化。而物流跟踪系统则以 Savant 系统作为支撑,主要包括对象名解析服务和实体标记语言,包括产品生产物流跟踪、产品存储物流跟踪、产品运输物流跟踪、产品销售物流跟踪,以保证产品流通安全,提高物流效率。当然,创建信息采集跟踪系统,要先做好智能物流管理系统的选型工作,而其中信息采集跟踪子系统是重点考察内容。

4. 实现车辆人员智能管理

车辆调度:提供送货派车管理、安检记录等功能,对配备车辆实现订单的灵活装载。车辆管理:管理员可以新增、修改、删除、查询车辆信息,并且随时掌握每辆车的位置信息,监控车队的行驶轨迹,同时可避免车辆遇劫或丢失,并可设置车辆超速告警以及进出特定区域告警;监控司机、外勤人员实时位置信息以及查看历史轨迹;划定告警区域,进出相关区域都会有告警信息,并可设置电子签到,并最终实现物流全过程可视化管理。实现车辆人员智能管理,还要能做到高峰期车辆分流控制系统,避免车辆的闲置。企业尤其是物流企业可以通过预订分流、送货分流和返程分流实行三级分流。高峰期车辆分流功能能够均衡车辆的分布,降低油费、减少物流对资源、自然的破坏,有效确保客户单位的满意度,对提高效率与降低成本的矛盾具有重要意义。车辆人员智能管理也是智能物流系统的重要组成模式,在选型采购时要加以甄别,选好选优。

5. 做好智能订单管理

推广智能物流一个重点就是要实现智能订单管理,一是让公司呼叫中心员工或系统管理员接到客户发(取)货请求后,录入客户地址和联系方式等客户信息,管理员就可查询、派送该公司的订单;二是通过 GPS/GPS one 定位某个区域范围内的派送员,将订单任务指派给最合适的派送员,而派送员通过手机短信来接受任务和执行任务;三是系统还要能提供条码扫描和上传签名拍照的功能,提高派送效率。

6. 制定危机管理应对机制

智能物流的建设不仅要加强企业常态化管理,更应努力提高危机管理水平。企业尤其是物流企业应在物联网基础上建设智能监测系统、风险评估系统、应急响应系统和危机决策系统,这样才能有效应对火灾、洪水、极端天气、地震、泥石流等自然灾害以及瘟疫、恐怖袭击等突发事件对智能物流建设的冲击,尽力避免或减少对客户单位、零售终端、消费者和各相关人员的人身和财产造成的伤害和损失,实现物流企业健康有序地发展。

复习思考题

1. 什么是"互联网＋"?
2. "物流云"与"云物流"有何区别?
3. 什么是大数据? 大数据在物流领域有哪些具体的应用?
4. 什么是智慧物流? 智慧物流有哪些具体的应用?

案　例

北京如风达快递有限公司运用互联网提升客户体验

北京如风达快递有限公司(以下简称如风达快递)是中信产业基金全资控股企业,是独立运营的快递品牌。如风达快递与市场上其他的快递、物流企业不同,它有着鲜明的互联网特色,非常注重用户体验,如风达快递所有的服务都是围绕提升客户体验,帮助客户品牌的延伸而展开的。而且如风达快递公司内部非常重视信息技术的建设,相比于其他快递、物流公司而言,如风达快递对于技术团队的重视程度非常高。目前的技术团队不仅仅为如风达自身提供专业的技术支持,而且下一步计划将为更多的企业提供专业技术服务。

一、不只是快递、物流公司

如风达快递成立于 2008 年,目前人员规模 6 000 人左右,虽然相比于传统快递巨头顺丰、圆通等,人员方面没有其庞大的规模,但是基于互联网思维发展的理念以及注重客户体验,令如风达快递备受电商以及企业客户的青睐。目前,如风达快递的业务范围基本上已经覆盖到全网即全国所有的区域。据如风达总裁李红义介绍,如风达将在 2015 年加速发展步伐。李红义之所以这么有自信,是因为他把如风达快递定位为互联网快递、物流公司。在李红义眼中,互联网化的快递公司或者物流公司与传统快递有很大的区别,比如传统的快递或者物流服务只是解决把货物是否送到问题,很少去关注客户体验。

李红义认为,"如风达绝不是一家纯送快递的企业,如风达重视客户体验,重视差异化服务,更注重企业跟他客户之间的衔接,通过如风达快递能够为客户或商家提供最好的体验。"

做过电商或者做过服务的都知道,不论是电商还是企业客户最终要解决"最后一公里"的问题——客户体验与需求,如果把客户体验与需求做到了极致,不仅仅是能够赢得客户的信赖,而且为客户的客户提供了更好的服务,能够赢得更多客户的信赖。在这一点上如风达做到了,众多的如风达的客户如亚马逊、当当、小米、聚美优品、凡客等就是最好的证明。

如风达快递以互联网的思维把服务进行了延伸,为客户的客户提供了更好的服务比如在小米的米粉节,如果是普通的快递配送小米手机一般流程是配送员按时按点安全送到,然后客户验证没有损坏、签收,整个一套流程是这样的。但是如风达与传统快递企业不同的是,如风达会要求所有配送员在米粉节配送小米手机时,除传统业务要求以外,配送人员还要对米粉们说一声"米粉节快乐"。

李红义说,"其实,看起来很简单的东西,但如果不是电商人、不在互联网电商圈中,你是不会想到也不会去做的。如风达所有的服务都是围绕提升客户体验,帮助客户品牌的延伸而展开的。"

从服务的角度来看,如风达帮助小米在做品牌的延伸,如风达快递强调的不是如风达快递的服务,而是强调的是小米客户能体会到小米品牌服务的延伸。当如风达快递为亚马逊、中国移动、某银行信用卡等客户服务时,如风达的重点都是让客户体会到客户品牌的延续,这也是如风达快递推行服务时一贯很关注的。

从技术的角度来看,如风达的整个团队具备了良好的互联网"基因",整个团队对于互联网理解非常深,他们能了解商家想要给客户什么样的体验,也很清楚客户的需求,这也是如风达与传统的快递之间的区别之一。

二、深化客户服务 IT 先行

每一行都有每一行的门道,快递、物流行业同样也如此。传统的快递、物流业务流程分为上门取件、然后入库、分发等,这样的流程时间特别长,而且耗力,效率低且成本高,而如风达能够为客户提供的不仅仅是客户品牌延伸服务,而且通过线上与线下(O2O)的服务模式,使客户无论是在效率还是成本方面都有着显著的改善和提升,避免了资源浪费。

在整个如风达服务客户的各项业务中,IT 可谓功不可没,它为整个如风达的业务夯实了技术基础和保障。比如如风达和小米,整个 WMS 系统实现深入对接,只要小米客户产生订单后,订单就会传送到如风达的系统,而不需要再把订单录入到如风达快递的系统,如风达会快速完成信息分拣、分发、配送到全国每个站、每个区,信息清楚明确,分拣派送更快、更便捷,这样的操作流程与服务,省去了不必要的环节以及流程,节省了大量时间和成本。

再比如某国内大型银行过去在给客户发送电子行程单采取的办法是在上海打印全国的报销凭证、机票行程单,装信封、快递袋,然后再由快递公司去取,当它要把这些电子行程单由上海发往全国各地时将需要很长的时间。但在该银行把电子行程单通过如风达配送后,如风达与该银行系统进行深入对接以后,票据打印机分别安排放到如风达各个地区站点,按客户所在区域分区直接打印。例如北京的客户在北京打印完后,往往在打印当日就能送到终端客户手中。速度快的同时,还给客户节省了成本——客户不用打印通过系统直接打印派送,这种服务帮助客户提高了效率,节省了成本。

某客户的订单信息原来通常需要一个部门、一整天时间处理,而与如风达系统对接后,在如风达手中,只需要每天 2 个人、2 个多小时就可以处理完成,这为客户节省了成本以及时间,提升了效率。

从安全的角度来看,包括银行在内的金融类客户除了对服务有很严格要求,它要求最高的是客户的信息安全。在信息安全方面,金融行业可以说是要求最严的,这也考验着如风达的 IT 安全技术能力。事实上,如风达非常重视信息安全,而且下了很大的功夫。比如处理信息的人员使用的云桌面,只有一个显示器,它任何操作都会置于监控之下,不会发生泄密事件。

据李红义透露,如风达公司非常重视信息技术的建设。相比于其他快递、物流公司而言,如风达对于技术团队的重视程度非常高,目前的技术团队不仅仅为如风达快递企业自身提供专业的技术支持,而且下一步计划将为更多的企业提供专业技术服务。

三、不怕复制不断创新的成功模式

在国内市场,任何新产品或者新的商业机会出来,很快就会有复制品出现,对于如风达所提供的成功互联网业务模式同样也会受到复制的可能。但在李红义看来似乎并不担心,"每做一件事情都会有创新,这就看谁先落地,谁先落地谁就占有优势。复制也需要有过程,在过程当中客户的要求也会变,也会越来越高,如风达也会针对客户的要求不断地改变,研发改进技术,提高改变服务内容,当别人复制如风达模式的同时,如风达也会有新的创新。"

（资料来源：整理自 http://www.cn156.com/article-48234-1.html.）

第十章

区 域 物 流

第一节 区域物流的概念和理论基础

一、区域物流的概念

（一）区域和区域经济

1. 区域

区域的概念,有地理学的区域概念、政治学的区域概念、社会学的区域概念和经济学的区域概念。一般认为,区域是按一定标准划分的、连续的有限空间范围,具有自然、经济、社会特征的某一个方面或几个方面的地域单位。

2. 区域经济

经济学的区域概念是建立在上述区域概念基础之上的,特指居民高度认同、地域完整、功能明确、内聚力强大的经济地域单元,又称为经济区域。与经济区域相关的概念是区域经济。区域经济是按照自然状况、经济联系、社会发展需要而形成的经济联合体,是社会经济活动专业化分工与协作在空间上的反映。

区域经济的形成,有时具有历史原因,比如江浙经济区域,徽商（安徽、江西交界处）,闽商,粤商（潮汕地区）等等;有时体现为国家政策的引导,如改革开放后,在国家政策的引导下,我国形成了经济发达的珠三角、长三角和环渤海经济发展区域。

（二）区域物流

1. 区域物流的概念

区域物流是在某一经济区域内,物资从供方向需方的物资实体流动过程,它实现了物资的空间效用、时间效用和形质效用,是运输、储存、装卸、包装、流通加工、配送、信息处理等几种功能的有机结合体。

2. 区域物流与区域经济的关系

区域经济和区域物流既有联系,又有不同。区域经济从经济的角度,将某些经济活动联系比较紧密的区域连接起来,它跨越了行政区域的界限。区域物流则是区域经济中以物流活动作为主要经济活动的一种形式,它与区域经济有非常紧密的关系,但又不拘泥于区域经济,由于物流活动有其自身的规律性,所以,区域物流会在区域经济的基础上自成体系。

(1)区域物流是区域经济活动中生产、流通、分配、消费环节及各部门和各地区实现有效联系的纽带,是区域经济的主要构成要素。

(2)区域经济与区域物流具有较强的相关性,是相互依存的统一体。从区域经济发展的角度,区域物流规模较大,区域物流组织管理水平较高,区域物流产业较发达,区域经济的总量也就越大,社会效益也就越高。区域物流的发展,给区域经济发展提供了良好的实体移动平台,促进了区域经济发展;反之亦然,区域经济的发展会促成区域物流的集中,形成物流规模,促进区域物流的发展。

(3)区域物流的范围与其所属的区域经济范围相一致,但又不完全重合。这其中主要原因是运输距离经济原理决定了某种运输方式最小的运输距离,进而决定了作为区域物流经营主体的物流企业的运作范围。

二、区域物流的理论基础

区域物流作为区域经济的重要组成部分,是伴随着区域经济的发展而发展。所以,区域物流的理论是以区域经济理论为基础的。

(一)区域分工贸易理论

这是传统经济学有关区域分工贸易的经济学理论,主要有亚当·斯密的绝对利益理论,大卫·李嘉图的比较利益理论,赫克歇尔与奥林的生产要素禀赋理论。他们认为,由于地区间的分工不同,产生了绝对利益、比较利益和生产要素禀赋的差异。

(二)微观区位理论

区位理论主要解决厂商如何选择生产地,才能最大限度地降低运输成本,实现利润最大化的问题。随着研究的不断深入,区位理论的内容日渐丰富。

1. 农业区位理论

主要代表人物是德国农业经济学家杜能,主要观点是,不同地方对中心城市距离远近所带来的运费差,决定着不同地方农产品纯收益(经济地租)的大小,纯收益成为市场距离的函数,在农业生产研究中,较早地考虑到区域物流的要素。

2. 工业区位理论

主要代表人物是德国经济学家韦伯,其观点是在工业经济地理配置的基础上,寻求工业生产成本费用最低区位。需要强调的是,在原料与市场之间寻求工业生产成本最低区位时,韦伯认为运输成本最低是重要的影响因素。运输成本又与原料、燃料、劳动力、运输、集聚、地租等因素有关,而这些因素也是研究区域物流所必须关注的因素。

3. 贸易区边界区位理论

主要代表人物是美国经济学家费特尔,他根据成本和运费的不同假设,提出了两个生产地贸易区分界线的抽象理论,认为贸易区的边界是由该区产品的单位生产成本和单位运输成本之和决定的。

4. 中心地理论(高效市场网理论)

主要代表人物是德国地理学家克里斯·泰勒,以聚落分布为出发点对德国南部进行观察、研究,分析市场区经济形成过程,得出三角形聚落分布,六边形市场区的高效市场网理论,即中心地理论。

廖什,沿用克里斯泰勒的市场区框架,创立了服从最大限度利润的、以市场为中心的工业区位论和作为市场体系的经济景观。

5. 市场竞争区位理论

主要代表人物是瑞典经济学家帕兰德,市场竞争区位理论引入了不完全竞争概念,以价格为变量研究区位空间的均衡,在运费分析上,提出了远距离运费衰减的规律。

(三)宏观区位理论

与微观区位理论相比,宏观区位理论研究的重点转向区域经济发展、城市发展和区域经济政策。主要有经济增长极理论和梯度推进理论。

1. 经济增长极理论

主要代表人物是法国经济学家佩鲁。所谓增长极就是具有推动性的经济单位,或是具有空间聚集特点的推动性单位的集合体。经济增长首先出现和集中在具有创新能力的行业。这些具有创新能力的行业常常聚集于经济空间的某些点上,于是就形成了增长极。作为增长极,它首先不是一个大的综合部门或区域,而是作为这个大的综合部门或区域中的一个“点”存在的。

2. 梯度推进理论

主要代表人物是美国经济学家弗农。梯度转移理论认为,区域经济的发展取决于产业结构的状况,而产业结构的状况又取决于地区经济部门,特别是其主导产业在工业生命周期(创新、发展、成熟、衰退四阶段)中所处的阶段。如果主导产业部门由处于创新阶段的专业部门所构成,则说明该区域具有发展潜力,因此,将该区域列入高梯度区域。梯度转移理论主张发达地区应首先加快发展,然后通过产业和要素向较发达地区和欠发达地区转移,以带动整个经济的发展。

3. 点轴开发理论

主要代表人物是波兰经济学家萨伦巴和马利士,在重视“点”(中心城镇或经济发展条件较好的区域)的增长极作用的同时,强调了“点”与“点”之间的“轴”(交通干线)的作用,认为随着重要交通干线(铁路、公路、河流航线、空中航线)的建立,连接地区的人流和物流迅速增加,生产和运输成本降低,形成有力的区位条件和投资环境。也就是人们常说的“要想富(经济快速发展),先修路(交通干线)”。产业和人口向交通干线聚集,使交通干线连接的地区成为经济增长点,沿线成为经济增长轴。

第二节 区域物流模式

区域物流模式与经济区域的区位优势、产业结构、产业布局、产业之间的关联度、物流基础设施、原材料输入地与产品输出地等方面有密切的联系,区域物流模式应服从区域经济发展战略的总体目标。

一、综合型区域物流模式

综合型区域物流模式是以区域内的产业聚集区各产业组织为主要服务对象,为各产业组织供应链物流活动提供终端物流配送服务。

我国的产业聚集区主要是高新技术开发区、经济技术开发区。在这些区域中,产业组织之间的关联度有强弱之分,提供的物流模式也就不同。对于关联度较强的产业组织,物流服务更多地采用供应链一体化的模式。对于关联度较弱的产业组织,考虑到其对物流服务的时间性、物品、流向、流程、流量、载体等方面均有较为突出的差异性,进而表现为对物流综合服务的需求,所以,宜采用综合物流服务模式。

综合型区域物流模式主要提供以下服务。

1. 供应物流

由区域内外的供应商向产业聚集区各产业组织提供各种原材料、半成品、配套件等。

2. 仓储

存储产业聚集区各产业组织所需要的供应物品,如原材料、半成品、配套件等,还具有承担区域货物中转、分拨的区域物流仓储功能。

3. 专业化、定制化生产配送

根据产业聚集区各产业组织的订单和生产计划的要求,提供准时化生产配送物流服务。

4. 专业化、定制化流通加工

为了实现准时化生产配送物流服务,将供应商提供的整批、整件和大宗物品(原材料),根据产业聚集区各产业组织的要求,进行专业化、定制化的简单加工,如钢材的剪切、配套件的预装、组装等,是准时化生产配送物流服务准备阶段。

5. 产成品的流通加工、终端配送

将产业聚集区各产业组织生产的产成品、半成品等,根据用户的要求进行相应的包装、流通加工,再将其配送到最终用户。

综合型区域物流模式要求物流企业建立具有覆盖整个区域内外的、完善的物流网络,以定制化的物流服务满足用户要求,其物流活动方式呈现多样化的特点,并以集运、多式联运为主。

二、供应链一体化型区域物流模式

供应链一体化型区域物流模式是围绕主导产业形成的产业链,以相对稳定的供应物流关系进行的供应链物流活动。

所谓产业链是指,在特定领域和地域中,具有竞争与合作关系的、相互关联的企业,专业化的供应商、服务供应商、相关产业厂商以及相关机构等形成的集群,又称为产业集群。

从产业链的构成可以看出,在这个集群里,既有处于主导地位的企业,又有相互关联的企业,还有相关产业的企业;既有专业化的供应商、服务供应商,又有诸如产业工会、制定标准化的部门,甚至科研院所、大专院校等机构。产业链不仅突破了产业之间的界限,也为公共部门和服务对象之间的相互合作提供了一种新的模式。

在产业链中,品种、流量、流程、流向都是相对确定的,对物流活动的要求就是流速,即根据订单提供的信息,在信息平台的支持下,实现采购、供应、生产配送、储运等各个物流环节的准时化。所以,供应链一体化型区域物流模式具有一体化和准时化的特征。

1. 准时化供应物流

准时化供应物流是物流企业按主导企业的供应(采购)订单信息,从供应商处接受供应物品,为供应商提供运输和仓储服务。

2. 准时化生产配送物流

准时化生产配送物流是物流企业按主导企业生产计划的时间和数量要求,实施工作地配送服务。

3. 准时化产成品储运

准时化产成品储运是物流企业按主导企业的销售订单和预测,及时将产成品进行终端的配送和仓储。

供应链一体化型区域物流模式对物流活动的准时化要求非常高,对配送数量、配送时间、配送路线有着严格准确的规定和标准。要达到准时化的高要求,关键是物流信息的准确性和及时性;要保障物流活动的有效运行,配送路线和道路交通环境是基本条件。

三、交通枢纽型区域物流模式

交通枢纽型区域物流模式是以区域的特殊地理位置(港口、水陆交通枢纽、航空港等)为基础,为承担区域内外货物中转枢纽功能的物流活动聚集区提供多功能服务,又称为多功能服务型区域物流模式。

交通枢纽型区域物流模式中的物流活动以大批量货物集散为主,同时提供海关、商检、动植物卫生检疫、货代和船代、保险、保税等与物流活动相关的各种服务。

交通枢纽型区域物流模式的物流活动因大批量货物集散而具有下列特征。

1. 大批量仓储

大批量仓储要求存储设施的分类、专业化、空间安排,要以中转物品的种类、主要运输方式和转运方式为依据。

2. 大规模、高效率的装卸搬运

要满足大规模、高效率的装卸搬运需求,其装卸搬运设备要以转运物品的属性为基础,专业化与通用化相结合。

3. 大规模交通工具和多种运输方式的转接

在实际运行中,大规模交通工具和多钟运输方式转接成为常态。要实现公路、铁路、港口等的顺利衔接,就要有完善的道路交通条件和适用的转运工具。

4. 服务性的增值活动

多功能服务型区域物流模式除了提供物流服务外,还提供海关、商检、动植物卫生检疫、货代和船代、保险、保税等口岸和商务服务,这无疑提高了物流活动的效率和效益。

四、商贸型区域物流模式

商贸型区域物流模式是在已经形成的区域商品交易市场中,将市场交易服务与仓储、物品配送等物流活动相结合的一种模式。

区域商品交易市场一般是大规模的、专业的实物商品交易市场,如大型农产品市场、建材家居市场、汽车交易市场、医药市场、电子产品市场,等等。区域商品交易市场的交易量大,物流活动集中而且频繁,对物流的需求较大。

根据区域商品交易市场的上述特点,商贸型区域物流模式具有以下特征。

1. 物品品种多样化、批量小、批次多

因为区域商品交易市场直接面对广大的消费者和用户,虽然整体市场的交易量大,但是消费者和用户对物品品种呈现多样化需求,使单个消费者和用户的购买量不大。

2. 较强的仓储和配送功能

由于商品需求的不确定性,加之品种多样、批量小、批次多,所以,物流企业要具备较强的仓储和配送能力。

3. 商流和物流分离

随着市场规模和交易规模的发展扩大,存储和配送中心逐步向交通条件较好的城市周边移动。根据商品交易市场的商流(提出的订单、合同要求),通过市场的公共信息平台网络,将商流信息传递到物流配送中心的相关物流企业,物流企业按照订单提供的物品数量和时间要求,进行物流准备、运输计划安排、运输工具选择及运输路线优化,最终完成全部物流活动。

4. 商流、物流、信息流的关系

商流和物流虽然是分离的,但在整个过程中,要体现商流和物流的一致性。要保证商流和物流的一致性,就要求信息流的完整性、准确性和及时性。

第三节 区域物流规划

一、区域物流规划的概念

（一）规划

规划是组织为了实现一定时期内的战略目标而编制的行动纲领,具有约束和指导作用。所谓约束作用,就是具有管理职能,特别是政府规划,一般具有法律效力。所谓指导作用,则是对规划对象的发展以及行为主体起到引导作用,尤其是政府的宏观规划,对企业和社会的投资、生产、销售等行为具有明显的导向作用。

任何规划都会在规模、结构、功能、运行状态等方面对规划对象的发展进行预估,其中,结构是规划的核心,包括数量结构、空间结构、功能结构和组织结构。所以,规划的实质就是为实现一定时期的战略目标,对规划系统内的数量结构、空间结构、功能结构和组织结构进行整合和优化。

（二）区域物流规划

区域物流规划就是以区域物流规模、结构和特点为基础,根据区域经济与社会发展目标,对一定时期内（一般为中长期）区域物流发展目标、资源建设、发展战略与对策进行的系统设计。

区域物流规划是区域物流发展的蓝图和行动指南,具有综合性、区域性、战略性和政策性。

二、区域物流规划的内容

（一）区域物流规划的层次

区域物流规划一般包括区域物流总体规划、城市物流规划和物流园区规划三个层次。如果将区域物流总体规划看成是宏观规划的话,则城市物流规划和物流园区规划分别为中观规划和微观规划。

区域物流总体规划是最基本的、最高层次的区域物流规划,是城市物流规划和物流园区规划的基础;城市物流规划顾名思义,就是对区域内的城市在物流发展方面所进行的规划,多个城市物流规划从多角度、全方位支撑区域物流总体规划;物流园区规划是服从于城市物流规划和区域物流总体规划的,在一个大中城市,会存在若干个物流园区,在物流园区这个空间区域,集中了物流设施、物流网点、物流企业,因此,物流园区规划是城市物流规划的重要组成部分。

（二）区域物流规划的主要内容

1. 区域物流空间布局规划

区域物流系统是由物流枢纽城市、物流园区、物流中心组成的。空间布局的关键是确定物流枢纽城市。

在一个经济区域中,分布着许多城市。但是,作为枢纽城市,必须具有经济地位突出、交通发达、信息网络与技术条件先进、物流量大、物流企业集中等优势,多为经济区域中的中心城市。

物流园区是为了实现物流设施集约化和物流运作共同化,或者出于城市物流设施空间布局合理化的目的而在城市周边等各区域集中建设的物流设施群与众多物流业者在地域上的物理集结地。它多是由政府主导并给予政策支持的。

物流中心是从事物流活动且具有完善信息网络的场所或组织(面向快递业、运输业的称分拨中心)。应基本符合下列要求:

(1) 主要面向社会提供公共物流服务;

(2) 物流功能健全;

(3) 集聚辐射范围大;

(4) 存储、吞吐能力强,能为转运和多式联运提供物流支持;

(5) 对下游配送中心客户提供物流服务。

物流园区和物流中心一般可依托港口、交通枢纽、开发区、商贸市场进行建设。

在进行区域物流空间布局规划时,要考虑经济区域内的产业布局、产业关联度、辐射集聚效应、交通运输条件、与周边区域的相互关系等因素,既要满足区域经济内的物流需求,也能满足区域对外经济活动的物流需求,形成提供高效物流服务的网络体系。

在物流园区和物流中心功能定位时,围绕区域的产业优势,按照战略产业所包含的主导产业、支柱产业、先导产业和基础产业的优先次序,在基本功能、增值服务功能和配套服务功能方面对物流园区和专业物流中心进行规划。

2. 区域物流基础设施平台规划

区域物流基础设施平台主要分为基础设施类、设备类和标准类。

基础设施类包括铁路、公路、水路、机场、管道网络、仓库、物流中心、配送中心、站场、停车场、港口、码头、信息网络设施等。

设备类包括各种运输工具、装卸搬运机械、自动化作业设备、流通加工设备、信息处理设备及其他各种设备。

标准类包括物流术语标准、托盘标准、包装标准、卡车标准、集装箱标准、货架标准、商品编码标准、商品质量标准、表格与单证标准、信息交换标准、仓库标准、作业标准等。

区域物流基础设施平台规划主要解决上述三类基础设施之间的兼容性、协同性,要贯穿规划的始终。无论是区域物流基础设施建设,区域物流基础设施完善,抑或是区域物流基础设施平台的搭建,都要考虑三类基础设施相互之间的适应性,追求区域物流基础设施平台的系统优化。

3. 区域物流信息平台规划

区域物流信息平台由物流公共信息系统、物流信息交换系统、物流电子交易系统和物流信息标准化系统四层体系结构构成,其中,物流公共信息系统发挥着关键性的作用,对其他三个系统提供信息支持。

由于物流过程中的信息流动具有跨企业、跨行业、跨地区流动的特征，因此，区域物流信息平台所涉及的物流、商流、资金流、信息流必然牵涉多个物流枢纽和物流环节，牵涉政府部门和众多企业。所以，区域物流信息平台必须实现大跨度的信息实时传输、远程数据访问、数据分布处理等功能。

在区域物流信息平台规划中要注意以下问题：

（1）统一标准和规范；

（2）解决新信息平台与原有各种信息系统之间的交互；

（3）对已有的功能单一的信息系统进行整合，避免重复建设；

（4）充分考虑物流信息平台与其他相关行业的接口，保证平台的成长性和增容性；

（5）尽量使用模块化设计，使平台各分割部分具有相对的独立性和较强的移植功能，为不同的企业根据自身要求选择、搭配、扩充各模块，并对其进行深度开发提供可能条件。

4. 区域物流政策平台规划

区域物流政策平台的内容主要有物流法规、市场管理、项目规划、协同制度、行业政策、行业标准、技术支持、财政政策、土地政策、税收政策、金融政策、交通管理政策以及人才政策等。

由于现代物流业凸显的综合性质，很难将其划归到某个政府部门加以管理和指导，呈现出计划、经贸、财政、规划、工商、税务、城建、交通、铁道、航空、海关、公安和城管等十几个政府部门多元化管理状态。随着区域物流的发展，物流管理将由多元化管理向一体化管理过渡，借助区域物流政策平台，相关部门的管理职能得以协调和理顺，为这种过渡提供良好的软环境。

三、国家级区域物流布局

国家级区域物流布局是指针对一国范围内的物流由国家统一制定政策，计划、组织或指导，完成全国范围内的物流布局。

2008年，国际金融危机对我国实体经济造成了较大冲击，物流业作为重要的服务产业，也受到较为严重的影响。为了应对国内国际复杂的经济形势，促进物流业自身平稳较快发展和产业调整升级，服务和支撑其他产业的调整与发展，扩大消费和吸收就业，同时促进产业结构调整、转变经济发展方式和增强国民经济竞争力，国务院制定和出台了多项有关国家级区域物流布局的政策和方案。

2009年3月10日，国务院以国发〔2009〕8号印发《物流业调整和振兴规划（2009—2011）》（以下简称《规划（2009—2011）》）。

《规划（2009—2011）》较多涉及了国家级层面的物流业发展的区域布局，如《规划（2009—2011）》"第三部分主要任务"中的"（六）优化物流业发展的区域布局"所述：

"根据市场需求、产业布局、商品流向、资源环境、交通条件、区域规划等因素，重点发展九大物流区域，建设十大物流通道和一批物流节点城市，优化物流业的区域布局。

九大物流区域分布为：以北京、天津为中心的华北物流区域，以沈阳、大连为中心的东北物流区域，以青岛为中心的山东半岛物流区域，以上海、南京、宁波为中心的长江三角洲物流区域，以厦门为中心的东南沿海物流区域，以广州、深圳为中心的珠江三角洲物流区域,以武汉、郑州为中心的中部物流区域,以西安、兰州、乌鲁木齐为中心的西北物流区域,以重庆、成都、南宁为中心的西南物流区域。

十大物流通道为:东北地区与关内地区物流通道,东部地区南北物流通道,中部地区南北物流通道,东部沿海与西北地区物流通道,东部沿海与西南地区物流通道,西北与西南地区物流通道,西南地区出海物流通道,长江与运河物流通道,煤炭物流通道,进出口物流通道。

要打破行政区划的界限,按照经济区划和物流业发展的客观规律,促进物流区域发展。积极推进和加深不同地区之间物流领域的合作,引导物流资源的跨区域整合,逐步形成区域一体化的物流服务格局。长江三角洲、珠江三角洲物流区域和华北、山东半岛、东北、东南沿海物流区域,要加强技术自主创新,加快发展制造业物流、国际物流和商贸物流,培育一批具有国际竞争力的现代物流企业,在全国率先做强。中部物流区域要充分发挥中部地区承东启西、贯通南北的区位优势,加快培育第三方物流企业,提升物流产业发展水平,形成与东部物流区域的有机衔接。西北、西南物流区域要加快改革步伐,进一步推广现代物流管理理念和技术,按照本区域承接产业转移和发挥资源优势的需要,加快物流基础设施建设,改善区域物流环境,缩小与东中部地区差距。"

从以上内容可以看出,《规划(2009—2011)》从国家物流发展的全局性和战略性层面,对全国范围内的物流进行了系统布局。

2014年9月12日,国务院以国发〔2014〕42号印发《物流业发展中长期规划(2014—2020年)》(以下简称《规划(2014—2020年)》)。《规划(2014—2020年)》的"第四部分主要任务"对推进区域物流协调发展做了进一步的规划和明确要求。

《规划(2014—2020年)》要求:落实国家区域发展整体战略和产业布局调整优化的要求,继续发挥全国性物流节点城市和区域性物流节点城市的辐射带动作用,推动区域物流协调发展。按照建设丝绸之路经济带、海上丝绸之路、长江经济带等重大战略规划要求,加快推进重点物流区域和联通国际国内的物流通道建设,重点打造面向中亚、南亚、西亚的战略物流枢纽及面向东盟的陆海联运、江海联运节点和重要航空港,建立省际和跨国合作机制,促进物流基础设施互联互通和信息资源共享。东部地区要适应居民消费加快升级、制造业转型、内外贸一体化的趋势,进一步提升商贸物流、制造业物流和国际物流的服务能力,探索国际国内物流一体化运作模式。按照推动京津冀协同发展、环渤海区域合作和发展等要求,加快商贸物流业一体化进程。中部地区要发挥承东启西、贯通南北的区位优势,加强与沿海、沿边地区合作,加快陆港、航空口岸建设,构建服务于产业转移、资源输送和南北区域合作的物流通道和枢纽。西部地区要结合推进丝绸之路经济带建设,打造物流通道,改善区域物流条件,积极发展具有特色优势的农产品、矿产品等大宗商品物流产业。东北地区要加快构建东北亚沿边物流带,形成面向俄罗斯、连接东北亚及欧洲的物流大通道,重点推进制造业物流和粮食等大宗资源型商品物流发展。物流节点城市是区域物流发展的重要枢纽,要根据产业特点、发展水平、设施状况、市场需求、功能定位等,加强物流基础设施的规划布局,改善产业发展环境。

第四节　物流节点城市

物流节点城市是区域物流发展的重要枢纽,要根据产业特点、发展水平、设施状况、市场需求、功能定位等,加强物流基础设施的规划布局,改善产业发展环境。

一、物流节点城市的概念

(一)城市

城市的产生和发展是一个历史的过程。考古资料证明,世界最早的城市是位于约旦河注入死海北岸的古里乔,距今已有 9 000 年左右。

城市的概念众说不一。仅从字面上分析,包括"城"与"市"两个内涵。

"城",指在一定地域上,用于防卫而围起的城垣,其中居住着一定数量的人群,古希腊学者又将其称为"城邦"。

"市",是指交易的场所。我国古代最早的交易场所出现在水井旁,所以又有"市井"之称。

综上所述,"城市"可以理解为,能够居住一定数量人群的、具有防御设施的、可以开展货物交易的聚集地。

(二)物流节点

物流节点是指物流网络中连接物流线路的结节之处。物流节点的概念有广义和狭义之分。广义的物流节点是指所有进行物资中转、集散和储运的节点,包括港口、空港、火车货运站、公路枢纽、大型公共仓库及现代物流(配送)中心、物流园区等。狭义的物流节点仅指现代物流(配送)中心、物流园区和配送网点。

众所周知,物流过程是由许多运动过程和许多相对停顿过程组成的。一般情况下,两种不同形式的运动过程或相同形式的两次运动过程中都要有暂时的停顿,而一次暂时停顿也往往连接两次不同的运动。物流过程就是由多次"运动—停顿—运动—停顿"所组成。

在"运动—停顿—运动—停顿"的物流过程中,物品运动由运动线路完成,主要物流活动是运输;物品停顿由运动节点实现,物流功能要素中的包装、装卸、仓储、分货、配货、流通加工等都在物流节点上完成。运动线路和物流节点形成了物流网络,成为物流网络的两个基本元素。不同的物流线路和不同的物流节点,通过不同的结构组合、不同的联系形式,会形成千变万化的物流网络。同时,物流网络功能的强弱、水平的高低,也取决于物流线路和物流节点配置的优化程度。

物流节点是现代物流中的重要组成部分,对优化整个物流网络起着重要作用,它不仅执行一般的物流职能,而且越来越多地承担指挥调度、信息交流等中枢职能,是整个物流网络的灵魂所在。所以,对具有承担中枢功能的物流节点又称为物流中枢或物流枢纽。

（三）物流节点城市

城市是物流活动最为集中的载体，加快城市为依托的物流业的发展，对提高物流业的产业发展质量与水平，提升产业的集中化程度，以及培育城市服务产业等，均具有重要价值和作用。

在一个经济区域中，分布着各种不同规模的城市。由于城市的地理位置、产业布局、经济发展等条件不同，城市在经济区域的作用和地位也就不同，此时，会选择几个城市作为经济区域的经济中心城市，或者物流节点城市。

经济中心城市应具备较强的吸引商流、物流、资金流、信息流的能力。

物流节点城市一般会依据经济中心城市的功能定位、经济发展水平和基础设施等条件，规划和完善城市物流设施布局，提高城市及其辐射区域的物流服务效率和质量。物流节点城市是区域物流发展的重要枢纽，具有降低工业、商贸等流通企业的经营成本，减少库存、加速资金周转的能力，借助物流业涉及领域广、产业链长等特点，促进生产、拉动消费、吸纳更多的就业人数。

二、三级物流节点城市网络

物流节点城市分为全国性物流节点城市、区域性物流节点城市和地区性物流节点城市，由此构成三级物流节点城市网络。

（一）全国性物流节点城市

全国性物流节点城市由国家确定。在《规划（2009—2011）》中，确定了 21 个全国性物流节点城市，包括北京、天津、沈阳、大连、青岛、济南、上海、南京、宁波、杭州、厦门、广州、深圳、郑州、武汉、重庆、成都、南宁、西安、兰州、乌鲁木齐。

（二）区域性物流节点城市

区域性物流节点城市由国家确定。在《规划（2009—2011）》中，确定了 17 个区域性物流节点城市，包括哈尔滨、长春、包头、呼和浩特、石家庄、唐山、太原、合肥、福州、南昌、长沙、昆明、贵阳、海口、西宁、银川、拉萨。

（三）地区性物流节点城市

地区性物流节点城市由地方确定。

三级物流节点城市之间的关系是，以一级物流节点城市为依托，二级、三级物流节点城市为支撑，促进大中小城市物流的协调发展。

三、节点城市物流业的类型

节点城市物流业的分类要考虑到城市的产业结构特点和在经济区域中的比较竞争优势等因素，物流业要服务于城市的产业类型和产业结构。主要有以下几类。

（1）以制造业为主的节点城市，如制造业基地城市或制造业聚集区城市，与其相衔接的物流业就是以制造物流为主体的物流服务体系。

（2）以商贸服务业为主的节点城市，如商品集散地城市、交易组织中心城市等，与其相衔接的物流业就是以商贸服务为对象的物流服务体系。

（3）以运输枢纽地位和占有运输资源为特点的节点城市，如枢纽港口城市和铁路、公路等内陆运输枢纽城市等，与其相衔接的物流业就是以发展运输功能为主体的物流服务体系。

（4）一些地理位置重要、产业类型齐全和各类产业规模较大的节点城市，则可能形成集制造、商贸流通、运输枢纽物流服务体系于一身的、具有综合性的物流服务体系。

与节点城市物流业类型相适应，物流节点将具有制造物流节点、商贸物流节点、运输组织物流节点和综合物流节点四种类型。

因此，物流节点城市要根据经济区域内的产业特点、发展水平、设施状况、市场需求、功能定位等，完善城市物流设施，加强物流园区规划布局，有针对性地建设货运服务型、生产服务型、商业服务型、国际贸易服务型和综合服务型的物流园区，优化城市交通、生态环境，促进产业集聚，努力提高城市的物流服务水平，带动周边辐射区域物流业的发展。

复习思考题

1. 简述区域经济和区域物流的关系。
2. 何为区域物流？区域物流的含义包括哪些内容？
3. 简述区域物流对经济发展的影响。
4. 区域物流发展的模式有哪些？请说明各种发展模式的运作特征。
5. 区域物流规划一般有哪三个层次？请给予说明。
6. 我国区域物流的划分。
7. 我国的物流节点城市有哪些？为什么是这些城市？
8. 我国有哪些物流通道？有什么作用？

延 伸 阅 读

阅读1　物流业调整和振兴规划（2009—2011）

物流业是融合运输业、仓储业、货代业和信息业等的复合型服务产业，是国民经济的重要组成部分，涉及领域广，吸纳就业人数多，促进生产、拉动消费作用大，在促进产业结构调整、转变经济发展方式和增强国民经济竞争力等方面发挥着重要作用。

为应对国际金融危机的影响，落实党中央、国务院保增长、扩内需、调结构的总体要求，促进物流业平稳较快发展，培育新的经济增长点，特制定本规划，作为物流产业综合性应对措施的行动方案。规划期为2009—2011年。

一、发展现状与面临的形势

（一）发展现状

进入 21 世纪以来，我国物流业总体规模快速增长，服务水平显著提高，发展的环境和条件不断改善，为进一步加快发展奠定了坚实基础。

1. 物流业规模快速增长

2008 年，全国社会物流总额达 89.9 万亿元，比 2000 年增长 4.2 倍，年均增长 23%；物流业实现增加值 2.0 万亿元，比 2000 年增长 1.9 倍，年均增长 14%。2008 年，物流业增加值占全部服务业增加值的比重为 16.5%，占 GDP 的比重为 6.6%。

2. 物流业发展水平显著提高

一些制造企业、商贸企业开始采用现代物流管理理念、方法和技术，实施流程再造和服务外包；传统运输、仓储、货代企业实行功能整合和服务延伸，加快向现代物流企业转型；一批新型的物流企业迅速成长，形成了多种所有制、多种服务模式、多层次的物流企业群体。全社会物流总费用与 GDP 的比率，由 2000 年的 19.4% 下降到 2008 年的 18.3%，物流费用成本呈下降趋势，促进了经济运行质量的提高。

3. 物流基础设施条件逐步完善

交通设施规模迅速扩大，为物流业发展提供了良好的设施条件。截至 2008 年年底，全国铁路营业里程 8.0 万公里，高速公路通车里程 6.03 万公里，港口泊位 3.64 万个，其中沿海万吨级以上泊位 1 167 个，拥有民用机场 160 个。物流园区建设开始起步，仓储、配送设施现代化水平不断提高，一批区域性物流中心正在形成。物流技术设备加快更新换代，物流信息化建设有了突破性进展。

4. 物流业发展环境明显好转

国家"十一五"规划纲要明确提出"大力发展现代物流业"，中央和地方政府相继建立了推进现代物流业发展的综合协调机制，出台了支持现代物流业发展的规划和政策。物流统计核算和标准化工作，以及人才培养和技术创新等行业基础性工作取得明显成效。

但是，我国物流业的总体水平仍然偏低，还存在一些突出问题。一是全社会物流运行效率偏低，社会物流总费用与 GDP 的比率高出发达国家 1 倍左右；二是社会化物流需求不足和专业化物流供给能力不足的问题同时存在，"大而全""小而全"的企业物流运作模式还相当普遍；三是物流基础设施能力不足，尚未建立布局合理、衔接顺畅、能力充分、高效便捷的综合交通运输体系，物流园区、物流技术装备等能力有待加强；四是地方封锁和行业垄断对资源整合和一体化运作形成障碍，物流市场还不够规范；五是物流技术、人才培养和物流标准还不能完全满足需要，物流服务的组织化和集约化程度不高。

2008 年下半年以来，随着国际金融危机对我国实体经济的影响逐步加深，物流业作为重要的服务产业也受到了严重冲击。物流市场需求急剧萎缩，运输和仓储等收费价格及利润大幅度下跌，一大批中小物流企业经营出现困难，提供运输、仓储等单一服务的传统物流企业受到严重冲击。整体来看，国际金融危机不但造成物流产业自身发展的剧烈波动，而且对其他产业的物流服务供给也产生了不利影响。

（二）面临的形势

应该看到，实施物流业的调整和振兴、实现传统物流业向现代物流业的转变，不仅是物流业自身结构调整和产业升级的需要,也是整个国民经济发展的必然要求。

1. 调整和振兴物流业是应对国际金融危机的迫切需要

一是解决当前物流企业面临的困难,需要加快企业重组步伐,做强做大,提高产业集中度和抗风险能力,保持产业的平稳发展;二是物流业自身需要转变发展模式,向以信息技术和供应链管理为核心的现代物流业发展,通过提供低成本、高效率、多样化、专业化的物流服务,适应复杂多变的市场环境,提高自身竞争力;三是物流业对其他产业的调整具有服务和支撑作用,发展第三方物流可以促进制造业和商贸业优化内部分工、专注核心业务、降低物流费用,提高这些产业的竞争力,增强其应对国际金融危机的能力。

2. 调整和振兴物流业是适应经济全球化趋势的客观要求

一是随着经济全球化的发展和我国融入世界经济的步伐加快,全球采购、全球生产和全球销售的发展模式要求加快发展现代物流业,优化资源配置,提高市场响应速度和产品供给时效,降低企业物流成本,增强国民经济的竞争力。二是为了适应国际产业分工的变化,要求加快发展现代物流业,完善物流服务体系,改善投资环境,抓住国际产业向我国转移的机遇,吸引国际投资,促进我国制造业和高技术产业的发展。三是随着全球服务贸易的迅猛发展,要求加快发展现代物流业,培育国内现代物流服务企业,提高物流服务能力,应对日益激烈的全球物流企业竞争。

3. 调整和振兴物流业是国民经济持续快速发展的必要保证

根据全面建设小康社会的新要求,我国经济规模将进一步扩大,居民消费水平将进一步提高,货物运输量、社会商品零售额、对外贸易额等将大幅度增长,农产品、工业品、能源、原材料和进出口商品的流通规模将显著增加,对全社会物流服务能力和物流效率提出了更高的要求。同时,中西部地区要求改善物流条件,缩小与东部地区的物流成本差距,承接东部沿海地区产业梯度转移,促进区域间协调和可持续发展。

4. 调整和振兴物流业是贯彻落实科学发展观和构建社会主义和谐社会的重要举措

调整和振兴物流业,有利于加快商品流通和资金周转,降低社会物流成本,优化资源配置,提高国民经济的运行质量;有利于提高服务业比重,优化产业结构,促进经济发展方式的转变;有利于增加城乡就业岗位,扩大社会就业;有利于提高运输效率,降低能源消耗和废气排放,缓解交通拥堵,实现经济和社会的协调发展;有利于促进国内外、城乡和地区间商品流通,满足人民群众对多样化、高质量的物流服务需求,扩大居民消费;有利于国家救灾应急、处理突发性事件,保障经济稳定和社会安全。

二、指导思想、原则和目标

(一)指导思想

以邓小平理论和"三个代表"重要思想为指导,深入贯彻落实科学发展观,按照保增长、扩内需、调结构的总体部署,以应对国际金融危机对我国经济的影响为切入点,以改革开放为动力,以先进技术为支撑,以物流一体化和信息化为主线,积极营造有利于物流业发展的政策环境,加快发展现代物流业,建立现代物流服务体系,以物流服务促进其他产业发展,为全面建设小康社会提供坚实的物流体系保障。

（二）基本原则

1. 立足应对危机，着眼长远发展

既要应对国际金融危机，解决当前物流业发展面临的突出问题，保先进生产力，保重点骨干企业，促进企业平稳发展；又要从产业长远发展的角度出发，解决制约物流产业振兴的体制、政策和设施瓶颈，促进产业升级，提高产业竞争力。

2. 市场配置资源，政府营造环境

充分发挥市场配置资源的作用，调动企业的积极性，从满足物流需求的实际出发，注重投资的经济效益。政府要为物流业的发展营造良好的政策环境，扶持重要的物流基础设施项目建设。

3. 加强规划指导，注重协调联动

统筹国内与国际、全国与区域、城市与农村物流协调发展，做好地区之间、行业之间和部门之间物流基础设施建设与发展的协调和衔接，走市场化、专业化、社会化的发展道路，合理布局重大项目。各地区要从本地区经济发展的实际出发，因地制宜，统筹规划，科学引导物流业的发展，防止盲目攀比和重复建设。

4. 打破分割封锁，整合现有资源

改革现行物流业相关行业管理体制，打破部门间和地区间的分割和封锁，创造公平的竞争环境，促进物流服务的社会化和资源利用的市场化，优先整合和利用现有物流资源，提高物流设施的利用率。

5. 建立技术标准，推进一体化运作

按照现代物流理念，加快技术标准体系建设，综合集成仓储、运输、货代、包装、装卸、搬运、流通加工、配送、信息处理等多种功能，推进物流一体化运作，提高物流效率。

6. 创新服务方式，坚持科学发展

以满足生产者和消费者不断增长的物流需求为出发点，不断创新物流服务方式，提升服务水平。积极推进物流服务的信息化、现代化、合理化和企业社会责任建设，坚持最严格的节约用地制度，注重节约能源，保护环境，减少废气污染和交通拥堵，保证交通安全，实现经济和社会可持续协调发展。

（三）规划目标

力争在 2009 年改善物流企业经营困难的状况，保持产业的稳定发展。到 2011 年，培育一批具有国际竞争力的大型综合物流企业集团，初步建立起布局合理、技术先进、节能环保、便捷高效、安全有序并具有一定国际竞争力的现代物流服务体系，物流服务能力进一步增强；物流的社会化、专业化水平明显提高，第三方物流的比重有所增加，物流业规模进一步扩大，物流业增加值年均递增 10% 以上；物流整体运行效率显著提高，全社会物流总费用与 GDP 的比率比目前的水平有所下降。

三、主要任务

（一）积极扩大物流市场需求

进一步推广现代物流管理，努力扩大物流市场需求。运用供应链管理与现代物流理念、技术与方法，实施采购、生产、销售和物品回收物流的一体化运作。鼓励生产企业改造物流流程，提高对市场的响应速度，降低库存，加速周转。合理布局城乡商业设施，完善流通网络,积极发展连锁经营、物流配送和电子商务等现代流通方式,促进流通企业的现代化。在农村广泛应用现代物流管理技术,发展农产品从产地到销地的直销和配送,以及农资和农村日用消费品的统一配送。

（二）大力推进物流服务的社会化和专业化

鼓励生产和商贸企业按照分工协作的原则,剥离或外包物流功能,整合物流资源,促进企业内部物流社会化。推动物流企业与生产、商贸企业互动发展,促进供应链各环节有机结合。鼓励现有运输、仓储、货代、联运、快递企业的功能整合和服务延伸,加快向现代物流企业转型。积极发展多式联运、集装箱、特种货物、厢式货车运输以及重点物资的散装运输等现代运输方式,加强各种运输方式运输企业的相互协调,建立高效、安全、低成本的运输系统。加强运输与物流服务的融合,为物流一体化运作与管理提供条件。鼓励邮政企业深化改革,做大做强快递物流业务。大力发展第三方物流,提高企业的竞争力。

（三）加快物流企业兼并重组

鼓励中小物流企业加强信息沟通,创新物流服务模式,加强资源整合,满足多样性的物流需要。加大国家对物流企业兼并重组的政策支持力度,缓解当前物流企业面临的困难,鼓励物流企业通过参股、控股、兼并、联合、合资、合作等多种形式进行资产重组,培育一批服务水平高、国际竞争力强的大型现代物流企业。

（四）推动重点领域物流发展

加强石油、煤炭、重要矿产品及相关产品物流设施建设,建立石油、煤炭、重要矿产品物流体系。加快发展粮食、棉花现代物流,推广散粮运输和棉花打包运输。加强农产品质量标准体系建设,发展农产品冷链物流。完善农资和农村日用消费品连锁经营网络,建立农村物流体系。发展城市统一配送,提高食品、食盐、烟草和出版物等的物流配送效率。实行医药集中采购和统一配送,推动医药物流发展。加强对化学危险品物流的跟踪与监控,规范化学危险品物流的安全管理。推动汽车和零配件物流发展,建立科学合理的汽车综合物流服务体系。鼓励企业加快发展产品与包装物回收物流和废弃物物流,促进资源节约与循环利用。鼓励和支持物流业节能减排,发展绿色物流。发挥邮政现有的网络优势,大力发展邮政物流,加快建立快递物流体系,方便生产生活。加强应急物流体系建设,提高应对战争、灾害、重大疫情等突发性事件的能力。

（五）加快国际物流和保税物流发展

加强主要港口、国际海运陆运集装箱中转站、多功能国际货运站、国际机场等物流节点的多式联运物流设施建设,加快发展铁海联运,提高国际货物的中转能力,加快发展适应国际中转、国际采购、国际配送、国际转口贸易业务要求的国际物流,逐步建成一批适应国际贸易发展需要的大型国际物流港,并不断增强其配套功能。在有效监管的前提下,各有关部门要简化审批手续,优化口岸通关作业流程,实行申办手续电子化和"一站式"服务,提高通关效率。充分发挥口岸联络协调机制的作用,加快"电子口岸"建设,积极推进大通关信息资源整合。统筹规划、合理布局,积极推进海关特殊监管区域整合发展和保税监管场所建设,建立既适应跨国公司全球化运作又适应加工制造业多元化发展需求的新型保税物流监管体系。积极促进口岸物流向内地物流节点城市顺畅延伸,促进内地现代物流业的发展。

（六）优化物流业发展的区域布局

根据市场需求、产业布局、商品流向、资源环境、交通条件、区域规划等因素，重点发展九大物流区域，建设十大物流通道和一批物流节点城市，优化物流业的区域布局。

九大物流区域分布为：以北京、天津为中心的华北物流区域，以沈阳、大连为中心的东北物流区域，以青岛为中心的山东半岛物流区域，以上海、南京、宁波为中心的长江三角洲物流区域，以厦门为中心的东南沿海物流区域，以广州、深圳为中心的珠江三角洲物流区域，以武汉、郑州为中心的中部物流区域，以西安、兰州、乌鲁木齐为中心的西北物流区域，以重庆、成都、南宁为中心的西南物流区域。十大物流通道为：东北地区与关内地区物流通道，东部地区南北物流通道，中部地区南北物流通道，东部沿海与西北地区物流通道，东部沿海与西南地区物流通道，西北与西南地区物流通道，西南地区出海物流通道，长江与运河物流通道，煤炭物流通道，进出口物流通道。

要打破行政区划的界限，按照经济区划和物流业发展的客观规律，促进物流区域发展。积极推进和加深不同地区之间物流领域的合作，引导物流资源的跨区域整合，逐步形成区域一体化的物流服务格局。长江三角洲、珠江三角洲物流区域和华北、山东半岛、东北、东南沿海物流区域，要加强技术自主创新，加快发展制造业物流、国际物流和商贸物流，培育一批具有国际竞争力的现代物流企业，在全国率先做强。中部物流区域要充分发挥中部地区承东启西、贯通南北的区位优势，加快培育第三方物流企业，提升物流产业发展水平，形成与东部物流区域的有机衔接。西北、西南物流区域要加快改革步伐，进一步推广现代物流管理理念和技术，按照本区域承接产业转移和发挥资源优势的需要，加快物流基础设施建设，改善区域物流环境，缩小与东中部地区差距。

物流节点城市分为全国性物流节点城市、区域性物流节点城市和地区性物流节点城市。全国性和区域性物流节点城市由国家确定，地区性物流节点城市由地方确定。全国性物流节点城市包括：北京、天津、沈阳、大连、青岛、济南、上海、南京、宁波、杭州、厦门、广州、深圳、郑州、武汉、重庆、成都、南宁、西安、兰州、乌鲁木齐共21个城市。区域性物流节点城市包括：哈尔滨、长春、包头、呼和浩特、石家庄、唐山、太原、合肥、福州、南昌、长沙、昆明、贵阳、海口、西宁、银川、拉萨共17个城市。物流节点城市要根据本地的产业特点、发展水平、设施状况、市场需求、功能定位等，完善城市物流设施，加强物流园区规划布局，有针对性地建设货运服务型、生产服务型、商业服务型、国际贸易服务型和综合服务型的物流园区，优化城市交通、生态环境，促进产业集聚，努力提高城市的物流服务水平，带动周边所辐射区域物流业的发展，形成全国性、区域性和地区性物流中心和三级物流节点城市网络，促进大中小城市物流业的协调发展。

（七）加强物流基础设施建设的衔接与协调

按照全国货物的主要流向及物流发展的需要，依据《综合交通网中长期发展规划》《中长期铁路网规划》《国家高速公路网规划》《全国沿海港口布局规划》《全国内河航道与港口布局规划》及《全国民用机场布局规划》，加强交通运输设施建设，完善综合运输网络布局，促进各种运输方式的衔接和配套，提高资源使用效率和物流运行效率。发展多式联运，加强集疏运体系建设，使铁路、港口码头、机场及公路实现"无缝对接"，着力提高物流设施的系统性、兼容性。充分发挥市场机制的作用，整合现有运输、仓储等物流基础设施，加快盘活存量资产,通过资源的整合、功能的拓展和服务的提升,满足物流组织与管理服务的需要。加强新建铁路、港口、公路和机场转运设施的统一规划和建设,合理布局物流园区,完善中转联运设施,防止产生新的分割和不衔接。加强仓储设施建设,在大中城市周边和制造业基地附近合理规划、改造和建设一批现代化的配送中心。

（八）提高物流信息化水平

积极推进企业物流管理信息化,促进信息技术的广泛应用。尽快制定物流信息技术标准和信息资源标准,建立物流信息采集、处理和服务的交换共享机制。加快行业物流公共信息平台建设,建立全国性公路运输信息网络和航空货运公共信息系统,以及其他运输与服务方式的信息网络。推动区域物流信息平台建设,鼓励城市间物流平台的信息共享。加快构建商务、金融、税务、海关、邮政、检验检疫、交通运输、铁路运输、航空运输和工商管理等政府部门的物流管理与服务公共信息平台,扶持一批物流信息服务企业成长。

（九）完善物流标准化体系

根据物流标准编制规划,加快制定、修订物流通用基础类、物流技术类、物流信息类、物流管理类、物流服务类等标准,完善物流标准化体系。密切关注国际发展趋势,加强重大基础标准研究。要对标准制定实施改革,加强物流标准工作的协调配合,充分发挥企业在制定物流标准中的主体作用。加快物流管理、技术和服务标准的推广,鼓励企业和有关方面采用标准化的物流计量、货物分类、物品标识、物流装备设施、工具器具、信息系统和作业流程等,提高物流的标准化程度。

（十）加强物流新技术的开发和应用

大力推广集装技术和单元化装载技术,推行托盘化单元装载运输方式,大力发展大吨位厢式货车和甩挂运输组织方式,推广网络化运输。完善并推广物品编码体系,广泛应用条形码、智能标签、无线射频识别（RFID）等自动识别、标识技术以及电子数据交换（EDI）技术,发展可视化技术、货物跟踪技术和货物快速分拣技术,加大对 RFID 和移动物流信息服务技术、标准的研发和应用的投入。积极开发和利用全球定位系统（GNSS）、地理信息系统（GIS）、道路交通信息通信系统（VICS）、不停车自动交费系统（ETC）、智能交通系统（ITS）等运输领域新技术,加强物流信息系统安全体系研究。加强物流技术装备的研发与生产,鼓励企业采用仓储运输、装卸搬运、分拣包装、条码印刷等专用物流技术装备。

四、重点工程

（一）多式联运、转运设施工程

依托已有的港口、铁路和公路货站、机场等交通运输设施,选择重点地区和综合交通枢纽,建设一批集装箱多式联运中转设施和连接两种以上运输方式的转运设施,提高铁路集装箱运输能力,重点解决港口与铁路、铁路与公路、民用航空与地面交通等枢纽不衔接以及各种交通枢纽相互分离带来的货物在运输过程中多次搬倒、拆装等问题,促进物流基础设施协调配套运行,实现多种运输方式"无缝衔接",提高运输效率。

（二）物流园区工程

在重要物流节点城市、制造业基地和综合交通枢纽,在土地利用总体规划、城市总体规划确定的城镇建设用地范围内,按照符合城市发展规划、城乡规划的要求,充分利用已有运输场站、仓储基地等基础设施,统筹规划建设一批以布局集中、用地节约、产业集聚、功能集成、经营集约为特征的物流园区,完善专业化物流组织服务,实现长途运输与短途运输的合理衔接,优化城市配送,提高物流运作的规模效益,节约土地占用,缓解城市交通压力。物流园区建设要严格按规划进行,充分发挥铁路运输优势,综合利用已有、规划和在建的物流基础设施,完善配套设施,防止盲目投资和重复建设。

（三）城市配送工程

鼓励企业应用现代物流管理技术,适应电子商务和连锁经营发展的需要,在大中城市发展面向流通企业和消费者的社会化共同配送,促进流通的现代化,扩大居民消费。加快建设城市物流配送项目,鼓励专业运输企业开展城市配送,提高城市配送的专业化水平,解决城市快递、配送车辆进城通行、停靠和装卸作业问题,完善城市物流配送网络。

（四）大宗商品和农村物流工程

加快煤炭物流通道建设,以山西、内蒙古、陕西煤炭外运为重点,形成若干个煤电路港一体化工程,完善煤炭物流系统。加强油气码头和运输管网建设,提高油气物流能力。加强重要矿产品港口物流设施建设,改善大型装备物流设施条件。加快粮食现代物流设施建设,建设跨省粮食物流通道和重要物流节点。加大投资力度,加快建设"北粮南运"和"西煤东运"工程。加强城乡统筹,推进农村物流工程。进一步加强农副产品批发市场建设,完善鲜活农产品储藏、加工、运输和配送等冷链物流设施,提高鲜活农产品冷藏运输比例,支持发展农资和农村消费品物流配送中心。

（五）制造业与物流业联动发展工程

加强对制造业物流分离外包的指导和促进,支持制造企业改造现有业务流程,促进物流业务分离外包,提高核心竞争力。培育一批适应现代制造业物流需求的第三方物流企业,提升物流业为制造业服务的能力和水平。制定鼓励制造业与物流业联动发展的相关政策,组织实施一批制造业与物流业联动发展的示范工程和重点项目,促进现代制造业与物流业有机融合、联动发展。

（六）物流标准和技术推广工程

加快对现有仓储、转运设施和运输工具的标准化改造,鼓励企业采用标准化的物流设施和设备,实现物流设施、设备的标准化。推广实施托盘系列国家标准,鼓励企业采用标准化托盘,支持专业化企业在全国建设托盘共用系统,开展托盘的租赁回收业务,实现托盘标准化、社会化运作。鼓励企业采用集装单元、射频识别、货物跟踪、自动分拣、立体仓库、配送中心信息系统、冷链等物流新技术,提高物流运作管理水平。实施物流标准化服务示范工程,选择大型物流企业、物流园区开展物流标准化试点工作并逐步推广。

（七）物流公共信息平台工程

加快建设有利于信息资源共享的行业和区域物流公共信息平台项目,重点建设电子口岸、综合运输信息平台、物流资源交易平台和大宗商品交易平台。鼓励企业开展信息发布和信息系统外包等服务业务,建设面向中小企业的物流信息服务平台。

（八）物流科技攻关工程

加强物流新技术的自主研发,重点支持货物跟踪定位、智能交通、物流管理软件、移动物流信息服务等关键技术攻关,提高物流技术的自主创新能力。适应物流业与互联网融合发展的趋势,启动物联网的前瞻性研究工作。加快先进物流设备的研制,提高物流装备的现代化水平。

（九）应急物流工程

建立应急生产、流通、运输和物流企业信息系统，以便在突发事件发生时能够紧急调用。建立多层次的政府应急物资储备体系，保证应急调控的需要。加强应急物流设施设备建设，提高应急反应能力。选择和培育一批具有应急能力的物流企业，建立应急物流体系。

五、政策措施

（一）加强组织和协调

现代物流业是新型服务业，涉及面广。要加强对现代物流业发展的组织和协调，在相关部门各司其职、各负其责的基础上，发挥由发展改革委牵头、有关部门参加的全国现代物流工作部际联席会议的作用，研究协调现代物流业发展的有关重大问题和政策。各省、自治区、直辖市政府也要建立相应的协调机制，加强对地方现代物流业发展有关问题的研究和协调。

（二）改革物流管理体制

继续深化铁路、公路、水运、民航、邮政、货代等领域的体制改革，按照精简、统一、高效的原则和决策、执行、监督相协调的要求，建立政企分开、决策科学、权责对等、分工合理、执行顺畅、监督有力的物流综合管理体系，完善政府的公共服务职能，进一步规范运输、货代等行业的管理，促进物流服务的规范化、市场化和国际化。改革仓储企业经营体制，推进仓储设施和业务的社会化。打破行业垄断，消除地区封锁，依法制止和查处滥用行政权力阻碍或限制跨地区、跨行业物流服务的行为，逐步建立统一开放、竞争有序的全国物流服务市场，促进物流资源的规范、公平、有序和高效流动。加强监管，规范物流市场秩序，强化物流环节质量安全管理。进一步完善对物流企业的交通安全监管机制，督促企业定期对车辆技术状况、驾驶人资质进行检查，从源头上消除安全隐患，落实企业的安全生产主体责任。

（三）完善物流政策法规体系

在贯彻落实好现有推动现代物流业发展有关政策的基础上，进一步研究制定促进现代物流业发展的有关政策。加大政策支持力度，抓紧解决影响当前物流业发展的土地、税收、收费、融资和交通管理等方面的问题。引导和鼓励物流企业加强管理创新，完善公司治理结构，实施兼并重组，尽快做强做大。针对当前产业发展中出现的新情况和新问题，研究制定系统的物流产业政策。清理有关物流的行政法规，加强对物流领域的立法研究，完善物流的法律法规体系，促进物流业健康发展。

（四）制订落实专项规划

有关部门要制订专项规划，积极引导和推动重点领域和区域物流业的发展。发展改革委会同有关部门制订煤炭、粮食、农产品冷链、物流园区、应急物流等专项规划，商务部会同供销总社等有关部门制订商贸物流专项规划，国家标准委会同有关部门制订物流标准专项规划。物流业发展的重点地区，各级地方政府也要制订本地区物流业规划，指导本地区物流业的发展。

（五）多渠道增加对物流业的投入

物流业的发展，主要依靠企业自身的投入。要加快发展民营物流企业，扩大对外开放步伐，多渠道增加对物流业的投入。对列入国家和地方规划的物流基础设施建设项目，鼓励其通过银行贷款、股票上市、发行债券、增资扩股、企业兼并、中外合资等途径筹集建设资金。银行业金融机构要积极给予信贷支持。对涉及全国性、区域性重大物流基础设施项目，中央和地方政府可根据项目情况和财力状况适当安排中央和地方预算内建设投资，以投资补助、资本金注入或贷款贴息等方式给予支持，由企业进行市场化运作。

（六）完善物流统计指标体系

进一步完善物流业统计调查制度和信息管理制度，建立科学的物流业统计调查方法和指标体系。加强物流统计基础工作，开展物流统计理论和方法研究。认真贯彻实施社会物流统计核算与报表制度。积极推动地方物流统计工作，充分发挥行业组织的作用和力量，促进物流业统计信息交流，建立健全共享机制，提高统计数据的准确性和及时性。

（七）继续推进物流业对外开放和国际合作

充分利用世界贸易组织、自由贸易区和区域经济合作机制等平台，与有关国家和地区相互进一步开放与物流相关的分销、运输、仓储、货代等领域，特别是加强与日韩、东盟和中亚国家的双边和区域物流合作，开展物流方面的政策协调和技术合作，推动物流业"引进来"和"走出去"。加强国内物流企业同国际先进物流企业的合资、合作与交流，引进和吸收国外促进现代物流发展的先进经验和管理方法，提高物流业的全球化与区域化程度。加强国际物流"软环境"建设，包括鼓励运用国际惯例、推动与国际贸易规则及货代物流规则接轨、统一单证、加强风险控制和风险转移体系建设等。建立产业安全保障机制，完善物流业外资并购安全审查制度。

（八）加快物流人才培养

要采取多种形式，加快物流人才的培养。加强物流人才需求预测和调查，制订科学的培养目标和规划，发展多层次教育体系和在职人员培训体系。利用社会资源，鼓励企业与大学、科研机构合作，编写精品教材，提高实际操作能力，强化职业技能教育，开展物流领域的职业资质培训与认证工作。加强与国外物流教育与培训机构的联合与合作。

（九）发挥行业社团组织的作用

物流业社团组织应履行行业服务、自律、协调的职能，发挥在物流规划制订、政策建议、规范市场行为、统计与信息、技术合作、人才培训、咨询服务等方面的中介作用，成为政府与企业联系的桥梁和纽带。

六、规划实施

国务院各有关部门要按照《规划》的工作分工，加强沟通协商，密切配合，尽快制定和完善各项配套政策措施，明确政策措施的实施范围和进度，并加强指导和监督，确保实现物流业调整和振兴目标。有关部门要适时开展《规划》的后评价工作，及时提出评价意见。

各地区要按照《规划》确定的目标、任务和政策措施，结合当地实际抓紧制订具体工作方案，细化落实，确保取得实效。各省、自治区、直辖市要将具体工作方案和实施过程中出现的新情况、新问题及时报送发展改革委和交通运输、商务等有关部门。

阅读2　物流业发展中长期规划（2014—2020年）

物流业是融合运输、仓储、货代、信息等产业的复合型服务业，是支撑国民经济发展的基础性、战略性产业。加快发展现代物流业,对于促进产业结构调整、转变发展方式、提高国民经济竞争力和建设生态文明具有重要意义。为促进物流业健康发展,根据党的十八大、十八届三中全会精神和《中华人民共和国国民经济和社会发展第十二个五年规划纲要》《服务业发展"十二五"规划》等,制订本规划。规划期为2014—2020年。

一、发展现状与面临的形势

（一）发展现状

"十一五"特别是国务院印发《物流业调整和振兴规划》以来,我国物流业保持较快增长,服务能力显著提升,基础设施条件和政策环境明显改善,现代产业体系初步形成,物流业已成为国民经济的重要组成部分。

产业规模快速增长。全国社会物流总额2013年达到197.8万亿元,比2005年增长3.1倍,按可比价格计算,年均增长11.5%。物流业增加值2013年达到3.9万亿元,比2005年增长2.2倍,年均增长11.1%,物流业增加值占国内生产总值的比重由2005年的6.6%提高到2013年的6.8%,占服务业增加值的比重达到14.8%。物流业吸纳就业人数快速增加,从业人员从2005年的1 780万人增长到2013年的2 890万人,年均增长6.2%。

服务能力显著提升。物流企业资产重组和资源整合步伐进一步加快,形成了一批所有制多元化、服务网络化和管理现代化的物流企业。传统运输业、仓储业加速向现代物流业转型,制造业物流、商贸物流、电子商务物流和国际物流等领域专业化、社会化服务能力显著增强,服务水平不断提升,现代物流服务体系初步建立。

技术装备条件明显改善。信息技术广泛应用,大多数物流企业建立了管理信息系统,物流信息平台建设快速推进。物联网、云计算等现代信息技术开始应用,装卸搬运、分拣包装、加工配送等专用物流装备和智能标签、跟踪追溯、路径优化等技术迅速推广。

基础设施网络日趋完善。截至2013年年底,全国铁路营业里程10.3万公里,其中高速铁路1.1万公里;全国公路总里程达到435.6万公里,其中高速公路10.45万公里;内河航道通航里程12.59万公里,其中三级及以上高等级航道1.02万公里;全国港口拥有万吨级及以上泊位2 001个,其中沿海港口1 607个、内河港口394个;全国民用运输机场193个。2012年全国营业性库房面积约13亿平方米,各种类型的物流园区754个。

发展环境不断优化。"十二五"规划纲要明确提出"大力发展现代物流业"。国务院印发《物流业调整和振兴规划》,并制定出台了促进物流业健康发展的政策措施。有关部门和地方政府出台了一系列专项规划和配套措施。社会物流统计制度日趋完善,标准化工作有序推进,人才培养工作进一步加强,物流科技、学术理论研究及产学研合作不断深入。

总体上看,我国物流业已步入转型升级的新阶段。但是,物流业发展总体水平还不高,发展方式比较粗放。主要表现为:一是物流成本高、效率低。2013年全社会物流总费用与国内生产总值的比率高达18%,高于发达国家水平1倍左右,也显著高于巴西、印度等发展中国家的水平。二是条块分割严重,阻碍物流业发展的体制机制障碍仍未打破。企业自营物流比重高,物流企业规模小,先进技术难以推广,物流标准难以统一,迂回运输、资源浪费的问题突出。三是基础设施相对滞后,不能满足现代物流发展的要求。现代化仓储、多式联运转运等设施仍显不足,布局合理、功能完善的物流园区体系尚未建立,高效、顺畅、便捷的综合交通运输网络尚不健全，物流基础设施之间不衔接、不配套问题比较突出。四是政策法规体系还不够完善，市场秩序不够规范。已经出台的一些政策措施有待进一步落实，一些地方针对物流企业的乱收费、乱罚款问题突出。信用体系建设滞后，物流业从业人员整体素质有待进一步提升。

（二）面临的形势

当前，经济全球化趋势深入发展，网络信息技术革命带动新技术、新业态不断涌现，物流业发展面临的机遇与挑战并存。伴随全面深化改革，工业化、信息化、新型城镇化和农业现代化进程持续推进，产业结构调整和居民消费升级步伐不断加快，我国物流业发展空间越来越广阔。

物流需求快速增长。农业现代化对大宗农产品物流和鲜活农产品冷链物流的需求不断增长。新型工业化要求加快建立规模化、现代化的制造业物流服务体系。居民消费升级以及新型城镇化步伐加快，迫切需要建立更加完善、便捷、高效、安全的消费品物流配送体系。此外，电子商务、网络消费等新兴业态快速发展，快递物流等需求也将继续快速增长。

新技术、新管理不断出现。信息技术和供应链管理不断发展并在物流业得到广泛运用，为广大生产流通企业提供了越来越低的成本、高效率、多样化、精益化的物流服务，推动制造业专注核心业务和商贸业优化内部分工，以新技术、新管理为核心的现代物流体系日益形成。随着城乡居民消费能力的增强和消费方式的逐步转变，全社会物流服务能力和效率持续提升，物流成本进一步降低、流通效率明显提高，物流业市场竞争加剧。

资源环境约束日益加强。随着社会物流规模的快速扩大、能源消耗和环境污染形势的加重、城市交通压力的加大，传统的物流运作模式已难以为继。按照建设生态文明的要求，必须加快运用先进运营管理理念，不断提高信息化、标准化和自动化水平，促进一体化运作和网络化经营，大力发展绿色物流，推动节能减排，切实降低能耗、减少排放、缓解交通压力。

国际竞争日趋激烈。随着国际产业转移步伐不断加快和服务贸易快速发展，全球采购、全球生产和全球销售的物流发展模式正在日益形成，迫切要求我国形成一批深入参与国际分工、具有国际竞争力的跨国物流企业，畅通与主要贸易伙伴、周边国家便捷高效的国际物流大通道，形成具有全球影响力的国际物流中心，以应对日益激烈的全球物流企业竞争。

二、总体要求

（一）指导思想

以邓小平理论、"三个代表"重要思想、科学发展观为指导，深入贯彻党的十八大和十八届二中、三中全会精神，全面落实党中央、国务院各项决策部署，按照加快转变发展方式、建设生态文明的要求，适应信息技术发展的新趋势，以提高物流效率、降低物流成本、减轻资源和环境压力为重点，以市场为导向，以改革开放为动力，以先进技术为支撑，积极营造有利于现代物流业发展的政策环境，着力建立和完善现代物流服务体系，加快提升物流业发展水平，促进产业结构调整和经济提质增效升级，增强国民经济竞争力，为全面建成小康社会提供物流服务保障。

（二）主要原则

市场运作，政府引导。使市场在资源配置中起决定性作用和更好发挥政府作用，强化企业的市场主体地位，积极发挥政府在战略、规划、政策、标准等方面的引导作用。

优化结构，提升水平。加快传统物流业转型升级，建立和完善社会化、专业化的物流服务体系，大力发展第三方物流。形成一批具有较强竞争力的现代物流企业，扭转"小、散、弱"的发展格局，提升产业规模和发展水平。

创新驱动，协同发展。加快关键技术装备的研发应用，提升物流业信息化和智能化水平，创新运作管理模式，提高供应链管理和物流服务水平，形成物流业与制造业、商贸业、金融业协同发展的新优势。

节能减排，绿色环保。鼓励采用节能环保的技术、装备，提高物流运作的组织化、网络化水平，降低物流业的总体能耗和污染物排放水平。

完善标准，提高效率。推动物流业技术标准体系建设，加强一体化运作，实现物流作业各环节、各种物流设施设备以及物流信息的衔接配套，促进物流服务体系高效运转。

深化改革，整合资源。深化物流业管理体制改革，进一步简政放权，打破行业、部门和地区分割，反对垄断和不正当竞争，统筹城市和乡村、国际和国内物流体系建设，建立有利于资源整合和优化配置的体制机制。

（三）发展目标

到 2020 年，基本建立布局合理、技术先进、便捷高效、绿色环保、安全有序的现代物流服务体系。

物流的社会化、专业化水平进一步提升。物流业增加值年均增长 8% 左右，物流业增加值占国内生产总值的比重达到 7.5% 左右。第三方物流比重明显提高。新的物流装备、技术广泛应用。

物流企业竞争力显著增强。一体化运作、网络化经营能力进一步提高，信息化和供应链管理水平明显提升，形成一批具有国际竞争力的大型综合物流企业集团和物流服务品牌。

物流基础设施及运作方式衔接更加顺畅。物流园区网络体系布局更加合理，多式联运、甩挂运输、共同配送等现代物流运作方式保持较快发展，物流集聚发展的效益进一步显现。

物流整体运行效率显著提高。全社会物流总费用与国内生产总值的比率由 2013 年的 18% 下降到 16% 左右，物流业对国民经济的支撑和保障能力进一步增强。

三、发展重点

（一）着力降低物流成本

打破条块分割和地区封锁，减少行政干预，清理和废除妨碍全国统一市场和公平竞争的各种规定和做法，建立统一开放、竞争有序的全国物流服务市场。进一步优化通行环境，加强和规范收费公路管理，保障车辆便捷高效通行，积极采取有力措施，切实加大对公路乱收费、乱罚款的清理整顿力度，减少不必要的收费点，全面推进全国主要高速公路不停车收费系统建设。加快推进联通国内、国际主要经济区域的物流通道建设，大力发展多式联运，努力形成京沪、京广、欧亚大陆桥、中欧铁路大通道、长江黄金水道等若干条货畅其流、经济便捷的跨区域物流大通道。

（二）着力提升物流企业规模化、集约化水平

鼓励物流企业通过参股控股、兼并重组、协作联盟等方式做大做强，形成一批技术水平先进、主营业务突出、核心竞争力强的大型现代物流企业集团，通过规模化经营提高物流服务的一体化、网络化水平，形成大小物流企业共同发展的良好态势。鼓励运输、仓储等传统物流企业向上下游延伸服务，推进物流业与其他产业互动融合，协同发展。鼓励物流企业与制造企业深化战略合作，建立与新型工业化发展相适应的制造业物流服务体系，形成一批具有全球采购、全球配送能力的供应链服务商。鼓励商贸物流企业提高配送的规模化和协同化水平，加快电子商务物流发展，建立快速便捷的城乡配送物流体系。支持快递业整合资源，与民航、铁路、公路等运输行业联动发展，加快形成一批具有国际竞争力的大型快递企业，构建覆盖城乡的快递物流服务体系。支持航空货运企业兼并重组、做强做大，提高物流综合服务能力。充分发挥邮政的网络、信息和服务优势，深入推动邮政与电子商务企业的战略合作，发展电商小包等新型邮政业务。进一步完善邮政基础设施网络，鼓励各地邮政企业因地制宜地发展农村邮政物流服务，推动农资下乡和农产品进城。

（三）着力加强物流基础设施网络建设

推进综合交通运输体系建设，合理规划布局物流基础设施，完善综合运输通道和交通枢纽节点布局，构建便捷、高效的物流基础设施网络，促进多种运输方式顺畅衔接和高效中转，提升物流体系综合能力。优化航空货运网络布局，加快国内航空货运转运中心、连接国际重要航空货运中心的大型货运枢纽建设。推进"港站一体化"，实现铁路货运站与港口码头无缝衔接。完善物流转运设施，提高货物换装的便捷性和兼容性。加快煤炭外运、"北粮南运"、粮食仓储等重要基础设施建设，解决突出的运输"卡脖子"问题。加强物流园区规划布局，进一步明确功能定位，整合和规范现有园区，节约、集约用地，提高资源利用效率和管理水平。在大中城市和制造业基地周边加强现代化配送中心规划，在城市社区和村镇布局建设共同配送末端网点，优化城市商业区和大型社区物流基础设施的布局建设，形成层级合理、规模适当、需求匹配的物流仓储配送网络。进一步完善应急物流基础设施，积极有效应对突发自然灾害、公共卫生事件以及重大安全事故。

四、主要任务

（一）大力提升物流社会化、专业化水平

鼓励制造企业分离外包物流业务，促进企业内部物流需求社会化。优化制造业、商贸业集聚区物流资源配置，构建中小微企业公共物流服务平台，提供社会化物流服务。着力发展第三方物流，引导传统仓储、运输、国际货代、快递等企业采用现代物流管理理念和技术装备，提高服务能力；支持从制造企业内部剥离出来的物流企业发挥专业化、精益化服务优势，积极为社会提供公共物流服务。鼓励物流企业功能整合和业务创新，不断提升专业化服务水平，积极发展定制化物流服务，满足日益增长的个性化物流需求。进一步优化物流组织模式，积极发展共同配送、统一配送，提高多式联运比重。

（二）进一步加强物流信息化建设

加强北斗导航、物联网、云计算、大数据、移动互联等先进信息技术在物流领域的应用。加快企业物流信息系统建设，发挥核心物流企业整合能力，打通物流信息链，实现物

流信息全程可追踪。加快物流公共信息平台建设,积极推进全社会物流信息资源的开发利用,支持运输配载、跟踪追溯、库存监控等有实际需求、具备可持续发展前景的物流信息平台发展,鼓励各类平台创新运营服务模式。进一步推进交通运输物流公共信息平台发展,整合铁路、公路、水路、民航、邮政、海关、检验检疫等信息资源,促进物流信息与公共服务信息有效对接,鼓励区域间和行业内的物流平台信息共享,实现互联互通。

（三）推进物流技术装备现代化

加强物流核心技术和装备研发,推动关键技术装备产业化,鼓励物流企业采用先进适用技术和装备。加快食品冷链、医药、烟草、机械、汽车、干散货、危险化学品等专业物流装备的研发,提升物流装备的专业化水平。积极发展标准化、厢式化、专业化的公路货运车辆,逐步淘汰栏板式货车。推广铁路重载运输技术装备,积极发展铁路特种、专用货车以及高铁快件等运输技术装备,加强物流安全检测技术与装备的研发和推广应用。吸收引进国际先进物流技术,提高物流技术自主创新能力。

（四）加强物流标准化建设

加紧编制并组织实施物流标准中长期规划,完善物流标准体系。按照重点突出、结构合理、层次分明、科学适用、基本满足发展需要的要求,完善国家物流标准体系框架,加强通用基础类、公共类、服务类及专业类物流标准的制定工作,形成一批对全国物流业发展和服务水平提升有重大促进作用的物流标准。注重物流标准与其他产业标准以及国际物流标准的衔接,科学划分推荐性和强制性物流标准,加大物流标准的实施力度,努力提升物流服务、物流枢纽、物流设施设备的标准化运作水平。调动企业在标准制修订工作中的积极性,推进重点物流企业参与专业领域物流技术标准和管理标准的制定以及标准化试点工作。加强物流标准的培训宣传和推广应用。

（五）推进区域物流协调发展

落实国家区域发展整体战略和产业布局调整优化的要求,继续发挥全国性物流节点城市和区域性物流节点城市的辐射带动作用,推动区域物流协调发展。按照建设丝绸之路经济带、海上丝绸之路、长江经济带等重大战略规划要求,加快推进重点物流区域和联通国际国内的物流通道建设,重点打造面向中亚、南亚、西亚的战略物流枢纽及面向东盟的陆海联运、江海联运节点和重要航空港,建立省际和跨国合作机制,促进物流基础设施互联互通和信息资源共享。东部地区要适应居民消费加快升级、制造业转型、内外贸一体化的趋势,进一步提升商贸物流、制造业物流和国际物流的服务能力,探索国际国内物流一体化运作模式。按照推动京津冀协同发展、环渤海区域合作和发展等要求,加快商贸物流业一体化进程。中部地区要发挥承东启西、贯通南北的区位优势,加强与沿海、沿边地区合作,加快陆港、航空口岸建设,构建服务于产业转移、资源输送和南北区域合作的物流通道和枢纽。西部地区要结合推进丝绸之路经济带建设,打造物流通道,改善区域物流条件,积极发展具有特色优势的农产品、矿产品等大宗商品物流产业。东北地区要加快构建东北亚沿边物流带,形成面向俄罗斯、连接东北亚及欧洲的物流大通道,重点推进制造业物流和粮食等大宗资源型商品物流发展。物流节点城市是区域物流发展的重要枢纽,要根据产业特点、发展水平、设施状况、市场需求、功能定位等,加强物流基础设施的规划布局,改善产业发展环境。

（六）积极推动国际物流发展

加强枢纽港口、机场、铁路、公路等各类口岸物流基础设施建设。以重点开发开放试验区为先导，结合发展边境贸易，加强与周边国家和地区的跨境物流体系和走廊建设，加快物流基础设施互联互通，形成一批国际货运枢纽，增强进出口货物集散能力。加强境内外口岸、内陆与沿海、沿边口岸的战略合作，推动海关特殊监管区域、国际陆港、口岸等协调发展，提高国际物流便利化水平。建立口岸物流联检联动机制，进一步提高通关效率。积极构建服务于全球贸易和营销网络、跨境电子商务的物流支撑体系，为国内企业"走出去"和开展全球业务提供物流服务保障。支持优势物流企业加强联合，构建国际物流服务网络，打造具有国际竞争力的跨国物流企业。

（七）大力发展绿色物流

优化运输结构，合理配置各类运输方式，提高铁路和水路运输比重，促进节能减排。大力发展甩挂运输、共同配送、统一配送等先进的物流组织模式，提高储运工具的信息化水平，减少返空、迂回运输。鼓励采用低能耗、低排放运输工具和节能型绿色仓储设施，推广集装单元化技术。借鉴国际先进经验，完善能耗和排放监测、检测认证制度，加快建立绿色物流评估标准和认证体系。加强危险品水运管理，最大限度减少环境事故。鼓励包装重复使用和回收再利用，提高托盘等标准化器具和包装物的循环利用水平，构建低环境负荷的循环物流系统。大力发展回收物流，鼓励生产者、再生资源回收利用企业联合开展废旧产品回收。推广应用铁路散堆装货物运输抑尘技术。

五、重点工程

（一）多式联运工程

加快多式联运设施建设，构建能力匹配的集疏运通道，配备现代化的中转设施，建立多式联运信息平台。完善港口的铁路、公路集疏运设施，提升临港铁路场站和港站后方通道能力。推进铁路专用线建设，发挥铁路集装箱中心站作用，推进内陆城市和港口的集装箱场站建设。构建与铁路、机场和公路货运站能力匹配的公路集疏运网络系统。发展海铁联运、铁水联运、公铁联运、陆空联运，加快推进大宗散货水铁联运、集装箱多式联运，积极发展干支直达和江海直达等船舶运输组织方式，探索构建以半挂车为标准荷载单元的铁路驮背运输、水路滚装运输等多式联运体系。

（二）物流园区工程

在严格符合土地利用总体规划、城市总体规划的前提下，按照节约、集约用地的原则，在重要的物流节点城市加快整合与合理布局物流园区，推进物流园区水、电、路、通信设施和多式联运设施建设，加快现代化立体仓库和信息平台建设，完善周边公路、铁路配套，推广使用甩挂运输等先进运输方式和智能化管理技术，完善物流园区管理体制，提升管理和服务水平。结合区位特点和物流需求，发展货运枢纽型、生产服务型、商贸服务型、口岸服务型和综合服务型物流园区，以及农产品、农资、钢铁、煤炭、汽车、医药、出版物、冷链、危险货物运输、快递等专业类物流园区，发挥物流园区的示范带动作用。

（三）农产品物流工程

加大粮食仓储设施建设和维修改造力度，满足粮食收储需要。引进先进粮食仓储设备和技术，切实改善粮食仓储条件。积极推进粮食现代物流设施建设，发展粮食储、运、装、卸"四散化"和多式联运,开通从东北入关的铁路散粮列车和散粮集装箱班列,加强粮食产区的收纳和发放设施、南方销区的铁路和港口散粮接卸设施建设,解决"粮食"运输"卡脖子"问题。推进棉花运输装卸机械化、仓储现代化、管理信息化,加强主要产销区的物流节点及铁路专用线建设,支持企业开展纺织配棉配送服务。加强"南糖北运"及产地的运输、仓储等物流设施建设。加强鲜活农产品冷链物流设施建设,支持"南菜北运"和大宗鲜活农产品产地预冷、初加工、冷藏保鲜、冷链运输等设施设备建设,形成重点品种农产品物流集散中心,提升批发市场等重要节点的冷链设施水平,完善冷链物流网络。

（四）制造业物流与供应链管理工程

支持建设与制造业企业紧密配套、有效衔接的仓储配送设施和物流信息平台,鼓励各类产业聚集区域和功能区配套建设公共外仓,引进第三方物流企业。鼓励传统运输、仓储企业向供应链上下游延伸服务,建设第三方供应链管理平台,为制造业企业提供供应链计划、采购物流、入厂物流、交付物流、回收物流、供应链金融以及信息追溯等集成服务。加快发展具有供应链设计、咨询管理能力的专业物流企业,着力提升面向制造业企业的供应链管理服务水平。

（五）资源型产品物流工程

依托煤炭、石油、铁矿石等重要产品的生产基地和市场,加快资源型产品物流集散中心和物流通道建设。推进晋陕蒙（西）宁甘、内蒙古东部、新疆等煤炭外运重点通道建设,重点建设环渤海等大型煤炭储配基地和重点煤炭物流节点。统筹油气进口运输通道和国内储运体系建设,加快跨区域、与周边国家和地区紧密连接的油气运输通道建设,加强油气码头建设,鼓励发展油船、液化天然气船,加强铁矿石等重要矿产品港口（口岸）物流设施建设。

（六）城乡物流配送工程

加快完善城乡配送网络体系,统筹规划、合理布局物流园区、配送中心、末端配送网点等三级配送节点,搭建城市配送公共服务平台,积极推进县、乡、村消费品和农资配送网络体系建设。进一步发挥邮政及供销合作社的网络和服务优势,加强农村邮政网点、村邮站、"三农"服务站等邮政终端设施建设,促进农村地区商品的双向流通。推进城市绿色货运配送体系建设,完善城市配送车辆标准和通行管控措施,鼓励节能环保车辆在城市配送中的推广应用。加快现代物流示范城市的配送体系发展,建设服务连锁经营企业和网络销售企业的跨区域配送中心。发展智能物流基础设施,支持农村、社区、学校的物流快递公共取送点建设。鼓励交通、邮政、商贸、供销、出版物销售等开展联盟合作,整合利用现有物流资源,进一步完善存储、转运、停靠、卸货等基础设施,加强服务网络建设,提高共同配送能力。

（七）电子商务物流工程

适应电子商务快速发展需求,编制全国电子商务物流发展规划,结合国家电子商务示范城市、示范基地、物流园区、商业设施等建设,整合配送资源,构建电子商务物流服务平台和配送网络。建成一批区域性仓储配送基地,吸引制造商、电商、快递和零担物流公司、第三方服务公司入驻,提高物流配送效率和专业化服务水平。探索利用高铁资源,发展高铁快件运输。结合推进跨境贸易电子商务试点,完善一批快递转运中心。

（八）物流标准化工程

重点推进物流技术、信息、服务、运输、货代、仓储、粮食等农产品及加工食品、医药、汽车、家电、电子商务、邮政（含快递）、冷链、应急等物流标准的编制修订工作，积极着手开展钢铁、机械、煤炭、铁矿石、石油石化、建材、棉花等大宗产品物流标准的研究制定工作。支持仓储和转运设施、运输工具、停靠和卸货站点的标准化建设和改造，制定公路货运标准化电子货单，推广托盘、集装箱、集装袋等标准化设施设备，建立全国托盘共用体系，推进管理软件接口标准化，全面推广甩挂运输试点经验。开展物流服务认证试点工作，推进物流领域检验检测体系建设，支持物流企业开展质量、环境和职业健康安全管理体系认证。

（九）物流信息平台工程

整合现有物流信息服务平台资源，形成跨行业和区域的智能物流信息公共服务平台。加强综合运输信息、物流资源交易、电子口岸和大宗商品交易等平台建设，促进各类平台之间的互联互通和信息共享。鼓励龙头物流企业搭建面向中小物流企业的物流信息服务平台，促进货源、车源和物流服务等信息的高效匹配，有效降低货车空驶率。以统一物品编码体系为依托，建设衔接企业、消费者与政府部门的第三方公共服务平台，提供物流信息标准查询、对接服务。建设智能物流信息平台，形成集物流信息发布、在线交易、数据交换、跟踪追溯、智能分析等功能为一体的物流信息服务中心。加快推进国家交通运输物流公共信息平台建设，依托东北亚物流信息服务网络等已有平台，开展物流信息化国际合作。

（十）物流新技术开发应用工程

支持货物跟踪定位、无线射频识别、可视化技术、移动信息服务、智能交通和位置服务等关键技术攻关，研发推广高性能货物搬运设备和快速分拣技术，加强沿海和内河船型、商用车运输等重要运输技术的研发应用。完善物品编码体系，推动条码和智能标签等标识技术、自动识别技术以及电子数据交换技术的广泛应用。推广物流信息编码、物流信息采集、物流载体跟踪、自动化控制、管理决策支持、信息交换与共享等领域的物流信息技术。鼓励新一代移动通信、道路交通信息通信系统、自动导引车辆、不停车收费系统以及托盘等集装单元化技术普及。推动北斗导航、物联网、云计算、大数据、移动互联等技术在产品可追溯、在线调度管理、全自动物流配送、智能配货等领域的应用。

（十一）再生资源回收物流工程

加快建立再生资源回收物流体系，重点推动包装物、废旧电器电子产品等生活废弃物和报废工程机械、农作物秸秆、消费品加工中产生的边角废料等有使用价值废弃物的回收物流发展。加大废弃物回收物流处理设施的投资力度，加快建设一批回收物流中心，提高回收物品的收集、分拣、加工、搬运、仓储、包装、维修等管理水平，实现废弃物的妥善处置、循环利用、无害环保。

（十二）应急物流工程

建立统一协调、反应迅捷、运行有序、高效可靠的应急物流体系，建设集满足多种应急需要为一体的物流中心，形成一批具有较强应急物流运作能力的骨干物流企业。加强应急仓储、中转、配送设施建设，提升应急物流设施设备的标准化和现代化水平，提高应急物流效率和应急保障能力。建立和完善应急物流信息系统,规范协调调度程序,优化信息流程、业务流程和管理流程,推进应急生产、流通、储备、运输环节的信息化建设和应急信息交换、数据共享。

六、保障措施

(一)深化改革开放

加快推进物流管理体制改革,完善各层级的物流政策综合协调机制,进一步发挥全国现代物流工作部际联席会议作用。按照简政放权、深化行政审批制度改革的要求,建立公平透明的市场准入标准,进一步放宽对物流企业资质的行政许可和审批条件,改进审批管理方式。落实物流企业设立非法人分支机构的相关政策,鼓励物流企业开展跨区域网络化经营。引导企业改革"大而全""小而全"的物流运作模式,制定支持企业分离外包物流业务和加快发展第三方物流的措施,充分整合利用社会物流资源,提高规模化水平。加强与主要贸易对象国及我国台港澳等地区的政策协调和物流合作,推动国内物流企业与国际先进物流企业合作交流,支持物流企业"走出去"。做好物流业外资并购安全审查工作,扩大商贸物流、电子商务领域的对外开放。

(二)完善法规制度

尽快从国民经济行业分类、产业统计、工商注册及税目设立等方面明确物流业类别,进一步明确物流业的产业地位。健全物流业法律法规体系,抓紧研究编制修订物流业安全监管、交通运输管理和仓储管理等相关法律法规或部门规章,开展综合性法律的立法准备工作,在此基础上择机研究制定物流业促进方面的法律法规。

(三)规范市场秩序

加强对物流市场的监督管理,完善物流企业和从业人员信用记录,纳入国家统一的信用信息平台。增强企业诚信意识,建立跨地区、跨行业的联合惩戒机制,加大对失信行为的惩戒力度。加强物流信息安全管理,禁止泄露转卖客户信息。加强物流服务质量满意度监测,开展安全、诚信、优质服务创建活动。鼓励企业整合资源、加强协作,提高物流市场集中度和集约化运作水平,减少低水平无序竞争。加强对物流业市场竞争行为的监督检查,依法查处不正当竞争和垄断行为。

(四)加强安全监管

加强对物流企业的安全管理,督促物流企业切实履行安全主体责任,严格执行国家强制标准,保证运输装备产品的一致性。加强对物流车辆和设施设备的检验检测,确保车辆安全性符合国家规定、设施设备处于良好状态。禁止超载运输,规范超限运输。危险货物运输要强化企业经理人员安全管理职责和车辆动态监控。加大安全生产经费投入,及时排查整改安全隐患。加大物流业贯彻落实国家信息安全等级保护制度力度,按照国家信息安全等级保护管理规范和技术标准要求同步实施物流信息平台安全建设,提高网络安全保障能力。建立健全物流安全监管信息共享机制,物流信息平台及物流企业信息系统要按照统一技术标准建设共享信息的技术接口。道路、铁路、民航、航运、邮政部门要进一步规范货物收运、收寄流程,进一步落实货物安全检查责任,采取严格的货物安全检查措施并增加开箱检查频次,加大对瞒报货物品名行为的查处力度,严防普通货物中夹带违禁品和危险品。推广使用技术手段对集装箱和货运物品进行探测查验,提高对违禁品和危险品的发现能力。加大宣传教育力度,曝光违法违规托运和夹带违禁品、危险品的典型案件和查处结果,增强公众守法意识。

（五）完善扶持政策

加大土地等政策支持力度,着力降低物流成本。落实和完善支持物流业发展的用地政策,依法供应物流用地,积极支持利用工业企业旧厂房、仓库和存量土地资源建设物流设施或者提供物流服务,涉及原划拨土地使用权转让或者租赁的,应按规定办理土地有偿使用手续。认真落实物流业相关税收优惠政策。研究完善支持物流企业做强做大的扶持政策,培育一批网络化、规模化发展的大型物流企业。严格执行鲜活农产品运输"绿色通道"政策。研究配送车辆进入城区作业的相关政策,完善城市配送车辆通行管控措施。完善物流标准化工作体系,建立相关部门、行业组织和标准技术归口单位的协调沟通机制。

（六）拓宽投资融资渠道

多渠道增加对物流业的投入,鼓励民间资本进入物流领域。引导银行业金融机构加大对物流企业的信贷支持,针对物流企业特点推动金融产品创新,推动发展新型融资方式,为物流业发展提供更便利的融资服务。支持符合条件的物流企业通过发行公司债券、非金融企业债务融资工具、企业债券和上市等多种方式拓宽融资渠道。继续通过政府投资对物流业重点领域和薄弱环节予以支持。

（七）加强统计工作

提高物流业统计工作水平,明确物流业统计的基本概念,强化物流统计理论和方法研究,科学划分物流业统计的行业类别,完善物流业统计制度和评价指标体系,促进物流统计台账和会计核算科目建设,做好社会物流总额和社会物流成本等指标的调查统计工作,及时准确反映物流业的发展规模和运行效率;构建组织体系完善、调查方法科学、技术手段先进、队伍素质优良的现代物流统计体系,推动各省(区、市)全面开展物流统计工作,进一步提高物流统计数据质量和工作水平,为政府宏观管理和企业经营决策提供参考依据。

（八）强化理论研究和人才培养

加强物流领域理论研究,完善我国现代物流业理论体系,积极推进产学研用结合。着力完善物流学科体系和专业人才培养体系,以提高实践能力为重点,按照现代职业教育体系建设要求,探索形成高等学校、中等职业学校与有关部门、科研院所、行业协会和企业联合培养人才的新模式。完善在职人员培训体系,鼓励培养物流业高层次经营管理人才,积极开展职业培训,提高物流业从业人员业务素质。

（九）发挥行业协会作用

要更好地发挥行业协会的桥梁和纽带作用,做好调查研究、技术推广、标准制定和宣传推广、信息统计、咨询服务、人才培养、理论研究、国际合作等方面的工作。鼓励行业协会健全和完善各项行业基础性工作,积极推动行业规范自律和诚信体系建设,推动行业健康发展。

七、组织实施

各地区、各部门要充分认识促进物流业健康发展的重大意义,采取有力措施,确保各项政策落到实处、见到实效。地方各级人民政府要加强组织领导,完善协调机制,结合本地实际抓紧制订具体落实方案,及时将实施过程中出现的新情况、新问题报送发展改革委和交通运输部、商务部等有关部门。国务院各有关部门要加强沟通,密切配合,根据职责分工完善各项配套政策措施。发展改革委要加强统筹协调,会同有关部门研究制订促进物流业发展三年行动计划,明确工作安排及时间进度,并做好督促检查和跟踪分析,重大问题及时报告。

第十一章

我国物流发展现状与展望

第一节　大陆地区物流发展现状

一、经贸环境

1997年中国大陆地区GDP的总量排在世界第七位,仅仅经过15年,2012年GDP的总量超过德国,名列第三位;2013年,超过日本,仅次于美国而居世界第二位。

由于人均GDP水平较低,在21世纪的前20年中,大陆地区的经济仍有可能以较高的速度增长。如果GDP能保持7%左右的增长速度,到了2020年GDP总量可能接近美国。

大陆地区自1978年以来对外贸易的迅速扩张,一方面由于改革开放政策的实施,使中国的比较优势得以逐步实现;另一方面也由于亚洲新兴工业地区正处于比较优势转变和结构转型时期,其劳动力密集型产业和在发达国家所占的市场份额都逐步向劳动成本更低的发展中国家转移,所以大陆地区近20年出口的快速增长主要依赖劳动力密集型产品增长。

经济结构方面,结构提升将是大陆地区经济持续增长的一个重要源泉和动力,未来第一产业(农业)的产出比重下降,第三产业(金融、贸易、运输、资讯、服务业等)产出比重上升,而第二产业(工业)产出比重基本保持不变。由于恩格尔效应和农业土地的制约,农业部门在总产出中的比重将有较大下降,轻工业部门,如食品和纺织品部门,因比较依赖于农产品作为中间投入,在总产出中的份额也将有所下降。受其影响,农产品、矿产品、食品和纺织品出口的比重将会下降,而电子、机械等资本品和消费品中服装的出口比重将会上升,服装仍是大陆地区最重要的出口部门,但电子、机械、化工等部门的出口增长很快,也成为非常重要的出口部门。由于居民对服务业需求的增加和生产活动对服务业投入的依赖性越来越大,未来20年服务业也将有较快增长。

二、物流政策

对大陆地区来说,现代物流业是一个新兴的产业,一个新的经济增长点,各级政府部们必须加以扶持和培育。同时,现代物流系统不是少数企业、某个部门或某种运输方式所能容纳的,必须依靠各个行业、各个地区、各个企业的协同配合,借助现代化的技术手段、管理手段、通信手段和全国性的服务网络,分步骤、分层次逐步展开。其中,市场是基础,企业是主体,政府重在宏观调控,其职能是基础设施的提供者和市场秩序的维护者。因此,为了推动大陆地区现代物流业的快速发展,相关政策如下。

(一)制定适合大陆地区现代物流业发展的政策

目前,在中国的一些经济发达地区和城市,现代物流业发展速度是相当快的,在全国范围内,已经形成了一股发展现代物流的热潮。然而,现代物流业的发展过程中,最大的障碍是缺乏适合中国现代物流业发展的国家政策。在中国国民经济行业序列中,尚没有现代物流业这一个行业,在对现代物流业的管理上,目前仍然沿用的是从传统计划经济时代遗留下的与交通约束以及仓储业相关的政策、法规和管理条例。这些规章制度已不能适应中国现代物流业发展的需要,并在一定程度上制约了中国现代物流业的发展。制定适合中国现代物流业发展需要的国家政策、法律、法规已经成为刻不容缓的大事。

目前,最为紧迫的问题是尽快打破物流管理上的行业分割、地区分割,明确统一的综合经济管理部门负责全国性物流产业政策的制定、物流网络的规划和统一布局,并与各专业职能部门紧密协调,以利于跨地区、跨行业、全国统一的开放竞争公平有序的物流大市场的建立。同时,也要推动综合性、跨行业、跨部门的物流法规和配套规章的制定,改变目前现代物流无法可依的局面。包括物流企业的资质、进入和退出的条件、市场竞争规则,为物流企业创造一个开放、竞争、公平、有序的市场环境。

(二)采取积极的财政、税收和其他政策,推动物流业的发展

现代物流在大陆地区是一个新兴产业,尚处于起步阶段,各种相关政策和配套法规还很不健全,特别需要政府的支持和推动。因此,各级政府应该明确表示鼓励、扶持现代物流的态度,并结合本部门、本地区的实际情况采取切实有效的措施,加快物流发展政策的落实。由于交通基础设施、地区性物流中心等具有较强的公共性,所以,政府应采取积极的财政政策、税收政策、金融政策等,鼓励和加强物流基础设施和资讯平台的建设,扶持、引导物流经营企业引进先进技术装备,改善物流设施,促进物流企业发展和物流服务推广,并积极倡导包括无车船设备在内的物流策划企业和物流服务代理企业协助厂商物流业的发展。

(三)重点扶持一批现代物流企业,为传统运输、仓储企业转化创造条件

在大陆地区范围内,有选择性地扶持一批具有现代意义的物流企业,一是可以加强中国现代物流业的整体实力,以应对中国加入WTO以后外国物流企业的竞争;二是可以为广大传统交通运输、仓储企业提供学习和借鉴的榜样,加快这些企业向现代物流业的转化,为企业的生存和发展创造机会。

一些大型国有交通运输、仓储企业,无论在规模上、业务网络上,还是在运作质量上都具有一定的实力,在国际市场上也有相当的竞争力。比如中国远洋运输集团、中国海运集团、中国外运(集团)总公司等知名大型运输企业,已经具备了发展现代物流业

的基本条件,对这些企业,国家应该在政策、财政、税务等方面予以大力扶持,促使这些骨干企业早日实现向现代物流业的转化,促进企业的发展以及应对国外大型物流企业的竞争。

(四)加强理论研究和人才培训的工作

由于历史原因,大陆地区的大专院校和科研机构没有设置现代物流专业,由此造成物流人才的严重缺乏。如何在尽可能短的时间内充分发挥相关大学和科研机构的作用,培养出一批高质量的现代物流人才,对大陆地区现代物流业的发展来说,具有十分重要的现实意义。大专院校和科研机构具有人才集中和知识密集的优势,在培训物流人才、加强物流研究方面具有独特优势,应该在推动现代物流业的发展方面有所建树。各级政府可以通过设立物流专项科研基金,支持高等院校和科研机构开展高级培训项目以及科研项目,鼓励物流研究和物流人才的开发培养。

三、交通设施

大陆地区积极完善相关的物流基础设施,以干线铁路、高速公路、枢纽机场、国际航运中心为重点发展,大力推进物流基础设施的建设,为物流业发展奠定基础。在铁路、公路、内河航道、民航、输油(气)管道运输、沿海和内河万吨及以上深水泊位、民有机场、载货汽车拥有量、远洋海运船舶等基础设施目前基本上已能初步支持现代物流业发展的要求。此外,中国电信网络干线光缆覆盖范围已包括全国各地市以上城市和90%的县级市以及大部分乡镇,并与世界主要国际资讯网络联通。为支援区域经济发展的目标,将重点建设高速公路网。东部地区的长江三角洲、珠江三角洲和京津冀地区将形成较完善的城际高速公路网,作为国家高速公路网基本骨架。

(一)华南地区

依据国家交通部编制的《泛珠三角区域合作公路水路交通基础设施规划纲要》,未来15年泛珠三角区域合作公路水路的新架构,将以大珠三角和面向东盟的前沿地区为核心,区域内重要城市为中心,连接各省市的铁路、公路、水运、民航等各种运输方式,加快实现综合交通设施系统的建设目标。预计到2020年,泛珠三角区域公路货运量将达到60亿吨;水路货运量将达到9亿吨。另外,沿海港口吞吐量是现在的3倍多。

(二)华东地区

交通基础设施的发展,是长江三角区域经济快速发展的重要特点。高速公路网已将长三角的15座城市全部覆盖在"三小时经济圈"内。国际航运中心包含洋山港、宁波北仑港、南通港,已组合为具有国际竞争力的海运网络;高度现代化的浦东机场,则与虹桥机场、周边城市机场一起,共同构建了国际空运网络。

除了各种运输基础设施建设外,将按照辐射范围大小,把长三角综合运输枢纽分为国家级综合运输枢纽、区域性综合运输枢纽和一般运输枢纽三个层次。位于海运、陆运、河运交汇处的七大运输枢纽将成为"国家级综合运输枢纽"的发展重心,是区域内综合运输骨架网络最高层次的节点,负责区域综合运输网络和多种运输模式的衔接,是客货集散中心和现代化物流发展的重要平台。将规划建设上海、南京、杭州、宁波、温州、徐州和连云港共7个国家级综合运输枢纽。以直辖市、省会城市、区域中心城市为中心点,拥有主要港口、国家铁路和公路运输场站等基础设施,辐射范围广。上海、南京、宁波、温州、连云港为沿海综合运输枢纽,是国内外往来贸易货物运输的集散中枢;杭州、徐州为内陆综合运输枢纽,位于公路骨干、内河主通道、铁路骨干的交汇处,是内陆地区的运输集散中心。铁路建设方面,长三角将强化铁路货运枢纽建设。把长三角地区铁路建设作为重点,扩大路网规模,改善路网质量,提高运输能力,整合客运网络建设、城际铁路建设,完善区域内铁路网布局,强化铁路客货枢纽建设。

(三)华北地区

环渤海地区的交通规划是按照港口为中心、陆海空一体的大交通网络体系设计。拥有五大运输通道,即以沿海港口为枢纽的海上外贸运输通道,以沟通东北地区联系的关内外运输通道,以连接华东、华南地区为重心的南北运输通道,以跨越西北、西亚和亚欧陆桥的运输通道,以山西、内蒙古能源外运为主的东西通道。京津塘高速公路是中国第一条利用外资并按国际标准组织施工的跨省市高速公路。西起北京市中关村科技园区,东至天津外港,直通渤海湾的200公里长廊,包括了8座高科技园区、两座直辖市,是两个直辖市最便捷的通道。京津塘高速公路实现了门到门的集装箱运输方式,可使天津港60%的集装箱经由高速公路出港,并加快了北京至天津城市间带状联合发展的趋势。空运部分,北京首都国际机场是中国航空交通运输网的中心,距京津塘高速公路西端仅8公里。同一航空区域的天津滨海国际机场,距京津塘高速公路机场出口仅4公里,东距天津新港和经济技术开发区仅30多公里。天津机场距北京机场仅120公里,空中飞行只需20分钟,两者区域互补,构成连接铁路、公路、海运的立体化综合交通运输网络。

四、信息技术

智慧化是自动化、资讯化的一种高层次应用。物流作业过程涉及大量的运筹和决策,如物流网络的设计与优化、运输(搬运)路径的选择、每次运输的装载量选择,多种货物拼装优化、运输工具的安排调度、库存水平的确定、补货策略的选择、有限资源的调配、配送策略的选择等问题都需要进行优化处理,都需要管理者借助优化的、智慧工具和大量的现代物流知识解决。因此,物流的智慧化已经成为物流发展的一个新趋势。

由于物流产业具有高度的社会化和现代化特征,而且具有高度的计划性和时效性。在电子口岸建设逐步完成后,大陆地区开始重视公共物流资讯平台的规划,希望借由统一物流资讯标准,协调各个物流资讯平台进行资料交换,以建设一个现代物流公共资讯管理系统,能将物流产业社会化。此平台将连接从中央、省市到物流园区(加工区)、货主(物流服务商)的系统。现代物流公共资讯管理系统与传统的、以运输为核心的物流不同,是以资讯为核心,借助电脑和网络技术,依靠资讯调度和整合分散于各部门、各环节中的仓储、运输、包装、装卸、加工等功能,把物流从商流和资金流中分离出来,独立构成一个完整的物流资讯系统,利用资讯基础网络和实用技术支援现代物流资讯运作需求:远端、即时的通信和资料接环；货物状态的识别；精确和便捷的定位；自动化和无人化的操作管理；等等。

在物流设备方面，跟踪主要是指对物流运输载体及物流活动中涉及的物品所在地进行跟踪。物流设备跟踪的手段有多种，可以用传统的通信手段如电话等进行被动跟踪，可以用 RFID 手段进行阶段性跟踪，但目前大陆地区用得最多的还是利用 GPS 技术跟踪。部分物流企业为了提高企业的管理水平和提升对客户的服务能力也应用这项技术，例如2014 年年底，沈阳等地方政府要求下属交通部门对营运客车安装 GPS 设备工作进行了部署，从而加强了对营运客车的监管。

有了设备之后，动态资讯采集技术应用是必需的。企业竞争的全球化发展、产品生命周期的缩短和用户交货期的缩短等都对物流服务的可得性与可控性提出了更高的要求，即时物流理念也由此诞生。动态的货物或移动的载体本身具有很多有用的资讯，例如货物的名称、数量、重量、品质、出产地，或者移动载体（如车辆、轮船）的名称、号牌、位置、状态等一系列资讯。在流行的物流动态资讯技术应用中，大陆地区应用范围最广的是一、二维条码技术，其次是磁条（卡）、语音辨识、可携式资料终端、射频识别（RFID）等技术。

第二节　我国台湾地区物流发展现状

一、经贸环境

我国台湾地区自 2000 年以来，一方面正值国际经济景气不佳，加上岛内政治不安定，又历经美伊战争及 SARS 的影响，经济呈现大幅滑落的现象。而随着全球景气回春及电子资讯业订单大量增加的情况下，已逐步带动经济迈向复苏。虽然我国台湾经济有缓步成长的现象，但全球化的快速进展，使世界经济相互依赖程度日趋加深，我国台湾经济无法幸免于这股全球化潮流的冲击。其次，大陆地区经济快速兴起，区域经济体加速整合，以及跨国企业全球布局趋势方兴未艾，这些变化也对我国台湾地区经济产生莫大的影响和冲击。另一方面我国台湾地区内部投资不足、产业空洞化、产业结构升级及政治社会不稳定等问题，都是未来要面临的窘境。

总体来说，我国台湾现阶段经济发展策略是"深耕台湾，布局全球"，面对国际经济情势和两岸关系，采取积极作为战略，突破僵局。首先，改善内部的投资环境，提供充足的水、电、土地等基础设施建设，提供租税优惠等，吸引企业在台深耕。其次，重新定位我国台湾在价值链上的位置，在研发创新、制造组装和行销运筹的三阶段经营活动中，移向两端附加值较高的活动，重视研发创新活动，将我国台湾发展成为"科技岛"，经营品牌行销，发展我国台湾成为"全球运筹中心"。最后，在产业政策方面，认真面对环境的变迁，选择两个发展方向，一是发展知识型服务业，如观光休闲、金融、保险、国际物流等；二是发展替代性策略产业，如生物科技、尖端咨询、环保科技，全面转型台湾经济结构。

对外方面，一是善用大陆地区的利基，促进台湾与大陆的产业分工，提升台湾产业结构。二是彻底自由化、国际化，发展台湾成为"亚洲的门户"和"全球运筹中心"，吸引国际企业来台，策略联盟结合台资，进军大陆地区。三是营造两岸良性互动，推动"两岸共同市场",并积极加入东盟或日韩区域性贸易组织。

二、物流政策

近年来,全球区域经济兴起,区域经贸组织普遍发展,新兴国家的经济开放与快速成长,带来全球经济结构的重新整合;加以网际网络和资讯的蓬勃发展与应用,亦使产业的国际竞争更加激烈。在全球产业结构变迁,电子商务和物流服务快速发展下,区域供应链物流潜在市场更加受到国际重视,物流运筹的竞争策略已经成为各区域经济发展策略的重要一环。

在这个趋势下,我国台湾经贸发展面临内外结构快速变迁的机会和挑战;面对东亚多重区域整合,两岸间直航发展与经济加速互动的影响,如何整合多元物流发展,促进物流产业成为国际化发展的核心实力,以创造企业连接全球物流网络,已成为经济竞争力持续提升的重要课题。因此,使企业在现有利基下掌握优势,强化物流软硬实力发展,整合关、港、贸相关系统的联系合作,促进产业供应链的接界,不仅是物流产业发展政策中强化全球布局的重要策略,也是提升我国台湾经贸竞争力的重要核心。其目标如下。

(1) 发展国际物流的核心竞争力,进行关、港、贸等跨部门整合,强化台湾企业在全球的运筹能力;

(2) 充分运用两岸经济互动契机,建立物流运筹政策配套,积极推动台湾与亚太地区产业供应链的串接合作;

(3) 因两岸签署《海峡两岸经济合作架构协定》(ECFA),积极布建全球运筹服务网络,开启台湾经贸发展的黄金十年,于 2020 年,打造台湾成为亚太区域物流价值及供应链资源整合的重要据点。

三、交通设施

1. 航空运输

台湾桃园国际机场是台湾主要的联外民航机场,为台湾首要的国际客运出入地,也是台湾岛最北端的机场,与台北市中心有高速公路相连于联外捷运系统。1979 年启用时名称为中正国际机场,2006 年改为现名。经营机构是桃园国际机场公司。与台北另一座联外机场——松山机场不同,桃园机场仅经营国际航线且专供民航使用。由于世界各国与台北之间的航线大部分在此起降,其使用台北的机场代码,各国航空公司的航点标示常以"台北机场"或"台北桃园机场"(Taipei-Taoyuan)称之。

台湾桃园机场建成投入使用时是当时亚洲最现代化的国际机场之一。由于台湾工商业迅速崛起,带来大量的旅客进出,以致机队数量持续扩张,原有机坪和航厦设施已不敷使用,因此第二航厦在 2000 年正式启用。另外,还编制预算,重新轮流铺设桃园机场的两条主跑道,将南跑道长度增加为 3 800 米。同时,第三航厦与第四航厦新建工程也正积极规划施工中。

借助两岸定期航班的利益激励,据国际机场协会统计,2010 年第一季度,桃园机场客货运量分别达到 555 万人次和 40.9 万吨,分别较 2009 年同期增加 22.9% 和 71.1%,增加幅度居亚洲主要机场之冠。2010 年全年含过境的运客量达到 2 511 万人次,2013 年全年运量 3 070 万人次,创历史新高,较 2012 年增加 10.6%,为全球跨境客流量排名第 15 名。

2. 海上运输

台湾四面环海,国际贸易与海上运输在台湾经贸发展中扮演重要的角色。但海上交通长期遭受管制,国际物流职能依赖特许航运公司通过商船运输,造就了两大对外港口——基隆港和高雄港。台湾渔港数量多达 231 处,其中本岛有 155 处,占 2/3;离岛 76 处。

高雄港是一座位于高雄市的海港,是台湾四座主要国际港之一,而且是台湾首要的海运枢纽和货运进出口门户,港口货物运输量约占台湾整体港口的二分之一。台湾地区四大国际港海运货物进出口运量排名为:高雄(57.7%)、基隆(18.4%)、台中(18.3%)、花莲(2.62%)。其中,进货运量较大的高雄、基隆和台中三港经营货柜运输。基隆港出口货种几乎全部是货柜,且有逐年增加的趋势;台中港出口货种是货柜与散货约各占一半;高雄港近年出口货种以货柜和管道为大宗,各为 30%~40%,一般杂货逐年降低。目前三大港口,高雄港的装卸机具设备最多,基隆港次之,而台中港最少。三大港口的仓储容量以高雄港最高,台中港次之,基隆港最低。

四、信息技术

在物流竞争要素方面,由于物流在功能上包括产品集散、产品开发、产品计划管理、采购、保管、流通加工、暂存、配送等,因此,配送的作业弹性、准确率和效率就显得格外重要。物流应在整体过程中,做到产品、状态、场所、成本、品质、时间、客户 7 项配送要求的正确控制。资讯技术渗透到流程改造工作,不仅上下游成员间的区隔愈来愈模糊,管道连接更由过去"消费者对其他主体"转为"包括消费者在内的整体架构",即新的管道结构已将制造商、中间商、零售商与消费者主体完全结合起来,并从连接关系的价值和策略性的角度思考,共同创造高效率,高附加价值的流通管道系统。资讯技术的应用,促进了流通作业的合理化与效率化,更提升资讯的流通速度和准确性,使上下游成员更灵活、更具弹性,即时反映市场,提供满足消费者需求的服务。

流通管道系统应用资讯技术之初,首先考虑组织内部作业流程的合理化,借由资讯技术达成基础作业效率的提升与成本的降低,使上下游成员保有永续经营的条件。而后资讯技术的应用则朝纵深方向发展,此时,不论组织内还是组织间的沟通协调均相当重要,通过资讯技术的妥善运用,沟通资讯的复杂程度,提升跨单位的流程绩效,为策略导向的资讯技术应用建构基石。

台湾地区目前物流产业所使用的技术种类相当多,涵盖资讯科技、仓储管理系统、运输管理系统等。主要设备按照不同层面的核心技术分类,物流技术可分为自动化设备、物流资讯系统和无线化设备三大类。由于需要应上游制造商和下游客户的不同需求,以物流活动为划分依据,所以,物流技术可分为资料撷取技术、物流资讯技术、仓储执行技术、运输执行技术等。

1. 资料撷取技术

资料撷取技术是指用特定的符号或条码等标签格式,或其他资料传递方式,使商品收发过程通过机器辅助,达到快速正确地识别。主要有条形码作业、无线射频辨识系统、晶片型 IC 控制卡等。

2. 物流资讯技术

物流资讯技术指可以用来进行资料汇总、储存、比对、运算、分析、规划等作业,协助下达物流作业决策的资讯系统架构或软件,诸如电子订货系统、销售点情报管理系统、电子资料交换系统、网际网络、供应商存货系统等。

3. 仓储执行技术

仓储执行技术指物流中心所采用的自动化设备或保存设备,使物流中心可以在最少人力成本下达到最高仓储效益,并维持货品的品质。这方面的技术有自动仓储及分类系统、电子辅助拣货系统、自动分类系统、低温储存设备等。

4. 运输执行技术

运输执行技术是指对于物流业者,有助于掌握相关行车资讯、有效进行运输资源配置的技术,包含全球卫星定位系统、地理资讯系统、无线通信系统、行车记录仪、低温车辆等。

第三节 我国港澳地区物流发展现状

一、经贸环境

(一)中国香港

中国香港地区经济属于高度依赖国际贸易的市场经济系统,在国际商业、贸易以及金融枢纽方面,服务业主导程度极高,占 GDP 的比例在 90％以上。其中金融服务业、贸易和物流业、服务业、旅游业是香港经济的四大传统产业。在 2013 年的 GDP 中,四大传统产业的总增加值占 57.8％。

此外,香港特首曾提出推动六大产业,包括文化及创意产业、医疗产业、教育产业、创新科技产业、检测及认证产业、环保产业。市场自由度在国际排名方面,到 2014 年,香港连续 20 年被评为全球最自由经济体系,在全球经济自由度指数中排名第一,新加坡及澳大利亚紧随其后。在 2014—2015 年世界经济论坛发布的报告中,香港排名全球第七,连续三年跻身全球十大最具竞争力的经济体行列。

香港特区政府一直坚持维持低税率的政策,以鼓励贸易和生产,与其他国家的税率相比,香港算是比较优惠。此外香港凭着"一个没有贸易障碍的免税港、政府在经济方面干预少、极低通胀、资金流动及对外投资障碍极少、金融与银行业限制极少、薪酬与价格干预很少、产权观念牢固、维持低程度的规管和非常规市场活动很少"等特点,具有高效率的物流服务,是全球最繁忙的货柜港之一、货柜输送量全球最大、自 2001 年起香港国际机场连续五年荣获"全球最佳机场"。

近年由于大陆地区的经济开放,自 20 世纪 90 年代香港的传统工业致力于经济转型,尤其是在 1997 年亚洲金融风暴之后,不少制造业都将工序移到中国内地,因此很多工人转向服务业。2003 年统计,香港是全球第十大服务出口地,加上完善的司法制度和新闻自由,超过 3 200 家国际企业选择在香港设立亚洲区总部或办事处,主要从事的业务包括批发零售、进出口贸易、其他商用服务(会计、广告、法律等行业)、银行和金融、制造业、运输和相关服务。

(二)中国澳门

中国澳门是历史悠久的自由港,进出口贸易一直是其整体经济中一个重要部分。在对外贸易的推动下,澳门的交通运输和仓储业、货代、船代、其他的商业贸易中介都得到了发展。近年,这些传统的运输业和服务业正逐步向汇集了科技、资讯和管理等技术的现代物流业过渡。当前,澳门特区政府重视与内地的经贸合作,如和珠海共商建设跨境工业区,在澳门构建沟通中外经贸服务平台等,澳门的对外贸易和物流业在此推动下呈现上升势头。

由于 2004 年澳门经济强势增长,主要受惠于博彩旅游业同时带动建筑业、服务业、餐饮业和保险业也略有增长,这对于过度依赖单一产业驱动经济发展的澳门存有隐忧。首先,人力资源暂时短缺,衍生一批低学历人员寄居于娱乐场所。澳门的劳动人口主要由制造、建筑、批发和零售、酒店和餐厅、金融服务、房地产等组成,公共管理及其他私人和社会服务包括博彩、运输、仓库、通信业。在最近几年中,由于两位数的经济增长,失业率从纪录高点 2000 年的 6.8% 下降到 2007 年第三季度的 3.1%。

随着几个赌场度假村等重大工程正在建设,很多行业,特别是建筑业面临劳工短缺的问题。澳门的商业发展一直都受惠于旅游业的带动,自赌权开放以后,澳门经济迅速发展,刺激本地居民以及旅客的消费能力,引致澳门的商业得以高速发展,间接使澳门旅游朝度假式休闲娱乐方向发展,因而在商业方面的发展亦会受惠。对外贸易方面,出口产品以纺织、成衣类为主,非纺织品出口方面以机器设备、零件货物鞋类为主;而进口商品以消费品、原料及半成品居多,主要交易伙伴有中国内地、香港地区、日本、美国、欧盟各国等。

二、物流政策

(一)中国香港

中国香港是国际金融、商业、贸易和航运中心,出口贸易约占 GDP 的 20%。香港拥有优良的地理位置。为华南地区至世界各地提供快捷而迅速的海运和空运服务。四通八达的运输网络,如铁路、公路、货柜码头、内河码头和跨境运输等,不但提供完善的基建设施,而且使香港和华南地区紧密连接在一起,促进华南地区商贸和物流的发展。香港特区政府已把发展物流业务作为香港主要发展重点之一。2000 年香港特区首长董建华已在第四份施政报告中提出香港与珠江三角洲联系的重要性,发展物流业不但能巩固香港作为珠江三角洲的货物运输枢纽,而且还可以增强本港的营商环境,加速经济发展。

把香港发展成物流中心,全面的基建设施是重要的,因此,香港特区政府拟定在香港国际机场、青衣西、大屿山东、屯门兴建三个物流园,为物流业提供货物处理和配送设施;兴建第十号货柜码头,以巩固香港作为世界航运中心的地位,完善的物流和相关的基建设施不但能促进香港物流业发展,而且对贸易和经济有一定的帮助。

由于香港地区与华南地区经贸往来日渐频繁,加强香港与珠江三角洲的经贸联系对香港物流发展也很重要,因此珠江三角洲的货运和经济发展对香港有举足轻重的影响。为了加强两地经贸联系,香港将与深圳建设西部公路,加强两地运输,而且也将与广州建设"区域快线",加强华南地区人流和物流,并考虑实行二十四小时货物和市民通关的可行性,放宽内地商务旅客的入境签证等措施,这都有助于加强两地经贸和物流的发展。

此外,香港发展物流业也面临一些困难和考验。虽然香港拥有发展物流中心的优势,但邻近地区的发展,如深圳、广州也在积极发展物流和相关行业。深圳政府规划建设二十三个大型物流项目,总投资超过 229.75 亿元;规划投资 70 多亿元,发展深圳西部通道、盐田港第三期工程、蛇口集装箱码头第三期工程等交通建设,加强物流和经贸发展。邻近地区的发展对香港物流业造成一定影响。

总之,香港拥有地利和国际贸易优势,有遗留的运输设施和交通网络,背靠珠江三角洲及内地强大的生产能力,香港有足够能力发展成为连接内地与世界市场的物流枢纽。只要香港对物流发展定下清晰方向,加强人才培训,支持物流和供应链管理研究,鼓励世界性物流公司在港投资拓展事业,均有助巩固香港作为亚太地区物流基地的优势,推动香港经济发展,对香港中长期发展有莫大裨益。

(二)中国澳门

中国澳门土地面积有限,人口不多,这些制约了澳门物流业的发展。然而,澳门在发展物流业上亦有其多个不可取代的优势。澳门是一个自由港和独立关税区,资金进出自由,奉行简单的低税制政策。在地理位置上,澳门背靠中国内地,并与欧盟、葡语国家和国际华商组织有密切的联系。面对邻近地区的竞争,澳门物流业务必须充分发挥自身优势和特点,发展适合澳门经济环境的独特模式。

澳门在博彩业开放、更紧密经贸合作安排(CEPA)及多个大型会议展览场地相继落成等正面因素带动下,物流业有条件朝独特方向发展。会展业是一个多元化的产业,带来的运输货品种类亦各有不同,面对会展业内需求,如仓储和会场内物流服务的配套等,将为澳门"协力厂商物流业"创造发展机会。

物流业正配合澳门"以旅游和博彩业为龙头产业,逐步建构综合休闲旅游会展目的地"的方向发展。在旅游博彩业蓬勃发展下,来澳旅客不断上升,目前每年访澳旅客都突破 2 000 万人次。旅游业的快速增长,衍生出新的庞大消费内需,海、陆、空入口需求均有明显增长。面对澳门内需持续增长,特区政府近年正积极研究改善及协助本地物流业发展的政策和措施。例如,为进一步提高效率,政府实施了新的《对外贸易法》,逐步为各关口引入最新电子系统,使报关程式更简化,同时,澳门特区政府还积极支持澳门国际机场的一系列扩建计划,以提升机场承载货运量和效率。在仓储业方面,政府在路氹城东侧临近机场的地点已完成填海及基建工程,预计将吸引投资者兴建物流仓。

自回归以来,澳门特区政府一直推行"远交近融"的区域合作政策,以打造澳门成为区域经贸合作服务平台,同时扩大澳门经济适度多元化发展空间。继续深化与内地省、市政府之间的合作,进一步扩展合作网络,彰显合作效益。其中,与泛珠区域在服务业的合作优势最为明显。例如,澳门特区政府与深圳市政府签署了四项合作协定,促进双方在经贸、旅游、物流等领域的合作。通过深圳市先进的客货运输系统的支援,开启了多个新运输管道,开拓新的发展空间。另一方面,珠澳跨境工业园区更是标志着澳珠两地经贸合作的一个新里程碑。珠澳跨境工业园区交通方便,24 小时运作,设有特别出入通道及其他支援服务,可为旅游和会展提供直接服务。澳门威尼斯人租赁了园区的仓储和物流中心,以作为支持拉斯维加斯金沙集团股份有限公司旗下酒店、零售及娱乐业发展的服务中心。

三、交通设施

(一)中国香港

1. 航空运输

香港国际机场(HKIA)坐落于大屿山赤鱲角,是交通最便利的城市机场之一,从市中心乘机场快线列车只需 23 分钟,全程 35 公里。2014 年,总客运量达 6 330 万人次,连接全球约 180 个航点。超过 100 家航空公司在机场营运,每天提供约 1 000 班航班,航空货运量约 438 万吨。预计 2030 年的客运及货运需求量分别约为 9 700 万人次及 890 万吨,飞机起降需求量约为 60.2 万架次。香港国际机场未来的年货品处理能力为 900 万吨。

2. 海上运输

过去几年,香港一直是世界最繁忙的港口。香港的海洋及内河船只交通流量庞大,几乎每分钟都有船只到港或离港。目前,香港共有九个全面投入运作的货柜装卸区,并有进一步的拓展计划。

(二)中国澳门

1. 航空运输

澳门国际机场位于澳门凼仔岛鸡颈山上,是世界上第二座填海造地建成的国际机场,占地 192 公顷,耗资 80 亿澳元(约 64 亿人民币),1995 年 12 月 8 日投入运营,客容量为每年 600 万人次,年处理货物量 16 万吨,具有每天装卸 400 吨的处理能力。

2. 海上运输

澳门运输以海运为主,75% 左右的进出口货物运输和 80% 左右的旅客往来都通过水运进行。从历史发展来看,澳门的水运曾在对外运输中占有特别重要的地位,但现在由于航道淤积,没有深水良港,大吨位轮船无法停靠,造成了澳门的海外运输绝大部分都通过香港转运。目前,澳门本地有三个港口,各自定位不同,澳门半岛东面的外港,是客运港口;西面的内港主要用于货物装卸,其中只有一个码头可上下旅客;路环的九澳港主要有燃料供给码头、货柜码头及分别由水泥厂及发电厂使用的码头,其中货柜码头的运输,主要航线为香港和台湾两地运行。

四、信息技术

发展物流也是现代服务业升级的一项重要内容。随着 CEPA 逐步落实,特别是内地与港澳服务贸易自由化和两岸服务贸易协定的进一步落实,港澳地区与内地经济往来更趋紧密,三地发展物流业的政策环境更加优化。港澳物流企业具有先进的技术,丰富的管理经验,充裕的资金和完善的国际物流网络,与内地形成很强的互补性。

信息科技和互联网的普及,为物流行业带来根本的转变,电子商务渐变成优化业务和开拓市场的重要途径。此演变不只是供应方增值其服务和提升其形象的手段,也是响应需求方对高透明度、实时消息、安全且具效率的物流服务的要求。同时市场已趋饱和,难再有拓展空间,于是尝试组建或参与一些现有的网上联盟,寻找机遇,通过这类平台,能大幅扩大企业的市场地域,并运用当地行家的地利优势,达到互补和共赢,这些条件都为港澳企业带来发展机遇。

第四节　我国物流发展展望

一、协同发展

我国各地区因历史发展背景不同,物流环境也各不相同,包括物流适用的法律、科技条件、商业现状,等等。因此,整合资源,协同发展,成为未来物流发展的新课题。

物流活动不再是单一地区或单一作业的服务提供,而是与供应链紧密结合,故物流一连串服务要确实完成,才能达到整体商业活动的需求。

全国各地区交流越来越紧密,越来越多的企业因要降低成本,选择低库存和制造活动外包的策略,此时物流服务的时效性成为支持以上需求的关键要素。时效性将成为供应链中的最重要因素,物流上的延误甚至可能导致整个生产线的停顿,唯有在精确的时间收到货品,并且实时将产品运送出去,比所需支付的相关物流费用重要得多。全国各地区同属一个大中华市场,通过信息整合,能有效减少物流成本,提高物流运作效率。

信息与通信技术的发展,将各环节物品运送的状态进行实时的反应与回馈成为可能,企业在进行全球商业活动之际,货物实时掌控对于降低存货成本有直接的帮助,也能保有足够的弹性,故实时监控成为未来全国物流运作下的必要服务。尤其近几年讨论很多的EDI、VAN、CPFR等等,都在强调协同合作、共享信息的概念,这也考验着全国各地区企业间是否能坦诚分享信息的智能,让彼此双方互惠,进而提升竞争力。

二、绿色发展

受到《京都议定书》的影响,绿色物流的发展有了重要突破,因为各国政府纷纷通过政策工具的制约促使绿色物流目标的达成。绿色物流策略决定从生产到废弃过程的效率化,新材料的应用、新技术管理或者新系统设计,尽量采用对环境污染小的方案。例如日本政府与企业一向很重视绿色物流,针对环保需求,制定二氧化碳排出量的计算方法,政策性推广绿色物流,也提出了一些实施绿色物流具体目标值,如货物的栈板使用率、货物在停留场所的滞留时间等,减低物流对环境造成的负荷。

绿色物流,实质是为了降低物流活动中的交通拥挤、环境污染、建设维护费用,具有低污染和有利于城市发展多元化交通工具等特点,以及为了实现最大限度地降低运输污染程度而采取的一种创新环保型运输规范。从浅层含义上来看,绿色物流是有序、安全、低污染的结合产物;从深层含义上来讲,绿色物流则是一种与生态、未来、社会、资源等和谐发展的创新体系。近年来,随着经济的快速发展,城市化水平不断提高,物流企业也随之壮大起来。然而,就在物流规模快速扩大的背景下,与之相关的能源消耗、资源浪费、环境污染以及城市交通压力大的问题却愈加突出。这些问题不仅违背了绿色物流节约资源的原则,同时,也在一定程度上违背了全球可持续发展战略的原则。

未来绿色物流的发展建议如下。

1. 加强国内物流企业的绿色环保意识

要想实现绿色物流的管理方式,首先,物流企业就要转变传统的运作模式,不仅要用绿色环保的观念去看待运输系统本身,同时也要学会用绿色发展的理念去看待运输系统以外的社会。建议通过政府部门的行政力量,共同定期组织绿色环保的宣传活动,提高物流企业的环保意识,呼吁社会各界投入到绿色社会的构建之中,使绿色发展成为一种竞争优势。

2. 发展绿色节能的物流技术装备

改进物流配套设施,从环保的角度出发,鼓励生产以甲醇、乙醇、液化石油气、压缩天然气等替代燃料为动力的物流专用车,以提高车辆的燃料效率,减少尾气排放。同时,大力投入使用电动汽车,也可以达到减少环境污染的效果。另一方面,引入物流信息技术,充分利用信息化手段,为物流运作提供准确及时的数据,以便对物流车辆进行合理调度、对物流配送进行路线优化,从而更好地发挥出绿色物流在高效节能、减少污染等方面的作用,并为物流企业创造出更多的经济效益。

3. 建立多式联运的综合运输体系

商品流通规模的不断扩大,以及流通空间的不断拓展,都对物流运输能力提出了较高的要求。因此,充分利用现有的运输网络并整合分享相关信息,发挥各自的运输优势,建立交通一体化、服务多样化的综合运输体系,从而提高物流运输能力,以便实现最经济、最快捷的物流运输模式,使之达到低能耗、低排放、低成本的最佳效果。

4. 完善绿色物流的法律法规建设

控制和减少物流运输中的环境污染,仅靠装备改造和企业自律是远远不够的,还需要行之有效的法律法规,以及强有力的行政管理来加以控制。全国共同制定并完善绿色物流法律法规,针对物流运输中的尾气排放、噪声污染、油船泄漏等相关事项做出明确的规定,并依法严格实施,以确保物流污染能够得到有效的控制和限制,从而为绿色物流的有序发展提供良好的政策环境。

三、科技发展

物流装备技术有利于提高物流竞争力。物流装备是指和物流各种要素的活动有关的硬件设施和工具,包括运输、搬运、包装等活动中的装备。传统的物流企业是由大量的人力资源维持,但是物流科技中的装备技术减少了对人力的需要,通过机械化的运用不但提高了企业生产效率,也大大节约了企业花费在人力上的成本。物流装备技术在物流活动中的应用推动了现代物流产业的发展,对物流发展的影响是显著的。

　　未来全国各地区可以共同建设物流技术服务体系,以生产力为核心的基础上来建立物流技术服务体系,规范物流企业的服务水平和人才的培训工作,并鼓励物流企业参与物流科技发展信息平台来探索新的服务发展模式。全国各地区共同加强国际间的物流科技交流,通过国际间的科技交流,有利于技术的扩散。

　　物流产业目前的发展趋势是良好的,在科技发展的今天,开发利用物流科技是物流发展的有效途径。科学技术作为发展的推动力,对物流产业的推动作用是不容忽视的。未来在全国各地区共同开发和发展下,很多外资物流企业迈入大中华市场,在带来竞争的同时,也给全国各地区的物流企业带来先进的技术、理念和经验,这对于整体物流企业实现物流科技发展有着积极的作用。

复习思考题

1. 分别归纳总结全国各地区的物流发展特点。
2. 分别将我国港、澳、台地区的物流发展与内地物流发展做比较分析。
3. 在物流发展中各地区应如何整合资源,实现共赢?

国家战略下我国国际物流发展

国际物流与国际贸易紧密相连,分析国际物流从分析国际贸易开始是合逻辑的。当然,要把握好国际贸易的规律,最好从分析国际分工开始。

第一节　国际贸易和国际物流

一、国际分工和国际贸易

(一)国际分工

市场的形成从交换开始。人类天性存在多样性需求,远古时氏族部落之间在进行社会交往的同时,进行一定产品互换,特别是氏族部落在产品出现剩余情况下,交换倾向自然明显。当然,交换要成为普遍社会现象,一定得以社会分工的形成为基础。

1. 第一次社会大分工形成物物交换

恩格斯在《家庭、私有制与国家的起源》一文中论述了人类社会的三次社会大分工,第一次社会大分工即"游牧部落从其余野蛮人群中分离出来",并逐步形成农业和畜牧业之间的分工。于是,出现两大部落之间的交换,但这时的商品交换主要是剩余产品的交换,交换的形式是物物交换,即 W-W。

2. 第二次社会大分工形成以货币为媒介的商品交换

随着农业和畜牧业的发展,生产工具日益改进,手工业出现了,于是发生了第二次社会大分工,即手工业从农牧业中分离出来。交换形式随之发生改变,从物物交换(W-W)到以货币为媒介的商品交换(W-G-W)。这时商品交换分解为两个不同的过程,即卖的阶段(W-G)和买的阶段(G-W),这种分解,极大地方便了交换,从而大大地扩大了交换的规模和范围。

3. 第三次社会大分工形成以商人为媒介的商品交换

随着生产的发展,商品交换范围和规模的扩大,专门从事商品交换活动的商人(商业)出现了,于是发生第三次社会大分工,即商业从工农业中分离出来。商品交换形式由W-G-W转变为 G-W-G′。商人资本是历史上最早出现的资本形态,以追求投入资本的增

值为根本目的。

　　三次社会大分工使得生产的性质发生了改变,出现了直接以交换为目的的生产,即商品生产。商品生产的发展,使业已存在的商品交换从偶然的行为变成经常性的行为。

　　总的来看,分工促进了生产的单一化,而商品交换是解决生产单一化和需求多样化矛盾的有效手段。因此,分工是商品交换的重要前提,没有分工就没有交换,而且社会分工的不断深化促进了商品交换形式的不断演进;同时,商品交换不仅保证了单一化生产的顺利进行,还促进了社会分工的进一步深化。社会分工与商品交换相互促进、互为前提,市场演进正是这样一步一步前行的。

　　当分工由国内延伸到国际,国际分工就形成了。国际分工指世界上各国(地区)之间的劳动分工,是国际贸易和各国(地区)经济联系的基础。它是社会生产力发展到一定阶段的产物,是社会分工超越国界的结果,是生产社会化向国际化发展的趋势。

　　按参加国际分工的各国经济发展水平的不同,国际分工可分为三种类型:①垂直型国际分工,即经济发展水平不同的国家之间的纵向分工;②水平型国际分工,即经济发展水平基本相同的国家之间横向的分工;③混合型国际分工,即一国既参加垂直型的分工,也参加水平型的分工。

(二)国际贸易

　　随着国际分工的发展,商品交换跨越国界成为必然,国际贸易应运而生。

　　自由贸易能够使贸易参与方彼此受益,实现总体福利增加,这是国际贸易发展的基本原因。古典经济学派大卫·李嘉图的绝对优势理论和相对优势理论较好地证明了这一点。

　　绝对优势理论认为:无论一个人、一个企业、一个国家,只要他(它)生产的某种产品(比如甲)的成本(抵达同一购买者手中)低于另一个人、另一个企业、另一个国家,那他(它)就具有绝对优势,即在分工和专业化生产中,选择甲作为生产对象是理性人行为的必然表现。当然,有分工就有合作,企业内部的合作通过工作岗位分派和管理活动来实现,企业间的分工(包括产业分工、地区分工、国际分工)则通过市场交换活动来完成,所谓分工带来国民财富增长,是国民财富增长的原因,其本质是一个人、一个企业、一个国家利用他(它)拥有的优势进行生产。分工需要交换,交换促进分工,二者共同带来国民财富的增长和总的福利的增加。

　　相对优势理论认为:如果一个人、一个企业、一个国家生产某种物品时放弃了较少的其他物品,生产这种物品的机会成本较少,那他(它)生产该物品具有比较优势。如农民种小麦的机会成本低于牧民,农民产1斤小麦的成本只是1/8斤牛肉,而牧民种1斤小麦的机会成本是1/4斤牛肉。相反,牧民养牛的机会成本低于农民,牧民产1斤牛肉的机会成本是4斤小麦,而农民产1斤牛肉的机会成本是8斤小麦。因此,农民种小麦有比较优势,而牧民养牛有比较优势。

　　尽管一个人、一个企业、一个国家有可能在生产两种物品上都拥有绝对优势,但却不可能在两种物品的生产都拥有比较优势。因为,一种物品的机会成本是另一种物品机会成本的倒数,如果一个人、一个企业、一个国家生产一种物品的机会成本较高,那么,他(它)生产另一种物品的机会成本必然较低。比较优势反映了相对机会成本,除非二者有相同的机会成本,否则,一个人、一个企业、一个国家就会在一种物品生产上有比较优势,另一个人、另一个企业、另一个国家将在另一种物品生产上具有比较优势。

事实上,专业化分工和贸易的好处不是基于绝对优势,而是基于比较优势。当每个人、每个企业、每个国家专门生产自己有比较优势的物品时,经济总量就增加了。贸易可以使社会上每个人都获益,并改善每个人的境况。

二、国际物流加速发展的一般原因

(一)国际物流的含义

《物流术语》(GB/T 18354—2006)中规定,国际物流(International Logistics)是"跨越不同国家或地区之间的物流活动"。国际物流的实质是按国际分工协作原则,依照国际惯例利用国际化物流网络、物流设施和物流技术,实现货物在国际间的流动和交换,以促进区域经济发展和世界资源优化配置。

国际物流一般是相对国内物流而言的,是不同国家之间的物流,是国内物流的延伸和拓展,有时称为国际大流通或国际大物流。

国际物流是国际贸易的组成部分。由于各国经济条件的差异,一个国家无法包揽一切专业分工,特别是国际分工日益专业化和细化,国际间经济交流与合作越来越频繁和紧密,国际贸易越来越复杂,国内经济受国际市场的影响越来越大,在这样的条件下,国际物流体系的支撑作用就显得格外重要。将国外客户需要的商品实时、实地、按质、按量送到目的地,从而提高本国企业的国际竞争力;同时,将本国需要的商品按时、按量运到国内,满足生产和生活需要,国际物流成了越来越重要的关键因素。

要想实现国际物流合理化,就必须按照国际商务的现代理念开展国际物流活动。传统国际物流比较注重降低物流费用,现代国际物流越来越重视提高服务客户的水平,特别是在现代供应链管理思想下,客户更看重的是整个供应链中物流系统优化,注重整体利益而非局部利益。

国际物流过程离不开贸易中间人,即专门从事报关服务和国际货代等业务的机构,它们接受企业的委托,代理与货物有关的各项业务,因为在现代国际贸易中很少有企业能完全依靠自身力量完成全部业务活动。

(二)国际物流加速发展的原因

20 世纪 70 年代以来,随着凯恩斯主义陷入困境,新自由主义抬头,经济全球化发展迅速,加之信息技术革命创造的条件,国际物流出现了加速发展趋势。可以从经济因素和非经济因素两个方面加以分析。

1. 经济因素

(1)发展中国家经济增长迅速。近四十年,世界经济格局发生了显著变化,一批发展中国家经济成长迅速,亚洲成为新的世界经济中心的趋势越来越明显。发达国家输出资金、技术,发展中国家利用生产要素"红利",成为发达国家的"代工"基地,世界经济形成了全球大循环,国际物流为国际化生产服务,迅速壮大和发展。

(2) 跨国战略联盟的协同作用。自20世纪80年代起,经济全球化明显加速,原来专注于国内市场的企业开始越来越多地放眼全球,制造商与制造商、制造商与渠道商结成联盟,以应对国际市场的复杂性和波动性。无论是实力雄厚的跨国公司还是国际性企业,通过结成经济联盟方式大大加速了国际物流的全球化运作。

(3) 全球性区域经济与贸易一体化的发展。为了增强区域地缘经济共同发展,许多国家用缔结双边或多边协议(条约)、成立联盟等形式,加速推动全球性区域经济一体化进程,越来越多的经济自贸区形成,这些区域性经济的一体化,同样极大地推动了区域内国际物流的发展。

(4) 全球资源、技术、市场的不均衡分布。石油资源、矿产资源和人力资源的分布、技术和市场水平的差异等等,在经济全球化浪潮下,导致了原材料、设备、技术、商品等在世界范围内大规模加速流转,发达国家成为重要的消费市场,发展中国家成了主要的原材料供应基地和生产加工基地。这种世界资源与世界经济的不均衡性加速了国际物流的大发展。

2. 非经济因素

(1) 全球运输和金融管制放松。20世纪70年代末至80年代初,以美国为首的西方发达国家普遍放松了运输管制,一些跨国公司得以较好布局全球运输网络。随着一些发展中国家进行经济改革和开放,全球统一的运输市场出现了前所未有的发展局面。与此同时,迅速增长的国际经济往来,急切要求国际金融管制的放松,金融管制的放松反过来又大大加速了国际物流的发展。

(2) 信息和通信技术的进步。每一次重大技术革命都会使人类社会出现加速发展的趋势,以信息技术革命为核心的"第三次浪潮"也不例外。信息技术和通信技术的广泛应用,不仅使全社会面貌焕然一新,而且极大地推动了经济社会发展。邓小平同志的"科学技术是第一生产力"的论断,深刻地指出了科学技术的重大作用。有观点认为,现代物流与传统物流的区别主要在于信息技术在物流过程中的广泛运用。信息和通信技术作为现代物流最核心的要素,已实实在在为国际物流发展插上了腾飞的翅膀。

三、国际物流的特点和发展趋势

国际物流不同于国内物流,有其特殊性。

(一)国际物流的特点

1. 物流环境千差万别

国际物流一个非常重要的特点是各国物流环境存在差异,尤其是物流软环境存在的差异。不同国家的不同物流所适用的法律规定,其差异或复杂性远大于国内,有时甚至能导致国际物流的中断。另外,不同国家的经济水平,特别是物流设施或技术水平的不同步,常常导致物流系统整体水平的下降。

2. 实施标准化难度较高

要达到货物国际货畅其流,统一国际物流标准十分必要。国际间存在多国协调的问题,因此,国际物流标准化的实现大大难于国内。目前,欧美发达国家基本实现了物流工具、物流设施等的物流标准统一,如托盘、集装箱等采用统一规格和条码技术。广大发展中国家要提高国际物流效率,就要重视国际物流标准的实施,大力推动与发达国家在物流标准上的国际"接轨"。

3. 依赖国际化物流信息系统的支持

国际化物流信息系统是实现国际物流高效衔接的重要基础,国际物流信息系统越健全,国际物流运作的效率就越高。目前国际物流信息系统建设和运营的难度主要是投资大、管理难、不同国家间的差距太大。可供探索的途径是将现有国际港口、机场、联运场站,特别是海关公共信息系统联机,以实现国际物流信息的综合利用,电子数据交换(EDI)以及物流领域里的"互联网+",是国际物流信息系统建设的重要内容。

4. 国际物流范围较广

国际物流突破国家地域限制,不仅会带来物流地域空间的扩大,而且会带来一国产品的市场空间扩大;一国国际物流水平的高低,直接影响着一国经济的国际化程度高低,以及一国国际经济竞争力的大小。当然,物流空间范围的扩大,特别是跨国界,会增加物流运作的难度和复杂性,并带来物流风险的提高。

5. 海洋运输是主要方式

国际物流以海洋运输为主,还包括航空运输、铁路运输、公路运输以及由这些运输手段组合而成的国际复合运输方式。选择运输方式和组合的多样性是国际物流的一个显著特征。海洋运输成本低、运量大、距离长,是国际物流运输中最主要的运输手段。目前,随着国际竞争加剧,跨境电商兴起,物流中的"门到门"服务模式、"境外仓"设立等等,发展迅速。

(二) 国际物流发展的新趋势

当前,国际物流发展呈现以下几点新的趋势。

1. 规模日益扩大、物流服务范围越来越广泛

随着经济全球化发展,越来越多的发展中国家将被纳入全球经济体系,世界分工进一步发展,发达国家与发达国家、发展中国家与发展中国家、发达国家与发展中国家的国际贸易规模会进一步增长,国际物流无论在量上还是服务的地域范围上,都将进一步扩张,这是国际物流为国际经济贸易发展服务的必然规律。所以,国际物流产业属朝阳产业。当前,异军突起的跨境电商前景无量,会为国际物流产业发展开辟新的天地。当然,各种形式的民族主义和贸易保护主义也许会对日益开放的全球经济体系形成这样那样的冲击,但经济全球化的历史大势无法阻挡,国际物流规模日益扩大、物流服务范围越来越广泛的历史趋势不会改变。

2. 企业发展更加注重集约化,服务更加注重个性化

从事国际物流业务的企业大多是国内实力相对雄厚的企业,但国际物流市场的竞争程度要高于国内。为了应对国际物流领域里更残酷的竞争,国际物流企业常常通过兼并重组壮大自己实力,通过联合形成战略联盟打造全球供应链,集约化发展成为国际物流企业成长最显著的特征。当前,随着用户需求的多样化、分散化,特别是消费的多样化、生产的柔性化,国际物流企业越来越注重提供个性化的物流服务,以更好地满足客户需要。国际物流发展动向成为国内物流企业发展的风向标。

3. 在第三方物流占主导的基础上国际物流"集成商"发展迅速

第三方物流凭借专业化、社会化优势和国际物流特点,在国际物流领域逐步占主导地位。在此基础上,一种被定义为"一个调配和管理组织自身的及具有互补性服务提供商的资源、能力与技术,来提供全面的供应链解决方案的供应链集成商"发展迅速,这种物流"集成商"提供的物流服务内容更多、覆盖区域面更广,在当今的经济全球化背景和信息技术革命条件下更具实现可能且更具优势,是国际物流未来发展的亮点。

4. 绿色发展越来越受重视

绿色物流指以降低环境污染、减少资源消耗为目标,利用先进物流技术规划和实施运输、储存、包装、装卸、流通加工等物流活动。绿色物流适应人类社会发展潮流,是经济社会实现可持续发展的必然之举,从国际物流领域率先推广,是引领世界各国走绿色物流发展之路的最好路径。

第二节　全球供应链和国际物流

一、全球供应链管理的兴起

供应链是在20世纪80年代经济全球化背景下,为克服传统企业管理模式弊端而形成的新的管理模式,体现了现代市场经济中企业之间又竞争又合作的复杂关系。供应链管理思想告诉人们,竞争优势的取得,不完全取决于单个企业是否拔尖,内部管理和资源配置是否最优,而取决于整体供应链的构建是否科学、配置是否得当,从而形成的整体力量是否强大。因此,市场竞争应加入供应链与供应链之间竞争的内容。供应链上的企业是彼此合作关系。

随着供应链管理思想的提出,特别是经济全球化日益加深,利用通信和信息技术革命带来的便利条件,全球供应链的设计和实施越来越受到重视。这包括两个层面,一个是企业层面全球供应链的设计和实施;一个是国家和产业层面全球供应链的规划和实施。

全球供应链是实现一系列分散在全球各地的相互关联的商业活动,包括采购原材料和零件、处理并得到最终产品、产品增值、对零售商和消费者的配送、在各个商业主体之间交换信息,其主要目的是降低成本扩大收益。全球供应链是指在全球范围内构建供应链,它要求以全球化的视野,将供应链系统扩展至世界范围,根据企业的需要在世界各地选取最有竞争力的合作伙伴。

在全球供应链体系中,供应链的成员遍及全球,生产资料的获得、产品的生产组织、货物的流动与销售、信息的获取都是在全球范围内进行和实现的。企业的形态和边界将发生根本变化,甚至国与国之间的边界概念也产生了巨大变化。随着全球经济一体化发展,全球供应链之间的竞争将成为未来竞争的主流,全球供应链管理会影响竞争优势。

全球供应链运营模式的特点有以下几个。

(1)跨国公司的核心主导。发达国家的跨国公司凭借技术优势、品牌优势与规模优势,成为所在产业链的集成者和操控者。

(2)价值链条的全球布局。在全球供应链运营模式中,产品设计、零部件采购、产品生产组装及销售等增值环节不再局限于某一国家,而是涉及多个国家。

(3)业务流程的协同合作。全球供应链运营模式讲求制造商和供应商、经销商、零售商的协同作业。

(4)流程外包的动态优化。企业注重发展自身核心业务,同时将非核心业务外包给合作伙伴。

(5)信息系统的快速反应。

(6)物流体系的有效管理。供应链运营商同时也是物流服务提供者,为客户提供完整的物流服务解决方案,让产品以较低的成本准时到达客户手中。

从国家和产业层面,全球供应链的规划和实施主要是通过双边和多边贸易、谈判与协商达成协议,包括建立国际经济、政治组织等,尽可能消除各种贸易及非贸易壁垒。甚至一些国家可能利用国家力量对全球重要地区(港口)、重要运输线路等采用经济和非经济的手段进行布局和控制,以保证国家供应链的有效运转。

当然,全球供应链管理的兴起使越来越多的企业卷入全球经济体系,在获得更高经济效率和更多经济利益的同时,也可能使涉入企业和国家的经济风险增加,这是全球供应链管理中必须加以考虑且不能忽视的问题。

全球供应链与国际物流是紧密相连的,应在全球供应链管理视野下认识和把握国际物流规律,实现国际物流新的提升。

二、适应全球供应链管理的国际物流系统

(一)国际物流系统的基本框架

要实现全球供应链管理,必须有国际物流系统作支撑。国际物流系统是为实现一定目标而设计的由各相互作用、相互依赖的国际物流要素(子系统)所构成的整体。"硬"的国际物流要素有国际物流设施、物流设备、物流工具、物流组织及物流信息技术等;"软"的国际物流要素有物流法规、制度、行政命令及标准化系统等。在实际的国际物流活动中,这些要素按功能组合形成国际货物运输子系统、外贸商品储存子系统、商品包装子系统、商品检验子系统、国际配送子系统、国际物流信息子系统等。这些子系统相

互作用、相互依赖共同支撑起国际物流活动的正常运行,其基本框架可用图简略表示(见图 12-1)。

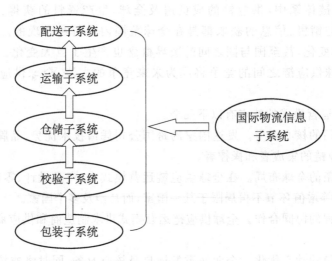

图 12-1　国际物流系统的基本框架

(二)国际物流系统的重要节点

整个国际物流过程由多次"运输—储存—运输—储存"组成,与这种运动对应的国际物流网络由执行使命的节点和线路两种基本元素构成。节点和线路的连接组成不同的国际物流网络。国际物流网络水平的高低、功能的强弱取决于网络中这两个基本元素的配置。国际物流节点对优化整个国际物流网络起着重要作用。国际物流节点不但执行一般的物流职能,而且越来越多地执行着指挥调度、信息传递等"神经中枢"的职能,因而日益受到人们的重视,所以,人们常把国际物流节点作为整个物流网络(系统)的灵魂。

国际物流系统的重要节点如下。

1. 口岸

口岸是由国家指定对外经贸、政治、外交、科技、文化、旅游和移民等往来,并供往来人员、货物和交通工具出入国(边)境的港口、机场、车站和通道。包括港口口岸、陆地口岸、航空口岸。可分为一类口岸和二类口岸。口岸是国家指定对外往来的门户,是一个国家主权的象征,是国际货物运输的枢纽。

2. 港口

港口是水陆空交通的集结点和枢纽,是工农业产品和外贸进出口物资的集散地,是船舶停泊(飞机起降)、货物装卸、上下旅客、补充给养的场所。正因为港口是联系内陆腹地和海洋运输(国际航空运输)的一个天然界面,因此,人们常常把港口作为国际物流的一个特殊节点,是综合运输中的一个主要环节,是国家贸易的后勤总站,并常常成为有关区域经济和产业发展的支柱。一般具备运输功能、商业功能、工业加工功能、物流功能等。

3. 仓储基地及保税仓库

仓储是克服商品生产和消费在时间上的间隔而创造时间效应的一种特殊活动,自古就有可发挥调剂商品余缺、缓冲供求的作用。仓储基地常常还是装卸搬运、流通加工、物流配送的基地。

《物流术语》(GB/T 18354—2006)对保税仓库(Boned Warehouse)的定义是"经海关批准设立的专门存放保税货物及其他未办结海关手续货物的仓库"。为促进国际贸易和开展加工贸易,海关部门通过设立保税仓库,提供较强的服务功能(来料加工、进料加工货物存储),以简化和便利国际贸易与国际物流等。

4. 保税区

《物流术语》(GB/T 18354—2006)中,保税区(Bonded Area)是"在境内的港口或邻近港口、国际机场等地区建立的在区内进行加工、贸易、仓储和展览由海关监管的特殊区域"。

保税区一般建立在具有优良国际贸易条件和经济技术较为发达的港口地区。建立保税区的目的是通过对专门的区域实行特殊政策,吸引外资,发展国际贸易和加工工业,以促进本国经济发展。保税区有一套相应政策和管理规定。保税区一般享有"关税豁免""自由进出"的权力。保税区越来越成为国际物流系统节点中的后起之秀。

5. 出口加工区

《物流术语》(GB/T 18354—2006)对出口加工区(Export Processing Zone)的定义是"经国务院批准,由海关监管的特殊封闭区域。加工区必须设立符合海关监管要求及隔离设施和有效的监控系统;海关在加工区内设定专门的监管机构,并依照《中华人民共和国海关对出口加工区监管的暂行办法》对进、出加工区的货物及区内相关场所实行 24 小时监管制度"。出口加工区是当今国际社会推进国际分工的结果。为促进加工贸易发展,规范加工贸易管理,将贸易从分散向相对集中型转变,为企业提供更宽松的经营环境,鼓励扩大外贸出口,我国在 2000 年 4 月 27 日批准设立了出口加工区。该举措是我国外贸监管体制的重大改革,是探索与国际接轨的尝试,出口加工区成为我国对外贸易的新的增长点。

(三)国际物流系统的网络流程

有了国际物流系统的重要节点,再加上生产者(工厂)和消费者(客户),我们就可以简略勾勒出国际物流系统的网络流程图,见图 12-2。

国际物流系统的网络流程是由多个收发货的节点和它们之间的连线构成的物流抽象网络和与之相随的信息流动网络的集合。

国际物流系统网络确定了进出口货源点(货源基地),各层级仓库及中间商批发点(零售点),最终消费者以及有关进出口商品的规模、数量,从而决定了国际物流系统的合理化布局和合理化问题。

国际物流系统网络是国际物流活动的支撑体系。完善和优化国际物流网络,可以扩大国际贸易,提高本国企业的国际竞争力。越是高效强大的国际物流网络,越能加速进出

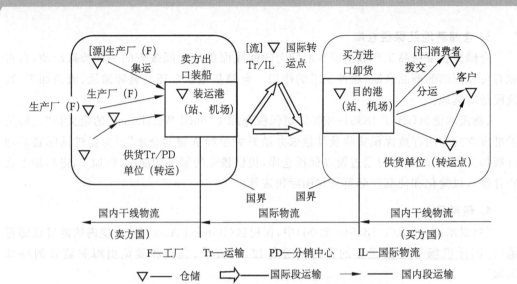

图 12-2　国际物流系统的网络流程图

口商品流动和资金周转,从而更好地占领国际市场和满足国内消费者的需要。

三、适应全球供应链管理的国际物流管理

在全球供应链管理视野下,国际物流活动的管理涉及方方面面,特别强调要以全球供应链管理指导思想来开展国际物流活动的管理,在以国际物流系统做支撑的基础上,国际物流活动的管理包括以下几个方面。

(一)国际运输管理

国际运输是国际物流中的重要内容之一,做好国际运输工作是做好国际物流工作的关键环节。国际运输方式包括海洋运输、航空运输、铁路运输、公路运输、管道运输,其中海洋运输是国际运输中最重要的运输方式。

国际运输管理分海洋运输管理,包括国际海洋运输设备及航运公司、国际航运船舶经营、班轮货运程序及提单、班轮运价及班轮公会、船舶集装箱运输及国际多式联运等的管理;国际航空货物运输管理,包括航空货运的基本业务管理、经营方式管理、费用管理等;国际铁路货物联运管理,包括国际铁路货物联运的基本业务管理、特定运输条件的铁路货物运输管理等;国际公路运输管理,包括国际公路运输的基本业务管理、公路集装箱货运管理等,以及国际邮政运输管理。

(二)国际货物运输保险管理

保险是国际贸易中不可或缺的内容,是买卖双方缔结合同中必不可少的部分。国际贸易中买卖双方相距遥远,在长途运输中,由于自然灾害、意外事故等可能导致货物遭受损失,为保证货物安全或转嫁风险,买卖双方办理货物运输保险,是国际贸易及国际物流中的惯常做法。国际货物运输保险管理包括保险原则、货物保险条款分析以及国际分类

货物运输保险的基本业务安排与管理等。

（三）国际物流检验检疫管理

由于国际贸易和跨国经营投资大、不确定因素多、交货的时间较长，从而使得商品检验检疫成为国际贸易和国际物流中一个重要的组成部分。通过商品检验，确定交货品质、数量和包装条件等是否符合合同规定，如果出现问题，可分清责任，及时向有关方面索赔。与国际物流相关的商品检验检疫管理包括进出口商品检验检疫作用、任务、机构分析，商品检验检疫流程及基本业务分类管理等。

（四）国际物流海关作业管理

海关是国家主权的象征，其产生和发展与国际贸易及国际交往的发展息息相关。与国际物流相关的海关作业管理包括进出口货物的通关制度、进出口货物的申报、进出口货物的查验、放行以及进出口货物报关单的填制等方面的业务管理。

（五）国际物流信息与标准化管理

现代物流的重要特征就是物流信息化，通过通信、信息和网络技术等手段，大大加快物流信息的处理和传输速度，从而使物流活动的效率和反应能力得到提高。国际物流信息管理包括国际物流信息系统设计、国际物流信息技术的分类及应用管理等。随着信息技术发展，特别是电子商务、国际供应链管理的发展，物流系统的标准化和规范化越来越重要，已成为国际物流企业提高物流运作效率和效益的必要基础。国际物流标准化是以国际物流为一个大系统，制定系统内部设施、机械装备、专用工具等各个系统的技术标准；指定系统内各分领域，如包装、装卸、运输、仓储等方面的工作标准；以国际物流大系统为出发点，研究各分系统与分领域中技术标准与工作标准的配合性，按配合性要求，统一整个国际物流的标准；研究国际物流系统与相关其他系统的配合性，进一步谋求国际物流大系统的标准统一。国际物流标准化管理包括国际物流标准化办法及相关规定、国际物流公共信息平台标准体系及我国国际物流标准化问题等。

第三节　我国新战略和国际物流发展

当前，我国经济在经历三十余年高速成长以后，正进入一个新的发展阶段，即所谓"经济新常态"。"新常态"意味着我国经济发展必须从过去那种数量第一、速度崇拜、高代价、低效能的非均衡高速经济增长模式向集约节约、低碳低耗、优质高效的均衡中高速或中速经济增长模式转变。

党的十八大以来，新的中央领导集体把握国际国内两个大局，确立了对内进一步深化改革、对外推动新的开放的治国方略，其中，"一带一路"战略和发展自贸区政策是我国新开放战略最重要的两大举措，它们都与国际物流有关，并将对我国国际物流发展产生深远影响。

一、"一带一路"战略与我国国际物流发展的新格局

(一)"一带一路"战略提出的背景及其重要意义

"二战"以来全球发展经验表明,哪个发展中国家能够利用本国"人口红利"并抓住国际产业转移的窗口机遇期,哪个国家就能取得二十年甚至三十年的快速发展,摆脱经济落后,进入到中等收入甚至高收入国家的行列。

改革开放三十多年来,我国所拥有的战略机遇期,更多的是被动利用外部机遇。而展望未来 10~15 年,我国所拥有的机遇,更多的是在开放条件下主动发展。作为一个中等收入、相对开放的国家,我国既积累了强大的自我发展、内生驱动能力,也具备抓住机遇加快全球布局、不断拓展新的发展空间的基础。"一带一路"战略正是实践这一判断的宏大行动。

2013 年 9 月和 10 月,习近平总书记访问哈萨克斯坦和印度尼西亚时提出共同建设"丝绸之路经济带"和"21 世纪海上丝绸之路"(简称"一带一路")倡议。2014 年 12 月中央经济工作会议将"一带一路"确立为国家战略。

倡议提出,加强所在国相互之间"政策沟通、道路联通、贸易畅通、货币流通、民心相通"的"五通",用创新的合作模式,以点带面,从线到面,逐步形成区域大合作,构筑互利共赢的经济共同体和共同发展繁荣的命运共同体。

与此同时,"一带一路"倡议也得到国际社会的认同。截至 2015 年年底,沿线已有 50 多个国家表示积极参与共建。在 2015 年 11 月召开的 APEC 峰会期间,习近平总书记进一步阐述中方推进"一带一路"建设的设想,"以亚洲国家为重点方向,率先实现亚洲互联互通;以经济走廊为依托,建立亚洲互联互通的基本框架;以交通基础设施为突破,实现亚洲互联互通的早期收获;以建设融资平台为抓手,打破亚洲互联互通的瓶颈;以人文交流为纽带,夯实亚洲互联互通的社会根基"。

当今世界正发生复杂深刻变化,2008 年国际金融危机以来,世界经济复苏缓慢,发展分化,国际贸易投资格局和多边投资贸易规则酝酿深刻调整,共建"一带一路"是顺应世界多极化、经济全球化、文化多样化的潮流。

可以说,"一带一路"战略是我国融古通今、把握时局、将国际国内两个大局有机结合并在国际博弈中"合纵连横"的一个大战略,是化解当前我国经济困局的一条重要出路。该战略实施涉及地缘政治与地缘经济、国际经济合作、地区安全以及大国关系等诸多问题,其落实将是一项长期而艰巨的任务。

(二)"一带一路"战略推动我国国际物流形成新格局

众所周知,我国加工制造业在世界范围内保持了较好竞争性(被称为"世界工厂"),但我国在技术研发、市场营销、商品流通等方面相对落后,其中,生产与流通相比,流通成了"短板",中国产的日用品卖到全世界,但在国外承担中国日用品销售的机构很少由中国流通企业主导。这表明:中国流通业竞争力与加工制造业竞争力相比流通业落后了,这种"结构失衡"状况已大大影响到我国产业经济国际竞争力的整体发挥。当前,中国经济与

世界经济高度相连,中国经济持续较快发展已成为世界经济复苏最重要的发动机之一,中国经济波动会影响全世界经济的稳定。所以,保持我国经济繁荣稳定不仅是国内发展的需要,而且是维持世界经济繁荣稳定的重要责任。

中国的最大国情有三点值得特别注意:一是中国是世界上最大的发展中国家,与世界广大发展中国家有着天然的感情,中国的发展经验最容易被发展中国家接受;二是中国是世界上政治特色鲜明的社会主义国家,西方发达国家以意识形态划线始终把中国纳入异己力量范围;三是中国地处亚洲大陆,亚洲现今是世界经济增长最快的地区,未来前景更看好,中国与南亚、中亚、西亚直至欧洲、非洲等地有着地理的、历史的不可割裂的联系,"古丝绸之路"就是这种联系的历史见证。

正是基于以上基本国情考虑,我国实施"一带一路"战略以推动新的开放,主动走向世界,将我国的资源和市场推向世界,也将世界的资源和市场为我所用,是一项"接地气"的创举。在中国从区域性大国向全球性大国转变的过程中,确实需要像"一带一路"这样涵盖政治、经济、外交、安全多个方面的全球性战略。

中国与新兴经济体的崛起改变了世界政治经济格局。全球金融危机之后,世界经济格局进入了一个深度调整过程,中国是全球第二大经济体,第一大货物贸易进出口国和第三大资本输出国,中国是全球130多个国家的第一或者第二大贸易伙伴,在全球新经济秩序的形成过程中,如何维护国家的利益已经是一个非常迫切的任务。中国要维护自身利益就要在秩序形成过程中有一定的话语权;要有话语权就要主动提出自己的倡议,"一带一路"就是中国主动提出的一个国际合作倡议。

从国家经济安全和国际物流通道看,我国现在进出口货物的80%和进口原油的80%要通过马六甲海峡和霍尔木兹海峡,一旦运输通道出现问题,国家经济安全就难以维护。在加强海军军事力量维持这条道路安全畅通的基础上,我们必须另辟蹊径,这就是打通陆上物流通道,形成陆海互动,提升整体安全防范与系统建设。

"一带一路"战略是破解当前国内经济发展难题的一把关键性的钥匙。据统计,我国和美国、欧盟的贸易额占了中国对外贸易的25%,我们和"一带一路"沿线国家的贸易额也占了中国对外贸易额的25%。但是,"一带一路"沿线国家属于新兴经济国家,处在工业化进程之初或者工业化进程之中,据国际货币基金组织预测,到2030年,新兴经济体或发展中国家在全球经济中的比重将会提升10%。我国自身发展的经历证明,一个国家处于工业化进程之初和工业化进程之中的时候,它的经济增长空间是最大的,更何况我国积累的许多发展经验、发展手段,如外汇资金、实用技术(高铁)、发展模式(工业园区)等都可直接用于广大"一带一路"上的国家,同发达国家相比,我们是具有比较优势和地缘优势的。与此同时,还能化解我国国内部分产能过剩的市场不足问题,是真正的合作共赢。

所以,以"一带一路"为纽带的国家群,将是未来我国国际物流新的增长点,将从整体上改变我国国际物流格局。

二、自贸区与我国国际物流发展的新动向

自贸区(Free Trade Zone,FTZ)也称对外贸易区、自由区、工商业自由贸易区。自贸区是划在关境以外对进出口商品全部或大部分免征关税,并且在港内或区内开展商品自

由储存、展览、拆散、改装、重新包装、整理、加工制造等业务活动，以便于本地区经济和对外贸易的发展，增加财政收入和外汇收入的特殊贸易区。

自贸区一般可分两种类型，一种是把设区的所在城市划为自贸区；另一种是把设区的所在城市的一部分划为自贸区。在这里，特别注意不要和另一个概念即广义自由贸易区（Free Trade Agreement，FTA）混淆，广义自由贸易区是指"两个或两个以上的国家（包括独立关税地区）根据世界贸易组织的相关规则，为实现相互之间的贸易自由化所进行的地区性贸易安排的缔约方所形成的区域"。如北美自由贸易区、中日韩自由贸易区等。

我国自贸区建设起步较晚，尽管改革开放以来我国相继建立了经济特区、各种经济技术开发区等，但与国际上通行的自贸区（FTZ）还是有很大区别的。国际上通行的自贸区一般在关税方面（如免征关税）、业务活动方面（如储存、展览、加工等活动）、特别限制方面有一套相应的规定，并且大同小异。

2013 年 8 月，国务院正式批准设立中国（上海）自由贸易试验区，一年以后又批准了广东、福建、天津设立自由贸易试验区。上海自贸区是根据我国国内法律法规在境内设立的区域性经济特区，属一国境内关外的贸易行为，即在上海划去一块地盘，对该地盘的买卖活动不做过多干预且对外运入的货物不收或优惠关税。

上海自贸区建立以来，总结了四大制度创新成果：以负面清单管理为核心的投资管理制度已建立；以贸易便利化为重点的贸易监管制度平稳运行；以资本项目可兑换和金融服务业开放为目的的金融创新制度基本确立；以政府职能转变为导向的事中事后监管制度基本形成。总之，在建立与国际投资贸易通行规则相衔接的基本制度框架上，上海自贸区取得重要成果。

自贸区是国际物流中多功能的综合物流节点。在自贸区内可提供仓储、再加工、展示及各种服务，未出售的商品可以储存，或针对市场需要进行商品分类、分级和改装，或者进行商品展销，以便选择有利时机就地销售或改临近市场销售。许多自贸区都直接经营转口贸易，因其具有优越的地理位置和各种方便及优越条件，所以大量货物是在流经自贸区后投放世界市场的。最重要的是，各国的自贸区普遍豁免关税和其他税收，还在土地使用、仓储、厂房租金、水电供应、劳动力工资方面采取低收费的优惠政策。这是大量商品云集于此的重要原因。

我国自贸区的设立，不仅进一步推动我国的对外开放，而且会对我国国际物流发展产生积极影响。首先，以自贸区为核心的贸易与加工活动快速增长，必然带来相应的国际物流服务需求快速增长。因此，服务自贸区的国际物流将是物流业发展的一个新的增长点。其次，自贸区利用其优越的政策条件，在目前迅速发展的跨境电商竞争中必定占尽先机，与跨境电商配套服务的国际物流一定会有新的不俗的表现。最后，通过自贸区的辐射带动作用，国内生产和流通的格局会发生一定变化，一些为自贸区企业服务的物流企业会有较好的发展。

复习思考题

1. 简述一国国际贸易的原因。
2. 国际物流有哪些特点？

3. 简述全球供应链运营模式的特点。

4. 国际物流系统主要包括哪些重要节点？

5. 简述国际物流管理的主要内容。

6. 论述"一带一路"战略提出的背景及其重要意义。

7. 自贸区对我国国际物流可能产生什么影响？

案　例

宜家缔造家具供应链王国

北欧的瑞典，风光旖旎，这里有全球最好的环境保护和完善的福利制度，也有富有创造力和精于工程制造的国民。瑞典人不仅能生产全球顶级的商用车、战斗机和电子通信设备，而且也构筑了另一个商业零售王国——宜家（IKEA）。在这样一个全球跨国企业的运作中，物流所起的作用是毋庸置疑的。

1. 全球采购，全球销售

从瑞典首都斯德哥尔摩驱车3个多小时来到延雪坪，这里是瑞典火柴工业之父伦德斯特伦兄弟研制出安全火柴并诞生世界第一家火柴厂的地方，宜家的总部也在这里。

宜家是由创始人英格伦·康拉德先生的姓氏及名字的首写字母（IK）和他所在的农场（Elmtaryd）及村庄（Agunnaryd）的第一个字母组合而成的。

1943年，17岁的康拉德在自家花园棚子里开了家小铺——"宜家"，从三支笔、一瓶墨水的小生意做起，至今80多岁的康拉德，已建立了自己的家居用品零售业王国，以280亿美元净资产在2006年度《福布斯》全球富豪榜上排名第四。

截至2006年年底，宜家的产品面向世界100多个国家销售，在40个国家建立了243家宜家超市。

宜家在全球5个最大的采购地分别是：中国第一（18%），波兰第二（12%），瑞典第三（8%），意大利第四（7%），德国第五（6%）。但销售量最大的国家分别是：德国第一（19%），英国第二（11%），美国第三（11%），法国第四（9%），瑞典第五（8%）。近几年，宜家在俄罗斯的发展也非常迅速。

为了协调这种采购地和销供市场在空间上的矛盾，保证宜家全球业务的正常运作和发展，保持宜家在全球市场上廉价而时尚的品牌形象，高效、敏捷、低成本的供应链管理成为宜家的核心。

宜家在全球有44家贸易公司分布在32个国家，有1 300个供应商分布在全球55个国家。宜家把核心的产品设计部门放在瑞典，每年设计1 000种不同类别的家居用品。家具制造采用外包，供应商必须按照图样来生产，无论是在中国、波兰还是瑞典，制造商都必须保证遵循宜家的设计和宜家的质量标准。所以在行内人士看来，宜家的供应链管理异常复杂而庞大。

具体到物流运作，就体现在物流中心的全球布局上，宜家把全球市场分为8个区域，全球有28个配送中心分布在17个国家，其中，欧洲就有19个配送中心，美国有5个，在亚洲的中国、马来西亚也各设有1个。

2. 高效的物流中心

宜家总部的第一个物流中心是1964年建立的,宜家在瑞典总部的3个物流配送中心通过铁路线相互连接。宜家2000年建成物流中心——DC008,它的库容约为8万平方米。其中约5万平方米采用的是全自动化的仓库(AS/RS),其余约3万平方米是普通货架仓库。

配送中心按功能分为两个部分:一部分是DC,主要负责对销售网点的货物配送;另外一部分是CDC,是配合网上销售,直接面向顾客提供送货上门服务的配送中心,通过地下隧道和DC连接在一起。

宜家的CDC每天要处理1 200多个订单,生成约300多个货物单元,每天大概会有65辆卡车,从配送中心出发以公路运输的方式送货到北欧四国的客户家中。在瑞典宜家总部设有一个运输部门,控制着全球的10 000多辆卡车,其中3 000多辆是宜家自有的。

整个配送中心有1 000名员工,工作时间从每天5:30到23:00,每天要处理12 000立方米的家居物品,一年合计230多万立方米的货物。

1953年,宜家历史上非常著名的一个节约成本的成功案例出现了——"自助组装家具"。由此,宜家出现了平板包装,并且由此得出"可拆装家具"生产得越多,运输途中的破损现象就越少,运费成本就越低的结论。此后,宜家走上可拆装家具之路,这为它日后成为全球巨头清除了一个巨大的障碍。可以说宜家的每一项产品设计和包装都贯穿着尽量降低物流成本的精妙构思。

由于宜家创造了著名的"平板包装",从物流作业的角度上看,不仅可以实现商品储运过程中的集装单元化,降低了运输成本,而且在物流中心现场作业中也大大提高了装卸效率,而且使自动化存储成为可能。

宜家在全球的采购和销售过程中都采用集装箱运输。在集装箱的装卸过程中,如果使用托盘作业,每只集装箱的装卸时间只需要30~40分钟;不使用托盘的话,则需3~4小时,托盘的使用无疑大大降低了综合物流成本。托盘的运用是物流中心高效运作的基础。

欧洲的托盘标准体系有10个不同的规格,编号是E0~E9,但使用最普遍的是800mm×1 200mm这一规格。根据货物的不同规格,可以选择相应尺寸的托盘。所以,宜家在供应分布于不同国家的商店时都使用标准托盘运输。

宜家仓库货位架的结构和尺寸是按照不同的托盘规格来设计的。除了欧洲标准体系中的10种规格之外,宜家还规划了自己的托盘标准(I1~I9),它是依据欧洲的货盘标准,再结合宜家自身情况而制定的。在尺寸上有一些微调。但如何合理使用这些托盘呢?相信这其中的奥妙,显然不是一两句话可以解释得清楚的。

宜家仓库中有60%的货物是放在欧洲标准托盘E3、E4和宜家标准托盘I3、I4上的。宜家的仓库管理中对托盘的质量有着严格的要求。

DC008的自动化立体库,货架高26米,有11台堆垛机,22个巷道,存储着8 000~9 000种货物,整个仓库可以存放57 000个标准托盘。整个系统由SWISSLOG提供设备和系统集成,整个自动化立体库是无人操作的,值班人员只负责解决各种突发事件。实际上由于堆垛机运行稳定,基本不需要特殊的维护。

DC008仓库分为内外两个部分,由于不同种类货物的周转速度不同,而且要使用叉车进行装卸作业,需要尽可能地减少货物的运输距离,所以在仓库进门处设计一个工作室,相关技术人员在这里通过系统对仓库的各项作业进行周期性分析,实时调整货物的存储位置。

在宜家的物流中心,商品的周转率是一个非常重要的指标。仓库管理系统和现场调度要根据这个指标来合理安排货物的存储区域和路线,以最大限度减少搬运距离,提高效率,降低成本。货品以周转快慢为指标进行分类,周转速度为8周以内的,尽量靠近出入库区;周转速度为8~16周的商品次之。商品在DC008存放的最长时限为2年。整个中心可以存放10万个托盘,一年的周转数是5~6次。

3. IT系统——物流中心的中枢

宜家DC008有一套完善的计算机系统,它是整个宜家配送中心运作的核心。这套系统是宜家和软件供应商一起开发的"量身定做"的系统,因此在很大程度上适应了宜家的特点。

首先是自动订货系统。需要订货的商店是通过这个自动订货系统进行订货的。如果订单确认,系统会把相应的信息传递至仓库的数据管理系统,仓库的计算机控制系统就会自动按订单完成取货作业,整个订货过程不需要人为干涉。

宜家仓库还有一个完善的仓库作业的安全管理系统。系统能够在作业过程出现差错时发出相应警告。例如,托盘未放好或未放到位,系统会亮出红色警示灯或发出报警蜂鸣声,以确保现场高效准确的运作。

宜家仓库管理系统的另一个重要作用就是进行良好的库存面积管理。系统将仓库的每一个位置进行编号,这便于通过计算机迅速准确地找出指定位置,为了保证适当的周转速度,系统会有意识地留出15%的空位。而且系统会依据不同的编号对货物进行分区库存管理,由于货物的性质及客户的需求不尽相同,系统会根据相关的数据信息及系统算法区分货物出库的轻重缓急,通过系统配置最合适的存放位置,从而保证仓库既拥有较高水平的库存,又兼顾较快的周转速度。

DC008仓库内的现场装卸作业也是通过仓库的控制中心进行控制的。叉车都装有车载终端,入库作业时,都需要读取货位编号及货物条码信息进行核对;出货时,同样要反复核对相应的信息才能出货。而且,系统也具备同时管理叉车装卸作业过程中的功能。通过系统控制车辆装载的重量,还要调整货物装载的重心,以确保作业的安全

宜家的仓库管理系统(WMS)功能是相当完善的且运行稳定,全球的宜家仓库都在使用这个系统。早在2006年,系统运作的准确率就达到了99.9%。不难看出,宜家物流的运作对这套系统高度依赖,如果系统出现问题,则整个仓库管理就会瘫痪。

4. 重要的是流程

宜家在全球有28个类似DC008这样的物流中心,需要大量的资金投入,据介绍,宜家每一个类似的物流中心都需要投资100亿瑞典克朗,建设周期为9个月。

面对如此高昂的投入,宜家对物流中心的布局和全球网络的运筹是非常慎重的。具体在某一个市场,就体现在流程的设计上,其目的是使其效益达到最大化。

在入库作业中调度中心的作用是很重要的,系统根据相关信息报告,提前获悉卡车进入物流中心的时间,调度中心可以提前计算出卡车装载的货物所需要的货位数和具体位置及现场作业的区域,提前下达现场作业指令和车辆的现场调度信息。整个过程都是通过程序自动执行的,相应的指令会发送到叉车和卡车的数据终端上。在调度中心的系统中,用简单的数字区分各种入库作业的状态。例如"02"表示卡车在仓库外还未到达门口,"20"表示卡车到达仓库门口,"30"表示开始装货,"70"表示货物已经装好,车辆出库。

在安排好一个流程之后,系统又会马上进入下一个过程的准备。

物流中心的存储效率也很高。在一般情况下,每台堆垛机从仓库调取一件货物的时间最多需要2分钟,而最短仅需10秒。这里自然也有合理调配流程体现出的高效率。

宜家对物流配送服务中心有3个最基本的要求,一是要保证覆盖区域内家具商店有充足的货量;二是要保证宜家公司不断扩张发展的需求;三要保证物流的效率和最低成本的运作。

宜家同时还为物流配送作业制定了周期控制程序和原则,即第一天商店卖出了一件货物,马上通过计算机网络系统显示给计划部门;第二天就要安排供货;第三天所需货品一定要完成从仓库出货;第四天运到商店;第五天新商品上架。无论在世界任何地区,都必须保证这样的货物流转速度和流程。

以在中国采购流程为例:如果在中国采购的货物直接在中国销售,那么宜家会将供应商的货物直接送到大的宜家商店或距离最近的配送中心即宜家上海配送中心;如果这些货物将在北欧销售,那么货物将会运送到欧洲某一个最合适的配送中心,然后配送到相应的宜家商店。

这个家居用品零售业巨人的正常运转和飞速扩张,是靠着庞大而高效的供应链来维系和支撑的。宜家的供应链管理致力于在一个供应商、制造商、销售商和顾客组成的网络结构中进行高效集成和有序的控制。因此,一条复杂、敏捷而高效的供应链,几乎可以被视为宜家的生命线。事实上这也是每一家成功企业不可复制的共性。

在这种共性下,宜家也保持了自己独到的处理方式,目前供应链管理的一个重要趋势是要尽可能地降低库存,并且尽量提高在途库存比例。但是宜家对库存管理的理念却与此有一定的差异——宜家认为需要保持适量的库存,原因是宜家的采购量和销量太大,在途库存无法很好地满足宜家商店的需求。保持一定水平的在库库存可以避免更加麻烦的缺货风险。当然这也是和宜家出色的营销和产品开发策略相适应的。

（资料来源：整理自豆丁网 http://www.docin.com/p-280479109.html.）

延 伸 阅 读

"一带一路"与自贸区：中国新的对外开放战略

中国自1979年开始从社会主义计划经济向市场经济过渡,36年间GDP年均增长9.7%,对外贸易年均增长16.4%,2009年中国的GDP超过日本,成为世界第二大经济体;2010年中国的出口超过了德国,成为世界最大出口国;2013年中国的进出口贸易总量超过美国成为世界最大贸易国;按照购买力平价计算,2014年中国的经济总体规模超过美国,成为世界第一大经济体。中国改革开放以来取得的成绩堪称人类经济史上不曾有过的奇迹。

为什么同样的转型我国取得了这样的成绩,而苏联、东欧却遭遇了经济的崩溃、停滞、危机不断?最主要的原因是在转型的过程中,我国不是采取当时西方主流华盛顿共识所主张的休克疗法,试图一次性把所有的干预、扭曲都取消掉,而是以解放思想、实事求是的方式采取了双轨渐进的方式来进行。改革开放初期,我国在资本技术密集产业里有许多国有企业,这些企业所在的行业违反了我国的比较优势,在开放竞争市场当中没有自生能力,没有保护补贴就不能存活。在转型期,我国政府一方面给予这样的企业必要的保护、补贴;另一方面放开对于符合我国比较优势、传统上受到抑制的劳动密集型的产业的准入原则。这种双轨渐进的改革,让中国能够在转型的同时维持了稳定并实现了快速发展。

对外开放也是这样,对那些我国没有比较优势,技术资本密集,当时主要是以国有企业为主体的产业领域继续给予必要的保护,限制外国资本的进入;对那些符合比较优势的劳动力密集型产业则给予开放,招商引资,欢迎外国以及国内的私人资本进入,鼓励竞争。当时我国资本市场很不发达,国内金融体系很不健全,在短期资金流动的资本账户上则采取管制,在货物往来的经常账户和外国资本的直接投资上则采取开放,这种渐进双轨的转型让我国取得稳定和快速的增长,但同时也因为各种对市场干预、扭曲的存在,产生了寻租、腐败、收入分配不均等问题,为取得这些成绩付出了一定的代价。

改革开放初期的20世纪八九十年代,我国是一个贫穷落后的国家,在资本密集的产业上没有比较优势。经过三十多年的快速发展,我国已经从一个人均GDP不及非洲国家平均数三分之一的低收入国家变成一个人均GDP达7 600美元的中等偏上收入国家,原来一些资本密集型的产业,像汽车产业、装备业、炼钢、炼铝等,均已经成为我国的比较优势。在不符合比较优势时,给予那些产业中没有自生能力的企业保护补贴是雪中送炭,是维持我国经济稳定的必要措施。这些产业现在已经符合比较优势,企业在开放竞争的市场中已经有了自生能力,继续给予保护补贴则成了锦上添花,对这些企业当然是好的,但带来的后果则是这些保护补贴会创造租金,带来寻租行为,败坏社会风气,产生收入分配不均。所以,党的十八届三中全会提出全面深化改革,对内必须取消双轨制转型所遗留下来的各种扭曲,价格由市场决定,让市场在资源配置上起决定性作用。

在对外开放上也是一样,改革开放初期,为了保护一些不符合比较优势的产业,外资在很多投资领域受到限制,资本不能自由流动。现在要全面深化改革,不仅要对内深化,对外开放也必须深化。自贸区的提出就是为了探索怎样在投资领域把那些限制取消掉,除了少数几个关系到国防安全的领域必须有所控制外,其他的领域都应该开放。同时,开放资本账户,让资本自由流动。

对于推进这些改革,我国仍然采取务实的态度,也就是先在某个特定的地区试验,看看效果怎么样,效果好的就扩大试点的范围,乃至在全国推广;有不利影响的,则不让其扩大到试验区之外。上海自贸区率先试点,现在自贸区的试点已经扩展到天津、广东、福建。

"一带一路"的战略,为什么会被提出来呢?经过36年的改革开放,我国已经成为一个中等偏上收入的国家,实现中华民族的伟大复兴,要求我国进一步发展成为一个高收入国家。从中等偏上的国家发展成为高收入国家,从改革开放经验来看,我国应该更充分利用国内国际两个市场和国内国际两种资源。同时,我国现在已经是世界第一大贸易国,按照市场汇率计算是世界第二大经济体,按照购买力平价计算是世界第一大经济体,在国际上,我国应该承担相应的责任,也应该在国际事务和规则的制定上拥有相应的影响力和发言权。

上述转变符合国内、国际经济和政治发展的规律和要求。可是目前的国际规则是在"二战"之后以美国为首的发达国家制定的,服从于发达国家的利益和要求。现在整个国际的板块发生了变化,如果要中国承担更大的义务应该给予中国更大的发言权。对此国际上已有共识,2009 年时任国家主席胡锦涛跟奥巴马总统在 G20 峰会上已经达成协议,增加中国在世界银行和国际货币组织中的投票权,但这一协议却被美国国会否决。并且,美国为了维持自己在亚洲太平洋的利益,提出了重返亚太和亚太再平衡。中国现在已经是世界第一大贸易国,可是在美国主导的"跨太平洋国际伙伴关系"的谈判中,我国却没有受邀参加谈判。明显这是想维护美国在亚太地区的战略优势,以及确保美国的地缘政治经济利益。拿一个战国时代的例子来做比喻的话,美国现在采取的是合纵的政策来制约我国的对外开放和发展。

应对这种国际格局,习近平总书记在 2013 年 9 月访问哈萨克斯坦时提出了共建"丝绸之路经济带"的构想,同年 10 月访问东盟时,在印尼提出共建"21 世纪海上丝绸之路"的倡议,推动一个自东向西的横跨亚洲,直达非洲、欧洲的地区发展合作框架,目标是"政策沟通、道路连通、贸易畅通、货币流通、民心相通",建立沿线国家的"利益共同体、命运共同体、责任共同体"。这个倡议以基础设施建设为抓手,为此设立了亚洲基础设施投资银行和丝路基金。

亚太地区亟须消除基础设施的瓶颈来发展经济,美国也是了解的,在它推出"重返亚太"的战略时,提出了建立印度太平洋经济走廊,以及以新丝绸之路,连接阿富汗和中亚的国家。美国提出的"印太经济走廊""新丝绸之路"目前则未见任何具体行动;我国为推动"一带一路"建设设立的亚洲基础设施投资银行,即使在美国对其盟友施压,反对其加入的情况下,仍有 57 个国家参加,成为创始成员国,涵盖了除美日和加拿大之外的主要西方国家,以及亚欧区域的大部分国家,成员遍布五大洲。

中国在提出"一带一路"倡议的时候有三大优势。第一,中国在基础设施建设上,不管是生产建筑材料的产业还是施工的能力上均有比较优势。第二,中国现在有 3.7 万亿美元的外汇储备,并且展望未来,中国每年的外汇储备还可能继续增加,有足够的资金能力来投资于"一带一路"所需的基础设施建设。一般发展中国家制约其发展的一个瓶颈就是基础设施,如果帮助它们解决基础设施的瓶颈,会广受欢迎。第三,中国有发展阶段的优势,改革开放以来我国依靠劳动力密集型加工制造业的发展成为世界的工厂、最大的出口国。现在随着工资水平的不断上升,劳动力密集型加工业逐渐失掉比较优势,需要转移到其他工资水平比较低的国家。"一带一路"沿线绝大多数国家的人均 GDP 水平不及我国的一半,是承接我国劳动力密集型产业转移的好地方。以"一带一路"的基础设施建设,来帮助这些国家承接劳动密集型的产业,能够为其创造就业、增加出口。"二战"以来的经验表明,哪个发展中国家能够抓住劳动力密集型产业国际转移的窗口机遇期,哪个国家就能够取得 20 年、30 年的快速发展,摆脱贫困,进入到中等收入甚至是高收入国家的行列。这些发展中国家的快速发展,也会给发达国家带来梦寐以求的不断扩张的市场。

20 世纪 60 年代,日本的劳动力密集型产业向海外转移时,其制造业雇用人数的总体规模是 970 万人。20 世纪 80 年代,亚洲四小龙的劳动密集型加工产业向海外转移时,韩国整个制造业雇用人数的规模是 230 万人,我国台湾是 150 万人,香港地区不到 100 万人,新加坡是 50 万人。我国制造业雇用的人数,按照第三次工业普查则是 1.25 亿人,能够有足够的机会让"一带一路"沿线的所有发展中国家同时实现工业化、现代化。所以,"一带一路"的倡议提出来以后能够得到这么多国家的响应,最主要的原因是这个倡议不仅符合我国自己的利益,能够打造一个国际和平的发展环境,让中国能够更好地利用国内国际两个市场、国内国际两种资源,也会给其他发展中国家带来千载难逢的发展机遇,助推其实现工业化、现代化的梦想。

总的来说,自贸区的政策以及"一带一路"的倡议,都是在这个发展阶段,根据国内国际形势的变化与时俱进提出的新的改革开放战略。这个战略的落实,能够让中国有一个更完善的市场经济体系,也可以给中国一个更好的对外环境,并且不仅能够帮助中国实现中华民族伟大复兴的中国梦,也可以帮助其他发展中国家实现他们国家工业化、现代化的梦想。"一带一路"倡议的落实将会带来全新的国际和平、发展、共赢的新秩序、新格局。

（资料来源：金立群,林毅夫,等."一带一路"引领中国[M].北京：中国文史出版社,2015.）

参考文献

[1] G. 曼昆. 经济学原理[M]. 北京:机械工业出版社,2003.

[2] 马克思. 资本论·第三卷 [M]. 北京:人民出版社,1975.

[3] 阿奇·萧. 市场分销中的若干问题[M]. 美国:哈佛大学出版社,1915.

[4] 张潜. 物流系统工程与应用社[M]. 北京:清华大学出版社,2011.

[5] 丁立言,张铎. 物流系统工程[M]. 北京:清华大学出版社,2001.

[6] 何明珂. 物流系统论[M]. 北京:高等教育出版社,2004.

[7] 张可明,宋伯慧. 物流系统分析[M]. 北京:清华大学出版社,北京交通大学出版社,2004.

[8] 高举红,王谦. 物流系统规划与设计[M]. 北京:清华大学出版社,北京交通大学出版社,2010.

[9] 舒辉. 物流学[M]. 北京:机械工业出版社,2015.

[10] 汝宜红,田源. 物流学[M]. 2 版. 北京:高等教育出版社,2014.

[11] 徐剑,王哲,余维田,等. 物流学[M]. 北京:机械工业出版社,2012.

[12] 崔介何. 物流学概论[M]. 北京:北京大学出版社,2015.

[13] 顾东晓,章蕾. 物流学概论[M]. 北京:清华大学出版社,2012.

[14] 任翔,杨晓楼. 物流学基础[M]. 北京:浙江大学出版社,2013.

[15] 张敏. 物流学[M]. 北京:清华大学出版社,北京交通大学出版社,2011.

[16] 颜波. 物流学[M]. 广州:华南理工大学出版社,2011.

[17] 王刚,梁军. 物流学,[M]. 北京:人民邮电出版社,2012.

[18] 任芳. 持续改进的 DELL 生产物流[J]. 物流技术与应用,2014(12):84-86.

[19] 墨菲,等. 物流学[M]. 陈荣秋,等,译. 11 版. 北京:中国人民大学出版社,2015.

[20] 钱东人,等. 物流学[M]. 北京:中国人民大学出版社,2010.

[21] 沙颖,钟伟. 物流学[M]. 北京:清华大学出版社,2015.

[22] 周利国. 物流学[M]. 北京:清华大学出版社,2011.

[23] 周启蕾. 物流学概论[M]. 3 版. 北京:清华大学出版社,2013.

[24] 张理,孙春华. 现代物流学概论[M]. 北京:中国水利水电出版社,2009.

[25] 张余华. 现代物流管理[M]. 北京:清华大学出版社,2010.

[26] 朴惠淑,王培东. 企业物流管理[M]. 大连:大连海事大学出版社,2005.

[27] 采峰. 现代企业物流[M]. 大连:东北财经大学出版社,2005.

[28] 高蕾. 企业物流[M]. 北京:对外经济贸易大学出版社,2004.

[29] 张书源,张文杰. 物流学概论[M]. 上海:复旦大学出版社,2011.

[30] 初良勇. 现代物流学[M]. 上海:上海交通大学出版社,2009.

[31] 丁溪. 现代物流学[M]. 北京:中国商务出版社,2008.

[32] 温卫娟. 冷链物流[M]. 上海:上海交通大学出版社,2010.

[33] 中国物流与采购联合会. 中国冷链物流发展报告(2015)[M]. 北京:中国财富出版社,2015.

[34] 王宇. 危险化学品物流[M]. 北京:化学工业出版社,2010.

[35] 侯云先,等. 应急物流运作[M]. 北京:中国财富出版社,2014.

[36] 郭强,等. 中国突发事件报告[M]. 北京:中国时代经济出版社,2009.

[37] 王丰,等. 应急物流[M]. 北京:中国物资出版社,2007.

[38] 王丞,吴明. 中国危险品物流管理问题研究[D]. 北京:对外经济贸易大学,2014.

[39] 周尧. 自然灾害应急物流能力评价体系研究.[D]. 武汉:武汉理工大学,2009.

[40] 李晓燕,等. 相变蓄冷技术在食品冷链中的应用研究与进展[C]. 武汉:2013 中国制冷学会学术年会论文集,2013.

[41] 莫日根夫,等.食品冷库仓储管理分析[J].物流科技,2005,28(123):54-56.

[42] 梁洁玉,等.果蔬气调贮藏保鲜技术研究现状与展望[J].食品安全质量检测学报,2013,4(6):1617-1625.

[43] 刘志先,等.基于RFID技术的疫苗冷链物流监管系统研究[J].物流技术,2015,34:114-116.

[44] 聂彤彤.非常规突发事件下应急物流中心建设研究[J].科技管理研究,2011(14):46-50.

[45] 欧忠文,等.应急物流[J].重庆大学学报:自然科学版,2004,24(3):164-167.

[46] 刘利民,等.我国应急物流储备优化问题初探[J].物流科技,2009(2):39-41.

[47] 王海燕.危险品物流安全管理及事故应急管理研究[J].东南大学学报:哲学社会科学版,2009,11(1):71-74.

[48] 初刚.危险品物流安全管理及事故应急管理路径研究[J].黑龙江科技信息,2015(19):62.

[49] 黄河.危险品物流的事故预防与应急管理研究[J].江苏商论,2009(9):64-66.

[50] 潘恒,等.从"汶川大地震"看我国应急物流管理[J].市场营销,2010(1):31-32.

[51] 程琦,等.论自然灾害应急物流管理体系的构建[J].武汉理工大学学报:社会科学版,2009,22(1):18-22.

[52] 王文娟.企业绿色逆向物流决策方法研究[M].大连:东北财经大学出版社,2014.

[53] 王长琼.绿色物流[M].北京:中国财富出版社,2011.

[54] 王倩.循环经济与发展绿色物流研究[M].北京:中国财富出版社,2011.

[55] 乔普拉,迈因德尔.供应链管理[M].5版.陈荣秋,等,译.北京:中国人民大学出版社,2013.

[56] 刘宝红.采购与供应链管理:一个实践者的角度[M].2版.北京:机械工业出版社,2015.

[57] 苏尼尔·乔普拉,等.供应链管理:战略、计划和运作[M].5版.吴秀云,等,译.北京:清华大学出版社,2014.

[58] 马士华,林勇.供应链管理[M].4版.北京:机械工业出版社,2014.

[59] 贡祥林,杨蓉."云计算"与"云物流"在物流中的应用[J].中国流通经济,2012(10):29-33.

[60] 田雪,司维鹏,刘莹莹.大数据在物流企业中的应用[J].电子商务,2015(1):36-37.

[61] 高洪深.区域经济学[M].4版.北京:中国人民大学出版社,2014.

[62] 孙久文.区域经济学[M].3版.北京:首都经济贸易大学出版社,2014.

[63] 孙莹.区域物流规划[M].北京:冶金工业出版社,2012.

[64] 恩格斯.马克思恩格斯选集(第4卷)[M].北京:人民出版社,1995.

[65] 宋华.中国供应链——前沿与趋势[M].北京:中国人民大学出版社,2015.

[66] 李文峰.全球供应链运营模式对提升我国外贸核心竞争力的启示及思考[J].中国经贸,2011(11):19-22.

[67] 逯宇铎,鲁力群.国际物流管理[M].北京:机械工业出版社,2015.